Les mémoires
de
Madame Blavatsky

Discovery Publisher

Titre original : Madame Blavatsky, Personal Memoirs
2014, Discovery Publisher.
Pour l'édition française :
2021, ©Discovery Publisher
Tous droits réservés.

Aucune partie de ce livre ne peut être reproduite ou utilisée sous aucune forme ou par quelque procédé que ce soit, électronique ou mécanique, y compris des photocopies et des rapports ou par aucun moyen de mise en mémoire d'information et de système de récupération sans la permission écrite de l'éditeur.

Auteur : Mary K. Neff
Traduction : Mallory Varrault, Céline Garnier, Rémi Decarnelle
Relecture : Clélia Lefevre, Mariane Plet

616 Corporate Way
Valley Cottage, New York
www.discoverypublisher.com
editors@discoverypublisher.com
Fièrement pas sur Facebook ou Twitter

New York • Paris • Dublin • Tokyo • Hong Kong

TABLE DES MATIÈRES

	Une prêtresse moderne d'Isis	3
	Héléna Petrovna Blavatsky	9
I	Enfance et hérédité	45
II	L'enfant « medium »	50
III	La vie chez son grand-père	55
IV	Jeunesse et mariage	64
V	Disparition	70
VI	Voyages en Égypte et en Afrique	73
VII	Explorations sur le continent des Amériques	80
VIII	Son maître	87
IX	À la recherche du maître	89
X	Les aventures au Tibet	93
XI	En compagnie du maître en Inde	100
XII	Les grottes de Bagh	109
XIII	Une île mystérieuse	118
XIV	Hatha yogis et Raja yogis	127
XV	Périples en Inde, en Birmanie et en Chine	132
XVI	La fête de bienvenue à Pskov	143
XVII	Rougodevo	146
XVIII	Dans le Caucase	150
XIX	Le développement psychique en Russie	158
XX	Troisième tentative d'entrée au Tibet	163
XXI	Les lamaseries bouddhistes et les couvents	170
XXII	Enfin dans l'ashram du maître	178
XXIII	Une courte visite de l'Europe	187
XXIV	De l'ashram du maître au monde	196
XXV	L'incident « Métrovitch »	203

XXVI	La version des faits du comte Witte	212
XXVII	L'enfant	216
XXVIII	Pauvre et sans le sou à New York	221
XXIX	Rencontre des fondateurs de la Société théosophique	227
XXX	« Le fiasco de Philadelphie » H.P.B. soutient le spiritualisme	238
XXXI	Le *Spiritual Scientist*	250
XXXII	Le mariage et l'ombre de la mort	258
XXXIII	Le grand changement psychophysiologique	271
XXXIV	Le Club du miracle	278
XXXV	La création de la Société théosophique	285
XXXVI	*Isis dévoilée*	292
XXXVII	Qui a écrit *Isis dévoilée* ?	300
XXXVIII	H.P.B., une citoyenne américaine et patriote russe	310
XXXIX	Qui était Héléna Petrovna Blavatsky	321

Les mémoires
de
Madame Blavatsky

Une prêtresse moderne d'Isis

Ce livre fut publié en russe par V. S. Solovyoff, après la mort de Héléna Petrovna Blavatsky (H.P.B.). Sa sœur, Mme Véra Jelikovsky[1], prit les armes en son nom et répondit dans une brochure intitulée *H.P. Blavatsky et un prêtre moderne de la vérité*[2]. Elle y inclut les lettres de Solovyoff à H.P.B., qui montrèrent qu'il n'était pas un « critique froid engagé dans une enquête scientifique », mais un chercheur et un disciple ardent, avide d'instruction et d'aide. Le livre de Solovyoff fut ensuite traduit en anglais par Walter Leaf, avec une note préliminaire de Henry Sidgwick, au nom de la Society for Psychical Research[3] en Angleterre. La citation suivante, tirée de la préface du traducteur, témoigne de l'esprit du traducteur et parle d'elle-même :

« Les preuves offertes par M. Solovyoff se divisent en deux catégories distinctes, qui doivent être examinées séparément. Il y a, premièrement, celles qui reposent sur son propre récit ; et deuxièmement, celles qui consistent en des preuves documentaires, principalement sous la forme de lettres écrites par Mme Blavatsky... (Ces lettres font partie de son récit.)

« Lorsque nous en arrivons au récit de M. Solovyoff, les preuves documentaires, si importantes soient-elles, passent au second plan ; si elles peuvent confirmer ou contredire le récit, elles ne sont pas de nature à constituer par elles-mêmes une preuve positive de la fraude de Mme Blavatsky. La question vitale est de savoir si M. Solovyoff dit la vérité. Si oui, alors, bien sûr, cela en est fini de la théosophie en tant que système de doctrine basé sur la communication de maîtres cachés, dont Mme Blavatsky était la prophétesse... En ce qui concerne le témoignage de Mme Jelikovsky, nous ne le laisserons pas peser sur la position élevée de M. Solovyoff dans la société et la littérature russes (!).

« La seule question qui se pose à nous est de savoir si certaines de ses lettres, citées par Mme Jelikovsky, sont si incompatibles avec son récit qu'elles nous conduisent à lui refuser tout crédit. Il est clair que ces lettres et le récit de M. Solovyoff présentent deux images très différentes de son attitude mentale en 1884 et 1885. Le récit présente M. Solovyoff, à l'exception de brefs moments où il s'emporte malgré lui, comme un critique froid et réfléchi engagé dans une enquête scientifique. Les lettres montrent qu'il a fait plus que de la figuration pendant la plus grande partie de cette période. Les lecteurs ont devant eux les éléments d'un jugement et doivent décider par eux-mêmes de l'incidence de ces

---
1. Également connue sous Véra Jelihovsky, Véra Zhelikovsky ou Véra Zhelikhovskaya.
2. *H.P. Blavatsky and a Modern Priest of Truth*
3. La Société de recherche psychique

éléments sur la crédibilité de M. Solovyoff. La lettre marquée « B » implique, autant que je puisse en juger, une réelle incohérence avec le récit de M. Solovyoff ; elle implique qu'il n'a pas correctement représenté l'attitude mentale dans laquelle il s'est trouvé après les conversations de Wurtzbourg. J'avoue que je ne suis pas satisfait de sa propre explication selon laquelle toute la lettre n'est qu'une plaisanterie. En fait, dans ces circonstances, le « ton folâtre » exige une explication. Il me semble qu'il s'agit de la lettre d'un homme qui « se couvre »... (Cependant, M. Leaf procède ensuite à l'explication.)

« Ainsi, bien que les lettres de M. Solovyoff nous donnent une image résolument différente de son attitude mentale de celle que dessine le récit, je ne crois pas que ni elles ni les déclarations de Mme Jelikovsky puissent jeter un doute matériel sur la vérité des faits qu'il affirme... (!)

« Pour la grande majorité des personnes sensées, la question de l'honnêteté de Mme Blavatsky a déjà été résolue de façon si convaincante qu'elle élimine tout doute a priori sur la véracité de toute personne qui la déclare impostrice. Pour eux, la simple affirmation d'un homme dans la position de M. Solovyoff est suffisante ; comme il ne peut pas ajouter à la force d'une preuve déjà sans réponse, il ne peut y avoir aucune présomption contre lui quand il ajoute à sa variété. (!)

« La correspondance avec M. Aksakoff prouve, au-delà de toute réfutation possible : (1) qu'à une certaine époque, en dépit de ses dénégations véhémentes ultérieures, Mme Blavatsky était une spiritualiste professée dans le sens ordinaire du mot. Elle n'a donc adopté l'attitude "théosophique" d'hostilité au spiritisme qu'après 1874, et a eu recours à des mensonges délibérés pour dissimuler ce fait. (2) À cette période, elle est entièrement silencieuse quant aux mahatmas qui ont guidé son action ; son tuteur et enseignant est le "pur esprit" John King, bien connu lors des séances de William et d'autres médiums professionnels dans les deux hémisphères ; il est son "seul ami" et occupe ainsi la place prise plus tard par Morya et Koot Hoomi. Ces deux faits montrent que toute la légende, selon laquelle elle avait, avant son séjour en Amérique en 1874, reçu l'initiation et l'instruction de ses mahatmas au Tibet, et était depuis lors en relations suivies avec eux, est une fabrication ultérieure. Le fondement de tout son enseignement théosophique est un simple mensonge. » (Ces deux points ont été éclaircis dans cet ouvrage.)

Sur les trois cent soixante-six pages de l'édition anglaise du livre de Solovyoff, deux cent quatre-vingt-quatre étaient occupées par son récit. L'annexe A consiste en un résumé du pamphlet intitulé *H.P. Blavatsky et un prêtre moderne de la vérité, Réponse de Madame Y. à M. V. S. Solovyoff*[1], par Mme Véra Jelikovsky. (Mme Jelikovsky a été appelée Mme Y. par Solovyoff dans son récit.)

Son argument était que « M. Solovyoff n'a aucun droit d'écrire sur Mme Blavatsky, car il l'a très peu connue. Il ne l'a connue que pendant six semaines à Paris,

---

1. *Reply of Madame Y. to Mr. V.S. Solovyoff*

autant à Wurtzbourg et quelques jours à Elberfeld. De plus, son ignorance de l'anglais le rendait incapable d'étudier ses écrits théosophiques, qui, à l'exception d'*Isis dévoilée*, n'étaient pas encore traduits...

« L'affirmation de M. Solovyoff selon laquelle les "phénomènes sont indissolublement liés à la théosophie" est fausse. Je n'ai jamais accordé d'importance à ces phénomènes, bien que j'aie toujours admis que ma sœur avait de grands dons en matière de pouvoirs psychiques... En fait, la plupart de ceux qui sont aujourd'hui les principaux partisans de la théosophie – Mme Besant, les professeurs Bockh, Fullerton, Eyton, etc. n'ont jamais vu aucun phénomène. L'image parlante d'Urrur de Hartmann, que Mme Blavatsky a réimprimé dans *Lucifer*, est une satire de ceux qui pensent que les phénomènes sont de l'essence de la théosophie. »

Mme Jelikovsky publia dans sa brochure des lettres de V. S. Solovyoff à elle-même et à Mme Blavatsky, écrites en 1884 et 1885. Ces lettres présentaient une image très différente de son état mental et de ses opinions de celle qu'il donnait dans son récit par la suite, lorsqu'il souhaitait se dissocier de Mme Blavatsky dans l'esprit de ses amis russes orthodoxes et de son cercle de lecteurs, à cause de l'attaque faite contre elle par les Colomb et la Société de recherche psychique.

L'annexe B était constituée de *Réponse au pamphlet de Mme Jelikovsky*[1], par Solovyoff. L'annexe C, intitulée *Les sources des écrits de Mme Blavatsky*[2], fut rédigée par Wm. Emmette Coleman.

Le livre était introduit par une note préliminaire de Henry Sidgwick, qui déclarait : « Je suis autorisé par le conseil de la Société de recherche psychique à déclarer officiellement en son nom que la présente traduction de *Une prêtresse moderne d'Isis*[3] de M. Solovyoff a été réalisée et publiée avec son approbation... Lorsque le contenu du livre de M. Solovyoff a été porté à la connaissance du conseil, il est apparu évident que certaines parties (la *Confession* de Mme Blavatsky et ses lettres à Aksakoff) constituaient un complément important à l'exposé des résultats de l'enquête sur les "phénomènes théosophiques" menée par le comité de la société en 1884-1885. L'idée initiale de Dur était de publier une traduction de ces parties dans le supplément de nos actes ; mais après mûre réflexion, il nous a semblé souhaitable, si possible, que la plus grande partie du récit divertissant de M. Solovyoff soit rendue accessible aux lecteurs anglais.

« En effet, les lecteurs anglais susceptibles de vouloir en savoir plus sur Mme Blavatsky ne désireraient pas tant une preuve supplémentaire qu'elle était un charlatan – question déjà jugée et décidée (avec quelle hâte !) – mais plutôt une explication du succès remarquable de son imposture... Je ne suis pas en mesure de dire si la Société théosophique est susceptible de durer encore longtemps ; mais même si elle devait expirer l'année prochaine, ses vingt ans d'existence constitueraient un

---

1. *Reply to Mme Jelikovsky's Pamphlet*
2. *The Sources of Mme Blavatsky's Writings*
3. *A Modern Priestess of Isis*

phénomène d'un certain intérêt pour l'historien de la société européenne du XIXe siècle. Il est peu probable que l'on écrive un livre jetant plus de lumière sur son origine qu'*Une prêtresse moderne d'Isis.* » (!)

Quel jugement étriqué sur la Société théosophique et son fondateur ! Le livre de Solovyoff était épuisé et oublié, alors que les œuvres de Mme Blavatsky étaient constamment de plus en plus lues et comprises. Par exemple, sa *Confession*, que M. Sidgwick considérait comme "un complément important" au rapport de la Société de recherche psychique, qui avait déclaré que Mme Blavatsky était un charlatan, fait dire au docteur Eugène Rollin Corson dans son livre, *Quelques lettres non publiées d'Héléna Petrovna Blavatsky*[1] : « Pour les admirateurs de H.P.B., ce document n'enlevait rien à l'admiration qu'ils avaient pour elle ni à leur dévouement, mais ils ont certainement déploré le fait qu'elle ait fait cette confession à ce goujat insupportable » (Solovyoff). Le Dr Corson consacra des pages à l'analyse de la *Confession* et déclara : « La première partie est du vrai génie, et montre l'artiste littéraire à son meilleur niveau... Je ne connais rien de tel en littérature... C'est un déchaînement glorieux contre l'injustice, avec l'animal chassé en liberté. Ce n'est pas une "confession", mais une attaque héroïque contre ses ennemis. Il n'y a aucune reconnaissance de culpabilité d'aucune sorte ; elle n'a fait de mal à personne ; si on la laisse tranquille, elle est inoffensive ; mais si elle est attaquée, elle tuera et mourra elle-même dans la lutte, car la mort ne signifie rien pour elle. Si ses ennemis y voient un charlatan et un imposteur, ils n'ont ni perspicacité ni intuition. »

---

1. *Some Unpublished Letters of Helena Petrovna Blavatsky*, pp. 80-83

Héléna Petrovna Blavatsky

Écrit par Véra Petrovna de Jelikovsky, sœur de H.P.B.
À Londres, du 15 novembre 1894 au 15 avril 1895

Ma sœur, Héléna Petrovna Blavatsky, plus connue sous le nom de plume[1] Radha-Bai, qu'elle avait choisi pour ses publications en Russie, était une personne passablement remarquable, avec une personnalité singulière, même pour notre époque qui n'en manque pas. Bien que ses travaux ne fussent pas très connus du grand public, ils donnèrent naissance à un mouvement spirituel, à une organisation fondée sur les théories qu'ils contenaient, et dont les disciples considèrent les théories comme des « révélations » – je parle ici de la Société théosophique, si connue et particulièrement répandue aux États-Unis, en Angleterre, en Inde, et en Europe dans une moindre mesure.

Cette société fut imaginée et créée par Madame Blavatsky en 1875, à New York où elle s'installa – elle ignorait les raisons qui la poussaient à rester ici, si ce n'est l'attraction irrésistible et inexplicable que cette ville exerçait sur elle, et décrite dans plusieurs de ses lettres, que nous constaterons à travers ses lettres.

Sans argent ni amis influents, et sans la moindre protection, sans autre ressource que son courage indomptable et son inlassable énergie, cette femme extraordinaire réussit, en moins de quatre ans, à rassembler autour d'elle des prosélytes dévoués, prêts à la suivre jusqu'en Inde et à quitter leur pays dans l'allégresse générale. En moins de quinze ans, elle compta des milliers de disciples qui, non seulement, professaient ses doctrines, mais la proclamaient aussi « la professeure la plus éminente de notre temps, le Sphinx du siècle », et la proclamaient seule Européenne initiée aux sciences occultes orientales. Ils étaient en effet, pour la plupart, à quelques exceptions près, prêts à la canoniser, si sa philosophie les y avait autorisés.

Rares furent les pays où la mort d'H.P. Blavatsky ne suscita aucune réaction profonde. Les quatre coins du globe, lorsqu'ils reçurent la nouvelle, commentèrent de manières diverses et variées la mort de cette pauvre femme russe, qui obtint la célébrité par son seul génie, et dont le nom fut imprimé sur tous les journaux du monde. S'il ne fait aucun doute qu'il fut écrit plus de mal que de bien à son sujet, on parla néanmoins d'elle abondamment. D'un côté se répandaient, par monts et par vaux, des articles à propos de tous les maux qu'elle avait causés ; et de l'autre, une vingtaine de journaux théosophiques la proclamaient prophétesse et sauveuse « illuminée » de l'humanité – humanité, qui d'après eux, courait à sa perte sans les

---

1. Nom d'emprunt utilisé par un écrivain en lieu et place de sa véritable identité, pour signer ses écrits.

révélations avant tout inscrites dans *La doctrine secrète*[1], ravagée par l'esprit matérialiste de l'époque.

Ce n'est pas à moi de juger si la vérité était plutôt du côté de ses amis, ses disciples passionnés, ou de ses ennemis les plus acharnés. Mon but est tout simplement de montrer au lecteur une vision neutre de mes souvenirs de famille et de mettre à sa disposition des lettres dont le contenu présente un intérêt certain.

Il serait facile pour moi de compiler d'innombrables volumes grâce à toutes celles que j'ai à ma disposition. Cependant, je ne sélectionnerai que les écrits les plus remarquables, que j'agrémenterai d'anecdotes personnelles.

Notre mère, Madame Héléna de Hahn, née Fadeew, décéda à l'âge de vingt-sept ans. Malgré sa mort à un âge peu avancé, sa réputation littéraire n'était déjà plus à faire, si bien qu'on la surnomma la «George Sand russe», nom qui lui fut donné par Belinsky, le meilleur critique littéraire de notre pays. À l'âge de seize ans, elle avait épousé Pierre de Hahn, un capitaine d'artillerie. Elle fut très vite accaparée par l'éducation qu'il lui fallut prodiguer à ses trois enfants. Héléna, sa fille aînée, était une enfant précoce. Dès son plus jeune âge, elle retenait l'attention de toutes les personnes qui croisaient son chemin. Sa nature insoumise l'empêchait de se contraindre à la routine décrétée par ses éducateurs. Elle se rebellait contre toute forme de discipline et ne se reconnaissait aucun maître hormis son bon vouloir et ses goûts personnels, sans oublier son côté entier, original, parfois audacieux jusqu'à la rugosité.

Quand la mort de notre mère advint, nous prîmes le parti de composer avec son caractère. Tous nos professeurs étaient à bout de patience avec elle. Celle-ci ne respectait jamais son emploi du temps scolaire, quoiqu'elle parvînt à les impressionner par ses capacités brillantes, en particulier son aisance à maîtriser les langues étrangères et son talent pour la musique. Elle avait le caractère et toutes les qualités, bonnes et mauvaises, d'un jeune garçon plein de vie ; elle aimait voyager, partir à l'aventure, le danger ne l'effrayait pas, et elle prêtait peu d'attention aux remontrances.

Alors que notre mère était mourante, et bien que sa fille aînée ne fût âgée que de onze ans, elle fut prise d'inquiétudes légitimes quant à l'avenir d'Héléna et dit: « Hé bien ! Peut-être est-ce mieux ainsi ; si je meurs maintenant, au moins il me sera épargné de voir ce qui attend Héléna ! S'il y a une chose dont je suis sûre, c'est que sa vie ne sera pas comme celle des autres femmes et qu'elle souffrira beaucoup. »

Quelle prophétie !

À l'âge de dix-sept ans, H.P. Blavatsky épousa un homme trois fois plus vieux qu'elle, et le quitta quelques mois plus tard d'une manière aussi entêtée et impétueuse qu'elle l'avait épousé, en prétextant qu'elle devait repartir vivre avec son père. Mais elle disparut avant même d'arriver chez lui, d'une façon telle que personne ne sut où elle se trouvait, si bien que nous la croyions morte. Son mari était le vice-gou-

---

[1]. Livre traitant des idées ésotériques et occultes dans l'ère moderne, qui affirme réconcilier l'ancienne sagesse orientale et la science moderne.

verneur de la province d'Erivan, en Transcaucasie. Il était, à tous les égards, une excellente personne, mais qui commit l'unique erreur de se marier avec une jeune fille qui ne lui témoigna aucun respect, et qui lui avait auparavant dit sans ménagement que l'unique raison pour laquelle elle l'avait épousé était qu'elle éprouvait moins de scrupules à le rendre misérable, lui, qu'un autre.

« Vous faites une grande erreur en m'épousant, lui avait-elle dit avant leur mariage. Vous savez parfaitement que vous êtes assez vieux pour être mon grand-père. Vous rendrez quelqu'un malheureux, mais ce ne sera pas moi. Et, pour ma part, je n'ai pas peur de vous, et je vous préviens que ce ne sera pas vous qui tirerez quoi que ce soit de notre union. »

Il ne put jamais reconnaître qu'il n'avait pas eu ce qu'il avait cherché.

H.P. Blavatsky vécut la plus grande partie de sa jeunesse, ou peut-on dire la majorité de sa vie, hors de l'Europe. Plus tard dans sa vie, elle affirma avoir vécu plusieurs années au Tibet, dans l'Himalaya, et à l'extrême Nord de l'Inde, où elle étudia le Sanscrit et la littérature en même temps que les sciences occultes, bien connues des adeptes, des hommes sages aussi appelés Mahatmas, qui la firent plus tard beaucoup souffrir. C'est du moins le témoignage qu'elle livra, à nous, ses connaissances, mais aussi à son biographe anglais, M. Sinnet, auteur du livre intitulé *Les incidents de la vie de Mme H.P. Blavatsky*[1]. Nous fûmes sans nouvelles d'elle pendant huit ans. Ce n'est qu'après dix ans, c'est-à-dire la période à l'issue de laquelle le divorce avec son mari fut légal, que Madame Blavatsky rentra en Russie.

Dès son retour, elle s'installa d'abord dans le gouvernement de Pskov, tandis que je vivais alors avec notre père. Nous n'attendions pas son retour avant plusieurs semaines, mais bizarrement, quand je l'entendis sonner à la porte, je sus immédiatement que c'était elle et me précipitai pour lui ouvrir. Ce jour-là, il y avait au soir une fête dans la demeure de mon beau-père, chez qui je vivais. Sa fille allait se marier le soir même. Les invités étaient à table et l'on sonnait incessamment à la porte. J'étais néanmoins tellement sure que c'était elle, qu'à la surprise générale, je quittai en toute hâte le dîner de noce pour courir à la porte, car je ne voulais pas laisser les domestiques ouvrir à ma place.

Nous nous embrassâmes, folles de joie et oubliant momentanément l'étrangeté de l'évènement. Je l'emmenai sur-le-champ dans ma chambre, et, cette même nuit, je fus convaincue que ma sœur avait acquis des pouvoirs étranges. Elle était constamment encerclée, éveillée comme endormie, par des mouvements mystérieux et des bruits étranges, comme si on tapait sur quelque chose – sur les meubles, sur la vitre de la fenêtre, au plafond, sur le sol et les murs. Ces bruits étaient bien distincts et ressemblaient à une tentative de communiquer ; ils tapaient une fois, puis trois fois pour dire « oui », ou deux fois pour « non ».

Ma sœur me demanda de leur poser une question dans ma tête. Je m'exécutai donc en leur demandant des choses connues de moi seule. Je récitai ensuite l'alphabet,

---

[1]. *Incidents in The Life of Madame H.P. Blavatsky*

et la réponse que j'obtins était si bonne et si précise que j'en fus proprement stupéfaite. J'avais souvent entendu parler du spiritisme par le passé, mais je n'avais jamais eu l'opportunité de tester les connaissances des esprits.

Il ne fallut pas attendre longtemps avant que toute la ville ne parle des « miracles » entourant la présence de Madame Blavatsky. Les réponses, non seulement intelligentes, mais aussi clairvoyantes, données par ces forces invisibles qui, de jour comme de nuit, gravitaient autour d'elle, et ce, sans aucune intervention de sa part, attisèrent un peu plus la curiosité et l'étonnement de tous. Elle pouvait, rien qu'en fixant un objet inanimé, en altérer le poids.

Tous ces phénomènes furent, à cette époque, retranscrits dans les journaux russes. Nous ne trouvions désormais plus la paix nulle part, même en fuyant à la campagne pour quelque temps, dans une propriété m'appartenant; nous croulions sous les lettres et les visites. La situation devint encore plus intenable, quand nous découvrîmes, grâce à l'intervention de ceux que notre père appelait en plaisantant « messieurs les esprits », l'auteur d'un meurtre commis dans le voisinage. Cela eut pour résultat de convertir les forces de l'ordre locales, qui prétendaient avoir été témoins de miracles. Cela empira une fois de plus quand, au cours d'une belle journée, Héléna se mit à décrire « ceux qu'elle était seule à voir et qui vivaient autrefois dans cette maison », et que les descriptions des vieilles personnes natives du lieu avaient permis de reconnaître comme étant les anciens seigneurs et serviteurs, qui avaient vécu là jusqu'à leur mort, mais dont elles gardaient toujours la mémoire. Je dois ajouter que j'avais obtenu cette propriété quelques mois seulement avant ces faits. Je l'avais achetée dans un quartier qui m'était complètement inconnu, et aucun d'entre nous n'avait entendu parler des personnes que ma sœur nous avait décrites.

Mon père, un érudit possédant une puissance intellectuelle sans égale, s'était toujours montré sceptique; c'était un « Voltairien » comme on dit en Russie. Mais il fut contraint de revenir sur ses convictions par la force des choses. En peu de temps pour, il s'adonna à rédiger jour et nuit, sous la supervision de « messieurs les esprits », la généalogie de ses ancêtres, « les vaillants chevaliers de Hahn-Hahn von Rotterhahn ».

Depuis son retour en Russie, H.P. Blavatsky était incapable d'expliquer l'origine de ses capacités de médium, mais jamais n'exprima-t-elle, à ce moment-là, le moindre dédain ni la moindre aversion pour ses pouvoirs, comme elle le ferait par la suite. Dix ou douze ans plus tard, elle reparlerait de ses premières performances de médium avec beaucoup d'aversion – à cette époque, les forces à l'œuvre dans ce phénomène étaient inconnues et échappaient à son contrôle. Or, une fois qu'elle parvint à les maîtriser, elle ne prit plus la peine de se souvenir de ses débuts. Mais, à l'âge de vingt-huit ans, elle ne pouvait pas encore les contrôler.

Ce qui suit donne des explications intéressantes.

Durant l'été 1860, nous quittâmes le gouvernement de Pskov pour le Caucase, afin de rendre visite à nos grands-parents, les Fadeew, ainsi qu'à Madame Witte, notre tante maternelle, qui n'avait pas vu Héléna depuis plus de onze ans. En nous rendant à la ville de Zadonsk, située dans le gouvernement de Voronej, nous apprîmes que le vénérable Isidore, métropolitain de Kiev que nous avions bien connu étant enfants à Tiflis, où il avait été à la tête de l'exarchat de St George, se trouvait dans cette ville, qui jalonnait son itinéraire pour rejoindre Saint-Pétersbourg, et officiait actuellement au monastère. Nous avions hâte de le voir. Il se souvint de nous, et nous fit parvenir un mot disant qu'il serait heureux de nous voir après la messe. Nous rejoignîmes l'église épiscopale, non sans appréhension pour ma part. Alors que nous étions en chemin, je dis à ma sœur : « S'il te plaît, assure-toi que tes petits monstres se tiennent tranquilles lorsque nous serons avec le Métropolitain. »

Elle commença à rire et me dit que rien ne lui ferait plus plaisir, mais qu'elle ne pouvait pas promettre pour eux.

Hélas! Je ne le savais que trop bien. Et, de ce fait, je ne fus pas surprise, mais ne pus échapper à l'angoisse, lorsque les tapotements se firent entendre, alors même que le vénérable vieil homme commença à questionner ma sœur sur ses voyages… Un! deux! … Un! deux! trois! Bien évidemment, il ne put que remarquer ces individus importuns qui semblaient déterminés à se joindre à nous et à prendre part à la conversation. Afin de nous interrompre, ils firent bouger et vibrer les meubles, les miroirs, nos tasses de thé, ainsi que le chapelet de perles ambrées que le saint homme tenait dans sa main.

Il remarqua immédiatement notre désarroi, et, analysant la situation d'un coup d'œil, nous demanda laquelle de nous deux était médium. En véritable égoïste, je m'empressai de désigner ma sœur. Il discuta avec nous pendant plus d'une heure, posant à ma sœur question sur question, à voix haute, puis mentalement à propos de ses domestiques, et semblait profondément épaté et ravi d'avoir pu observer le phénomène.

En prenant congé, il bénit ma sœur et moi-même, et nous assura que nous n'avions aucune raison d'avoir peur des phénomènes.

« Il n'est aucune force, dit-il, qui ne soit, à la fois dans son essence et dans sa manifestation, mue par le Créateur. Ainsi, tant que tu n'abuses pas des dons qui t'ont été offerts, n'aie crainte. Rien ne nous interdit d'étudier les forces cachées de la nature. Un jour, les hommes les comprendront et les utiliseront, mais ce jour n'est pas encore venu. Que la bénédiction de Dieu t'accompagne, mon enfant! »

Il bénit à nouveau Héléna et fit un signe de croix.

Ces douces paroles de l'un des dirigeants de l'Église orthodoxe grecque revinrent souvent en mémoire de H.P. Blavatsky durant ses dernières années, et elle éprouva toujours de la reconnaissance à son égard.

• • • • • • • •

Durant les quatre années qui suivirent, Héléna Petrovna continua de vivre dans le Caucase. En quête permanente de travail, constamment active et pleine d'initiatives, elle s'établit pour un temps en Imeréthie[1] puis en Mingrélie[2], sur les rivages de la mer Noire, où elle se fit une place dans le commerce du bois haut de gamme dont regorge la région. Par la suite, elle migra vers le sud, à Odessa, où nos tantes étaient parties vivre après la mort de notre grand-mère. Elle y prit la direction d'une fabrique de fleurs artificielles, qu'elle quitta cependant bien vite pour se consacrer à d'autres entreprises, elles aussi vite délaissées, même si ces dernières furent généralement couronnées de succès.

Elle ne se laissait aucunement intimider par l'idée de faire quoi que ce soit qui put être perçu comme indigne de son rang, tous les commerces honnêtes lui semblaient se valoir. On pourra toutefois s'étonner de constater qu'elle ne jetât pas son dévolu sur des métiers qui auraient mieux convenu à ses talents que des entreprises marchandes ; car elle ne se consacra par exemple pas à la littérature ni la musique, qui lui auraient pourtant offert une bien meilleure opportunité de déployer ses incontestables capacités intellectuelles, d'autant plus qu'elle ne s'était jamais essayée au commerce durant sa jeunesse.

Deux ans plus tard, elle partit de nouveau vers des contrées étrangères, d'abord en Grèce, puis en Égypte. Elle passa son existence entière dans l'agitation et les voyages. Elle se cherchait toujours, pour ainsi dire, un but inconnu à atteindre, une tâche qu'il lui incomberait de découvrir et dont il lui faudrait s'acquitter. Sa vie itinérante et ses habitudes fluctuantes ne cessèrent que lorsqu'elle se retrouva confrontée aux problématiques scientifiques, humanitaires et spirituelles posées par la théosophie. Elle mit alors brusquement fin à ses errements, à la manière d'un navire qui, après avoir vogué des années durant, trouve refuge dans un port accueillant, replie ses voiles et jette l'ancre pour la dernière fois.

M. Sinnett, son biographe, prétend que, pendant les années qui précédèrent son départ définitif pour l'Amérique, Madame Blavatsky avait entretenu des relations spirituelles avec ces êtres étranges, qu'elle appellerait plus tard ses maîtres, les Mahatmas de Ceylan et du Tibet, et que c'était par stricte obéissance à leurs injonctions, qu'elle voyagea par monts et par vaux, d'un pays à l'autre. Par quel prodige, je ne saurais le dire. Pour la première fois, nous, ses plus proches parents, l'entendîmes évoquer ces êtres énigmatiques en 1873-1874, lorsqu'elle se fut établie à New York.

Il faut dire que son départ de Paris pour l'Amérique fut aussi soudain qu'inexplicable, et elle ne nous donna jamais la moindre explication quant à ce qui l'avait amenée à agir de la sorte pendant des années. Elle nous confia par la suite que ces mêmes maîtres le lui avaient ordonné, sans pour autant lui fournir la moindre raison. Pour se justifier d'avoir omis de nous parler d'eux, elle nous assura que nous n'aurions pas compris, que nous aurions refusé d'y croire, et que c'eut été parfai-

1. Province occidentale de la Géorgie.
2. Province puis principauté historique du royaume de Géorgie également nommée Odishi.

tement naturel.

Dès lors, elle mit tout le reste de côté, et ses pensées ne s'écartèrent pas un seul instant du but qui lui avait été soudainement révélé, à savoir la diffusion dans le monde de la plus ancienne des philosophies, qui s'attache à témoigner de l'importance primordiale des choses spirituelles par rapport aux choses matérielles, des forces psychiques de la nature et de l'Homme, de l'immortalité de l'âme et de l'esprit humains. Voici ce qu'elle m'écrivit :

« L'humanité a perdu sa foi et ses idéaux les plus élevés ; le matérialisme et la pseudoscience les ont abattus. Les enfants de cette époque n'ont plus foi en rien ; ils exigent des preuves, des preuves reposant sur une base scientifique – et ils les obtiendront. La théosophie, source de toutes les religions humaines, les leur apportera. »

Ses lettres se remplirent bientôt d'arguments pourfendant l'imposture du spiritisme, qu'elle qualifiait de matérialisme spirituel, d'indignation contre les séances médiumniques où l'on invoquait les morts – « les matérialisations des chers défunts, » les habitants du pays du printemps éternel (le pays de l'été) – qui n'étaient rien d'autre à ses yeux que des ombres, des lutins et des élémentaires[1] trompeurs souvent dangereux et par-dessus tout maléfiques, du fait de leurs effets sur la santé des médiums malchanceux, leurs les victimes passives.

La visite qu'elle rendit aux frères Eddy, les médiums réputés du Vermont, fut la goutte d'eau qui fit déborder le vase. Elle se fit dès lors l'ennemie acharnée de tout spiritualisme démonstratif.

C'est dans la propriété des frères Eddy, que Madame Blavatsky fit la connaissance de Col H. S. Olcott, son premier disciple, ami dévoué et futur président de la Société théosophique, fruit de leur création qui accapara dès lors toutes leurs pensées. Il s'était présenté là comme simple observateur de phénomènes spirituels, dans le but d'enquêter et d'écrire sur les matérialisations observées dans le cabinet des deux frères, et dont toute l'Amérique parlait. Il écrivit un ouvrage à ce sujet, une étude intitulée *Le peuple de l'autre monde*[2] – ce fut l'ultime service qu'il rendit à la cause du spiritualisme moderne. Il agréa les positions d'Héléna Petrovna Blavatsky, que les journaux américains publiaient volontiers. Étant tous deux de farouches ennemis du matérialisme, ils considéraient que le spiritualisme avait rendu un grand service à l'humanité en démontrant les erreurs du crédo matérialiste, mais qu'à présent que le spiritualisme avait prouvé l'existence de forces invisibles et immatérielles dans la nature, sa mission était remplie ; on ne doit pas laisser la société dériver vers l'erreur opposée, à savoir la superstition et la magie noire.

Devant notre incapacité à comprendre ce soudain renversement de position chez quelqu'un que nous tenions pour un puissant médium, et qui avait été encore récemment la vice-présidente de la Société spiritualiste du Caire, elle nous écrivit pour nous enjoindre d'oublier le passé, marqué par sa médiumnité malheureuse,

---

1. Certaines créatures sont considérées comme des élémentaires grâce au lien symbolique fort qu'elles entretiennent avec un élément en particulier.
2. *People from the Other World*

nous expliquant qu'elle s'y était fourvoyée par simple ignorance de la vérité.

« Si je me suis jointe à un groupe particulier de théosophes, une branche de la fraternité indo-aryenne qui a été constituée ici, nous écrivit-elle depuis New York, c'est précisément parce qu'ils combattent tous les excès, toutes les superstitions, tous les abus des faux prophètes de la lettre morte – contre les innombrables Calchas[1] de toutes les religions ésotériques, et contre les invocateurs d'esprits. Nous sommes des spiritualistes, si vous souhaitez nous appeler ainsi, mais pas selon l'acception américaine, plutôt selon celle des anciens rites d'Alexandrie. »

Durant cette même période, elle nous envoyait des coupures de journaux américains dans lesquels ses articles étaient publiés, ainsi que les commentaires qu'avaient suscités ses écrits et qui témoignaient de l'accueil favorable que son travail recevait. Elle faisait tout particulièrement la démonstration de ses compétences de critique, dans un ensemble d'articles traitant des conférences du professeur Huxley à Boston et New York – ces articles suscitaient d'ailleurs un immense intérêt. Nous fûmes extrêmement surpris par la considérable érudition, les connaissances approfondies, qui se révélèrent subitement à nous dans tout ce qu'elle écrivit. D'où pouvait-elle tenir un savoir si divers et si ésotérique qu'elle n'avait jusque-là jamais laissé entrevoir ? Elle n'en savait rien elle-même ! C'est alors qu'elle nous parla pour la première fois de ses maîtres, ou plutôt de son maître, mais d'une manière singulièrement évasive, l'appelant parfois « la voix », d'autres fois Sahib, qui veut dire maître, quelquefois «celui qui m'inspire» – comme si la provenance de ces suggestions mentales lui était inconnue à cette époque ; cela ne nous aida guère à la comprendre, et nous commençâmes à nous inquiéter pour sa santé mentale.

«J'entreprends un grand ouvrage traitant de théologie, des croyances anciennes et des secrets des sciences occultes, comme elle me l'écrivit en 1874, mais n'aie crainte pour moi ; je suis sûre de ce que j'affirme, plus ou moins. Il se pourrait que je ne sache pas très bien comment évoquer ces choses abstraites, mais tous les sujets fondamentaux me sont dictés. Rien de ce que j'écrirai ne sera de mon seul fait ; je ne serai qu'un stylo, la tête qui pensera pour moi sera celle de celui qui connaît tout… »

Héléna Petrovna écrivit de nouveau à notre tante, N. A. Fadeew : « Dis-moi, ma chère amie, t'intéresses-tu aux secrets de la physiologie psychique ? Ce que je suis sur le point de te confier recouvre une problématique assez intéressante pour un étudiant en physiologie. Nous avons récemment formé, parmi les membres de notre petite société, ceux qui ambitionnent d'étudier les langues orientales, la nature abstraite des choses, ainsi que les pouvoirs spirituels de l'homme, et les leçons semblent bien assimilées chez certains d'entre eux. C'est par exemple le cas du professeur Wilder, archéologue orientaliste, ainsi que de divers membres qui me soumettent des questions scientifiques et m'assurent que je suis bien plus aguerrie qu'eux pour ce qui est des sciences abstraites et positives, de même que je suis plus

---

1. Devin de la mythologie grecque qui apparaît dans l'Illiade.

familière des langues anciennes. Voilà une chose difficile à comprendre, mais qui n'en demeure pas moins vraie ! Eh bien ! Que dis-tu de cela, toi qui fus autrefois ma compagne d'études ? Explique-moi, je te prie, comment il est possible que moi, qui, comme tu le sais bien, me trouvais dans un état d'ignorance crasse jusqu'à l'âge de quarante ans, je sois soudainement devenue une *savante*, un modèle d'érudition aux yeux des *savants* véritables ? Il s'agit là d'un mystère absolu. À dire vrai, je suis une énigme psychologique, un sphinx et un mystère pour les générations futures aussi bien que pour moi-même.

Imagine-toi, chère amie, ma "pauvre personne" qui n'apprenait jamais rien, qui n'était nantie d'aucun savoir, que ce soit en chimie, en zoologie ou en physique, et qui ne connaissait presque rien à l'histoire ou la géographie, cette même " pauvre personne " menant elle-même des débats, sur des sujets savants, avec des professeurs et des docteurs en sciences de premier plan, et qui, non contente de pouvoir les contredire, parvient à les convaincre ! Tu as ma parole lorsque je te dis que j'en suis effrayée ! Oui, j'en suis effrayée, car je ne comprends pas ce qui se passe ! Comment expliques-tu que tout ce que je lis me fait l'effet de le savoir depuis toujours ? Je relève des erreurs présentes dans les articles d'éminents scientifiques tels que Tyndall, Herbert Spencer, Huxley et bien d'autres. Je m'exprime avec conviction concernant les points de vue défendus par des théologiens érudits, et il s'avère que j'ai raison. D'où provient cette connaissance ? Je ne peux le dire, et je suis parfois tentée de penser que mon esprit, ma propre âme, ne m'appartient plus. »

Quand son ouvrage, *Isis dévoilée*[1], fut imprimé à grand tirage, il fut lu et commenté dans les journaux. Elle nous envoya les critiques qui étaient des plus flatteuses et confortaient à nos yeux la réputation littéraire dont elle jouissait. Toutefois, elles contenaient des révélations si déroutantes, que nous continuâmes à nous faire du mauvais sang pour elle. Les affirmations d'Olcott, de Judge, le président de la section américaine de la Société théosophique, de divers journalistes du *Herald* et du *Times* de New York ainsi que d'autres journaux, évoquaient un phénomène extraordinaire. Nous en parlerons plus loin. Je conclurai ce chapitre en disant que, indépendamment de la piètre opinion que Madame Blavatsky elle-même se faisait de son premier grand ouvrage, qu'elle considérait comme étant mal écrit, obscur, ne présentant pas une progression très claire, elle montrait une grande considération pour les triomphes et les honneurs qui lui étaient rendus. Au-delà des innombrables articles que fit fleurir la parution de ce livre, elle eut l'honneur de recevoir, dans la foulée, deux diplômes ainsi qu'une multitude de lettres provenant de scientifiques aussi renommés que Layman, John Draper ou encore Alfred Russel Wallace. Ce dernier, parmi d'autres, lui écrivit ceci : « Je suis véritablement frappé, Madame, par votre profonde érudition. Je dois vous remercier d'avoir ouvert mes yeux à un monde de choses dont je n'avais jusqu'alors pas idée d'un point de vue que vous désignez à la science, et qui donnent des explications à des problèmes qui sem-

1. Premier ouvrage d'Héléna, censé apporter au monde les principes essentiels de tous les systèmes philosophiques de jadis.

blaient insolubles. »

Les diplômes étaient envoyés par des loges maçonniques d'Angleterre et de Varanasi, Société de Svat-Bai, qui lui reconnaissaient le droit d'accéder aux grades supérieurs de leurs fraternités. Le premier était assorti d'une Rose-Croix en rubis, et le second d'une ancienne et inestimable copie de la Bhagavad Gita, la Bible de l'Inde. Mais le plus notable reste le fait que le révérend docteur de l'Église Épiscopale de l'Université de New York prit son livre, *Isis dévoilée*, pour en faire la matière de ses sermons. Durant plusieurs dimanches au cours desquels il dirigea l'office, le révérend McKerty, puisant ses thématiques dans le troisième chapitre du premier volume, instruisit ses paroissiens en jetant la foudre et l'opprobre sur les disciples matérialistes d'Auguste Comte et consorts.

H.P. Blavatsky demeura une patriote russe exemplaire jusqu'au jour de sa mort. La bienveillance et l'approbation de ses compatriotes furent toujours les lauriers qu'elle convoitait, et qui revêtaient une valeur suprême à ses yeux. Ses travaux, frappés par la censure en Russie, bien qu'inaccessibles à la compréhension de la majorité du peuple du fait qu'ils étaient écrits en anglais, langue peu répandue en Russie, étaient lus par peu de monde. L'honneur n'en était que plus grand, quand ceux qui les avaient lus les commentaient, en toute indépendance, dans des termes analogues à ceux du révérend archevêque Aivasovsky[1], frère de notre célèbre peintre, ou du fils de notre illustre historien Serge Solovioff, le célèbre romancier Vsevolod Solovioff.

Aivasovsky me demanda de lui envoyer *Isis dévoilée*, ainsi que l'ouvrage d'Olcott *Le peuple de l'autre monde*. Après avoir lu les deux, il m'écrivit qu'à ses yeux « il n'y avait jamais eu et [qu']il ne pourrait jamais y avoir de phénomène plus puissant que l'écriture d'un ouvrage tel qu'*Isis dévoilée* par une femme, en l'espace de quelques mois, alors que dix ans, dans l'ordre naturel des choses, suffiraient à peine à un scientifique pour abattre un tel travail ».

L'opinion formulée ci-dessous est celle de M. Vs Solovioff, tirée d'une lettre de sa main datée du 7 juillet 1884, qui fait suite à sa lecture de la traduction manuscrite en français de l'ouvrage en question.

« J'ai lu la seconde partie d'*Isis dévoilée*, et je suis désormais pleinement convaincu qu'il s'agit là d'un véritable prodige. »

Ils en convenaient donc ! M. Solovioff et l'archevêque Aivasovsky m'avaient tous deux souvent confié qu'il leur paraissait inutile de parler d'autres miracles de ma sœur après celui qu'elle avait accompli en écrivant ce livre.

Au regard de ces phénomènes, qualifiés de supercheries naturelles, psychologiques, pour reprendre les termes de H.P. Blavatsky qui les évoquait avec indifférence et dédain, il eut mieux valu pour elle, comme pour sa Société, qu'on en parlât moins voire pas du tout. Ses deux fervents amis, en publiant des ouvrages tels que *Le monde occulte* de M. Sinnett, ne lui rendirent pas service. Loin d'accroître sa renommée comme ils l'espéraient, les histoires de merveilles, traitées par les fondateurs de la

---

1. Peintre russe d'origine arménienne, un des maîtres de la peinture marine.

Société théosophique, lui firent un grand tort, amenant les plus sceptiques comme les plus sensés à les qualifier de supercheries et à l'accuser de charlatanisme.

• • • • • • • •

Toutes ces histoires racontées par Olcott, Judge, Sinnett et par beaucoup d'autres, à propos d'objets crées à partir de rien, de dessins qu'elle faisait apparaître par le simple fait de poser ses mains sur une feuille de papier blanc, d'apparitions de personnes qui étaient mortes ou absentes, ou de multiples objets qui avaient été perdus depuis de nombreuses années et retrouvés dans des parterres de fleurs ou dans des coussins, n'étayaient en rien la réputation de Madame Blavatsky et de sa Société ; au contraire, ils donnaient du grain à moudre à ses ennemis, comme autant de preuves de mauvaise foi et d'erreur. Le monde dans son ensemble est animé de phénomènes plus ou moins convaincants, mais il y aura toujours plus d'incrédules que de croyants, et plus de traîtres que de personnes de bonne foi. Le nombre de membres passionnés de la Société théosophique et de fervents amis de Madame Blavatsky, qui devinrent ses ennemis les plus acharnés du fait de l'échec de leurs espoirs intéressés le confirme une fois de plus…

Toujours indifférente quant à l'incrédulité devant les phénomènes matériels déconcertants, H.P. Blavatsky ressentait un profond besoin de confiance en ses facultés psychiques, en ses pouvoirs de clairvoyance, et en cette qualité d'intuition mentale qui se manifestait en elle lorsqu'elle écrivait ou débattait de sujets sérieux. En 1875, elle nous écrivit donc, se référant à cette invasion de son être moral par une force extérieure : « C'est évident qu'il est compliqué pour vous de concevoir ce phénomène psychique, malgré le fait qu'il y a des précédents historiques. Si vous admettez que l'âme humaine, l'âme vitale, l'esprit pur, est composée d'une substance qui est indépendante de l'organisme, et qu'elle n'est pas indissociable de nos organes internes, que cette âme qui appartient à tous les êtres vivants, autant aux organismes unicellulaires qu'à l'éléphant, ainsi qu'à chacun d'entre nous, ne doit pas être distinguée de notre ombre, qui forme la base presque toujours invisible de son enveloppe charnelle, sauf dans la mesure où elle est plus ou moins illuminée par l'essence divine de notre esprit immortel, vous admettrez alors qu'elle est capable d'agir indépendamment de notre corps. Essayez de réaliser cela, et nombre de choses jusqu'ici incompréhensibles deviendront claires. Il se trouve que cela était notoire dans l'Antiquité. L'âme humaine, le cinquième principe de l'être, récupère une portion de son indépendance dans le corps d'un non-initié pendant la période de sommeil ; dans le cas d'un adepte initié, elle se trouve dans cet état en permanence. Saint-Paul, le seul apôtre initié aux mystères ésotériques de la Grèce – ne dit-il pas, en parlant de son ascension au troisième paradis : « dans le corps ou en dehors du corps, il est incapable de le déterminer, Dieu seul le sait ». De la même manière, la servante Rhoda dit, lorsqu'elle voit Saint-Pierre : « ce n'est pas lui, c'est son "ange", c'est-à-dire son double, son ombre. Une fois encore, dans les Actes des apôtres (VIII. 39), lorsque l'Esprit saint, la force divine, s'empare de Saint-Philippe et l'emporte, est-ce en vérité le lui corporel et vivant qui est emporté au loin ? Il s'agissait de son âme et de son double, de son réel « égo ». Lisez Plutarque, Apulée, Jamblique. Vous y trouverez de nombreuses allusions à ces faits sinon des affirmations, que les initiés n'ont pas le droit de faire… affirmations selon lesquelles les médiums produisent inconsciemment, sous l'influence des forces extérieures provoquées pendant le sommeil, les adeptes, eux, le font consciemment, travaillant selon des méthodes éprouvées… voilà tout !

C'est ainsi que ma sœur nous expliqua les visites de son maître, qui non seulement l'instruisit, mais lui fit aussi des suggestions par son intuition, du haut de sa vaste sagesse, mais alla jusqu'à entrer dans son corps astral pour les voir, elle, le colonel Olcott et bien d'autres encore.

En 1885 par exemple, Mahatma Morya apparut à M. Vsevolod Solovioff, avec qui il eut une conversation, et qui décrivit ce qui arrivait à de nombreuses personnes, avec l'éloquence dont il était coutumier. Quant à moi, cependant, je ne les ai jamais vus, néanmoins je n'ai pas le droit de douter de leur existence, relatée par des gens dont la sincérité ne peut être mise en doute. Ces apparitions m'ont tout de même toujours paru très problématiques, et je n'ai jamais hésité à faire part à ma sœur de mon opinion, ce à quoi elle répondit : « Comme tu veux ma chérie… Je te souhaite de réviser ton jugement ».

Pendant la guerre entre la Russie et la Turquie, Héléna Petrovna n'eut pas un instant de répit. Toutes ses lettres écrites en 1876 et 1877 sont pleines des craintes qu'elle éprouvait pour ses compatriotes, de peurs pour la sécurité des membres de sa famille qui s'y trouvaient activement engagés. Elle oublia ses articles antimatérialistes et antispiritualistes, et orienta ses foudres contre les ennemis de la nation russe ; non pas envers nos ennemis eux-mêmes, qui étaient également à plaindre, mais envers les hypocrites malveillants, envers leur sympathie simulée pour la Turquie, leur politique jésuite qui était une offense à tous les chrétiens. Lorsqu'elle entendit parler du célèbre discours de Pie IX, dans lequel il enseignait aux fidèles que « la main de Dieu pouvait guider le cimeterre des Bachi-bouzouks[1] vers l'émergence du schisme », et dans lequel il donna sa bénédiction aux forces mahométanes lorsqu'elles s'en prirent aux infidèles orthodoxes de l'Église grecque, Héléna tomba malade. Elle s'emporta alors en une série de satires si envenimées et ingénieuses, que toute la presse américaine et tous les journaux antipapistes y prêtèrent attention ; et le nonce apostolique à New York, le cardinal écossais MacKlosky, jugea alors qu'il était avisé d'envoyer un prêtre parlementer avec elle. Cela ne s'avéra pas concluant, cependant, Mme Blavatsky souleva qu'elle allait rapporter l'évènement dans son prochain article, en disant qu'elle avait supplié le Prélat d'avoir la bonté de s'entre-

---

1. Cavalier mercenaire de l'armée ottomane.

tenir avec elle par voie de presse, et qu'elle lui répondrait alors très certainement.

Nous lui envoyâmes un poème de Tourgueniev, intitulé Croquet à Windsor, qui mettait en scène la reine Victoria et sa Cour jouant au croquet avec les têtes sanguinolentes des Slaves en guise de boules. Elle le traduisit rapidement, et c'est dans le *New York Herald*, si je ne fais pas erreur, que le poème fut d'abord publié.

En octobre 1876, H.P. Blavatsky apporta de nouvelles preuves de ses pouvoirs de clairvoyance. Elle eut une vision de ce qui était en train de se produire dans le Caucase, à la frontière avec la Turquie, où son cousin Alexander Witte, Commandant du régiment des dragons de Nijni Novgorod, échappa de peu à la mort. Elle mentionna le fait dans l'une de ses lettres à ses proches. Comme elle nous avait souvent décrit auparavant des apparitions de personnes qui l'avaient avertie de leur mort des semaines avant que les informations aient pu être reçues par voie ordinaire, nous n'étions pas véritablement surpris.

Tout ce qu'elle reçut comme argent pendant la guerre, fruit de ses articles dans les journaux russes, et les premiers paiements qu'elle reçut de son éditeur, fut envoyé à Odessa et Tiflis[1], au profit des soldats blessés ou de leurs familles, ou encore à la Société de la croix rouge.

Au printemps 1878, quelque chose d'étrange arriva à Madame Blavatsky. Après s'être levée et préparée à travailler, un matin, comme à son habitude, elle perdit soudain connaissance et ne revint pas à elle avant cinq jours. Son état de léthargie était si profond qu'elle aurait pu être enterrée sans un télégramme provenant de celui qu'elle appelait maître, reçu par le colonel Olcott et sa sœur, qui étaient avec elle à ce moment-là. Le message disait : « N'ayez crainte, elle n'est ni morte ni malade, mais elle a besoin de repos ; elle s'est surmenée… Elle va se rétablir ». Elle se rétablit effectivement et se sentit si bien qu'elle ne put croire qu'elle avait dormi cinq jours durant. Peu de temps après ce sommeil, H.P. Blavatsky se mit en tête d'aller en Inde.

La Société théosophique était dès lors dûment mise en place à New York. Ses trois principes majeurs étaient alors les mêmes que ceux d'aujourd'hui : (1) l'organisation d'une fraternité universelle, sans distinction de race, de principes ni de position sociale, dans laquelle les membres s'engageaient à s'efforcer d'atteindre un perfectionnement moral, à la fois pour eux-mêmes et pour les autres ; (2) l'étude commune des sciences orientales, des langues et de la littérature ; (3) la recherche sur les lois de la nature et les pouvoirs psychologiques de l'homme, encore inconnus de la science, cette dernière clause étant optionnelle. En fait, seule la première est considérée comme étant le lien qui unissait tous les membres de la Société, les deux autres n'ayant pas fait l'objet d'une attention analogue.

Le travail de Madame Blavatsky et du colonel Olcott était, en Amérique, confié au soin du plus passionné et dévoué de leurs disciples, M. William Q. Judge, qui est à l'heure actuelle vice-président de la Société théosophique. Quant aux fonda-

---

1. Villes de Russie.

teurs, ils partirent en automne 1878 pour l'Inde.

À les en croire, ils avaient pour ordre de leurs maîtres, des guides et des protecteurs du mouvement théosophique, de travailler sur place et en collaboration avec un certain Dayanand Sarasvati, un prédicateur hindou qui enseignait le monothéisme et fut appelé le Luther des Indes.

⁂

Le 17 février 1879, après un long séjour à Londres au cours duquel ils formèrent le noyau central de leur fraternité, toujours vivace à l'époque, Madame Blavatsky et le colonel Olcott arrivèrent à Bombay.

Là-bas, la société Arya Somaj, dont Swami Dyanand était le chef spirituel, organisa en leur honneur une réception, que les journaux anglo-indiens évoquèrent dans leurs colonnes, et que H.P. Blavatsky elle-même relata dans son ouvrage, *Exploration des grottes et des jungles de l'Hindoustan*[1], ainsi que dans les lettres qu'elle écrivit à ce moment-là ; l'extrait suivant, assez cocasse, est tiré de l'une d'elles :

« Imaginez les représentants de la Société accourir pour nous accueillir sur notre navire, avec des guirlandes de fleurs et accompagnés par un orchestre soufflant dans des trompettes et des cornes ; à peine eurent-ils embarqué que nous fûmes encerclés. Je m'irritais et riais tout à la fois en pensant au spectacle que nous offrions à tous ces oisifs rassemblés sur le pont et le quai. Le colonel ressemblait à un 'bœuf joufflu' un jour de carnaval italien, et je ressemblais moi-même plus à un ballon de baudruche décoré de roses et de lis qu'autre chose. Ainsi accoutrés, nous fûmes conduits, l'orchestre et tout le toutime, jusqu'au lieu de débarquement. Là-bas nous attendait une autre surprise !, un ballet de danseurs indigènes dans une tenue presque identique à celle de la Reine Pomare, qui se caractérise principalement par son absence ; … Ils se mirent immédiatement à danser autour de nous, nous encerclant de nudité et de fleurs qu'ils lançaient à nos pieds, tout cela pour nous mener vers – une calèche, crois-tu ?… Hélas ! vers un éléphant blanc ! Grands dieux ! Comme il me coûta de monter sur le dos de ce colosse agenouillé en me servant des épaules et des dos nus des coolies comme d'une sorte d'échelle vivante… Je m'agrippai aux colonnes du howdah[2] pour ne pas tomber, quand l'énorme animal se mit debout. Nos compagnons – plus chanceux que nous ne l'étions – montèrent dans des palanquins, et furent portés par ces mêmes coolies[3], les bêtes de somme du pays. De là, escortés par une fanfare et des percussions ainsi qu'une foule curieuse et riante, nous fûmes conduits, tels des « singes savants » ou des acrobates de foire, vers la maison apprêtée pour nos humbles personnes par les membres par trop hospitaliers de l'Arya Somaj. »

1. Région du nord, nord-ouest du sous-continent indien.
2. Sorte de bât ou palanquin, mais porté par un éléphant et non par un mulet ou des hommes.
3. Terme désignant au XIXe siècle les travailleurs agricoles d'origine asiatique.

En dépit de l'accueil grandiose qu'ils avaient réservé à leurs visiteurs, leur vie était d'abord une vie de labeur. Ils travaillaient dix-huit heures par jour. Olcott passa la majeure partie de l'année à voyager et à développer les sections de la Société théosophique, qui s'implanta bien vite dans le sol fertile des croyances orientales, et ce fut à peine si Madame Blavatsky quitta son bureau : elle travaillait nuit et jour sur le contenu de leur futur journal, *Le théosophe*, dont les premiers articles parurent cette même année, ainsi qu'à la publication d'articles dans les journaux anglais, américains et russes, afin d'améliorer leur quotidien. Dès leurs débuts, ils furent harcelés par l'administration anglo-indienne qui les avait pris en grippe et les avait mis sur liste noire, les suspectant d'espionnage et de propagande en faveur du gouvernement russe.

Il convient de garder à l'esprit que, lors de cette période même, l'Angleterre était en émoi quant au sort de l'Afghanistan, en raison du succès qu'avait rencontré l'armement russe dans les régions transcaspiennes. Jamais les Anglais n'avaient été atteints d'un tel manque de confiance ni d'une telle russophobie. Les pauvres théosophes protestèrent et tentèrent en vain de convaincre les autorités que leur mouvement était purement philosophique et n'avait strictement rien à voir avec la politique. Ils furent placés sous surveillance policière et tous leurs gestes furent épiés, leur correspondance ouverte… Et le gouvernement de la reine Victoria ne fut pas déçu, car H.P. Blavatsky, loin de s'autocensurer, ne fit que jeter de l'huile sur le feu sans se priver dans ses écrits, et les agents durent avoir souvent le plaisir de lire dans ces lettres des vérités crues sur leur pays, ce qui dut probablement mettre leur orgueil à rude épreuve… Pour finir, des amis qu'elle s'était faits à Londres et dans la presse s'emparèrent de l'affaire, et la surveillance policière prit fin, ce que l'on doit sans doute principalement à une lettre de lord Lindsay, un camarade de la Royal Society et président de la Société Astronomique de Londres, adressée à lord Lytton, le vice-roi d'Inde, dont la honte l'empêcha de persécuter plus longtemps une femme et ses collègues engagés dans des études à caractère spirituel et moral.

Malgré les préjugés à son encontre au sein de la société anglo-indienne, Madame Blavatsky se fit tout de même quelques amis parmi ses membres, en particulier les passionnés de littérature qui partageaient ses centres d'intérêt. Bientôt, elle fut conviée aux réceptions des personnages les plus éminents du pays, à plus forte raison après la publication dans le *Pionnier* et le *Miroir de l'Inde,* le premier étant un organe du gouvernement, d'un discours que tint le vice-roi, Lord Lytton, à son sujet, lors d'un dîner officiel, après avoir lu ses travaux ; et voici les propos qu'il tint :

« Je ne connais qu'une seule personne au monde capable de soutenir la comparaison avec l'auteur de *Zanoni*, le père de lord Lytton, dans le champ des sciences abstraites, il s'agit de Madame Blavatsky. »

Les entrevues, les dîners, les bals et autres contraintes sociales étaient extrêmement pénibles pour Héléna Petrovna, mais elle fit de son mieux pour s'y plier, dans l'intérêt de sa Société. Elle passait la saison chaude dans les collines et participait quelquefois aux expéditions du colonel, mais la plupart du temps, elle séjournait chez des amis, affairée sans cesse à écrire.

Sur l'invitation de l'un de ses nouveaux amis, l'éditeur du *Pioneer*, M. Sinnett, et de sa femme, elle passa un été à Simla. Ce fut là-bas que Madame Blavatsky commit la terrible erreur de provoquer, en la présence de plusieurs personnes qui l'en avaient priée, certains phénomènes. Et M. Sinnett commit l'imprudence de faire le récit de ces évènements dans son journal et de publier ces « faits », en lesquels il avait une foi absolue, dans son célèbre ouvrage *Le monde occulte*. Cela donna lieu à d'interminables débats. Le clergé s'opposa, non sans raison, à « cette propagande antichrétienne, basée sur des jongleries. » Les calomnies à l'encontre des fondateurs de la Société théosophique prirent une ampleur grandissante. Elles allèrent jusqu'à prétendre qu'il s'agissait en fait d'une espionne, voire d'une usurpatrice – « une domestique de feue Madame Blavatsky, morte et enterrée, dont elle avait subtilisé les papiers et endossé l'identité. »

Toutes ces médisances ne firent qu'aggraver la maladie dont elle souffrait cruellement. Elle dut s'en remettre à l'autorité de ses relations et amis en Russie pour prouver son identité. Le Prince A. M. Dondoukoff-Korsakoff, alors Commandant en chef du Caucase, lui écrivit une lettre des plus chaleureuses, en se présentant comme l'un de ses amis de jeunesse, et y inclut un certificat d'identité qui fut publié dans presque tous les journaux anglo-indiens, ce qui fit grand plaisir à ses amis.

Hélas ! Elle avait plus d'ennemis influents que d'amis.

À l'époque, la Société théosophique comptait des milliers de membres parmi les Indiens autochtones dépourvus de pouvoir politique, mais elle avait converti très peu de gens au sein des classes dominantes. La plupart des Anglais, contraints par leur fonction ou leur rang social, se contentèrent de s'intéresser de loin au mouvement et à ses enseignements, mais n'eurent jamais rien voulu avoir à faire avec les diplômes, et autres, et, comme ils ne faisaient pas partie de la Société, ils ne se donnèrent pas la peine de la désavouer lorsqu'elle sombra. Ceux qui souhaitent en savoir plus sur les péripéties d'H.P. Blavatsky pendant son séjour en Inde peuvent lire les témoignages de messieurs Olcott et Sinnett et d'autres témoins oculaires.

Comme de plus en plus de natifs hindouistes et bouddhistes se ralliaient à leur cause, poussés par une fraternité qui prouvait la sincérité de leur foi, les missionnaires fulminèrent jusqu'à en oublier la charité chrétienne. Ils étaient déjà bien conscients que Madame Blavatsky, qu'elle fût honnête ou non, une magicienne ou une conjuratrice, était le cœur même de la Société théosophique. C'est donc à elle qu'ils s'en prirent. Elle ne s'était pas ouvertement convertie au bouddhisme, contrairement au président de la Société, mais elle avait affirmé que toutes les religions étaient égales entre elles et n'en formaient qu'une seule. Voilà pourquoi elle fut considérée comme encore plus dangereuse que le colonel, créateur d'un catéchisme bouddhiste approuvé par Sumangala, le Haut-Prêtre de Ceylan. C'est donc à partir de ce moment qu'elle devint la cible de tous les ennemis de la Théosophie et le bouc émissaire de la Société.

Avec les effets conjugués de dix-huit heures sur vingt-quatre de travail par jour, des quolibets, une inquiétude permanente, la pression mentale s'ajoutèrent à sa maladie chronique aggravée par des conditions climatiques défavorables, elle finit par frôler la mort. Durant les cinq années de son séjour en Inde, H.P. Blavatsky n'eut pas moins de quatre crises, d'une telle gravité qu'à chaque fois, les meilleurs médecins de Bombay et de Madras déclarèrent qu'elle n'avait aucune chance d'en réchapper ; mais au dernier moment, une aide inhabituelle, que personne n'avait demandée, lui était toujours apportée. Une fois, ce fut un médecin autochtone, une autre, un Yogi Brahmin, ou un « pauvre paria » amaigri par le jeûne et par une vie d'ascète. Ils vinrent sans qu'on les ait fait mander, et offrirent leurs remèdes, qui s'avérèrent efficaces. Puis, au moment annoncé, elle sombra dans un profond sommeil qui, d'après les médecins européens, aurait dû être son dernier repos. Pourtant, elle s'éveilla de ce long sommeil en parfaite santé, comme si de rien n'était. En deux occasions cependant, les choses se déroulèrent autrement. Des individus étranges, que personne ne connaissait et dont on n'avait point réclamé la visite, vinrent prendre le relais et l'emmenèrent on ne sait où.

De nombreux témoignages, ainsi que ses propres lettres, en attestent sans équivoque. J'ai sous les yeux l'une d'entre elles, qu'elle n'a malheureusement pas datée, car elle avait pour habitude, dans les courriers qu'elle nous envoyait, à sa tante et à moi, de ne pas s'en soucier. Dans cette lettre, elle relate une terrible période de maladie ; un « chela », disciple des maîtres et étudiant en sciences occultes, lui avait apporté une missive de la part d'un des Adeptes, qui lui ordonnait de le suivre, et elle nous pria de ne pas nous faire de souci pour elle si elle n'envoyait plus de lettres, car sa destination était si éloignée des bureaux de poste et des télégraphes, qu'elle serait longtemps contrainte au silence.

Voici une autre lettre, expédiée depuis Meerut, un peu plus loin qu'Allahabad. Elle a été écrite en mai 1881, à la suite d'une terrible crise de la maladie, au sujet de laquelle l'entourage d'H.P. Blavatsky nous avait informés et nous avait prévenus qu'il fallait nous attendre au pire. Les amis d'Héléna Petrovna l'emmenaient à la campagne – elle était en convalescence, mais toujours dans un état d'extrême faiblesse – lorsqu'elle reçut l'« ordre » de quitter les routes principales et de se mettre en route vers la montagne.

« Vous y trouverez certaines personnes, lui disait-on, qui vous guideront depuis la jungle jusqu'aux forêts ancestrales du Deoband[1]. » Mais, à mi-chemin, elle eut un accident qui provoqua une nouvelle rechute. Voici quelques lignes de la lettre qu'elle m'envoya trois semaines plus tard :

« J'ai perdu connaissance et je n'ai aucun souvenir de ce qu'il s'est passé, ni d'où je me trouvais. Tout ce que je sais, c'est que je me trouvais dans un palanquin dans lequel j'étais étendue de tout mon long, très en hauteur. Je ne suis revenue à moi

---

1. Ville et municipalité du district de Saharanpur, dans l'état de l'Uttar Pradesh, en Inde.

que le soir suivant, d'après ce que l'on m'a dit, et pour très peu de temps. Je me suis retrouvée allongée dans une vaste chambre taillée dans la roche solide et totalement vide, sauf si les statues de Bouddha sur les côtés et les braseros allumés autour de mon lit, dans lesquels des récipients laissaient échapper de délicates effluves pouvaient être considérés comme des meubles. Un vieil homme au teint blafard était penché sur moi, et passait les mains au-dessus de mon corps en un geste magnétique qui me procurait une indicible sensation de bien-être. J'eus à peine le temps de reconnaître Delo-Durgai, le vieux lama du Tibet que j'avais rencontré sur la route quelques jours plus tôt, et qui m'avait dit que nous nous reverrions bientôt. »

Elle faisait référence à sa lettre précédente, dans laquelle elle évoquait leur rencontre.

Après avoir reconnu le lama tibétain, ma sœur sombra à nouveau dans un sommeil énigmatique et ne se réveilla pas avant de se retrouver à nouveau au pied de la montagne, dans le village où ses amis européens l'attendaient.

Il ne fut jamais permis aux Anglais, ni même aux Indiens de naissance de la suivre au cours de l'un de ces voyages secrets qui la menaient, supposait-on, vers ses maîtres. En dépit de cette supposition faite par son entourage, elle ne nous parla jamais de ces visites dans ses courriers ; néanmoins, je suis tombée sur l'une de ses premières lettres, très intéressante, écrite en 1879, dans laquelle elle évoque la présence de Mahatma Morya au cours de l'un de ses voyages avec le colonel Olcott, à travers les voûtes et les ruines de temples anciens.

Au cours du printemps 1881, H.P. Blavatsky tomba très malade lorsqu'elle reçut la terrible nouvelle des évènements du 13 mars de cette année-là en Russie.

« Seigneur miséricordieux ! Quelle horreur ! nous écrivit-elle. La dernière heure de la Russie est-elle venue ?... Ou Satan s'est-il incarné dans la chair de ses enfants, pour causer l'avortement de mon pauvre pays ? Après cet assassinat sans précédent, à quoi faut-il s'attendre encore ? Où sont donc passés les citoyens russes d'autrefois ? Dans quelle direction ma chère Russie est-elle en train de dériver ? Oui, je suis une renégate. Oui, je suis bouddhiste, je suis une athée – une républicaine d'après vous – mais je suis affligée, véritablement affligée par une telle monstruosité ! Oh ! comme je les plains tous, notre pauvre tsar, sa famille en deuil, la Russie toute entière !

Que Dieu maudisse ces monstres, ces nihilistes, ces fous sans scrupules !

Tu vas sans doute rire de moi, la républicaine, l'esprit fort, qui s'est affranchie des préjugés de son pays ; mais en cet instant de consternation totale, je ressens tant de honte envers mes compatriotes, tant de peine pour la victime de leur folie barbare, tant de désespoir que je mets au défi le plus fidèle sujet de nos tsars, qui n'a jamais quitté sa mère patrie, de souffrir davantage que je ne souffre. »

Et elle le prouva en tombant malade.

Son journal, *Le théosophe*, était encadré par une bordure noire. Cette attention des plus délicates venait du président de la Société théosophique, car Madame Blavatsky elle-même était bien loin d'être en état de s'attacher à des considérations de cet ordre. À peine s'était-elle remise de ses premiers émois, qu'elle se mit à l'écriture d'un magnifique article pour *Le pionnier*, relatant tous les actes de bravoure, d'humanité et de gentillesse, dispensés par Alexandre II ; et elle eut le bonheur de constater que toute la presse anglo-indienne se faisait l'écho de ses propos. En réponse aux remarques acerbes de deux institutions religieuses qui parlaient de « la citoyenne américaine et son journal endeuillé par la mort d'un autocrate », H.P. Blavatsky publia une lettre ouverte dans *La gazette de Bombay*, et les autres journaux la diffusèrent également dans leurs colonnes.

« Mes bons amis commettent une erreur, écrivit-elle ; ce n'est pas en tant que sujet du "Tsar de toutes les Russies" que je suis en deuil, mais en tant que citoyenne russe par la naissance, comme une seule unité parmi mes milliers de compatriotes, que cet homme bon et clément a gratifiés de mille bienfaits, et qui sont tous en deuil. Ainsi, je souhaite témoigner ma sympathie, mon respect et mon chagrin le plus sincère pour la mort du tsar, de mes semblables, de mes frères et sœurs Russes, qui me seront toujours chers, jusqu'à mon dernier souffle ! »

Au cours de l'hiver qui joignit les années 1881 et 1882, la communauté des théosophes déménagea ses locaux de Bombay à Adyar, dans une propriété aux environs de la ville de Madras, achetée grâce aux contributions de tous les membres qui souhaitaient offrir des quartiers permanents à ses fondateurs et à son personnel. C'est là-bas que le président vécut, jusqu'à nos jours, et c'est également là-bas que Madame Blavatsky passa ses deux dernières années en Inde. C'est là-bas que fut célébré, la même année, avec une solennité toute particulière, le septième anniversaire de la création de la Société – je parle de « solennité particulière », car le nombre sept est très important selon les croyances théosophiques et comme ce type d'anniversaire est très courant à Adyar, à New York et à Londres, ceux qui ont un rapport avec ce nombre sont doublement fêtés.

Durant leurs fréquents voyages, le colonel Olcott et Madame Blavatsky furent toujours accueillis en grande pompe dans tous les pays par lesquels ils passèrent. Tous les hindouistes les adulaient, en partie parce qu'en traduisant des livres en sanscrit appartenant à l'ancienne littérature aryenne[1], ils avaient largement contribué à les populariser, en partie pour leurs efforts destinés à effacer les barrières entre les castes, et aussi pour avoir lutté contre le mépris infondé des Anglo-Indiens à l'égard des autochtones et même des pandits, les érudits. Ces actions de la Société, d'après les autochtones, avaient rencontré un remarquable succès. Nulle part, cependant, les théosophes ne furent fêtés comme ce fut le cas à Ceylan. À chacune de leurs visites, le peuple bouddhiste était en fête. Sous la direction de leurs prêtres, ils leur organisaient toujours un accueil triomphal.

C'était pour les Cingalais que le président prévît un voyage en Europe, tout spécialement jusqu'à Londres, pour présenter une requête en leur faveur auprès du Parlement.

1. NDT : Ce terme désigne ici non pas la race supérieure prônée par le nazisme, mais la noblesse indo-iranienne.

Ce n'est que vers la fin de l'année 1883 qu'H.P. Blavatsky se trouva en meilleure santé, grâce à un climat plus favorable et au fait qu'elle vivait dans une maison de bonne facture. Néanmoins, son état de santé laissait beaucoup à désirer, et tous ses médecins tombèrent d'accord pour dire qu'un changement de climat, même temporaire, lui ferait le plus grand bien. Il fut donc décidé qu'elle accompagnerait le président, et à partir de là, Héléna commença à nourrir le dessein de rendre visite à ses proches. Elle nous écrivit immédiatement, puis au mois de décembre, elle quitta Bombay.

Avant de quitter la côte indienne, ma sœur eut toutefois trois visions consécutives lui annonçant la mort de son oncle, le général Rostislav Fadeew, qui mourut à ce moment précis à Odessa.

Comme nous savions qu'elle était sur le point de partir et que nous étions nous-mêmes trop affligés par cette terrible perte, sa tante et moi nous abstînmes de l'en informer. Elle ignora que son oncle était malade, jusqu'au moment où il vint lui-même lui annoncer que ses souffrances touchaient à leur fin.

Les deux ou trois lettres de Madame Blavatsky datées de début janvier 1884 – le général Fadeew étant décédé le 29 décembre – prouvèrent sans doute possible la véracité de ces visions, tandis que les mots d'outre-tombe qu'elle entendit prononcer par cet homme, tenu en grande estime par tous ceux qui l'avaient connu, eurent pour elle une résonnance toute particulière.

Elle croyait de manière implicite en l'authenticité et l'importance de ce type de visions, qu'elle n'avait pas elle-même provoquées, mais qui furent suscitées par la volonté du défunt. Elle en avait eu toute sa vie, et presque tous les membres de notre famille avaient ce même don.

∙ ∙ ∙ ∙ ∙ ∙ ∙ ∙

Dès son arrivée en Europe, H.P. Blavatsky fut submergée d'invitations. Tous les théosophes, que ce soit à Londres ou à Paris, et ses amis dans tous les pays, tous voulaient l'accueillir chez eux. Mais elle ne voulait voir que les membres de sa famille proche. Et à cet effet, après s'être reposée à Nice dans la maison de la duchesse de Pomar, Lady Caithness, présidente de la branche de l'est et de l'ouest de la Société théosophique de Paris, elle s'installa dans un petit appartement à Paris, afin de pouvoir nous accueillir ma tante et moi sous son propre toit, sachant que nous n'aurions jamais pu accepter aucune autre hospitalité. Beaucoup plus harcelée par des journalistes et des curieux que par des amis ou des gens sérieusement intéressés par ses enseignements, elle accepta l'invitation de M. et Mme d'Adhémar, qui possédaient une magnifique villa près d'Enghien, et s'en alla passer une quinzaine de jours à la campagne. Dans le numéro du magazine de juillet 1891 du magazine Lucifer, magazine fondé par H.P. Blavatsky à Londres, se trouve une délicieuse lettre de la comtesse d'Adhémar, dans laquelle elle fait état de ses souvenirs du phénomène musical produit par madame Blavatsky en présence de plusieurs personnes, au cours de cette visite.

Je regrette que les limites de cet article m'empêchent de citer longuement cette lettre, et aussi bien d'autres, qui seraient sans doute beaucoup plus convaincantes pour mes lecteurs que les témoignages d'une sœur. J'espère cependant pouvoir le faire plus tard, ne serait-ce que pour détromper le public sur les accusations mensongères portées contre Mme Blavatsky par des personnes mal intentionnées, qui, pour la plupart, n'étaient que d'anciens élèves déçus, qui espéraient en vain quelques résultats miraculeux immédiats, et qui devinrent ses ennemis acharnés.

Il y avait toujours assez de gens stupides, qui s'attendaient à recevoir des dons occultes à la demande, et des mercenaires prêts à prêter assistance et à encourager H.P. Blavatsky, en échange de sommes plus ou moins importantes. Aussitôt que ceux-ci se rendirent compte qu'elle n'avait ni les moyens ni la volonté de les payer, que ce soit avec de l'argent ou en leur conférant des pouvoirs occultes, ils ne perdirent pas de temps et devinrent ses adversaires cruels et trop souvent sans scrupules.

Je passai six semaines, au printemps 1884, avec ma sœur, à Paris. Elle était, à cette époque, toujours entourée par des foules de gens ; pas seulement par ceux qui étaient venus d'Amérique, d'Angleterre ou d'Allemagne dans le but de la rencontrer et de discuter avec elle d'affaires liées à la théosophie, mais également par un grand nombre de Parisiens qui l'assaillaient, intéressés par ses enseignements, et plus particulièrement par les phénomènes.

La Société théosophique en Europe n'était alors qu'à ses débuts. Même à Londres, il n'y avait pas plus de quelques membres sincères et travailleurs, dévoués à la cause ; en Allemagne, il n'y avait même pas une seule branche dûment organisée ; à Paris, il y avait certes deux loges, mais elles ne comprenaient que vingt ou trente membres à elles deux, alors que les « branches mères de New York et d'Adyar » étaient constamment divisées par des dissensions entre leurs membres, ce qui ne présageait rien de bon pour leur prospérité. Cependant, parmi ceux qui visitaient constamment notre maison, au 46, rue Notre-Dame-des-Champs, plusieurs étaient des éminences. Je me souviens y avoir vu beaucoup de savants, de docteurs en médecine et autres sciences, des magnétiseurs et des voyants, et un certain nombre de femmes plus ou moins familiarisées avec la littérature et les sciences abstraites, et parmi eux, se trouvaient nombre de nos compatriotes des deux sexes. Parmi ceux dont je me souviens, citons C. Flammarion, Leymarie, de Baissac, Richet, Évette le magnétiseur, élève et ami du baron Dupotet, et M. Vsevolod Solovioff, l'auteur russe, l'un des visiteurs les plus réguliers et toujours prompt à témoigner de son dévouement à la cause et à la personne de Madame Blavatsky. Parmi les dames figuraient la duchesse de Pomar, la comtesse d'Adhémar, Madame de Barreau, Madame de Morsier, Mademoiselle de Glinka et beaucoup d'autres, aussi bien des Françaises que des Russes, des Anglaises et des Américaines.

Le colonel Olcott et M. le juge, ce dernier arrivé de New York, nous racontèrent d'interminables histoires du plus fabuleux phénomène dont ils avaient été témoins. Nous n'en vîmes cependant aucun sauf quelques-uns ayant trait à la psychologie, exception faite à une ou deux occasions au cours desquelles nous entendîmes des sons harmonieux produits à volonté par Héléna Petrovna. Une autre fois, une lettre scellée fut non seulement lue de façon psychométrique, mais en prime, après avoir dessiné au crayon rouge une flèche et une étoile théosophique sur une feuille de papier, elle fit apparaître les mêmes marques sur un endroit choisi de la lettre scellée, laquelle était contenue dans une enveloppe et pliée en quatre. Cela fut attesté par la signature de six ou sept témoins, parmi lesquels M. Solovioff, qui décrivit ce qui s'était passé dans le journal russe *Rebus* du 1er juillet 1884, sous le titre de «Phénomènes intéressants». Il y en eut également un autre, que je décrivis moi-même à l'époque. Il s'agissait d'une apparition soudaine et d'une disparition tout aussi subite, sans laisser la moindre trace, d'un article de journal russe, publié à Odessa, trois jours avant qu'il n'apparaisse dans l'album de coupures de ma sœur, dans lequel elle avait pour coutume de conserver tout ce qui était publié la concernant. Le matin même, nous avions tous lu cet article avec un grand étonnement, car, les lettres d'Odessa à Paris prenaient de quatre à cinq jours pour nous parvenir, et le soir même, il ne restait pas le moindre fragment de l'article dans l'album, qui était pourtant relié et dont les pages été numérotées. La disparition de l'article en question n'avait pas pour autant interrompu la succession des numéros de pages. À l'exception de ces deux faits tangibles, phénomènes matériels pour ainsi dire, je ne l'ai jamais vue, pour autant que je me souvienne, en produire un autre, si ce ne sont des phénomènes psychologiques, tels que la clairvoyance, la psychométrie et la clairaudience. Pour ma part, je n'ai jamais reçu de lettres des adeptes, et je n'ai jamais entrevu ni eu l'occasion de voir, comme beaucoup d'autres, la moindre apparition, pas plus que des lumières ni des lettres tombant du ciel. Je ne conteste pas leurs dépositions, loin de là ! Je suis tout à fait disposée à les croire, car, telles que je comprends les choses, personne n'a le droit de contester la croyance des autres du seul fait de son ignorance ou de son manque de perception ; mais je ne peux rien avancer en dehors ce qui s'est passé sous mes propres yeux.

Cela ne doit cependant pas m'empêcher de relater les expériences que d'autres, plus chanceux ou plus doués que moi, m'ont racontées. Il serait toutefois impossible de narrer toutes les histoires rapportées par les disciples les plus proches de ma sœur, cela serait d'ailleurs inutile, car toutes les revues théosophiques ont raconté plus d'une fois celles dont messieurs Sinnett, Olcott, le Juge et beaucoup d'autres ont témoigné ; mais je citerai le témoignage de quelqu'un qui n'a pas encore été relayé par la presse anglaise ou française. Je fais allusion aux phénomènes remarquables que M. Vs Solovioff a décrits dans beaucoup de lettres.

Après être resté avec ma sœur au cours du mois de septembre de la même année, à Elberfeld où il est allé la voir, il m'écrivit une longue lettre concernant une entrevue que le Mahatma Morya lui avait accordée, et dans laquelle il évoquait aussi les visions qu'il avait eues avant l'apparition de ce grand adepte. Je ne vais pas décrire ce qui s'est passé en détail puisqu'il envoya un compte rendu au journal de la « Société pour la recherche psychique » à Londres ; voilà toutefois ce qu'il m'écrivit, en réponse à mes questions, quant à l'authenticité de cette apparition, le 21 novembre 1885.

« Voilà un autre fait. J'ai reçu, à Wurtzbourg, dans la même période, une lettre autographe du Mahatma Koot Hoomi, écrite en russe, qui a dû exciter la jalousie de tous les théosophes. Je n'ai nullement été étonné quand j'ai trouvé cette lettre précisément dans le livre que je tenais à la main. J'en avais le pressentiment. Je le savais d'avance ! Ce qui m'a toutefois étonné, c'est qu'il y parlait clairement et brièvement des choses mêmes dont nous discutions à ce moment-là. J'y ai trouvé une réponse précise à ma question du moment précédent, alors que j'étais seul et que personne ne m'avait approché. Même si quelqu'un avait été en mesure d'insérer la lettre dans le livre, cette personne-là aurait dû avoir le pouvoir de contrôler mes pensées, et m'aurait fait prononcer les mots que j'avais formulés alors, pour que j'y trouve la réponse exacte. J'ai souvent observé les mêmes phénomènes dans mon propre cas et dans celui des autres ».

Les pouvoirs occultes de Madame Blavatsky étaient, à n'en pas douter, colossaux. Cependant, personne, pour autant que je sache, ne mit jamais ses facultés sur le compte de la suggestion hypnotique, comme semble le supposer M. Solovioff. En outre, son hypothèse ne peut résister à la critique, dans la mesure où les lettres des Mahatmas et de Mme Blavatsky ont souvent été soumises à l'inspection d'experts, qui ont toujours soutenu que les écritures étaient différentes. Ajoutons à cela que M. Solovioff ne fut pas le seul à recevoir de telles lettres dans des circonstances identiques. Le Dr Hubbe Schleiden, rédacteur en chef du *Sphinx*, ainsi que bien d'autres personnalités qui peuvent le prouver reçurent leurs lettres en l'absence de Madame Blavatsky.

Revenons-en au témoignage de M. Solovioff. Il termine sa lettre du 21 novembre par ces mots : « Quand sa vie touchera à sa fin, une vie qui, j'en suis convaincu, n'est maintenue que par la grâce d'un pouvoir magique, je passerai le reste de la mienne à pleurer pour cette malheureuse et remarquable femme ». Il est en effet bien placé pour le dire, lui qui, plus que tout autre, avait eu la preuve de ses pouvoirs remarquables ! Voici quelques lignes d'une autre de ses lettres, écrite le 22 décembre 1884, à une époque où ma sœur se trouvait déjà en Inde depuis deux mois, tandis qu'il vivait à Paris.

« Une fois mon dîner terminé, je suis allé chercher un cigare dans ma chambre. Je suis monté, j'ai ouvert ma porte, j'ai allumé ma bougie… Qu'ai-je vu ? Votre sœur, Héléna Petrovna, dans sa robe de chambre noire. Elle m'a fait un salut, a souri et a dit : "Me voici !" Puis elle a disparu. Qu'est-ce que cela signifie ? »

À vrai dire, cela ne signifiait absolument rien d'important. Ma sœur voulait seulement rendre une fois pour toutes, dans son corps astral, les fréquentes visites que M. Solovioff lui avait faites à plusieurs reprises à Paris, Elberfeld et Wurtzbourg de son vivant.

Nous quittâmes Paris le même jour, au mois de juin, ma tante N. A. Fadeew et moi, pour Odessa, tandis que Madame Blavatsky partit pour Londres, où elle avait été priée de se rendre instamment. Elle y était pleinement occupée à s'efforcer d'établir une branche permanente de la Société, sous la présidence de M. Sinnett, et sans cesser un instant de souffrir, elle consacra beaucoup de temps à ceux qui venaient la voir par curiosité ainsi qu'aux relations mondaines. Dès le début, elle fut l'objet d'une grande admiration, et de grandes assemblées étaient organisées en son honneur. Au cours de l'une d'elles, près de mille personnes affluèrent dans la salle des Princes, et plus de trois cents personnes lui furent présentées. Parmi ceux dont elle retint l'attention se trouvaient le professeur Crookes, lord Cross, ministre de l'Inde, et son amie et compatriote, Madame Olga Aleksevna Novikoff. Sinnett fit un beau discours, dans lequel il loua les cieux pour l'énergie et la sagesse de Madame Blavatsky, le travail incessant du colonel Olcott ainsi que les beaux principes humanitaires et moraux qui formaient la base de leurs enseignements. Malheureusement, l'état de santé d'H.P. Blavatsky ne lui permit pas de supporter la pression de son travail incessant pas plus que les sollicitations de la société, à quoi il faut ajouter l'émotion causée par la réception de mauvaises nouvelles de Madras. Je fais allusion à la conspiration bien connue de ses derniers serviteurs, le charpentier Coulomb et sa femme, qui vendaient des lettres contrefaites au *Journal du collège chrétien de Madras*, ennemi juré de la Société théosophique et par-dessus tout de sa fondatrice, et qui, en l'absence des maîtres d'Adyar, se mirent au travail pour faire, dans la chambre de Madame Blavatsky, des portes et des placards cachés à faux dos qu'elle n'aurait jamais pu commander, car même si elle avait voulu tromper ses visiteurs par de tels stratagèmes, elle n'aurait pas été assez folle pour faire exécuter ses arrangements secrets en son absence. Toutes ces histoires montées de toutes pièces, bien payées par ses adversaires, débouchèrent sur la triste histoire de l'exposition « des fraudes de Madame Blavatsky, la plus grande imposture de l'époque », pour reprendre les termes du rapport de la Société Psychique de Londres. Ce rapport fut à maintes reprises démonté, de façon exhaustive, par de nombreuses personnes qui, étant profondément versées dans l'occultisme et dans les enseignements théosophiques, enquêtèrent avec diligence sur l'affaire en question. Mais les polémiques, particulièrement celles qui reposent sur des accusations, sont très difficiles à démystifier. Il est clair que les assertions de la Société Psychique, traduites dans toutes les langues, apporteront pour longtemps de l'eau au moulin des ennemis de Madame Blavatsky, tandis que les réfutations de ses disciples dévoués, bien plus au fait de tous les détails de la conspiration, resteront, dans une large mesure, impuissantes à cause de leur manque de notoriété, imputable au fait que leurs publications n'étaient relayées que par des revues théosophiques largement ignorées du grand public.

J'ai dans mon porte-documents toute une série d'articles élogieux écrits par des amis de Madame Blavatsky, qu'aucun journal russe ne voulut publier par crainte des polémiques. En réponse à une allusion à ce même rapport de la Société de Recherche psychique dans le *Novoic Vremia*, un bon nombre de membres de la Société théosophique de Londres, qui avaient démêlé le nœud de cette intrigue, adressèrent une correspondance collective à l'éditeur, mais elle ne fut jamais publiée, et l'article diffamatoire fut maintenu dans les colonnes du journal, tout bonnement fondé sur les calomnies de la Société Psychique.

La malveillance du «Collège Chrétien» alla jusqu'à affirmer que «HP Blavatsky n'oserait jamais retourner en Inde, du fait non seulement de l'argent qu'elle aurait extorqué à ceux qu'elle aurait dupés, mais également à cause de la caisse qu'elle aurait dérobée à sa propre Société théosophique». Elle qui avait ruiné sa santé dans ses efforts pour la Société! Elle qui avait abandonné toute sa fortune et sa vie pour elle! Cette seule déclaration d'une revue dite «chrétienne» suffit à prouver la perfidie de ses adversaires.

Elle se hâta de partir pour l'Inde, ne fût-ce que pour démentir ses persécuteurs. À Ceylan et même à Madras, elle rencontra un accueil chaleureux. Les étudiants des collèges de Madras lui présentèrent une pétition des plus flatteuses, signée par huit cents personnes. Cela constituait certes une démonstration des plus éloquentes, mais elle ne fut en rien consolée des acerbes vexations qu'elle avait essuyées.

La tourmente ne faisait que commencer. Quand Héléna Petrovna prit possession de sa chambre à Adyar, elle poussa des cris d'indignation qui rameutèrent ses compagnons de voyage, M. et Mme Cooper-Oakley; elle avait été frappée de stupeur à la vue de l'étrange travail du charpentier Coulomb. Mme Cooper-Oakley décrivit cette scène et ce qui suivit dans son article de juin 1891 du magazine *Lucifer*, racontant leur voyage de Londres à Madras. En un mot, ses ennemis s'étaient acharnés sur elle, tant et si bien qu'elle tomba malade et faillit mourir. Cette fois, son rétablissement tint véritablement du miracle, et tous les témoins en attestèrent. Le soir, son médecin la laissa pour morte, mais quand il revint le lendemain matin, croyant venir pour constater son décès pur et simple, il eut la surprise de la trouver une tasse de lait à la main, en train de prendre son petit-déjeuner. Le médecin n'en crut pas ses yeux. Elle se contenta de lui dire: «C'est parce que vous ne croyez pas dans les pouvoirs de nos maîtres».

Le danger immédiat était passé, mais elle était si faible qu'on dut la porter dans une chaise pour infirmes et la hisser, presque inconsciente, à bord d'un paquebot en partance pour l'Italie. Tous les médecins s'accordaient à dire que l'approche d'un climat chaud lui serait inévitablement fatale.

• • • • • • • •

Les premiers mois de l'été que Madame Blavatsky passa près de Naples, à Torre del

Greco, furent des mois emplis de souffrance. Elle se sentait malade, seule et abandonnée et, de plus, elle avait peur que la prospérité de la Société théosophique ne soit compromise par son impopularité et les calomnies dont elle faisait l'objet en permanence. Mais dès l'instant où elle émit le souhait de démissionner, elle souleva une tempête de protestations unanimes venant d'Amérique, d'Europe, et surtout d'Inde. Le président fut incapable de calmer les mécontents, qui demandaient avec insistance le retour de H.P. Blavatsky et sa reprise des affaires de la Société comme des considérations théosophiques en général. Elle chercha en vain à leur prouver qu'elle serait réellement plus utile au mouvement en se consacrant à l'écriture de sa nouvelle œuvre, *La doctrine secrète*, dans une retraite la dispensant d'être interrompue par les affaires et les problèmes. Ils répondirent en lui certifiant leur dévouement et en l'invitant à venir à Londres, Madras et New York ; elle serait la bienvenue, quelle que soit la destination sur laquelle elle jetterait son dévolu, à la condition d'accepter de reprendre la direction du mouvement. Quant à les abandonner, cette idée était formellement exclue puisque, de l'avis général, son départ signifierait la dissolution et la mort de la Société théosophique !

Dès que l'on apprit que l'une des accusations les plus insensées contre H.P. Blavatsky était que les Mahatmas n'existaient pas et n'étaient que le fruit de son imagination à seule fin de duper les crédules, des centaines de lettres lui parvinrent de toute l'Inde, envoyées par des personnes qui avaient eu connaissance de leur existence auparavant, disaient-ils, et qui étaient quelque peu familiarisés avec la Théosophie. Enfin, il arriva une lettre de Negapatam, la maison des *pandits*, comportant les signatures de soixante-dix-sept de leurs érudits, affirmant catégoriquement l'existence de ces êtres supérieurs, qui n'étaient que trop connus et reconnus dans l'histoire des races aryennes pour que leurs descendants puissent douter de leur existence. (*Boston Courier*, juillet 1886).

Héléna m'écrivit depuis Wurzburg, où elle s'était installée pour l'hiver :

« Je comprends que la Société de Recherche psychique de Londres ait soudainement perçu l'opportunité de me faire passer pour un charlatan. Par-dessus tout, ils cherchent par tous les moyens à éviter les différends avec la science orthodoxe de l'Europe et, par conséquent, il leur est impossible de reconnaître les phénomènes occultes comme authentiques et comme le résultat de forces inconnues des scientifiques. S'ils le faisaient, ils auraient tout de suite la clique des docteurs en science et en théologie contre eux. Leur meilleure option est certainement de nous piétiner, nous les théosophes, qui ne craignons ni le clergé ni les autorités académiques, et qui avons le courage de nos opinions. Eh bien, au lieu de susciter la colère des bergers de tous les moutons de Panurge européens, ne serait-il pas préférable d'excuser mes disciples, car il y en a beaucoup parmi eux dont il faut s'occuper, et de compatir avec eux, car ils ont été mes pauvres dupes, de me placer sur le tabouret de la repentance, et de m'accuser de fraudes, d'espionnage, de vols, et de je ne sais quoi d'autre ? Ah ! Je reconnais là mon destin habituel : avoir la réputation sans avoir eu le plaisir!... Si seulement j'avais pu, au moins, rendre un réel service à ma Russie bien-aimé! Mais non! Le seul service que j'ai eu la chance de lui rendre a eu des effets très négatifs; les rédacteurs de certains journaux en Inde se trouvant être mes amis personnels, et sachant que chaque ligne écrite contre la Russie me blessait, ils s'abstenaient de l'attaquer plus souvent qu'ils ne l'auraient fait en temps normal... Voilà tout ce que j'ai pu faire pour mon pays maintenant perdu pour toujours!»

Son plus grand réconfort durant son exil était les lettres et visites de ses amis, qui savaient où la trouver au fin fond de l'Allemagne, où elle s'était réfugiée pour être au calme et pouvoir écrire son livre en paix. Les lettres montraient toutes confiance et amitié; des visites qu'elle recevait, c'étaient celles de ses amis russes qui lui faisaient le plus plaisir. Parmi eux, il y avait sa tante d'Odessa et M. Solovioff de Paris. Alors qu'il était en Allemagne, ce dernier reçut une lettre du Mahatma Koot-Hoomi et repartit pour Paris, enthousiasmé par sa visite et des choses extraordinaires dont il fut témoin à Wurzburg, à tel point qu'il écrivit lettre après lettre, le tout dans le style de l'extrait suivant:

> À Paris, le 8 octobre 1885
> Ma chère Héléna Petrovna,
>
> Je suis en correspondance avec madame Adam. Je lui ai beaucoup parlé de vous; je l'ai beaucoup intéressée et elle m'a dit que sa *Revue* sera ouverte non seulement aux articles théosophiques, mais aussi à votre propre réhabilitation, si besoin est. Je n'ai pas tari d'éloges au sujet de madame de Morsier. Cette femme montrait autrefois beaucoup de dévotion à l'égard de madame Blavatsky et de ses enseignements). En l'occurrence, en ce moment même, elle a un visiteur chez elle qui s'est joint à moi et qui va dans le même sens. Tout se passe pour le mieux. J'ai passé la matinée avec le docteur Richet et j'ai encore parlé de vous avec lui, au sujet de Myers et de la Société de Recherche psychique. Je peux dire que j'ai convaincu Richet quant à la réalité de vos pouvoirs personnels et des phénomènes qui ont lieu dans votre agence. Il m'a posé trois questions catégoriques. Aux deux premières, j'ai répondu par l'affirmative; quant à la troisième, je lui ai dit que, sans aucun doute, je devrais être en mesure de lui donner une réponse affirmative deux ou trois mois plus tard. Je n'ai aucun doute que ma réponse sera affirmative et alors, vous verrez que nous triompherons de manière écrasante de tous les "psychistes" de Londres. Oui, il doit en être ainsi, n'est-ce pas? Car assurément vous ne me décevrez pas! Je pars demain pour Pétersbourg.
>
> Bien à vous,
>
> V. S. Solovioff.

• • • • • • • •

Tout l'hiver durant à Wurtzbourg, Madame Blavatsky s'attela à la rédaction de *La doctrine secrète*. Dans une lettre destinée à M. Sinnett, elle écrit que jamais, depuis la rédaction de *Isis dévoilée*, les visions psychométriques n'étaient apparues de façon aussi nette et précise à sa perception spirituelle, et qu'elle espérait que cette œuvre parviendrait à revigorer leur cause. Au même moment, la Comtesse Wachtmeister, qui passait l'hiver en sa compagnie, et qui dès ce moment ne voulut plus jamais la quitter, rédigea des lettres emplies d'admiration pour l'écriture de Madame Blavatsky, mais par-dessus tout pour « les conditions surprenantes auxquelles H.P. Blavatsky s'astreint pour travailler sur son livre exceptionnel. »

Elle m'écrivit donc : « Chaque jour, nous sommes entourés de phénomènes, mais nous y sommes tellement habitués qu'ils semblent appartenir à l'ordre naturel des choses. »

Une nouvelle fois, H.P. Blavatsky tomba gravement malade, et se remit avec difficulté, grâce à la dévotion de ses amis, qui ne quittèrent jamais son chevet, ne serait-ce qu'un instant. Elle dut en premier lieu, sa guérison au Dr Ashton Ellis de Londres, à la Comtesse Wachtmeister ainsi qu'à la famille Gebhard. Mais, à partir de ce moment-là, sa vie ne fut plus que continuelle souffrance, plus ou moins aiguë.

En avril 1887, ses amis parvinrent à lui faire rejoindre l'Angleterre. Elle avait passé l'hiver précédent à Ostende, où elle avait terminé la première moitié de *La doctrine secrète* et était toujours entourée de camarades, et tout particulièrement de ceux qui lui rendaient visite depuis son séjour à Londres. Parmi eux se trouvait le président de la Société britannique de théosophie, M. Sinnett, qui venait de publier son livre, *La vie extraordinaire d'Héléna P. Blavatsky*.

Les quatre dernières années de sa vie, que Madame Blavatsky passa à Londres, furent des années de souffrance physique, de labeur incessant, et de surexcitation mentale, qui minèrent complètement sa santé. Mais elles furent également synonymes de succès, de réalisation morale, qui compensèrent entièrement ses souffrances, et lui apportèrent l'espoir que son livre, *La société théosophique*, ainsi que ses écrits, constitueraient après sa mort des preuves allant en sa faveur, et qui serviraient à laver son nom de toutes les calomnies qui l'avaient accablé.

Voici un extrait de l'une de ses lettres, écrite à l'automne 1887, dans laquelle elle s'excuse de son long silence.

« Si seulement vous saviez, mes amis, à quel point je suis débordée ! Essayez simplement d'imaginer combien mes devoirs journaliers sont nombreux : l'édition de mon nouveau magazine *Lucifer* repose sur mes seules épaules, et je dois, à côté de cela, écrire chaque mois dix à quinze pages pour celui-ci. Et puis, il y a les articles pour les autres magazines théosophiques : le *Lotus* à Paris, *Le théosophe* à Madras, le *Path* à New York, mais aussi *La doctrine secrète*, dont je dois relire le premier volume à plusieurs reprises pour le corriger, et continuer le second. Et les visites ! Bien souvent, je n'en ai pas moins de trente par jour… Il m'est impossible de m'en sortir !… Les jours devraient compter cent vingt-quatre heures. Mais n'ayez crainte : pas de nouvelles, bonnes nouvelles ! Je vous adresserai une lettre si je me sens plus malade qu'à l'accoutumée… Avez-vous remarqué l'accroche sensationnelle de l'éditeur du *Lotus* sur la couverture du dernier numéro ? *Sous l'inspiration de Madame Blavatsky.*

Grand dieu, quelle "inspiration"! Quand on sait que je n'ai pas eu le temps d'écrire une seule ligne pour eux. La nouvelle vous est-elle parvenue? Je vous en ai pris trois exemplaires, deux pour vous et un pour Karkoff. Je vénère cet homme pour son patriotisme et la criante vérité de ses articles, qui font honneur à la Russie… »

L'activité de la Société théosophique de Londres, ses réunions, ses magazines hebdomadaires ou mensuels, et plus particulièrement les écrits de sa fondatrice, attirèrent l'attention de la presse ainsi que les représailles du clergé. Mais leurs représentants ne cédèrent jamais à des excès aussi injustes ou calomnieux que ceux des jésuites de Madras. Il y eut bien évidemment de nombreuses réunions vibrantes, où H.P. Blavatsky fut «traitée comme *Lucifer*, selon ses propres mots, non pas au véritable sens de *porteuse de la lumière divine*, mais au sens populaire, qui lui est imputé dans le *Paradis perdu* de Milton. J'étais présentée au public comme l'antéchrist en jupons. » Cependant, sa lettre intitulée «Lucifer à l'archevêque de Canterbury» fit grande impression à l'époque, et ne fit qu'entretenir les hostilités provenant du clergé.

À Londres, la question des phénomènes ne se posait plus; Héléna Petrovna les abhorrait. Cependant, comme le remarque à juste titre M. Stead dans son article sur Madame H.P. Blavatsky dans le numéro de juin 1891 de *The Review of Reviews*, jamais elle ne convertit autant de personnes distinguées, ou plus dévouées à sa cause, que durant les quatre dernières années de sa vie. Ses visions ainsi que sa clairvoyance, en revanche, ne la quittèrent jamais. En juillet 1886, elle nous parla de la mort de son ami le professeur Alexander Boutleroff, avant qu'elle ne soit mentionnée dans les journaux russes. En réalité, elle le vit à Ostende le jour même de sa mort. Le même phénomène se produisit pour le politicien renommé, M.N. Katkoff, un patriote pour qui elle avait une profonde estime. Elle m'écrivit – et par chance, la lettre subsiste encore, avec la date précise – un mois avant sa mort, qu'il tomberait malade et en mourrait. En juillet 1888, alors que j'étais à Londres, elle me tira d'une perplexité intense causée par un télégramme mal interprété, et me révéla, après une méditation d'un instant, ce qu'il s'était passé à Moscou ce jour-là. Lorsqu'au printemps 1890, le quartier général de la Société de Londres fut déplacé dans une nouvelle résidence mieux adaptée pour accommoder son personnel grandissant, H.P. Blavatsky dit «Je ne déménagerai plus jamais, ils m'emmèneront de cette maison jusqu'au crématorium. » Lorsqu'on lui demanda d'expliquer une telle prédiction, elle donna comme prétexte que le numéro de cette maison ne comportait pas son chiffre porte-bonheur: il manquait le numéro sept.

La santé d'Héléna Petrovna continua de décliner, du fait de ses occupations qui se faisaient de plus en plus nombreuses. Elle forma autour d'elle un groupe de fervents théosophes, impatients à l'idée d'étudier les sciences occultes. Elle m'écrivit à ce propos en 1889.

«Me demandez-vous quelles sont mes nouvelles occupations? Je n'en ai pas, mis à part la rédaction d'une cinquantaine de pages chaque mois pour mes *Instructions ésotériques* qui ne peuvent être imprimées. Cinq ou six martyrs volontaires et malheureux, parmi mes ésotéristes dévoués ont réalisé trois cents copies, afin de les envoyer aux membres absents de ma section ésotérique, mais je dois les revoir et les corriger moi-même par-dessus le marché !… Et puis il y a nos rendez-vous du jeudi, où l'on traite des questions scientifiques de savants tels que William Bennet ou Kingsland, qui écrit sur l'électricité. Il y a des sténographes dans tous les coins, et qui m'assurent que le moindre de mes mots sera ajouté à notre nouveau journal de bord intitulé *Transactions of the Blavatsky Lodge*, qui sera lu et commenté non seulement par mes théosophes, mais également par des centaines de malveillants. Mes étudiants en occultisme sont fous de joie. Ils ont envoyé une circulaire dans tout le monde théosophique, affirmant que "H.P.B. est âgée et très malade ; H.P.B. peut mourir d'un jour à l'autre, et alors, qui nous enseignera les choses qu'elle peut nous apprendre. Nous devons nous rassembler et conserver la trace de ses enseignements". Et ainsi ils ont payé pour des sténographes ainsi que pour l'impression, et cela leur a coûté beaucoup… Et leur vieille H.P.B. a dû trouver le temps de leur enseigner, afin de gagner son pain quotidien, bien que cela ne puisse être fait qu'au prix du temps qu'elle vouait auparavant à son écriture pour des journaux et revues étrangères. Eh bien ! H.P.B. verrait ses habitudes encore un peu plus bouleversées, voilà tout ! Au moindre mot de ma part, ils pourraient m'indemniser, et ce avec plaisir, mais je n'accepterai pas un sou pour ces leçons. "Que ton argent périsse avec toi, car tu as tenté d'échanger les présents de Dieu contre de l'or", voilà ce que je réponds à ceux qui pensent qu'il est possible d'acheter la science divine de l'éternité avec des *shillings*[1] et des *guinées*[2]. »

Deux ans après s'être installée à Londres, Madame Blavatsky fit la rencontre d'une femme possédant savoir, mérite, et talents extraordinaires. Je vais m'éclipser pour laisser place à ses propres paroles :

« Je combats plus que jamais les matérialistes et les athées. La classe entière des "Penseurs libres" a pris les armes contre moi, car j'ai converti à la théosophie leur meilleure travailleuse, Annie Besant, la célèbre autrice et oratrice, bras droit de Bradlaugh et son amie éprouvée… Lisez sa profession de foi, *Pourquoi je suis devenue théosophe*, un court rapport sur ce qu'elle a annoncé lors de sa confession en public avant une grande réunion au Salon des sciences. Le clergé apprécie tant sa conversion, qu'à ce moment-là, ils ne sont que louanges pour la théosophie… Quelle femme noble et incroyable elle fait ! Avec un cœur d'or ! Tant de sincérité, et sa façon de parler ! Une véritable Démosthène. Personne ne peut se lasser de l'écouter… C'est exactement ce dont nous avons besoin, car nous avons la connaissance, mais aucun de nous – moi tout particulièrement – ne savons-nous exprimer, tandis qu'Annie Besant est une oratrice émérite. Ah ! Cette femme ne trahira jamais notre cause, et moins encore ma pauvre personne ! »

Ma sœur avait de bonnes raisons de prononcer ces paroles. Avec le soutien de

---

1. Monnaie qui existe, ou a existé, dans divers pays africains, en Angleterre, en Autriche, en Scandinavie, en Suisse.

2. Monnaie anglaise puis britannique.

théosophes tels que Mme Besant, la Comtesse de Wachtmeister, Bertram Keightlev, et bien d'autres encore, elle aurait très bien pu se reposer en paix et se dévouer à son œuvre littéraire, si ses jours n'avaient pas été comptés.

Comme chacun sait, l'hiver 1890 fut très rude à Londres. À partir du printemps 1891, la grippe, ce nouveau fléau de l'humanité à la plus douce des apparences et qui ne révèle sa véritable nature que plus tard, se joignit à la sévérité de la saison, et emporta une plus grande proportion de la population mondiale que toutes les autres maladies, nos vieilles amies, qui elles, ne trompent pas avec de faux airs innocents. Toute la communauté de la 19e avenue tomba malade au cours des mois de mars et avril. Les plus jeunes membres survécurent, H.P. Blavatsky succomba.

Mme Besant était à l'étranger. Elle rendait visite au Congrès des théosophes américains, dans le but d'y représenter la fondatrice de la Société, et s'était vue confier par elle un message à « ses chers citoyens et frères et sœurs de la théosophie. » Les premiers succès d'Héléna Petrovna virent le jour à New York, et la ville de Boston eut le privilège de lui offrir le dernier plaisir de sa vie terrestre. Les télégrammes emplis de bons sentiments, de remerciements et de vœux sincères qui lui étaient adressés et lui arrivaient des États-Unis suite à la lecture de sa lettre, lui apportèrent un véritable bonheur, alors qu'elle était alitée et condamnée… Condamnée ? Non. Elle qui de nombreuses fois s'était trompée sur son compte et avait également donné tort aux pronostics des médecins, les trompa une nouvelle fois, mais d'une manière nouvelle. Le 8 mai à onze heures du matin, les médecins la diagnostiquèrent hors de danger. Elle se leva pour s'asseoir à son bureau, espérant sans doute mourir à son poste, et à deux heures, elle ferma les yeux, et s'éteignit.

Un témoin de cette mort inattendue écrivit « Elle s'en est allée si paisiblement, que nous tous qui étions auprès d'elle n'en étions pas sûrs, même après qu'elle cessa de respirer. Une sensation de paix suprême s'empara de nous alors que nous mettions genou à terre, sachant que tout était terminé. » (*How she left us*, par Mlle L. Cooper, revue *Lucifer*, juin 1891).

J'avais vu ma sœur pour la dernière fois à l'été 1890. Elle venait tout juste de s'installer dans sa nouvelle résidence. Elle était très occupée, et souffrait presque continuellement. À cette époque, elle créait un foyer dans l'East End, pour les femmes ouvrières. The Working Women's Club, créé aux frais d'un riche théosophe qui souhaitait conserver l'anonymat, prospéra à cette époque, sous la protection des dames patronnesses de la Société théosophique. Nous passions nos soirées à nous remémorer le bon vieux temps et notre pays adoré. L'injustice de la presse anglaise, ainsi que ses calomnies à l'encontre de la Russie semblaient être autant d'injures à son égard. Il est bien dommage que ses compatriotes ne sachent rien de tous ses articles à ce sujet. Nombre d'entre eux, et tout particulièrement ceux qui se firent une idée de sa personnalité par le biais des allégations de certains journaux russes, auraient changé d'opinion à son propos, après la lecture de son article paru dans *Lucifer* en juin 1890, intitulé « The moat and the beam » (« La Paille et la Poutre »).

Cet article fut publié en réponse aux fausses accusations à l'encontre du gouvernement russe, émises lors de réunions d'indignation qui se tenaient au sujet des « atrocités commises par les russes en Sibérie », qui furent, pour la plupart, inventées par l'imagination débordante de George Kennan. Curieusement, les derniers mots qu'elle rédigea, qui apparurent sur la même page du numéro de Lucifer dans lequel une dépêche concernant sa mort avait été publiée, faisaient référence à l'empereur de Russie. À cet égard, elle offrit à la Cour ainsi qu'à la reine d'Angleterre un bon conseil, disant qu'ils devraient s'efforcer de suivre l'exemple de notre famille impériale concernant la pratique de certaines vertus inconnues de ceux dépourvus de « véritable noblesse », ceci étant le titre de cet article.

Par un beau jour de mai, les restes de la fondatrice de la Société théosophique furent placés dans un cercueil entièrement recouvert de fleurs, et emportés au crématorium de Woking. Il n'y eut pas de grande cérémonie ni de vêtements de deuil, comme elle l'avait expressément interdit.

Ce fut en Inde, et plus particulièrement à Ceylan, que sa mort fut célébrée en grande pompe. Mais en Europe, la cérémonie resta des plus simples ; seuls quelques mots furent prononcés à son propos, sur « celle qui créa le mouvement théosophique, qui fut l'apôtre de la charité universelle, l'apôtre d'une vie de pureté et de labeur pour le bien d'autrui et pour le progrès de l'esprit humain et, par-dessus tout, de l'âme divine et éternelle. » Puis le corps fut offert aux flammes et trois heures plus tard, les cendres de celles qui fut Héléna Petrovna Blavatsky furent ramenées à sa dernière résidence en date. Certains de ses disciples étaient probablement de trop fervents admirateurs, mais d'autres ne dirent rien que la vérité absolue à son égard. Je cite à titre d'exemple, ces mots qui ne peuvent qu'être approuvés par n'importe quelle personne impartiale.

« Les amis de Madame Blavatsky ont simplement demandé que les règles du bon sens soient admises dans tout jugement sur sa personne, que les témoignages de ceux qui savent beaucoup de choses soient considérés comme plus importants que ceux des personnes qui ne savent rien, que chaque principe bien établi concernant l'interprétation des caractères humains ne soit pas inversé dans son cas, que l'on ne confère pas aux affirmations sans fondement d'un journal hebdomadaire l'autorité d'une cour ou le côté infaillible de textes sacrés. Ils ne demandent même pas que des personnes impartiales lisent ses livres, mais suggèrent, non pas par les rumeurs, mais par l'expérience, que, si un homme souhaite voir ses aspirations élevées, ses raisons vivifiées, ses efforts encouragés, il devrait se tourner vers les écrits qui expriment les pensées et reflètent l'âme d'Héléna P. Blavatsky. » (*Test of Character*, par A. Fullerton, *Path*, Juin 1891)

« Amen », prononcèrent ses plus proches parents, en réponse à cet hommage de l'un des disciples.

En ce qui me concerne, bien que je ne sois pas réellement l'une d'entre eux, je pense être autorisée à dire que les enseignements de la théosophie ne devraient pas être ignorés par nos contemporains, même si la Société venait à être dispersée et qu'aucune trace de celle-ci ne perdurait sous la forme d'un groupe organisé. Ces enseignements auront leur place dans l'Histoire du XIXe siècle et, même s'ils n'influencent pas les générations futures de façon matérielle comme l'espèrent leurs partisans dévoués, le nom d'une femme capable de créer un mouvement basé sur des idées universelles ne peut véritablement tomber dans l'oubli.

Véra P. Jelikovsky.

Note

Le compilateur n'apporte rien de nouveau à cette autobiographie d'H.P. Blavatsky, hormis l'idée de réunir, dans le but d'informer ceux qui s'intéressent à l'Occultisme et sa plus grande représentante moderne, toutes les informations disponibles, les évènements, les anecdotes ou les faits pertinents dont nous disposons, sur son parcours dynamique, courageux, mystérieux, et incroyable, pour les ranger dans leur ordre chronologique.

Cette méthode se rapproche, en quelque sorte de celle que H.P. Blavatsky décrit comme étant celle qu'elle a appliquée pour écrire *Isis Dévoilée* : « Lorsque je réfléchis et visualise mes pensées, elles m'apparaissent comme des petits bouts de bois de formes, et de couleurs différentes, que l'on trouve dans les jeux de casse-tête : je les prends un par un, et tente de les fixer ensemble en en prenant d'abord un, pour le remettre de côté jusqu'à trouver celui qui lui correspond. Et à la fin, j'arrive à quelque chose de correct sur le plan géométrique. » La différence réside dans le fait qu'elle tentait de faire coïncider ses pensées, tandis que ce sont les évènements de sa vie, glanés auprès de nombreuses sources, qui m'ont tenu lieu de pièces de jeu.

Ce processus de compilation et de tri a été réalisé sur une période de sept ans. Tout ceci a débuté lorsque le compilateur a été appelé à Adyar, en 1927, par M. C. Jinarajadasa sur ordre de la présidente, le docteur Annie Besant, afin de débuter le travail de catalogage et de classement des Archives de la Société théosophique. Une telle tâche a nécessité beaucoup de lecture : chaque livre, pamphlet, magazine, journal, lettre… comportant la moindre trace des évènements ou sujets concernés devait être pris en considération.

Il est devenu rapidement évident qu'il y avait beaucoup de matière concernant Madame Blavatsky, et que de nombreux vides de sa carrière pourraient être comblés, au moins partiellement, par une collecte minutieuse et un assemblage soigné de toutes les informations semées aux quatre vents. Cette idée a pris sa forme définitive lorsque le docteur George Arundale m'a poussé, en vertu de ma connaissance des Archives, à écrire des articles sur des sujets toujours d'actualité, et il est s'est assuré la permission du Dr Besant d'utiliser les Archives à cette fin.

J'espère que ce qui relève de ma propre création au sein de ce livre, constitue, en premier lieu un portrait de H.P.B. qui n'a jusqu'ici jamais été dépeint par les mots, et qui n'aurait jamais pu voir le jour sans la collecte méticuleuse d'une grande quantité d'informations, pour produire non seulement un portrait général plus vrai que nature, mais également pour fournir des détails corrects, toutes ces petites touches finales qui viennent compléter le tableau. En second lieu, je souhaite que ce livre éclaire d'une lumière nouvelle la Grande Science qu'est l'occultisme, en relatant la vie d'une grande occultiste. H.P.B. demande : « Est-ce trop de croire que l'Homme devrait développer une sensibilité nouvelle et une relation plus proche avec la nature ? ». Et elle répond : « La logique de l'évolution doit nous enseigner tout cela, à condition de la mener jusqu'à sa conclusion légitime. »

Je dois remercier le Dr Annie Besant et le Dr George Arundale de m'avoir donné la permission d'utiliser la documentation contenue dans les Archives de la Société théosophique. Grâce à cette ressource, une quantité considérable d'informations, jusqu'ici jamais publiées, ont pu être incorporées à cette autobiographie, comme vous pourrez le constater au premier coup d'œil dans la bibliographie, où toutes les informations de ce type sont notées « Archives » ou « Album ». Je remercie également M. Trevor Barker qui m'a autorisé à utiliser des citations des *Lettres de Mahatma*, et des *Lettres d'H.P. Blavatsky à A.P. Sinnett*, ainsi que le Dr Eugene Rollin Corson pour les citations tirées de son livre, *Quelques lettres jamais publiées d'Helena Petrovna Blavatsky*[1].

Pour finir, ma plus sincère reconnaissance à Mlle Constance Rischbieth d'Adélaïde, qui m'a offert le temps libre nécessaire à l'assemblage de ce livre.

Mary K. NEFF
Advar, Madras, Inde,
Le 27 février 1935

Note de l'éditeur

Lorsque l'on propose au public un livre composé majoritairement d'extraits écrits par différentes personnes, à des moments très différents, un dilemme se pose obligatoirement. Soit on décide d'altérer les citations en termes d'orthographe, de ponctuation, etc., afin que celles-ci se conforment à un standard commun, soit on décide de sacrifier l'uniformité de la présentation afin de conserver des citations exactes. Nous avons choisi d'adopter la seconde option. Madame Blavatsky elle-même n'était absolument pas cohérente dans son orthographe ou sa ponctuation. Elle écrivait tantôt Kalmuck et Sarotow, tantôt Calmuck et Saratoff. Mais même lorsque le sens de la citation s'avère difficile à comprendre, nous l'avons laissée telle qu'elle, car l'objectif de ce livre est de laisser les documents originaux parler pour eux-mêmes. Des renvois, des clarifications, et des annotations concernant certaines inexactitudes, ont été fournis par le compilateur dans les notes de bas de page.

---

1. *Some Unpublished Letters of Helena Petrovna Blavatsky.*

CHAPITRE I
Enfance et hérédité

« **M**on enfance? Gâtée et dorlotée d'un côté, punie et endurcie de l'autre. Malade et toujours proche de la mort jusqu'à sept ou huit ans, somnambule, possédée par le démon. Deux gouvernantes: Mme Peigneux, une Française, et Mlle Augusta Sophia Jeffries, une vieille fille du Yorkshire. Des nourrices: un grand nombre. Pas de nourrice kurde. L'une d'entre elles était à moitié tatare, née à Ekaterinoslow[1] en 1831. Les soldats de père prenaient soin de moi. Mère est morte alors que je n'étais encore qu'un bébé. »

Il serait plus correct de dire « enfant », plutôt que « bébé », car elle avait alors onze ans. Il semblerait que « Mlle Augusta Sophia Jeffries… ait abandonné son devoir à cause du chagrin, et l'enfant a à nouveau été confiée à ses nourrices jusqu'à l'âge de six ans environ, lorsqu'elles ont été, elle et sa sœur cadette, envoyées vivre aux côtés de leur père. Durant les deux ou trois années suivantes, les officiers d'ordonnance de leur père qui ont pris soin des deux fillettes, la plus âgée des deux les préférant largement et en tout point à leurs domestiques féminines. Elles accompagnaient toujours les troupes auxquelles leur père était rattaché, et étaient dorlotées de tous côtés. On les appelait les *enfants du régiment*. »

Madame Blavatsky continua ainsi: « Père nous a emmenées d'un endroit à l'autre en compagnie de son régiment d'artillerie jusqu'à l'âge de huit ou neuf ans, saisissant ainsi l'occasion d'aller rendre visite à nos grands-parents. À onze ans, ma grand-mère m'a finalement accueillie chez elle. Nous vivions à Saratow lorsque mon grand-père était gouverneur civil, avant cela à Astrakhan[2], où il avait sous ses ordres plusieurs milliers (80 000 ou 100 000) de bouddhistes kalmouks.

« Je connaissais relativement bien le lamaïsme[3] des bouddhistes tibétains. J'ai passé des mois et des années de mon enfance en compagnie des lamaïstes kalmouks d'Astrakhan, ainsi que de leur grand prêtre… J'ai visité Semipalatinsk[4] et les montagnes de l'Oural[5] avec l'un de mes oncles qui possédait des terres en Sibérie, sur la frontière même des pays mongols où vit le "lama Terachan", et ai effectué de nombreuses excursions au-delà des frontières. J'ai appris tout ce qu'il y avait à savoir sur les lamas et les Tibétains avant l'âge de quinze ans. »[4]

---

1. Ville d'Ukraine et capitale administrative de l'oblast Dnipropretrovsk.
2. Ville de Russie.
3. Branche du bouddhisme née au Tibet et en Mongolie au VIIe siècle.
4. Ville du Kazakhstan.
5. Chaîne de montagnes en Russie.

Mme Pissareff, une vieille amie de la famille dit : « L'hérédité physique de H.P.B. est assez intéressante, car parmi ses ancêtres, on compte des représentants de la France, de l'Allemagne ainsi que de la Russie. Du côté de son père, elle descendait de Hahn von Rottenstern-Hahn, prince de la lignée des Mecklembourg[1] qui régnait à l'époque. Sa mère était la petite-fille de Henriette Adolphine de Bandré-du-Plessis, une huguenote[2] en exil forcée de quitter la France à cause des persécutions religieuses, et qui, 1787, avait épousé le Prince Pavel Vasilievitch Dolgoruky, leur fille, la princesse Héléna Petrovna Dolgoruky qui a épousé Andrez Michailovitch Fadeef, était la grand-mère d'Héléna Petrovna Blavatsky, et qui a élevé elle-même les enfants devenus très tôt orphelins.

« Elle a laissé derrière elle le souvenir d'une femme à la culture riche et remarquable, d'une gentillesse inhabituelle, dont les capacités d'apprentissage étaient plutôt exceptionnelles pour son âge. Elle correspondait avec de nombreux universitaires, parmi eux figurait M. Murchison, président de la Société Géographique de Londres, ainsi que de nombreux botanistes et minéralogistes reconnus. L'un d'entre eux a découvert un coquillage fossilisé et l'a nommé en son honneur le Vénus-Fadeef. Elle savait parler cinq langues, peignait de façon magnifique, et était en tout point une femme remarquable. Elle a éduqué elle-même sa fille Héléna Andreevna, mère d'Héléna Petrovna, qui a hérité de sa nature talentueuse. Héléna Andreevna a écrit des romans et histoires. Elle était connue sous le *nom de plume* "Zenaida R.", et était très populaire dans les années quarante. Sa mort prématurée a suscité un deuil universel, et Brélomsky lui a consacré plusieurs pages élogieuses, se référant à elle comme à "la George Sand russe".

« J'ai appris bien des choses à propos de la famille Fadeef par le biais de Marie Griegorievna Ermoloff, qui avait une mémoire incroyablement claire, et connaissait très bien la famille Fadeef lorsqu'elle résidait à Tiflis, alors même que son mari était gouverneur de cette province dans les années quarante. Elle se rappelait Héléna Petrovna comme étant une jeune demoiselle brillante, mais aussi très obstinée, qui refusait de se soumettre à qui que ce soit. La famille jouissait d'une bonne réputation, et on avait une si haute opinion de la grand-mère d'Héléna Petrovna que, malgré le fait qu'elle ne rendait visite à personne, toute la ville venait lui rendre hommage. En plus d'Héléna Andreevna qui a épousé un officier d'artillerie Hahn, et de l'autre fille devenue Witte par alliance, elle a eu deux autres enfants : Nadejda Andreevna[3], ainsi qu'un fils, Rositaslav Andreevitch Fadeef…

« Devenue orpheline très tôt, Héléna Petrovna a passé la majeure partie de son enfance[4] chez son grand-père Fadeef, d'abord à Saratoff, puis à Tiflis. En été, toute

1. État allemand.
2. Surnom (péjoratif à l'époque) donné par les catholiques aux protestants calvinistes, en France, du XVIe siècle au XVIIIe siècle.
3. Qui ne fut jamais mariée ; tradition russe, elle reçut cependant le titre de « Madame » plus tard au cours de sa vie. Elle était la tante adorée de H.P.B., de trois ans seulement son aînée, et fut éduquée à ses côtés.
4. Pour être exact, une durée considérable : à savoir cinq ans.

la famille se rendait à la résidence d'été du gouverneur, un manoir immense et ancien entouré de jardins composés de nombreux recoins mystérieux, d'un étang, et d'un profond ravin derrière lequel se trouvait une grande forêt noire descendant jusqu'aux rives de la Volga[1].

« L'enfant passionnée voyait en la nature une forme de vie mystérieuse. Elle conversait souvent avec les oiseaux et autres animaux, et durant l'hiver, le bureau de sa grand-mère représentait un monde si passionnant qu'il aurait pu enflammer n'importe quel esprit, même le moins imaginatif. Le bureau contenait de nombreux objets étranges : différents animaux empaillés, des têtes d'ours et de tigres souriantes. Sur l'un des murs se trouvaient de charmants petits colibris, qui brillaient telles de multiples fleurs éclatantes. Sur l'autre, on voyait chouettes, faucons et vautours, et au-dessus d'eux, juste sous le plafond, un aigle gigantesque écartant ses ailes majestueuses. Mais le plus affreux restait le flamant blanc, qui étirait son long cou, comme s'il était encore en vie. Lorsque les enfants pénétraient dans le bureau de leur grand-mère, ils s'asseyaient à califourchon sur le cheval noir empaillé, ou sur le phoque blanc, et dans la lumière du crépuscule, ils imaginaient tous ces animaux commençant à bouger. La petite Héléna Petrovna contait de nombreuses histoires à la fois terribles et captivantes, tout particulièrement à propos du flamant blanc, dont les ailes semblaient saupoudrées de petites taches de sang.

« En plus des phénomènes liés à son lien très proche à la nature et évident aux yeux de tous, il en existait d'autres, visibles d'elle seule. Dès son plus jeune âge, l'enfant médium voyait le visage majestueux d'un hindou portant un turban blanc, toujours le même. Elle le connaissait aussi bien qu'elle connaissait ses proches, et l'appelait "son protecteur", affirmant que c'était lui qui la protégeait du danger.

« Un de ces accidents s'est produit alors qu'elle avait treize ans. Le cheval qu'elle montait a été effrayé et a voulu s'enfuir. L'enfant a été désarçonnée et, une fois emmêlée dans l'étrier, a tenu bon. Cependant, au lieu d'être tuée, elle a senti des bras entourer son corps, pour la retenir jusqu'à ce que le cheval s'arrête. Un autre accident a eu lieu bien plus tôt, quand elle était à peine plus âgée qu'un bébé. Elle souhaitait vraiment voir une photo recouverte d'un rideau blanc, et accrochée très haut au mur. Elle a demandé à quelqu'un de découvrir la photo, mais son vœu n'a pas été exaucé. Un jour, alors qu'elle était seule dans la pièce, elle a poussé une table contre le mur, y a déposé une autre plus petite, puis une chaise sur celle-ci, et est parvenue à grimper jusqu'en haut, se tenant d'une main au mur poussiéreux et de l'autre essayant d'atteindre le rideau. Elle a perdu l'équilibre et ne se souvient de rien d'autre. Il s'avère qu'elle s'est retrouvée allongée sur le sol, saine et sauve, les deux tables et la chaise à leur place habituelle, le rideau dissimulant la photo, et l'unique preuve que tout ceci était véritablement arrivé fut la trace de la petite main qu'elle avait laissée sur le mur poussiéreux sous la photo. »

---

1. Plus grand fleuve d'Europe.

Laissons Mme Blavatsky continuer le récit de son enfance : « Visiter Londres ? J'étais à Londres en compagnie de père en 1844, pas en 1851 ?... En 1845, père m'a emmené à Londres, afin que je prenne quelques leçons de musique. J'en ai pris d'autres plus tard, avec le vieux Moscheles. J'ai vécu avec lui pas très loin de Pimlico[1], mais de ceci non plus, je ne jurerais pas. »

M. Sinnett nous conte cet incident amusant ayant eu lieu lors de sa première visite à Londres : « Sa fierté concernant sa connaissance de la langue anglaise en a pris un sacré coup. C'était sa première gouvernante, Melle Jeffries, qui lui avait appris à parler anglais. Mais dans le sud de la Russie, les gens ne faisaient pas réellement la distinction entre les différentes formes d'anglais comme le feraient de fastidieux linguistes. La gouvernante anglaise était une femme du Yorkshire, et dès lors que Mlle Hahn a commencé à parler aux amis qu'on lui avait présentés à Londres, ses remarques ont produit bien plus de rires que leur contenu ne l'aurait exigé. La combinaison d'accents qu'elle employait, du Yorkshire greffé sur de l'Ekaterinoslow, avait probablement un effet comique, mais Mlle Hahn en est vite venu à conclure qu'elle en avait fait assez pour amuser ses amis, et qu'elle devrait cesser ses *o* et ses *a* creux. »

Madame Blavatsky poursuivit ainsi son récit : « J'ai visité Bath[2] avec père, nous sommes restés une semaine entière, nous n'avons rien entendu d'autre que le bruit des cloches qui sonnent toute la journée dans les églises. Je voulais chevaucher comme une cosaque, mais il ne m'a pas laissé faire. J'ai protesté, je m'en souviens, et j'ai été victime d'accès hystériques. Il a béni sa bonne étoile lorsque nous sommes rentrés. J'ai voyagé pendant deux ou trois mois à travers la France, l'Allemagne et la Russie. En Russie, notre calèche et nos chevaux parcouraient quarante kilomètres par jour.

« Nous les Russes, lorsque nous écrivons en français, nous ajoutons *de* devant notre nom, à condition d'être des nobles du *Velvet Book*[3] en russe, et que le nom ne soit pas allemand (lorsqu'ils marquent *von*, le *de* disparaît). Nous étions Mesdemoiselles *de* Hahn et *von* Hahn, mais je me refusais, et l'ai d'ailleurs toujours fait, à ajouter le *de* à mon nom Blavatsky, bien que mon aïeul soit d'une grande famille noble en Ukraine ; du nom de Hetmann Blavatko, qui est devenu plus tard Blavatsky en Russie, et Comte Blavatsky en Pologne.

« Quoi d'autre ? Père était un capitaine d'artillerie à cheval lorsqu'il a épousé ma mère. Il a quitté l'armée après sa mort, avec le grade de colonel. Il appartenait à la Sixième Brigade et l'a quitté avec le titre de sous-capitaine dans les corps des pages impériaux. Mon oncle Ivan Alexievitch von Hahn était directeur des ports de Russie à Saint-Pétersbourg. D'abord marié à la demoiselle d'honneur, la comtesse Kontouzoff, puis en secondes noces à une autre femme d'honneur, une particulièrement vieille : Mlle Chatoff. Oncle Gustav a épousé d'abord la comtesse

---

1. Quartier de Londres.
2. Ville de l'Angleterre.
3. Registre officiel des généalogies des familles les plus illustres de Russie.

Adlerberg, puis la fille du général Bronevsky, etc. Je n'ai pas à avoir honte de ma famille, et même si en mon for intérieur je suis "Madame Blavatsky", si je peux être naturalisée en Grande-Bretagne et devenir Mlle Snookes ou Tufmutton, je ferai le "baise-main" comme ils disent là-bas. Je ne plaisante pas. Faute de quoi, je ne pourrai retourner en Inde[1].

« Ma propre sœur Véra a trois ans de moins que moi. Ma sœur Lisa est la fille de la seconde femme de père. Il a épousé en 1850, il me semble, une baronne de Lange, qui est morte deux ans plus tard. Je crois que Lisa est née en 1852. Je ne suis pas certaine, mais il me semble que c'est cela. Ma mère est morte lorsque mon frère Léonide est né, six mois plus tard, en 1840 ou 1839. Cela, je ne peux l'assurer. »

Selon sa sœur, Véra (Madame Jelikovsky) qui est quant à elle plus certaine des dates, leur mère est morte en 1842. Madame Jelikovsky dit : « Notre mère, Madame Héléna de Hahn, née Fadeef, est morte à l'âge de vingt-sept ans. Malgré sa mort prématurée, elle avait acquis une bonne réputation littéraire, et on lui prêtait souvent le nom de "George Sand russe", nom qui lui avait été donné par Belinsky, le meilleur de nos critiques. À seize ans, elle était mariée à Pierre de Hahn, capitaine d'artillerie, et son temps avait été bien vite occupé à la gestion de l'éducation de ses trois enfants.

« Héléna, sa fille la plus âgée, était une enfant précoce, et dès son plus jeune âge, elle attirait l'attention de tous ceux avec qu'elle rencontrait. Sa nature était relativement réfractaire à la routine que requéraient ses instructeurs. Elle se rebellait contre toute forme de discipline, ne se reconnaissait aucun maître sinon sa propre bonne volonté, et ses goûts personnels. Elle était exclusive, originale, et parfois effrontée, jusqu'à en devenir impitoyable.

« Lorsqu'à la mort de notre mère, nous étions parties vivre avec ses proches, tous nos enseignants avaient usé leur patience avec Héléna, qui refusait toujours de se conformer à des horaires fixes pour ses leçons, mais qui, malgré tout, les épatait tant elle était brillante au regard de certaines de ses capacités, particulièrement sa facilité à apprendre les langues étrangères, et ses talents musicaux. Elle avait le tempérament, ainsi que tous les bons et les mauvais côtés d'un garçon énergique : elle adorait voyager et partir à l'aventure, méprisait le danger, et ne portait que peu d'intérêt aux remontrances.

« Alors que notre mère était sur le point de mourir, bien que sa plus grande fille n'eût que onze ans, elle était hantée par de nombreuses appréhensions justifiées concernant son futur. Elle disait : "Eh bien ! C'est peut-être mieux que je meure, ainsi on m'épargnera le spectacle de ce qui arrivera à Héléna ! Je suis certaine d'une chose, sa vie ne sera pas comme celle des autres femmes, et elle endurera bien des choses."

Une véritable prophétie ! »

---

1. Écrit en Europe, en 1886.

CHAPITRE II
L'enfant « medium »

Les pouvoirs psychiques d'Héléna von Hahn, qui plus tard provoquèrent beaucoup d'agitation dans le monde, se manifestèrent dès l'enfance. « Je me souviens, raconte-t-elle, d'une gouvernante que j'ai eue quand j'étais enfant. Elle avait pour passion de garder des fruits jusqu'à ce qu'ils pourrissent, et son bureau en était plein. C'était une femme âgée et elle est tombée malade. Tandis qu'elle était alitée, ma tante, chez qui je me trouvais à ce moment-là, a fait nettoyer le bureau et jeter les fruits pourris. Soudain, la femme malade, au moment de mourir, a demandé une de ses belles pommes mûres. Ils savaient qu'elle voulait dire pourrie, et ne savaient que faire, car il n'y en avait plus dans la maison.

« Ma tante s'est rendue elle-même dans la chambre des domestiques pour qu'on lui trouve une pomme pourrie ; et pendant qu'elle s'y trouvait, ces derniers ont accouru pour annoncer que la vieille femme était morte. Ma tante a couru à l'étage, quelques domestiques et moi sur ses talons. En passant devant la porte de la pièce où se trouvait le bureau, elle a poussé un cri d'horreur. Nous avons regardé à l'intérieur et y avons trouvé la vieille femme, en train de manger une pomme. Elle a disparu immédiatement, et nous nous sommes précipités dans la chambre à coucher. Là, elle gisait morte sur le lit, l'infirmière à ses côtés, elle ne l'avait pas quittée un instant pendant l'heure qui venait de s'écouler. Sa dernière pensée avait pris une forme physique. Cette histoire est parfaitement vraie, j'en ai été moi-même témoin en 1843.

« Pendant plus de six ans, depuis l'âge de huit ou neuf ans jusqu'à l'âge de quinze ans, un vieil esprit, qui se présentait comme Mme T__ L__[1], me rendait visite tous les soirs pour écrire par mon entremise en présence de mon père, de mes tantes et de beaucoup d'autres personnes, des résidents de Tiflis et de Saratoff. Elle a fait un compte rendu détaillé de sa vie, a précisé où elle était née, à Revel, dans les provinces baltiques, et dans quelles circonstances elle s'était mariée, puis elle a raconté l'histoire de tous ses enfants. Elle a fait notamment un récit long et passionnant de la vie de sa fille aînée Z__ et du suicide de son fils F__, qui venait aussi parfois se livrer à de longues rapsodies sur ses souffrances de suicidé.

« La vieille dame a dit avoir vu Dieu et la Vierge Marie, ainsi qu'un groupe d'anges, dont deux créatures dépourvues de corps qu'elle a présenté à notre famille, à la grande joie de cette dernière et qui ont promis tout cela à travers mon écriture, de veiller sur moi, etc., etc., tout comme il faut. Elle a même décrit sa

---

1. H.P.B. fournit son nom à M. Sinnett : Tekla Lebendorff.

propre mort, et a donné le nom et l'adresse du pasteur luthérien qui lui avait administré l'extrême-onction.

« Elle a décrit en détail une pétition qu'elle avait soumise à l'empereur Nicholas, et l'a réécrite mot pour mot, *verbatim,* avec sa propre écriture, de la main de mon enfant.

« Ces séances d'écriture automatique ont continué à avoir lieu, comme je l'ai dit, pendant près de six ans, durant lesquels T__ L__ m'a fait écrire en allemand, langue que je n'avais jamais appris à écrire, ni même à parler correctement, et en russe, en usant de son écriture et de sa grammaire surannées. Durant ces six ans d'écriture automatique, j'ai accumulé un tas de manuscrits qui auraient rempli dix volumes.

« À cette époque, on n'appelait pas cela du spiritisme, mais un cas de possession. Mais, comme notre prêtre de famille s'intéressait aux phénomènes paranormaux, il venait très souvent assister à notre séance du soir, avec de l'eau bénite et un goupillon à portée de main pour assurer notre sécurité.

« Pendant ce temps, un de mes oncles s'est rendu à Revel pour s'assurer de l'existence réelle de cette vieille dame, la riche Mme T__ L__, que la vie dissolue de son fils avait ruinée et qui était partie vivre chez des connaissances en Norvège, où elle était morte. Mon oncle apprit également que, d'après les rumeurs, son fils s'était suicidé dans un petit village de la côte norvégienne, ce qui confirmait toutes les informations fournies par "l'Esprit".

« En un mot, tout ce qui pouvait être vérifié, chaque détail, chaque anecdote, l'a été, et tout était conforme à mon récit, ou plutôt à celui de l'Esprit : son âge, le nombre et le nom de ses enfants, les détails chronologiques, tout, en somme.

« Quand mon oncle est revenu à Saint-Pétersbourg, il a voulu vérifier, comme dernier test décisif, si une pétition comme celle que j'avais écrite avait bien été adressée à l'empereur. Grâce à ses relations privilégiées avec des personnes influentes du ministère de l'Intérieur, il a obtenu l'accès aux Archives ; et là, comme il connaissait la date précise de la pétition, et même son numéro d'archivage, il l'a retrouvé rapidement et, en la comparant avec ma version, que ma tante lui avait envoyée. Il a découvert que les deux étaient parfaitement identiques jusqu'à une remarque inscrite au crayon dans la marge par le défunt empereur, que j'avais reproduite avec une exactitude digne de celle de n'importe quel graveur ou photographe.

« Était-ce l'authentique esprit de Mme L__ qui avait guidé ma main de médium ? Était-ce vraiment l'esprit de son fils F__ qui avait exprimé à travers moi, avec sa propre écriture, toutes ces lamentations d'outre-tombe, ces gémissements et ces envolées lyriques pleines de remords ? Bien sûr, n'importe quel médium en serait convaincu. Quelles meilleures preuves de l'identité de ces esprits, de l'existence pour l'Homme d'une vie après la mort et de son pouvoir de revenir sur terre et de communiquer avec les vivants pourraient être espérées ou même imaginées ?

« Mais ça n'était rien de ce genre ; et cette expérience que j'avais vécue moi-même, dont des centaines de personnes en Russie – dont des connaissances personnelles – peuvent témoigner, constitue, comme vous le verrez, la réponse la plus parfaite aux spiritualistes.

« Environ un an après la visite de mon oncle à Saint-Pétersbourg, alors que l'excitation générée par toutes ces coïncidences s'était à peine calmée, D__, un officier qui avait servi dans le régiment de mon père est venu à Tiflis. Il m'avait connue lorsque j'avais à peine cinq ans ; il avait joué avec moi, m'avait montré des portraits de famille, permis de fouiller ses tiroirs, de mettre la pagaille dans ses lettres, etc., et, entre autres choses, il m'avait souvent montré une miniature sur ivoire d'une vieille dame avec un bonnet et des boucles blanches ainsi qu'un châle vert, disant que c'était sa vieille tante. Quand je disais qu'elle était vieille et laide, il me taquinait en répondant qu'un jour, moi aussi, je serais tout aussi âgée et disgracieuse.

« Retracer toute l'histoire serait bien trop long ; en un mot, permettez-moi de préciser tout de suite que D__ était le neveu de Mme L__, le fils de sa sœur.

« Eh bien, il venait souvent nous voir – j'avais quatorze ans à l'époque —, et un jour, il nous a demandé de lui rendre visite au camp. Nous nous y sommes rendues avec notre gouvernante, et une fois arrivées, j'ai vu sur sa table le vieux portrait de sa tante, mon esprit ! J'avais complètement oublié que je l'avais déjà vu dans mon enfance. Je la reconnaissais seulement comme l'esprit qui pendant presque six ans, m'avait rendu visite presque tous les soirs et avait écrit à travers moi, et j'ai failli m'évanouir. »

« "C'est… C'est l'esprit ! ai-je crié ; c'est Mme T__ L__ !

— Bien sûr, c'est ma vieille tante ; mais tu n'es tout de même pas en train de me dire que tu t'es souvenue de ton ancien jouet pendant toutes ces années ? s'est enquis D__, qui ne savait rien de mes séances d'écriture automatique.

— Je suis en train de vous dire que je vois actuellement et que j'ai vu feue votre tante, si elle est bien votre tante, tous les soirs pendant des années ; elle vient et elle écrit par mon intermédiaire.

— Feue ? a-t-il répété en riant. Mais elle n'est pas morte. Je viens de recevoir une lettre de Norvège de sa part". Et il a continué à fournir des détails complets sur l'endroit où elle vivait et sur elle-même. "

« Le jour même, mes tantes ont mis D__ dans la confidence et lui ont raconté tout ce que mes pouvoirs médiumniques avaient révélé. Jamais homme n'a été plus abasourdi que ne l'était D__, et jamais des gens ne furent plus surpris que ne l'étaient mes vénérables tantes, spiritualistes sans le savoir.

« Il est alors apparu que non seulement sa tante n'était pas morte, mais que son fils F__, le suicidé repenti, l'esprit souffrant, avait seulement tenté de se suicider, avait été guéri de son mal et était alors, et peut-être encore à ce jour, employé à la chambre des comptes de Berlin.

« Eh bien, qui ou quoi était "l'entité" qui écrivait par ma main, fournissant des détails si précis, dictant sans erreur chaque mot de sa pétition, etc., et évoquant pourtant sa mort, ses souffrances posthumes, etc., etc. Malgré toutes les preuves exhaustives de leur identité, il ne s'agissait de toute évidence pas des esprits de cette brave madame T__ L__ ni de son fils, l'espiègle F__, puisque ces derniers se trouvaient toujours dans le monde des vivants.

« *Le malin*, disaient mes tantes pieuses ; *le diable*, bien sûr, renchérissait le prêtre, sans ambages[1]. Des élémentaires, supposeraient certains ; mais selon ce que __[2] m'a dit, tout cela était l'œuvre de mon esprit. J'étais une enfant fragile. J'avais des tendances héréditaires à un fonctionnement anormal des facultés cognitives, mais bien sûr, je n'en savais rien.

« Pendant que je jouais avec le portrait, les lettres de la vieille dame et d'autres choses, mon cinquième principe – mon âme animale, mon intelligence physique, ou mon esprit, appelez cela comme vous voudrez – lisait et voyait tout cela sur le plan astral, tout comme l'esprit d'un médium quand il dort. Ce qu'il a vu et lu s'est scrupuleusement imprimé dans ma mémoire dormante, même si, n'étant qu'un nourrisson, je n'avais aucune conscience de cela.

« Des années après, des circonstances fortuites et des associations d'idées insignifiantes m'ont remis à l'esprit ces images oubliées depuis longtemps, ou plutôt devrais-je dire jusqu'à maintenant jamais consciemment reconnues ; et un jour, il a commencé à les reproduire. Peu à peu, mon esprit, en suivant ces images dans la lumière astrale, a pour ainsi dire été entraîné dans le courant des associations et de la substance personnelle et individuelle de Mme L__ et puis, une fois l'impulsion médiumnique donnée, plus rien ne pouvait l'arrêter, et je suis devenue médium, non pour transmettre les messages des morts, ni pour divertir les élémentaires, mais pour reproduire objectivement ce que lisait et voyait mon propre esprit dans la lumière astrale.

« On se souviendra que j'étais faible et malade, et que j'avais hérité de capacités permettant ce fonctionnement anormal de l'esprit, capacités qu'un entraînement ultérieur pourrait développer, mais qui à cet âge auraient été inutiles, si une certaine faiblesse physique et un certain détachement, si je puis dire, entre la matière et l'esprit dont nous sommes tous composés, ne les avaient pas développés d'une manière anormale pour cet âge. Au fur et à mesure que je grandissais et que ma santé et ma force s'amélioraient, mon esprit devenait aussi captif de mon enveloppe charnelle que celui de toute autre personne, et tous les phénomènes paranormaux ont cessé.

« Comment mon esprit a-t-il pu me conduire à tuer la mère et le fils tout en étant aussi précis pour tout le reste, et produire des lamentations si orthodoxes de la part de ce dernier sur son acte répréhensible d'autodestruction ? Cela sera peut-être plus difficile à expliquer.

---

1. Parler franchement, sans détour.
2. L'un des Frères.

« Mais dès le début, tout le monde autour de moi était persuadé que l'esprit qui me possédait devait être celui d'une personne décédée, et mon esprit avait probablement assimilé cette idée. Je n'ai jamais su qui était ce pasteur luthérien qui avait administré ce dernier et triste sacrement. J'avais probablement dû entendre ou lire son nom dans un livre, en rapport avec une scène de mort et mon moi intérieur avait dû le tirer de ma mémoire pour combler une lacune dans son savoir.

« Quant à la tentative de suicide du fils, j'ai dû en entendre parler dans certaines des lettres que j'avais lues mentalement, ou tomber sur une référence à elle dans la lumière astrale, et en conclure qu'elle s'était soldée par la mort ; et comme, toute jeune que j'étais, je savais bien à quel point le suicide était considéré comme condamnable, il n'est pas difficile de comprendre que mon esprit avait fait ce parallèle apparemment inévitable. Bien sûr, dans une maison aussi pieuse que la nôtre, Dieu, la Vierge Marie et les anges avaient de fortes chances de jouer un rôle, car ils avaient été moulés dans mon esprit dès le berceau.

« Néanmoins, j'étais parfaitement inconsciente de toutes ces perceptions et illusions. Le cinquième principe avait fonctionné comme prévu ; quant à lui, mon sixième principe, ou âme spirituelle, ou encore conscience, était encore en sommeil. De là découle logiquement que pour moi, on puisse considérer que le septième n'a pas existé. »

CHAPITRE III
La vie chez son grand-père

Les cinq années qu'elle avait passées en sécurité chez ses grands-parents semblèrent avoir eu une influence considérable sur la vie future d'Héléna. Mlle Jeffries avait quitté la famille ; les enfants avaient donc une autre gouvernante anglaise, une jeune fille timide qu'aucun de ses élèves n'écoutait jamais, un précepteur suisse et une gouvernante française... Des bois sauvages entouraient la grande villa occupée par les grands-parents de Mlle Hahn pendant les mois d'été. La jeune fille ne se sentait parfaitement heureuse que lorsqu'elle errait à loisir dans la forêt, ou montait un cheval ingérable sur une selle cosaque[1].

Sa tante bien-aimée, Mme Nadejda Fadeef, qui appelait affectueusement la petite Héléna, « Helinka », écrivit d'elle quelques années plus tard : « Nous qui connaissons Mme Blavatsky aujourd'hui, pouvons parler d'elle en toute connaissance de cause, pas seulement en se basant sur des on-dits. Dès sa plus tendre enfance, elle ne ressemblait à personne d'autre. Très vive et très douée, pleine d'humour et particulièrement audacieuse, elle épatait tout le monde par sa détermination et sa volonté.

« Ceux qui l'ont connue dès l'enfance auraient également su – s'ils étaient nés trente ans plus tard – que c'était une erreur fatale de la considérer et de la traiter comme n'importe quel autre enfant. Son tempérament agité et très nerveux, qui l'a conduite vers la malice la plus inouïe et la plus inconvenante pour une petite fille, son inexplicable (surtout à l'époque) attirance mêlée de peur pour les morts, sa passion dévorante et sa curiosité pour tout ce qui est inconnu et mystérieux, étrange et irréel, et, avant tout, sa soif d'indépendance et de liberté d'action – un désir que rien ni personne ne pouvait réfréner – tout cela, combiné à une imagination exubérante et à une incroyable sensibilité, aurait dû démontrer à ses amis qu'elle était exceptionnelle, et qu'il fallait la traiter et l'appréhender d'une manière tout aussi exceptionnelle.

« La moindre contradiction provoquait une crise d'hystérie, et souvent des convulsions. Lorsqu'on la laissait seule, sans personne à proximité pour entraver sa liberté d'action, l'enchaîner ou faire obstacle à ses pulsions innées, et ainsi accroître jusqu'à la colère sa pugnacité naturelle, elle passait des heures, voire des jours à marmonner tranquillement, en s'adressant à elle-même, croyait-on, et à raconter, dans un recoin sombre, sans personne pour l'écouter, de merveilleux voyages dans des étoiles brillantes et dans d'autres mondes, ce que sa gouvernante

---

1. Celle dédiée à la voltige.

qualifiait de "charabia blasphématoire". Mais à peine la gouvernante lui aurait-elle donné l'ordre direct de faire ceci ou cela, que sa première impulsion était de désobéir.

« Il suffisait de lui interdire de faire quelque chose pour qu'elle le fasse, peu importe les conséquences. Sa nourrice, comme d'ailleurs d'autres membres de la famille, croyait sincèrement l'enfant possédée par "les sept esprits de la rébellion". Ses gouvernantes avaient beaucoup de mal à remplir leur tâche, et n'ont jamais réussi à faire ployer sa volonté résolue ni à influencer sa nature indomptable, obstinée et intrépide, par d'autre moyen que la gentillesse.

« C'était une enfant gâtée, idolâtrée par ses tuteurs et ses proches, qui pardonnaient tout à "cette pauvre orpheline". Plus tard dans sa jeunesse, son caractère bien trempé l'a poussée à se révolter ouvertement contre les exigences de la société. Elle refusait de faire montre du moindre respect ou de la plus petite crainte à l'égard de l'opinion publique. Elle montait, à quinze ans comme à dix, n'importe quel cheval cosaque avec une selle d'homme ! Elle ne s'inclinait devant personne et ne reculait devant aucun préjugé ni aucune idée préconçue. Elle s'opposait à tout et tout le monde.

« Comme lorsqu'elle était enfant, sa sympathie et son amitié allaient vers les gens de la classe ouvrière. Elle avait toujours préféré jouer avec les enfants de ses domestiques plutôt qu'avec ses égaux, et quand elle était petite, il fallait constamment la surveiller de peur qu'elle ne s'échappe de la maison pour aller se faire des amis parmi les petits gueux qui traînaient dans la rue. Ainsi, plus tard dans la vie, elle a continué à faire preuve de sympathie envers ceux qui avaient un train de vie plus modeste que le sien et a manifesté une indifférence marquée à l'égard de la "noblesse" à laquelle elle appartenait de naissance[1].

« Il y avait cependant quelqu'un qui pouvait, dans une certaine mesure, freiner et guider cette enfant dotée du "tempérament fougueux des Dolgoroukis[2]", à savoir, sa grand-mère, une autre Dolgorouki. » Le colonel Olcott fournit un exemple d'une telle situation dans *Les pages d'un vieux journal :* « Je vais raconter maintenant une histoire que j'ai entendue de sa propre bouche, et dont les évènements ont eu un effet durable sur elle, au cours de sa vie. Pendant l'enfance, son tempérament n'avait presque pas été contrarié, car son noble père n'avait fait que la cajoler et l'idolâtrer après la perte de sa femme. Quand, lorsqu'elle a eu onze ans, le moment est venu pour elle de changer de tuteur et d'être placée sous l'autorité de sa grand-mère maternelle, l'épouse du général Fadeyef, née princesse Dolgorouki, on l'a avertie qu'on ne lui accorderait plus une liberté aussi grande qu'auparavant, et elle a été plus ou moins fascinée par la dignité de l'allure de sa grand-mère.

« Mais un jour, dans un accès de colère contre sa nourrice, une vieille et fidèle servante élevée dans la famille, elle lui a donné un coup de poing au visage. Lorsque

---

1. Ibid
2. Illustre maison princière russe riourikide.

sa grand-mère l'a appris, l'enfant a été convoquée, interrogée et a confessé sa faute. L'aïeule a aussitôt fait sonner la cloche du château pour appeler tous les serviteurs de la maison. Il y en avait des dizaines, et quand ils ont tous été rassemblés dans la grande salle, elle a dit à sa petite-fille que frapper injustement une domestique qui n'oserait pas se défendre était une conduite indigne d'une dame ; elle lui a donc ordonné de demander pardon et de lui baiser la main en signe de sincérité.

« Au début, l'enfant, rouge de honte, était prête à se rebeller ; mais la vieille dame lui a dit que si elle n'obéissait pas immédiatement, elle la chasserait de sa maison dans la honte. Elle a ajouté qu'aucune véritable dame noble ne refuserait de réparer un tort causé à une servante, surtout lorsque celle-ci, par toute une vie de loyaux services, avait gagné la confiance et l'amour de ses maîtres. D'un naturel généreux et bienveillant envers les gens des classes inférieures, la turbulente jeune fille a fondu en larmes et s'est agenouillée devant la vieille nourrice. Elle lui a baisé la main et lui a demandé pardon. Il va de soi qu'à partir de ce moment, les serviteurs de la famille lui ont voué un amour sans limites. Elle m'a confié que cette leçon comptait énormément pour elle, et qu'elle lui avait appris à être juste envers ceux que le rang social rendait incapables de se faire respecter par eux-mêmes. »

Dans un livre fort divertissant intitulé *Souvenirs d'enfance rassemblés à l'intention de mes enfants*[1], Mme Jelikhovskaïa, Véra, la sœur d'Héléna Blavatsky, raconte des anecdotes choisies dans le journal intime qu'elle écrivit pendant sa jeunesse : « La grande maison de campagne (*datcha*) dans laquelle nous vivions à Saratov était une vieille et vaste bâtisse, pleine de galeries souterraines, de longs couloirs abandonnés, de tourelles, et de coins et recoins très étranges. Elle avait été construite par une famille du nom de Pantchoolidzef, dont plusieurs générations avaient dirigé Saratov et Penza, dont ils étaient les propriétaires nobles les plus riches. Elle ressemblait plus à un château médiéval en ruines qu'à un édifice du siècle dernier...

« Nous avions été autorisées à explorer, sous la protection d'une demi-douzaine de serviteurs et d'un certain nombre de torches et de lanternes, ces "catacombes" fascinantes. Il est vrai que nous avions trouvé plus de bouteilles cassées que d'os humains, et croisé plus de toiles d'araignées que de chaînes de fer, mais notre imagination voyait des fantômes dans chaque ombre vacillante portée sur les vieux murs humides. Or Héléna n'allait pas se satisfaire d'une seule visite solitaire, ni même de deux.

« Elle s'était choisi cet endroit étrange comme antre de la liberté et lieu sûr où elle pouvait échapper à ses leçons. Il s'écoula beaucoup de temps avant que son secret ne soit découvert. Et, à chaque fois que l'on s'apercevait qu'elle avait disparu, on envoyait une délégation de valets à la carrure robuste avec à sa tête le gendarme en faction dans le bureau du gouverneur, pour la retrouver, car il fallait au moins quelqu'un qui n'était pas un serviteur et ne craignait pas de la faire remonter de

---

1. Mme Jelikovsky a également écrit *My Youth, When I was Little, The Truth about Mme Blavatsky*, ainsi qu'une série intitulée *Helena Petrovna Blavatsky*, parue dans *Lucifer* (revue anglaise de Madame Blavatsky) en 1894 et 1895.

force. À l'aide de vieilles chaises et de tables cassées entassées dans un coin, elle s'était construit une tour sous une fenêtre à barreaux de fer, jusqu'au plafond, et elle s'y cachait des heures durant, lisant un livre intitulé la *Sagesse de Salomon*[1] et rempli de toutes sortes de légendes populaires.

« Une fois ou deux, on n'est pas parvenu à la retrouver dans ces souterrains humides, car elle avait fait tant d'efforts pour qu'on ne la trouve pas qu'elle s'était perdue dans le labyrinthe. Mais elle n'éprouvait aucun remords. En effet, comme elle nous l'assurait, elle n'y était jamais seule : elle était en compagnie de ses petits "bossus" et de ses camarades de jeu.

« C'était une jeune fille très nerveuse et sensible qui, souvent, parlait à voix haute ou marchait dans son sommeil. On la retrouvait la nuit dans les endroits les plus reculés, et on la ramenait à son lit encore profondément endormie. Ainsi, une nuit, alors qu'elle avait à peine douze ans, sa chambre était vide, et l'alarme ayant été donnée, elle avait été recherchée et retrouvée en train de marcher dans l'un des longs couloirs souterrains, apparemment en pleine conversation avec une personne qu'elle était la seule à voir.

« C'était la jeune fille la plus étrange qu'on ait jamais vue, avec deux facettes distinctes : l'une espiègle, combative et obstinée – sans aucune distinction en somme ; l'autre mystique, métaphysique... Aucun écolier n'a jamais été plus incontrôlable, ni plus enclin aux farces et aux *espiègleries* les plus inimaginables. À la même époque, une fois qu'elle en avait terminé avec ses farces, elle pouvait être aussi assidue dans ses études qu'un vieux savant ; rien ne pouvait la contraindre à abandonner ses livres, qu'elle dévorait nuit et jour, aussi longtemps que l'envie était présente. La vaste bibliothèque de nos grands-parents semblait alors à peine suffisante pour satisfaire ses envies.

« Un grand jardin abandonné – un parc plutôt – était rattaché à la résidence. Il était plein de kiosques en ruines, de pagodes[2], et de dépendances, qui, en montant la colline, donnaient sur une forêt vierge, dont les chemins à peine visibles étaient couverts de mousse jusqu'à hauteur du genou, et dont les fourrés n'avaient pas dû être dérangés par un pied humain depuis des siècles. Ce lieu était réputé comme étant la cachette de tous les criminels et déserteurs en cavale, et c'est là qu'Héléna se réfugiait quand les "catacombes" n'assuraient plus sa sécurité...

« L'imagination de ma sœur Héléna[3], ou ce que nous considérions tous alors comme telle s'est développée d'une manière tout à fait extraordinaire, et dès sa plus tendre enfance. Pendant des heures, elle racontait aux plus jeunes, et même à ses aînés, des histoires fantastiques avec l'assurance et la conviction d'un témoin oculaire, d'une personne qui savait de quoi elle parlait.

1. Livre qui figure dans l'Ancien Testament de l'Église catholique et de certaines Églises orthodoxes.
2. Terme qui désigne un lieu où se trouve une relique et un lieu de culte pour les adeptes du bouddhisme, prenant l'aspect d'une tour de plusieurs étages, circulaire, octogonale ou carrée, caractérisée par un toit évasé ou en épi.
3. Pas son imagination, mais sa clairvoyance, aurait dit la théosophe.

« Lorsqu'elle était enfant, audacieuse et intrépide pour tout le reste, ses propres hallucinations lui faisaient parfois si peur que cela lui provoquait des crises. Elle était convaincue d'être harcelée par ce qu'elle appelait "les terribles yeux qui brillent", invisibles pour tout le monde, et qu'elle attribuait souvent à des objets inanimés, parfaitement inoffensifs, idée que son entourage trouvait totalement ridicule. Quant à elle, elle fermait très fort les yeux lorsque ces visions lui apparaissaient, et s'enfuyait pour se cacher du regard fantomatique de meubles ou de vêtements, en poussant des cris de terreur qui effrayaient toute la maison.

« D'autres fois, elle avait des crises de rire et les expliquait par les farces amusantes de ses compagnons invisibles. Elle en trouvait dans chaque coin sombre, dans chaque buisson de la végétation épaisse dont se parait le parc qui entourait notre villa pendant les mois d'été ; tandis qu'en hiver, lorsque toute la famille retournait en ville, elle semblait les retrouver dans les grandes salles de réception du premier étage, entièrement désertes de minuit au petit matin. On fermait toutes les portes, mais malgré tout, Héléna a été retrouvée plusieurs fois la nuit dans ces appartements sombres dans un état de demi-conscience, parfois profondément endormie, et incapable de dire comment elle était arrivée ici depuis la chambre que nous partagions au dernier étage.

« Elle disparaissait de manière tout aussi mystérieuse pendant la journée. On la recherchait, on l'appelait, on la poursuivait et on la retrouvait souvent, avec beaucoup de mal, dans les lieux les moins fréquentés. Une fois, c'est dans l'obscur grenier, sous le toit même où on la cherchait, qu'on l'a retrouvée, au milieu de nids de pigeons et entourée de centaines de ces volatiles. Elle était en train de les "endormir" selon les principes enseignés dans la *Sagesse de Salomon*, comme elle l'expliquait. Et en effet, à ces moments-là, on retrouvait des pigeons, non pas endormis, mais incapables de bouger, comme assommés, sur ses genoux.

« D'autres fois, après des heures de recherches, on retrouvait la fugitive derrière les placards gigantesques qui contenaient la collection zoologique de notre grand-mère – le musée d'histoire naturelle de la vieille princesse avait d'ailleurs acquis une grande renommée en Russie. Entourée de fossiles d'animaux et de végétaux, et d'antiquités d'une valeur historique inestimable, au milieu d'ossements très anciens d'animaux empaillés et d'oiseaux monstrueux, on la trouvait en pleine conversation avec des phoques et des crocodiles empaillés. À en croire Héléna, les pigeons lui roucoulaient des contes de fées passionnants, tandis que les oiseaux et les animaux, à chaque fois qu'ils se retrouvaient en tête-à-tête avec elle, lui racontaient des histoires intéressantes, vraisemblablement tirées de leur propre vécu.

« Pour elle, la nature tout entière semblait animée d'une vie mystérieuse qui lui était propre. Elle entendait la voix de tout objet et de toute chose, organique ou inorganique ; et elle revendiquait l'existence d'une conscience, d'un être, non seulement chez les puissances mystérieuses qu'elle était la seule à voir et à entendre là où les autres ne voyaient qu'un espace vide, mais aussi chez les choses visibles, mais inanimées, comme les cailloux, les monticules et les morceaux de bois phosphorescents en décomposition.

« Des expéditions diurnes et nocturnes étaient souvent organisées pour ajouter de nouveaux spécimens à la remarquable collection de notre grand-mère, ainsi que pour notre instruction et notre plaisir personnels. Nous préférions les expéditions nocturnes, car nous les trouvions plus excitantes et dotées d'un mystérieux charme. Pour nous, il n'existait pas de plus grand plaisir. Nos délicieuses promenades dans les bois environnants duraient de 9 heures du soir à 1 heure du matin, souvent même 2 heures.

« Nous nous y préparions avec autant de sérieux que les Croisés partant combattre les infidèles et chasser les Turcs de Palestine. Les enfants d'amis et de connaissances qui vivaient dans les environs, des garçons et des filles de douze à dix-sept ans, et deux ou trois dizaines de jeunes serfs[1] des deux sexes, tous armés comme nous l'étions de filets de gaze et de lanternes, venaient gonfler nos rangs. À l'arrière suivaient une dizaine de serviteurs adultes et robustes, des cosaques et même un ou deux gendarmes, équipés de vraies armes afin d'assurer notre sécurité.

« En un joyeux cortège, nous partions, le cœur battant, occupés avec une cruauté inconsciente à massacrer de beaux et grands papillons nocturnes qui faisaient la célébrité des forêts de la province de la Volga. Ces stupides insectes, qui volaient en essaim, ne tardaient pas à se retrouver enfermés dans le verre de nos lanternes, et achevaient leurs vies éphémères empalés sur de longues épingles plantées dans des cimetières en liège de dix centimètres carrés.

« Mais même dans ces moments-là, ma drôle de sœur affirmait sa différence. Elle protégeait et sauvait de la mort tous ces papillons de couleur sombre connus sous le nom de *sphinx*, dont la tête et le corps recouvert d'une fourrure foncée arboraient l'image distincte d'un crâne humain blanc. "La nature a dessiné sur chacun d'eux le crâne d'un héros défunt, c'est pourquoi ces papillons sont sacrés, et ne doivent pas être tués", disait-elle sur un ton de fétichiste païenne. Elle se mettait très en colère quand nous ne l'écoutions pas et que nous continuions à courir après ces "têtes de mort", comme nous les appelions ; et elle soutenait que nos actes dérangeaient les autres défunts dont les crânes étaient dessinés sur le corps de ces étranges insectes.

« Nos trajets journaliers, vers des régions plus ou moins éloignées, étaient tout aussi intéressants. À environ dix verstes[2] de la villa du gouverneur, il y avait un large terrain sablonneux qui, de toute évidence, avait autrefois été le fond d'une mer ou d'un grand lac, car son sol contenait les restes pétrifiés de poissons, de coquillages et de dents appartenant à des monstres inconnus (pour nous). La plupart de ces fossiles avaient été cassés ou sévèrement abîmés par le temps, mais l'on

---

1. Sous la féodalité, une personne qui n'avait pas de liberté personnelle était attachée à une terre et assujettie à des obligations.
2. Ancienne unité de distance en Russie.

trouvait souvent des pierres entières, de différentes tailles, sur lesquelles étaient figées des silhouettes de poissons, de plantes et d'espèces animales à présent complètement éteintes, mais dont les origines anciennes ne faisaient aucun doute.

« Innombrables étaient les histoires extraordinaires et passionnantes qu'Héléna nous a racontées à nous, enfants et écolières, à cette époque. Je me souviens bien de ces moments où, allongée de tout son long par terre, le menton appuyé sur ses deux paumes et ses deux coudes enfoncés dans le sable mou, Héléna rêvait à voix haute et nous parlait de ses visions, manifestement très claires, vives, et aussi tangibles que la réalité pour elle !...

« Comme elle était charmante, cette description qu'elle nous faisait de la vie sous-marine de tous ces êtres vivants, dont les restes mélangés étaient en train de tomber en poussière autour de nous ! Avec quel talent elle redonnait vie à leurs combats passés, qui s'étaient déroulés à l'endroit même où elle était allongée, en nous assurant qu'elle en voyait chaque moment ; et avec quel sens du détail elle dessinait sur le sable les corps fabuleux de ces monstres marins morts depuis longtemps et nous donnait presque à voir les couleurs mêmes de la faune et de la flore de ces régions désolées ![1]

« En écoutant attentivement ses descriptions de belles vagues d'azur, reflétant les rayons du soleil qui formaient un arc-en-ciel sur le sable doré des fonds marins, des récifs coralliens et des grottes de stalactites, de l'herbe verte mêlée aux anémones brillantes et fragiles, nous croyions sentir la fraîcheur et la douceur de l'eau caresser nos corps, qui prenaient la forme de monstres marins sublimes et vivaces ; notre imagination dérivait au rythme de la sienne jusqu'à ce que nous en oubliions complètement la réalité.

« Elle ne nous a plus jamais parlé comme elle le faisait lorsqu'elle était enfant ou jeune fille. Le flot de son éloquence s'est desséché, et la source même de son inspiration semble désormais perdue. Elle avait une formidable capacité de transporter son public avec elle, de lui faire voir, même vaguement, ce qu'elle-même voyait.

« Une fois, elle a conduit son jeune auditoire au bord de l'hystérie. Nous venions juste d'être transportés dans un monde féérique, quand soudain elle a changé le temps de son récit du passé au présent, et a commencé à nous demander d'imaginer que tout ce qu'elle nous avait décrit, les vagues fraîches et bleues, leur population nombreuse... tout cela était autour de nous, mais invisible et intangible, jusqu'à ce que...

« "Imaginez un miracle ! dit-elle, la terre s'ouvre soudainement, l'air se condense autour de nous et reforme les vagues de la mer... Regardez, regardez... là, elles commencent déjà à apparaître et à bouger. Nous sommes entourés d'eau, nous sommes au milieu des mystères et des merveilles d'un monde sous-marin !..."

« Au départ, elle parlait du sable et le faisait avec une telle conviction, la voix teintée d'une telle stupéfaction, d'une telle terreur, et son visage d'enfant exprimait

---

[1]. A-t-elle analysé les fossiles par psychométrie, ou lu leur histoire dans les archives astrales ?

tant de joie et de peur à la fois, que quand elle s'est soudain couvert les yeux des deux mains, comme elle le faisait dans ses moments d'enthousiasme, qu'elle s'est laissé tomber sur le sable en hurlant à pleins poumons : "Voilà la vague !... Elle est arrivée !... La mer, la mer, nous sommes en train de nous noyer !", nous nous sommes tous laissés tomber en avant, le visage au sol, en hurlant de peur, convaincus que la mer nous avait engloutis, et que nous n'existions plus !

« C'était un plaisir pour elle que de réunir à ses côtés un groupe d'enfants plus jeunes qu'elle, comme moi, au crépuscule, et après nous avoir emmenés dans le grand musée baigné d'obscurité, de nous retenir là, ensorcelés par ses histoires étranges. Puis elle nous racontait des histoires surréalistes sur elle-même ; des aventures invraisemblables dont elle était l'héroïne, tous les soirs, comme elle l'expliquait. Chacun des animaux empaillés du musée s'était confié à elle, lui avait raconté l'histoire de sa vie lors de ses incarnations et existences antérieures.

« Où avait-elle bien pu entendre parler de réincarnation ? Qui aurait pu lui apprendre quoi que ce soit au sujet des mystères superstitieux de la métempsycose dans une famille chrétienne ? Quoiqu'il en soit, elle parlait en long et en large de son animal préféré, un énorme phoque empaillé, et, en caressant sa douce peau blanche et argentée, elle nous répétait ses aventures, telles qu'il les lui avait contées, en un récit si coloré et dans un style si plein d'éloquence que même les adultes se surprenaient à écouter ses récits. Tous écoutaient, et étaient transportés par sa prose inspirée, et le public plus jeune croyait chaque mot qu'elle prononçait.

« Si Héléna aimait nous raconter des histoires, elle aimait encore plus écouter les contes de fées des autres. Parmi les nombreux serviteurs de la famille Fadeef, il y avait une vieille femme, une sous-infirmière, célèbre pour raconter de telles histoires. Son répertoire était infini, et sa mémoire retenait toute idée liée à la superstition. Pendant les longs crépuscules d'été passés sur la pelouse, à l'abri sous les arbres fruitiers du jardin, ou pendant les soirées d'hiver, plus longues encore, rassemblées autour du foyer allumé de la nursery, nous nous accrochions à la vieille femme et étions folles de joie lorsque nous parvenions à la persuader de nous raconter quelques-uns de ces contes de fées populaires dont notre pays nordique a le secret.

« *Les aventures d'Ivan Tsarévitch*, de Kochtcheï l'Immortel, du *Loup gris*, du méchant magicien qui voyageait dans les airs sur un tamis magique, ou l'histoire de Meletressa, la belle princesse, enfermée dans un cachot jusqu'à ce que Tsarévitch déverrouille la porte de la prison avec une clef en or et la libère, tous ces récits faisaient notre bonheur. Seulement, tandis que nous, les enfants, oubliions ces contes aussi facilement que nous les avions appris, Héléna a toujours refusé de les considérer comme de la fiction et ne les a jamais oubliés.

« Elle prenait à cœur tous les ennuis des héros, et soutenait que leurs aventures les plus féériques étaient tout à fait réalistes. Les gens pourraient en effet se transformer en animaux ou prendre n'importe quelle forme de leur choix, s'ils savaient seulement comment faire ; ils pourraient voler, s'ils le souhaitaient suffisamment fort. De tels sages avaient existé de tout temps, et existaient même de nos jours, nous assurait-elle, et ne révélaient leur secret, bien sûr, qu'à ceux qui étaient dignes de les connaître et de les voir, et qui croyaient en eux au lieu de s'en moquer…[1]

« Pour illustrer son propos, elle nous a parlé d'un vieil homme, un centenaire, connu sous le nom de "Baranig Bouyrak", qui vivait non loin de la villa, dans un ravin sauvage d'une forêt voisine. On racontait que le vieil homme était un authentique magicien, un bon sorcier, bienveillant, qui guérissait volontiers tous les patients qui s'adressaient à lui, mais qui savait aussi punir par la maladie ceux qui avaient péché. Il était très versé dans la connaissance des propriétés occultes des plantes et des fleurs, et pouvait lire l'avenir, disait-on.

« Il entretenait un grand nombre de ruches ; plusieurs centaines entouraient sa cabane. Pendant les longs après-midi d'été, on le trouvait toujours à son poste, marchant lentement parmi ses favorites, recouvert de la tête aux pieds d'abeilles bourdonnantes, comme d'une véritable cuirasse vivante. Il plongeait les deux mains dans leurs demeures sans jamais se faire piquer, écoutait leur bruit assourdissant, et semblait leur répondre ; et quand il leur parlait dans sa langue incompréhensible (pour nous), elles se taisaient presque complètement et n'émettaient plus qu'une sorte de chant mêlé à des chuchotements. Visiblement, ces ouvrières aux ailes dorées et leur maître centenaire comprenaient leurs langues respectives. De cette dernière assertion, Héléna était tout à fait sure.

« "Baranig Bouyrak" exerçait sur elle une attraction irrésistible, et elle rendait visite à cet étrange vieil homme à chaque fois qu'elle en avait l'occasion. Une fois là-bas, elle posait des questions et écoutait, avec un sérieux passionné, les réponses et les explications du vieil homme sur le langage des abeilles, des oiseaux et des animaux[2]. Dans sa tête, le sombre ravin semblait revêtir des airs de royaume féérique. Quant au "sage" centenaire, il nous disait toujours d'elle : "Cette petite demoiselle est très différente de vous tous. L'avenir lui réserve de grandes aventures. Je suis triste de savoir que je ne vivrai pas assez longtemps pour voir mes prédictions la concernant se réaliser ; mais elles se réaliseront toutes !" »

---

1. Cela démontre sa connaissance ou conviction précoce en l'existence des grands sages.
2. L'un des dons des Raja Yogis. Voir le chapitre XIV.

CHAPITRE IV
Jeunesse et mariage

On ne sait que peu de choses à propos de la jeunesse d'Héléna von Hahn, peut-être parce qu'elle fut très brève – elle se maria avant ses dix-sept ans. Madame Pissareff déclara à son sujet : « L'une des qualités qui attiraient grandement ses amis tout en lui portant sérieusement atteinte était son humour brillant et bien pointu ; la plupart du temps bienveillant, mais parfois déconcertant de par ses ambitions mesquines. Ceux qui l'ont connu dans sa jeunesse s'en souviennent avec plaisir : elle était inébranlable, impétueuse, joyeuse, et brillait par son humour vif et ses discussions amusantes. Elle adorait plaisanter, taquiner et créer de l'agitation. »[1]

L'enfant qui montait à cru des chevaux cosaques et qui refusait toute forme d'autorité garda ces traits durant toute sa jeunesse, et développa un profond dégoût pour les conventions. Elle déclara : « Je détestais la "société" et le soi-disant "monde" tout comme je haïssais l'hypocrisie, peu importe sa forme. J'étais par conséquent furieuse contre la société et les propriétés établies. »[2] Je détestais les robes, les parures, et la société civilisée. Je méprisais les salles de bal ; et je vais vous prouver à quel point je méprisais cela par les faits suivants. Lorsque j'avais à peine seize ans, j'ai été un jour forcée d'aller à une soirée dansante ; un grand bal chez les vice-rois. Mes parents ont ignoré mes protestations et m'ont assuré qu'ils me feraient habiller de force – ou plutôt déshabiller aux vues de la mode – par nos domestiques si je refusais de m'y rendre de mon plein gré. J'ai donc plongé délibérément mon pied et ma jambe dans une marmite d'eau bouillante, et les y ai laissés jusqu'à ce qu'ils soient presque entièrement bouillis. Bien évidemment, la brûlure a été terrible et j'ai dû rester à la maison six mois durant. Je vous l'assure, il n'y a rien d'une femme en moi. Enfant, si un jeune homme avait osé me parler d'amour, je l'aurais frappé comme si un chien m'avait mordu. Jusqu'à mes neuf ans dans le régiment de mon père, les seules nourrices que j'ai connues ont été des soldats d'artillerie et des bouddhistes kalmouks. »[3]

---

1. Se référer aux Mémoires du comte Witte, Chapitre XXVI.

2. Dans son récit concernant le mariage cité dans ce chapitre : H.P.B. considérait cette tante comme sa plus proche parente, son père mis à part. Peut-être que la raison vient en partie du fait mentionné par sa sœur Véra dans une lettre adressée à la Comtesse de Wachtmeister en 1886 : « Pour ce qui est de son enfance, je ne me souviens que de peu de choses, étant trois ans plus jeune, et ayant de ce fait été élevée loin d'elle et de notre plus jeune tante, Mademoiselle Nadejda Fadeyeff, qui pourra vous être d'une aide bien plus importante que moi dans vos recherches. » (*Lettres de H.P. Blavatsky à P. Sinnett*, 274.)

3. « Madame Blavatsky le pensait plus proche de soixante-dix que de soixante ans. Il refusait lui-même

Son mariage précoce et sa fin tout aussi précipitée laissèrent les amis de la famille perplexes. Mme Pissareff supposa que : « Son mariage à l'âge de dix-sept ans avec un homme âgé qu'elle n'aimait pas et avec qui elle n'avait rien en commun ne peut s'expliquer que par un profond désir d'obtenir plus de liberté. Si l'on imagine les conditions de vie d'une jeune demoiselle menant grand train en province, même au sein d'une bonne famille, avec tous les préjugés et les étiquettes agaçantes de l'époque, il semble aisé de comprendre comment de telles conditions ont pu oppresser nature comme l'était celle de la jeune Héléna Petrovna : passionnée, indomptable, et attachée à sa liberté. »[1]

Mais selon sa tante Madame Fadeef, rien de tout cela n'expliquait ce mariage précoce. En outre, il était difficile d'imaginer comment le mariage avec un haut fonctionnaire pourrait mener à une plus grande liberté, loin « des robes, des parures, et de la société civilisée ». La version de sa tante conféra au mariage un caractère plus désinvolte, voire accidentel :

« Un jour, elle a simplement été mise au défi par sa gouvernante de trouver un homme qui voudrait devenir son mari étant donné son caractère et son tempérament. La gouvernante, pour être encore plus sarcastique, lui a dit que même le vieil homme qu'elle trouvait si repoussant et dont elle se moquait sans cesse en le traitant de « corbeau déplumé » refuserait de la prendre pour femme ! C'en était trop : trois jours plus tard, elle a fait en sorte qu'il la demande en mariage, puis, effrayée de ce qu'elle venait de faire, a tenté de s'extirper de son engagement qu'elle ne considérait que comme une plaisanterie. Mais il était trop tard. »[2]

Nous pourrions nous demander : « Pourquoi trop tard ? D'autres fiançailles ont probablement déjà été rompues en Russie par le passé ; alors pourquoi pas celles-ci ? » Madame Blavatsky, lorsqu'elle fut à un âge bien plus avancé, écrivit à M. Sinnett alors qu'il lui soutirait des informations pour ses *Mémoires*, en 1885, avec la plus grande difficulté : « Si vous aviez été à ma place lorsque, tout l'hiver, j'ai été bombardée de lettres de ma famille m'avertissant de ne pas me mêler à tel ou tel problème familial ou de ne pas poser mes mains empreintes de sacrilèges sur la tombe de telle ou telle personne, etc., vous auriez alors compris à quel point j'étais nerveuse à propos de ces *Mémoires*. Les problèmes étaient tels qu'une simple phrase faisant allusion à mes prières et à mes supplications de ne pas être mariée au vieux B aurait engendré des protestations et des dénégations de la part de mes cousins. Ils considéraient qu'il était de leur devoir de prouver que les seules personnes à blâmer pour ce mariage ridicule n'étaient pas mes grands-parents ni ma tante, mais mon père et moi. »

Dans une autre lettre, elle lui écrivit : « Ma tante, Mme Witte, a juré devant l'image d'un certain "Saint Idiotie" qu'elle me maudirait sur son lit de mort si

de reconnaître qu'il était plus âgé que la cinquantaine. » (*La vie extraordinaire d'Héléna P. Blavatsky*, 41.)
1. Sa sœur Madame Jelikovsky disait : « Ce fut seulement après 10 ans, période nécessaire pour rendre sa séparation avec son mari légal, que Madame Blavatsky revint en Russie (*Lucifer*, novembre 1894).
2. Pas en 1851, mais en 1848. Elle se trouvait en Angleterre et en Amérique en 1851.

j'autorisais la publication d'un mémoire tant que les membres de ma famille seraient en vie.

« Des détails à propos de mon mariage ? Eh bien, à présent, tout le monde assure que je voulais moi-même épouser le vieux aux pantalons corsaires qui sifflotait sans cesse. Ainsi soit-il. Mon père était à quatre mille kilomètres de là. Ma grand-mère était trop malade. Cela s'est passé comme je vous l'ai raconté. Je m'étais fiancée pour contrarier la gouvernante, en ne pensant pas une seconde qu'il me serait impossible de me *"défiancer"*. Mes péchés m'ont rattrapée. Il est impossible de dire la vérité sans incriminer certaines personnes que je n'accuserais pour rien au monde maintenant qu'elles sont mortes et enterrées. Ce poids reste sur mes épaules. Une querelle avait déjà eu lieu entre ma sœur et ma tante – la première m'accusant d'avoir calomnié mes proches décédés sur la question de mon mariage, et accusant ma tante d'avoir signé leur condamnation ainsi que la sienne. Laissons tout ceci de côté. »[1]

Voyant que ses prières à sa famille étaient vaines, l'enfant épuisée tenta de pousser son fiancé à la délivrer de son engagement, mais rien n'y fit. Sa sœur Véra Jelikovsky écrivit bien plus tard : « À l'âge de dix-sept ans, Héléna a épousé un homme de trois fois son âge. Son mari était le vice-gouverneur de la province d'Erivan en Transcaucasie. C'était un homme bien en tout point, mais il avait un défaut : celui d'avoir épousé une jeune fille qui n'avait pas le moindre respect pour lui, et qui lui avait annoncé tout à fait ouvertement au préalable que la seule raison pour laquelle elle l'avait choisi parmi tous ceux qui avaient souhaité l'épouser était qu'elle serait moins embêtée de le rendre malheureux lui plutôt qu'un autre. Avant le mariage elle lui avait dit : "Vous faites une grande erreur en m'épousant. Vous savez très bien que vous êtes suffisamment âgé pour être mon grand-père. Vous rendrez quelqu'un triste, mais ce ne sera pas moi. En ce qui me concerne, vous ne me faites pas peur, mais je tiens à vous prévenir que vous ne serez pas celui qui tirera quelque chose de notre union". Il ne pouvait pas dire qu'il ne savait pas à quoi s'attendre.

« Forcée de se tenir à son mariage, elle semblait s'être consolée avec l'idée qu'elle s'assurait une plus grande liberté d'action en tant que femme mariée, liberté qu'elle n'aurait jamais eue en tant qu'enfant. Son père était toujours aux abonnés absents, au loin avec son régiment… La cérémonie du mariage a tout de même dûment eu lieu à Djellallogly le 7 juillet 1848. » Son dix-septième anniversaire fut célébré le 30-31 juillet du calendrier russe, soit le 12 août du calendrier anglais.

Pour résumer le récit de sa tante : « Nous voici à l'étape cruciale. Tout ce qu'elle savait et comprenait – seulement il était trop tard – était qu'elle avait accepté cette union et était à présent forcée d'accepter un maître qu'elle n'aimait absolument pas, qu'elle haïssait même, mais à qui elle était liée coûte que coûte par la loi du

---

1. Elle communiquait en secret avec son père, et s'assurait de son accord concernant son idée assez vague de partir à l'étranger… Il fournissait de l'argent à sa fille fugitive, et la conseillait au sujet de ses déplacements suivants. (La vie extraordinaire d'Helena P. Blavatsky, 44, 45.)

pays. Un sentiment " d'horreur immense " l'a envahie, puisqu'elle a expliqué plus tard qu'un désir fervent et irrésistible avait pris possession de son être tout entier. Il l'avait prise par la main, si l'on peut dire, et lui avait montré le chemin, la forçant à agir instinctivement comme elle l'aurait fait si elle avait dû fuir un danger mortel afin de sauver sa vie.

« Beaucoup ont fortement tenté de l'impressionner en soulignant le côté solennel qu'avait le mariage, et les obligations et devoirs futurs qu'elle aurait envers son mari et sa vie maritale. Quelques heures plus tard, devant l'autel, elle a entendu le prêtre lui dire : "Tu devras honorer ton mari et lui obéir" ; et face au mot "devras" qu'elle détestait, son visage d'enfant, car elle avait à peine dix-sept ans, est devenu d'abord rouge de colère puis blanc comme un linge. On l'a entendu répondre en murmurant entre ses dents : "Certainement pas". Et en effet elle ne l'a pas fait. Elle a pris immédiatement la décision de faire justice elle-même et a quitté son "mari" pour de bon, sans même lui laisser l'occasion de la considérer comme sa femme. Ainsi, Madame Blavatsky a quitté son pays à dix-sept ans et a passé dix longues années dans des lieux étranges et isolés tels que l'Asie centrale, l'Inde, l'Amérique du Sud, l'Afrique et l'Europe de l'est. »

M. Sinnett poursuivit ainsi son récit : « Bien évidemment, les théories concernant le statut marital entretenues par le général Blavatsky et sa femme à la nature étrange différaient *totto celo*, et ils étaient entrés violemment en conflit dès le jour du mariage, un jour de révélations inattendues, d'indignation furieuse, de consternation et de repentance tardive… Le lendemain du mariage, elle a été conduite par le général jusqu'à Daretchichag, un refuge d'été destiné aux résidents d'Erivan. Elle avait déjà tenté de s'échapper vers la frontière perse durant le voyage, mais le cosaque qu'elle avait voulu rallier à sa cause pour lui servir de guide dans cette initiative l'avait trahie et l'avait dénoncée au général. Elle a donc été attentivement surveillée. La cavalcade[1] a rejoint la résidence du gouverneur – lieu de son étrange lune de miel. »

Bien des années plus tard, cette lune de miel fut mise en lumière. En 1874, lorsque Madame Blavatsky se rendit à Chittenden[2], dans le Vermont aux États-Unis, afin de rencontrer le colonel Olcott – à l'époque journaliste pour le *New York Daily Graphic*[3] et en pleine investigation sur les phénomènes spirituels liés à la propriété Eddy – elle vit l'un des esprits apparaître lors d'une séance de spiritisme à laquelle elle assistait : il s'agissait de Safar Ali Bek. Dans un article qu'elle rédigea pour le journal à propos de ces phénomènes, intitulé *Marvelous Spirit Manifestations*[4], elle fit mention de « Safar Ali Bek, un jeune chef de tribu kurde qui avait pour habitude de m'accompagner lors de mes voyages autour de l'Ararat

---

1. Cortège officiel de personnes marchant, à cheval ou en véhicule.
2. Ville du Vermont.
3. Journal américain.
4. « Manifestations spirituelles merveilleuses ».

en Arménie et qui me sauva la vie une fois. »

Le colonel Olcott décrivit l'incident comme suit : « Le dernier esprit qui s'est montré ce soir-là avait l'une des silhouettes les plus impressionnantes des quelque quatre cents que j'ai pu voir. En 1851, Madame Blavatsky passait l'été à Daratschi-Tchag, un hôtel estival arménien situé dans les plaines de l'Ararat. Le nom signifie " la Vallée des Fleurs ". Son mari étant vice-gouverneur d'Erivan, il avait une garde de quelque cinquante guerriers kurdes, parmi lesquels figurait l'un des plus forts et des plus courageux, nommé Safar Ali Bek ; Ibrahim Bek Ogli, fils d'Ibrahim, était attaché à l'escorte personnelle de la dame. Il la suivait partout lors de ses excursions équestres quotidiennes, et était ravi d'exhiber ses talents inhabituels de cavalier.

« Cet homme est sorti du placard de Willian Eddy sous la forme d'un esprit matérialisé, vêtu dans les moindres détails, de la même manière que lorsqu'elle l'avait vu pour la dernière fois en Asie. Ce soir-là, madame jouait de l'orgue dans le salon et, comme l'arrière de l'instrument était très proche de la porte du placard, elle se tenait à moins d'un mètre de chaque esprit lorsqu'ils en sortaient. Il lui était impossible de confondre son vieux "Nouker" kurde ; elle l'a reconnu immédiatement. Il était venu les mains vides ; mais au moment où j'ai pensé qu'il allait partir, il s'est penché en avant comme s'il allait ramasser une poignée de moisissure au sol, a fait semblant de l'éparpiller et a posé sa main sur sa poitrine – un geste familier uniquement pour les tribus du Kurdistan. Puis est apparue soudainement dans sa main droite l'arme la plus étrange qu'il m'ait été donné de voir. C'était une lance dont le manche devait mesurer dans les trois mètres de long (peut-être plus, car l'extrémité semblait se prolonger dans le placard), et dont le bout en acier avait une forme inhabituelle, sa base étant entourée d'un anneau de plumes d'autruche. Madame Blavatsky m'a indiqué que cette arme était toujours portée par les cavaliers kurdes qui devenaient alors dotés d'une dextérité merveilleuse en la manipulant. Un instant auparavant sa main était vide, et l'instant d'après, il empoignait la lance avec sa pointe en acier étincelante et ses plumes ondulées ! D'où sortait-elle ? De la commune de Chittenden, maître sceptique ? »[1]

M. Sinnett reprit : « Pendant trois mois, le couple de jeunes mariés est resté sous le même toit, chacun se battant pour obtenir des concessions impossibles ; et finalement, à la suite d'une querelle plus violente encore que les autres, la jeune femme a acquis un cheval avec ses biens propres et a galopé jusqu'à Tiflis. Un conseil de famille s'en est suivi, et il a fallu décider que la mariée ingérable serait envoyée auprès de son père. Il s'est arrangé pour la retrouver à Odessa, où elle a alors été confiée à un vieux serviteur ainsi qu'à une domestique, afin qu'elle prenne un bateau à vapeur à Poti qui l'emmènerait à destination... Il n'est pas insensé de supposer que le général Blavatsky lui-même était prêt à consentir à cette

---

1. Citation tirée de son carnet de croquis, qu'elle avait commencé en 1851, probablement l'année même de son mariage, car il y est noté son premier rendez-vous avec son maître le jour de son vingtième anniversaire, en 1851. Voir Chapitre VIII.

séparation. En effet, il avait tenté d'obtenir un divorce officiel au motif que son mariage n'avait jamais été autre chose qu'un bout de papier et que sa femme avait fui, mais la loi russe n'était pas en faveur du divorce à l'époque, et cette tentative avait échoué. »

Un article intitulé *Heroic Women* fut publié dans le *New York Mercury*[1] à la date du 18 janvier 1875. Il affirmait que Madame Blavatsky « à l'âge de dix-sept ans a épousé un noble russe à l'époque âgé de soixante-treize ans. Pendant de nombreuses années, ils ont vécu ensemble à Odessa avant qu'une séparation légale ne prenne effet. Le mari est mort récemment dans sa quatre-vingt-dix-septième année. La veuve réside à présent dans la ville de New York. » Voici ce que Madame Blavatsky répondit à cela : « Si j'ai en effet épousé un noble russe, je n'ai jamais vécu avec lui où que ce soit. Je l'ai quitté trois semaines après mon sacrifice, pour des raisons suffisamment acceptables à mes yeux ainsi qu'à ceux du monde "puritain". Je ne sais pas s'il est mort à l'âge avancé de quatre-vingt-dix-sept ans, car ce noble patriarche a disparu de ma vue et de ma mémoire il y a bien longtemps. »

Dans *My Confession* elle révéla : « En 1848, j'ai décidé, étant donné que je haïssais mon mari, N.V. Blavatsky (c'était peut-être une erreur, mais telle était la nature que Dieu m'avait donnée), de le quitter et de l'abandonner encore vierge. Je dois présenter des documents et lettres le prouvant, bien qu'il n'existe même pas un pourceau[2] pour le nier. »

Dans une interview publiée le 14 juillet 1878 dans le *New York Star* sous le titre *A Theosoph and a Citizen*, elle annonça : « Je suis une veuve, mais une veuve bénie, et je remercie Dieu. Je ne serai pas l'esclave de Dieu et encore moins celle d'un homme. »

Elle fuit donc le mariage qu'elle abhorrait et disparut pendant dix ans. Sa sœur Véra nous révéla : « Personne ne savait où elle se trouvait et nous la pensions morte. Pourquoi l'avait-on forcé à se marier ? Était-ce une question d'honneur familial ou l'opportunité d'offrir une forme de "stabilité" à cette enfant fougueuse et difficile ? » Quelle qu'en fût la raison, ce fut un acte très cruel envers la pauvre Héléna von Hahn, qui résuma ainsi son expérience amère concernant le mariage : « Les femmes trouvent le bonheur dans l'acquisition de pouvoirs surnaturels. L'amour n'est rien d'autre qu'un rêve ignoble, un cauchemar. »

---

1. Journal américain.
2. Signifie cochon ou porc.

CHAPITRE V
Disparition

Dans ses mémoires, le Comte Sergius de Witte, cousin de H.P.B. écrivit : « Héléna a abandonné rapidement son mari et est venue rejoindre son grand-père. Lorsque la jeune fille difficile a fait son apparition dans l'immense demeure, il a immédiatement pris la décision de l'envoyer le plus vite possible à son père, qui était colonel d'artillerie à proximité de Saint-Pétersbourg. Étant donnée l'absence de voies ferrées au sein du territoire caucasien à l'époque, la tâche s'avérait ardue ». Le problème fut ainsi résolu :

« Deux femmes et deux hommes, dont le fidèle intendant de son grand-père, ont été choisis parmi les nombreux domestiques esclaves, et le convoi s'est dirigé vers Poti[1]. La future célébrité théosophe était installée dans une calèche spacieuse tirée par quatre chevaux. Arrivés à Poti, il était prévu que la fugitive prenne le bateau jusqu'à une ville portuaire où passait un train amenant au centre de la Russie. Lorsque le groupe est arrivé à Poti, plusieurs bateaux à vapeur, dont un navire anglais, se trouvaient à quai. Si l'on en croit l'histoire, la jeune Madame Blavatsky a rapidement fait la connaissance du capitaine du bateau anglais. En bref, un beau matin, le convoi a découvert avec horreur que leur maîtresse et la cargaison s'étaient évaporées. Voyageant clandestinement à bord d'un navire anglais, elle était en route pour Constantinople. »

M. Sinnett raconta ainsi dans son livre *La vie extraordinaire d'Héléna P. Blavatsky* : « Elle s'était arrangée pour que son voyage à travers la Géorgie prenne plus de temps, afin que son escorte et elle-même manquent le bateau à Poti. Mais un petit voilier anglais se trouvait dans le port. Madame Blavatsky est montée à bord de ce bateau – il lui semble qu'il s'appelait le *Commodore* – et a persuadé le commandant de se plier à ses plans en lui offrant une grande quantité de roubles. Le *Commodore* était en partance pour Kertch[2], puis ferait une escale à Taganrog[3] dans la mer d'Azof[4], avant de rejoindre Constantinople. Madame Blavatsky et ses domestiques ont soi-disant embarqué pour Kertch. Une fois qu'ils sont arrivés, elle a fait descendre à terre ses serviteurs pour trouver un logement et préparer son débarquement le lendemain matin. Mais dans la nuit, s'étant à présent libérée des dernières contraintes qui la liaient à sa vie passée, elle a pris la mer à bord du *Commodore*.

1. Ville de Géorgie.
2. Ville d'importance régionale située sur la péninsule de Kerch, à l'est de la Crimée.
3. Ville en Russie.
4. Mer d'Europe de l'Est reliée à la mer Noire par l'étroit détroit de Kerch, et est parfois considérée comme une extension nord de la mer Noire.

« Rien que la traversée intérieure semble avoir été pleine d'aventures. Et d'ailleurs, une vie moins aventureuse que celle de Madame Blavatsky ne mériterait pas que l'on en fasse la chronique. La police portuaire de Taganrog a visité le *Commodore* à son arrivée, et il a été très difficile de les empêcher de suspecter la présence d'une personne clandestine à bord. L'unique endroit où se cacher – au beau milieu du charbon – a été jugé peu attrayant par la passagère et a été attribué au garçon de cabine dont elle a pris l'identité pour l'occasion, voyageant clandestinement dans une couchette et prétextant être malade. Plus tard, lorsque le navire est parvenu à Constantinople, d'autres problèmes sont survenus, l'obligeant à quitter précipitamment la ville à bord d'un voilier levantin, avec la complicité du steward, afin d'échapper aux persécutions du commandant. Elle a cependant eu la chance de rencontrer, à Constantinople, une dame russe de sa connaissance et dont elle est devenue très proche, la Comtesse Kisselev. Elles ont voyagé ensemble un certain temps, en Égypte, en Grèce, et dans d'autres pays de l'Europe de l'Est. »

Madame A.L. Pogosky nous offrit une hypothèse qui pourrait ou non nous éclairer quant à la disparition (mais selon moi pas en ce qui concerne l'union) de la mariée fugitive. Elle raconta : « Dans les *Mémoires* de Madame Ermolov, qui détaillait tout de la vie de jeune fille de Madame Blavatsky, un petit détail qui n'est mentionné nulle part ailleurs pourrait avoir eu une grande influence sur son destin. À l'époque, le prince Galitzyne, membre de la famille des Viceroys du Caucase, vivait à Tiflis. Il rendait souvent visite aux Fadeefs et était très intéressé par cette jeune fille originale. Il était considéré, selon les mots de Madame Ermolov, comme "un franc-maçon, un magicien ou un diseur de bonne aventure". Les proches de H.P.B. ont répondu à ma question, m'indiquant que le prince Galitzyne était en effet très souvent avec les Fadeefs avant le mariage d'Héléna Petrovna. Ils ne pouvaient dire s'il était ou non un occultiste, mais pensaient que c'était très probable.

« Tout de suite après le départ du prince Galitzyne de Tiflis, Héléna Petrovna a pris soudain la décision de se marier avec un vieil homme qui ne lui convenait pas, M. Blavatsky. Si l'on ajoute ces circonstances à la fuite ultérieure de la maison de son mari, il semble probable qu'en conversant avec le "magicien", le Prince Galitzyne, qui était bien informé, ou qui, du moins, était intéressé par les phénomènes liés aux médiums et à la clairvoyance, qu'Héléna avait assimilé de nombreux indices qui avaient affecté par la suite sa décision de rompre avec sa vie de jeune fille dans cette société. Il est très probable qu'elle ait parlé de ses visions et de son "protecteur" avec cette oreille compatissante, et ait reçu de sa part certaines informations, peut-être même l'adresse de cet Égyptien copte[1] qu'elle cite comme étant son premier professeur en occultisme.

« La confirmation de tout ceci réside dans le fait qu'une fois arrivée à Kertch après

---

1. Le copte est une langue chamito-sémitique descendant de l'égyptien ancien dérivé de l'égyptien démotique et du grec ancien.

sa fuite, elle a envoyé ses serviteurs loin du bateau à vapeur, et au lieu de rejoindre son père comme le pensaient ses proches et ses domestiques, elle a voyagé jusqu'en Égypte, non pas seule, mais accompagnée d'une amie, la Comtesse Kisselev. Il est possible que cette rencontre ait été le fruit du hasard, mais cela aurait tout à fait pu être prévu à l'avance. Si mon hypothèse s'avère correcte, le caractère même de sa disparition dans l'est change complètement. Au lieu d'errer sans but en quête d'aventures, sa disparition semble être une lutte pour atteindre un but bien défini. » Le fait qu'elle ait été sous la protection et la conduite de son maître apparut dans une déclaration qu'elle fit dans une lettre destinée au général Lippitt le 16 février 1881. Elle affirma : « Je me suis familiarisée avec ce pouvoir depuis l'enfance, mais j'ai vu son visage des années auparavant lors d'un voyage, lorsque M. Blavatsky était gouverneur à Erivan, capitale de l'Arménie. »

CHAPITRE VI
Voyages en Égypte et en Afrique

Dans *La vie extraordinaire d'Héléna P. Blavatsky*, M. Sinnett raconta : « En Égypte, alors qu'elle voyageait en compagnie de la Comtesse Kisselev, Madame Blavatsky commençait déjà à apprendre quelques enseignements occultes, bien qu'ils soient d'un ordre différent et moins important que ceux qu'elle assimilerait par la suite. À cette époque vivait au Caire un copte âgé, un homme bien connu à l'influence et aux biens considérables, et jouissant d'une grande réputation en tant que magicien. Les merveilleuses histoires racontées à son propos étaient palpitantes. Madame Blavatsky était apparemment une élève qui a attiré immédiatement son attention, et montrait beaucoup d'enthousiasme à assimiler ses instructions. Elle l'a rencontré à nouveau des années plus tard et a passé un peu de temps avec lui à Boulaq[1] ; mais le temps qu'elle a passé avec lui lors de leur première rencontre a été bref, car elle n'est restée à cette époque qu'environ trois mois en Égypte. »

Le colonel Olcott relata l'une de ses expériences probablement en lien avec cet homme : « Elle m'a parlé un jour avec jubilation de *Maya*[2] dont elle avait fait l'expérience. Elle voyageait dans le désert en compagnie d'un magicien blanc copte dont nous tairons le nom ; et alors qu'ils campaient un soir, elle a exprimé un désir irrépressible de boire une tasse de café au lait à la française. "Eh bien, certainement, si vous le souhaitez tant", lui a répondu son guide et gardien. Il est allé jusqu'au chameau qui portait les bagages, a tiré un peu d'eau de l'outre et est revenu après un instant, portant dans sa main une tasse de café fumant et parfumé, mélangé à du lait. H.P.B. a pensé évidemment que cela résultait de pouvoirs phénoménaux puisque son compagnon était un grand adepte et possédait des pouvoirs très puissants. Elle l'a donc vivement remercié, a bu, et a été enchantée, avant de déclarer qu'elle n'avait jamais goûté de meilleur café au Café de Paris. Le magicien n'a rien dit, s'est incliné simplement avec amabilité et est resté debout devant elle comme s'il attendait qu'elle lui rende la tasse. H.P.B. a bu le breuvage fumant par petites gorgées tout en discutant joyeusement et – mais que s'est-il passé ? Le café avait disparu et il ne restait dans la tasse que de l'eau plate. Cela n'avait jamais rien été d'autre. Elle avait bu, senti et siroté le *Maya* d'un Mocha chaud et parfumé. »

Madame Blavatsky décrivit de nombreuses expériences et aventures personnelles

---

1. District du Caire.
2. *Maya* veut dire « illusion » ou « magie » en sanscrit.

sous le pronom «nous» dans *Isis dévoilée*. En voici une ayant eu lieu en Égypte: «La musique est agréable à chacun. Dans les contrées où ils vivent, les reptiles sont inévitablement attirés par les légers sifflements, les chants mélodieux ou encore le son d'une flûte. Nous en avons été témoins et avons vérifié ce fait à de nombreuses reprises. En Haute-Égypte, chaque fois que notre caravane s'arrêtait, un jeune voyageur persuadé d'exceller à la flûte distrayait le groupe en jouant. Les chameliers[1] et autres arabes l'inspectaient toujours, ayant été à plusieurs reprises ennuyés par l'apparition inattendue de plusieurs groupes de reptiles qui cherchent généralement à fuir les hommes. Finalement, notre caravane a fait la rencontre d'un groupe au sein duquel se trouvaient quelques charmeurs de serpents professionnels, et le virtuose a alors été invité à montrer l'étendue de ses talents dans un intérêt purement expérimental.

«À peine avait-il commencé à jouer qu'un léger bruissement s'est fait entendre, et le musicien s'est retrouvé terrorisé à la vue soudaine d'un énorme serpent dangereusement proche de ses jambes. Le serpent, la tête relevée et les yeux fixés sur lui, rampait lentement, comme inconscient de son mouvement. Il faisait doucement onduler son corps en suivant le moindre mouvement du musicien. Puis un second serpent est apparu un peu plus loin, suivi d'un troisième et d'un quatrième qui ont été rapidement imités par d'autres, jusqu'à ce que nous nous retrouvions en petit comité. Plusieurs voyageurs s'étaient hissés sur le dos de leurs chameaux tandis que d'autres cherchaient refuge dans la tante du cantinier. Mais il était inutile de s'inquiéter.

«Les charmeurs, au nombre de trois, avaient entamé leurs chants et leurs incantations. Attirant les reptiles, ils en étaient bientôt recouverts de la tête aux pieds. Dès que les serpents approchaient les hommes, ils manifestaient de la torpeur et plongeaient rapidement dans une profonde catalepsie[2]. Leurs yeux étaient à moitié fermés, vitreux et leur tête s'abaissait. Il n'en restait qu'un récalcitrant, énorme et brillant, à la peau tachetée. Ce mélomane du désert continuait de remuer et sautiller avec grâce comme s'il avait dansé toute sa vie en équilibre sur sa queue, en suivant le rythme des notes produites par la flûte. Ce serpent n'était pas séduit par le "charme" des Arabes, mais avançait lentement dans la direction du joueur de flûte qui finalement a pris ses jambes à son cou.

«L'herboriste a alors sorti de son sac une plante à moitié fanée qu'il a agitée en direction des serpents. Elle avait une forte odeur de menthe, et dès que le reptile l'a sentie, toujours dressé sur sa queue, il a suivi l'arabe, mais se rapprochant à présent de la plante. Quelques secondes de plus et "l'ennemi naturel" de l'homme, devenu à son tour torpide, s'est retrouvé entrelacé au bras de son charmeur. Tous les serpents ont alors été jetés dans une mare après qu'on leur avait coupé la tête.

---

1. Hommes, essentiellement dans les pays d'Afrique et d'Asie, qui s'occupent des chameaux élevés pour les voyages en plein désert.
2. Suspension complète du mouvement volontaire des muscles dans la position où ils se trouvent.

« Beaucoup pensent que tous ces serpents sont préparés et entraînés à cet effet et qu'on leur retire au préalable leurs crocs, ou que leur gueule est cousue. Il existe certainement quelques jongleurs de bas étage dont les tours ont provoqué de telles idées.

« Mais le véritable charmeur de serpent s'est trop bien affirmé dans l'Est pour avoir recours à de telles impostures. Les témoignages d'énormément de voyageurs, dont certains scientifiques, dignes de confiance sont en leur faveur. Forbes s'est assuré que les serpents charmés pour danser et devenir inoffensifs sont toujours venimeux. Il raconte qu'un jour "lorsque la musique s'est arrêtée trop précipitamment ou pour une autre raison, le serpent qui dansait au centre du cercle formé par la population locale a foncé sur les spectateurs et a blessé une jeune femme au niveau de la gorge. Elle est morte dans d'atroces souffrances, une demi-heure plus tard." »[3]

D'autres histoires concernant les aventures de Madame Blavatsky nous viennent de Madame Lydie Paschkoff par le biais de la plume humoristique de David A. Curtis, journaliste pour le *New York World* dans le numéro du 24 avril 1878. Au 18 avenue Lamasery, « Madame Blavatsky recevait un ami et compatriote de façon plus que royale, qui tout comme elle, voyageait dans des contrées étranges et était un fervent partisan de l'occulte, ainsi qu'une Comtesse russe… En plus de l'hiérophante[1] Olcott se trouvaient également un diplomate français et deux journalistes dont l'un était beaucoup plus averti. Deux autres personnes doivent être mentionnées : un Turc qui fumait son propre narguilé et buvait du café, ainsi qu'un serveur qui faisait passer le thé, le tabac et les confiseries. Le premier, à l'image de l'automate joueur d'échecs était purement décoratif ; le second, la contrefaçon d'un dieu nubien, était utile. Aucun d'eux ne parlait…

« La comtesse Paschkoff comprend un peu l'anglais, mais ne le parle pas. Il est regrettable que la seule trace que le journaliste ait de ses paroles soit issue des traductions produites par le colonel Olcott. Cela peut difficilement être considéré comme étant littéral malgré les compétences linguistiques de l'hiérophante. La dame parlait rapidement, avec vivacité et de façon mélodieuse, et gesticulait gracieusement en jetant sa cigarette. L'hiérophante parlait de manière sentencieuse, usait fréquemment de la langue vernaculaire[2] et ne faisait aucun geste, excepté pour caresser sa longue barbe…

« "J'ai vu la procession se rendre tous les ans au sanctuaire situé entre Le Caire et Alexandrie. Les derviches[3] y vont à cheval et en chameau, piétinent les gens qui se jettent à terre pour les laisser passer afin que personne ne soit blessé. Il y a également les derviches tourneurs qui tournent sur eux-mêmes jusqu'à s'élever dans les

---

1. Prêtre qui explique les mystères du sacré.
2. Désigne originellement tout ce qui est élevé, tissé, cultivé, confectionné à la maison ou localement, par opposition à ce que l'on se procure par l'échange.
3. Membres d'une fraternité soufie, ou plus étroitement à un mendiant religieux, qui a choisi ou accepté la pauvreté.

airs et il faut trois ou quatre hommes pour les redescendre. Certains d'entre eux plantent des couteaux dans leurs jambes et leurs gorges. Les pointes des couteaux sortent de l'autre côté. Le sang coule. Ils retirent les lames. Ils passent leur main sur la blessure. Elle est guérie. Il n'y a même pas de cicatrice. *Hoopla* ! Je veux dire, voilà !" »…

Les deux orateurs continuèrent : « Je voyageais une fois entre Baalbek[1] et le fleuve Oronte[2], et j'ai vu une caravane dans le désert. C'était celle de Madame Blavatsky. Nous avons campé ensemble. Un grand monument se tenait là, près du village d'El Maroun. Il se trouvait entre les chaînes montagneuses du mont Liban et de l'Anti-Liban. Sur le monument figuraient des inscriptions que personne ne parvenait à lire. Je savais que Madame Blavatsky pouvait faire des choses étranges avec les "esprits" et lui ai demandé de découvrir ce qu'était réellement le monument.

« Nous avons attendu la nuit. Elle a tracé un cercle et nous nous sommes placés à l'intérieur. (Madame Blavatsky, en révisant cet article qu'elle a publié par la suite dans *Le théosophe*, a ajouté ici une note de bas de page : "Pas vraiment. C'était la personne qui accompagnait Madame Blavatsky – un Syrien – qui a dessiné le cercle, pas elle, et il a également fait des choses étranges !"). Nous avons fait un feu et y avons ajouté beaucoup d'encens. Ensuite, elle a déclamé de nombreux sorts. (Note de bas de page de Madame Blavatsky : « C'était plutôt lui. ») Puis nous avons encore ajouté de l'encens. Elle a ensuite pointé le monument de sa baguette magique. (Note de bas de page de Madame Blavatsky : « Elle n'en a jamais eu. »). Une énorme boule de flammes blanche y est apparue. Il y avait un érable sycomore tout près, couvert de petites flammes blanches. Les chacals sont venus et ont hurlé dans le noir un peu plus loin. Nous avons encore ajouté de l'encens.

« Puis Madame Blavatsky a ordonné à l'esprit de la personne pour qui le monument avait été érigé d'apparaître. (Note de bas de page de Madame : « Madame Blavatsky n'a jamais rien fait de la sorte. C'est encore l'ascète[3] syrien qui a produit ces merveilles, et le phénomène était bien plus extraordinaire que ce que présente cet auteur amusant. »). Bientôt, un nuage de vapeur s'est élevé et a obscurci le peu de lumière provenant de la lune. Nous avons ajouté de l'encens. Le nuage a vaguement pris l'apparence d'un vieil homme barbu et une voix s'est élevée à travers celle-ci, comme provenant de très loin.

« Il a dit que le monument était autrefois l'autel d'un temple qui a disparu il y a bien longtemps. Il était dédié à un dieu ayant quitté ce monde pour un autre. "Qui êtes-vous ?" a demandé Madame Blavatsky. "Je suis… l'un des prêtres de ce temple", a répondu la voix. Puis, Madame Blavatsky lui a ordonné de nous montrer l'endroit où il se trouvait lorsque le temple existait encore. Il s'est incliné, et l'espace d'un instant, nous avons pu apercevoir le temple ainsi qu'une immense cité recouvrant la plaine, aussi loin que nos yeux pouvaient voir. Puis tout a dis-

---
1. Ville du Liban.
2. Fleuve situé en Syrie.
3. Ermite qui vit dans l'isolement du monde.

paru et la forme apparente s'est dissipée. Nous avons ensuite fait d'immenses feux pour éloigner les chacals et sommes allés nous coucher.

« "Oui, et je peux vous dire qu'elle était très effrayée", a dit Madame Blavatsky en riant. La comtesse a ensuite raconté de nombreuses histoires amusantes dans le style des comptes des *Mille et une nuits*, sur ses aventures avec Madame Blavatsky lorsqu'elles voyageaient ensemble. Elle a d'abord révélé comment H.P.B. invoquait les esprits à son gré et réalisait des prouesses magiques dans l'unique but de s'amuser, puis en a conclu en contant la fois où elles ont pénétré dans la grande pyramide en pleine nuit et ont entonné des incantations dans la chambre de la reine. »

Un autre aperçu de ses aventures africaines apparut dans le compte rendu d'une interview de Madame Blavatsky publié le 4 septembre 1875 dans *The Liberal Christian*. Le journaliste expliqua : « Elle a assisté à d'étranges scènes au sein des tribus de sorciers en Afrique ; un nègre qui, à l'aide de la magie noire pouvait survivre à dix-sept coups de feu alors que la bouche du fusil touchait son corps, les balles formaient alors une trajectoire triangulaire et tournoyaient dans l'air pour finalement s'enfouir sous la terre ; ou encore un enfant virevoltant dans les airs comme porté par des mains invisibles. »

Une histoire passionnante sur ses aventures en Égypte est relatée dans le livre *Le peuple de l'autre monde* du colonel Olcott ; il s'agit d'une compilation de tous les articles qu'il avait écrits pour le *New York Daily Graphic* lorsqu'il enquêtait sur les phénomènes spirituels ayant eu lieu dans la maison familiale des Eddy à Chittenden dans le Vermont, en 1874. Dès que Madame Blavatsky commença à assister aux séances, un nouveau type de formes se matérialisa : des personnages russes, égyptiens, africains, etc. Dans sa description de l'un d'entre eux, le colonel affirma : « J'ai vu l'une des créatures les plus singulières qui ait suscité l'émerveillement d'un "cercle". Il s'agissait d'un nègre à la peau aussi noire que l'encre, grand, mince et vêtu d'un étrange costume. Deux de ses caractéristiques attiraient particulièrement l'attention. Il avait les cheveux crépus et était coiffé de telle sorte qu'il aurait fait fureur à Broadway. Il portait un filet décoratif ou un bandeau, et sur le haut de son crâne se trouvaient quatre cornes au bout recourbé, un peu comme les cornes des chamois ou de certaines espèces d'antilopes africaines telles que les oryx. Les pointes des deux cornes de devant étaient tournées en arrière et celles des deux cornes de derrière en avant, tandis qu'une boule de cuivre ou d'or était suspendue à chaque pointe.

« Madame Blavatsky ne l'a pas reconnu immédiatement, mais il s'est avancé d'un ou deux pas, et elle a alors vu, devant elle, le chef d'un groupe de jongleurs africains qu'elle avait rencontré un jour en Haute-Égypte lors de la célébration de la fête de "Ramazan". Les performances magiques de son groupe lors de cette occasion comptent parmi les plus incroyables récits dans l'histoire de la magie et du spiritualisme, et une telle prouesse mérite sa place dans un livre d'expériences insolites tel que celui-ci.

« Madame Blavatsky raconte que pour bon nombre de personnes, dont des centaines d'européens et plusieurs milliers d'Égyptiens et d'Africains, le jongleur était sur un sol vide. Il tenait un petit garçon entièrement nu par la main et portait un énorme ruban adhésif qui devait mesurer entre trente et quarante centimètres de large.

« Après certaines cérémonies, il faisait tournoyer le ruban autour de sa tête plusieurs fois, puis le lançait droit en l'air. Au lieu de retomber au sol, après s'être élevé jusqu'à une courte distance, il continuait de monter, se déroulant interminablement à partir du bâton jusqu'à devenir un grain de poussière et disparaître. Le jongleur a dirigé la pointe de son bâton vers le sol et a fait signe au garçon d'approcher. Pointant le doigt vers le haut et parlant un charabia étrange, il semblait ordonner au petit garçon de grimper au ruban suspendu qui se tenait droit et rigide, comme si c'était une planche dont l'extrémité reposait contre un solide support en suspens. Le garçon s'est incliné avec respect et a commencé à grimper en utilisant ses mains et ses pieds... Il montait de plus en plus haut jusqu'à ce qu'il semble lui aussi dépasser les nuages et disparaître.

« Le jongleur a attendu cinq ou dix minutes, puis faisant semblant d'être impatient, a crié en direction de son assistant comme pour lui demander de redescendre. Il n'y a eu aucune réponse et le garçon n'est pas revenu. Finalement, comme porté par sa colère, le jongleur a attaché une épée à son pantalon en tissu, le seul vêtement qu'il portait, et a grimpé après le garçon. De plus en plus haut, une main après l'autre et pas-à-pas, il est monté jusqu'à ce que les yeux remplis d'angoisse de l'assemblée ne puissent plus le voir. Il y a eu un moment de pause, puis un cri strident est descendu du ciel, et un bras ensanglanté, comme fraîchement coupé du corps de l'enfant, est tombé sur le sol avec un horrible bruit sourd. Puis le second bras est tombé, puis les deux jambes, l'une après l'autre, est venu ensuite le tronc démembré et pour finir, l'effrayante tête ; chaque partie ruisselait de sang et recouvrait le sol.

« Un second garçon s'est alors approché, a empilé les membres mutilés de son camarade pour former un tas qu'il a recouvert d'un drap souillé, puis s'est retiré. Nous avons immédiatement vu descendre le jongleur aussi lentement et prudemment qu'il était monté. Il a finalement atteint la terre ferme, son épée dégoulinante de sang. Ne prêtant aucune intention aux restes de sa supposée victime, il a continué à rembobiner son ruban le long de son bâton pendant que la foule criait son impatience et sa haine. Lorsque le ruban a été entièrement enroulé, il a essuyé sa lame et marchant délibérément sur le tas sanglant, il a retiré le drap usé et a ressuscité le jeune grimpeur de ruban, plus jovial que jamais. Il s'est incliné et a souri devant la foule stupéfaite comme si le démembrement était un passe-temps d'après repas auquel il avait été habitué depuis l'enfance. »

Nous pouvons ajouter ici ce que Madame Blavatsky nous révéla à propos de ce phénomène dans *Isis dévoilée* : « Dans les *Mémoires* de l'empereur Jahângîr, les performances de sept jongleurs du Bengale qui se sont produits devant lui sont ainsi décrites : "La neuvième. Ils ont présenté un homme qu'ils ont découpé membre après membre, ayant même détaché sa tête de son corps. Ils ont éparpillé les membres mutilés sur le sol et sont restés dans cet état quelques instants. Ils ont ensuite étendu un drap à cet endroit, et l'un des hommes s'est glissé dessous. Quelques minutes plus tard, il en est ressorti, suivi de l'individu censé avoir été découpé en morceaux, et ce en parfaite santé…" Nous avons en notre possession une image peinte de l'un de ces magiciens perses accompagné d'un homme – ou plutôt des différents membres de ce qui était un homme quelques minutes plus tôt – éparpillés devant lui. Nous avons vu de tels magiciens et avons été témoins de telles performances plus d'une fois dans des lieux différents. »

CHAPITRE VII
Explorations sur le continent des Amériques

Selon les récits de M. Sinnett, Mme Blavatsky visita les continents américains à trois reprises : en 1851, elle voyagea du Canada au Mexique, en passant par La Nouvelle-Orléans et jusqu'à l'archipel des Antilles ; puis de 1853 à 1855, elle partit de New York jusqu'à San Francisco, traversant les montagnes Rocheuses en caravanes de pionniers ; enfin, elle se rendit aux États-Unis en juillet 1873 et y resta jusqu'en décembre 1878, date à laquelle elle partit pour l'Inde, accompagnée du colonel Olcott. Selon sa liste de documents de voyages, trouvés par Mme Besant, elle partit en Amérique du Sud en 1851, et aux États-Unis, y compris en Amérique centrale entre 1853 et 1855.

Elle ne tint jamais de journal intime, et, comme le remarqua M. Sinnett : « À une distance temporelle, la mémoire est un guide très incertain ». Lorsqu'il essaya d'obtenir des informations pour compiler les *Mémoires* de Mme Blavatsky, il nota qu'un jour elle écrivit avec impatience : « En ce qui concerne l'Amérique ! Mon Dieu, je pourrais aussi bien essayer de vous raconter une série de rêves que j'ai eus pendant mon enfance. » Aucun récit de ses aventures en Amérique ne nous parvint. Cependant, et sans aucun doute, il dut y en avoir beaucoup. Néanmoins, d'après les données qu'elle nous fournit dans *Isis dévoilée*, on y aurait vu qu'elle était au Pérou deux fois, car elle dit : « Quelques années après... nous avons visité de nouveau le Pérou. » Au moins, nous avons des preuves écrites sur les connaissances et les traditions qu'elle recueillit sur les peuples anciens et leurs descendants qui habitent encore des continents qui faisaient autrefois partie de « l'Atlantide perdue. »

« Stephens, écrivit-elle, une clef plus évidente que celle de la pierre de Rosette sera découverte, grâce à laquelle les hiéroglyphes américains peuvent être enfin lus, affirmant[1] que les descendants des Caciques[2] et les sujets aztèques sont supposés être encore en vie dans les sommets inaccessibles des Cordillères[3]. Les régions sauvages qui n'ont encore jamais été pénétrées par un homme blanc... vivant comme celles de leurs pères, ainsi érigeant les mêmes bâtiments. » Elle ajouta : « Je me tourne vers cette région vaste et inconnue, où des images de fantaisie de cette ville mystérieuse vue des plus hauts sommets de la Cordillère, de ces habitants autochtones, non conquis, non visités et non recherchés.

1. Dans les *Aventures de voyage en pays maya*, Vol. 1 et 2
2. Un cacique est, à l'origine, le chef d'une tribu des Caraïbes ou d'Amérique centrale.
3. Chaîne de montagnes allongée et étroite résultant généralement de la subduction d'une plaque océanique sous une plaque continentale.

« Outre le fait que cette ville mystérieuse a été vue de loin par des voyageurs audacieux, il n'y a pas d'improbabilité indissociable de son existence, car qui peut dire ce qu'il est advenu de ces primitifs qui ont fui ces brigands avides de Cortez et de Pizarro ? Le Dr Tschuddi, dans son ouvrage sur le Pérou, nous raconte une légende indienne selon laquelle un train de dix mille lamas, chargé d'or pour compléter la rançon de l'Inca, a été arrêté dans les Andes grâce aux nouvelles de son décès, et le formidable trésor a été efficacement caché, si bien qu'aucune trace de celui-ci n'a jamais été retrouvée. Le docteur ainsi que Prescott et d'autres écrivains nous informent que les Indiens conservent à ce jour leurs anciennes traditions et leur caste sacerdotale[1], et obéissent implicitement aux ordres de dirigeants qu'ils ont élus entre eux, tout en étant symboliquement catholiques et effectivement assujettis aux autorités péruviennes. Les cérémonies magiques pratiquées par leurs ancêtres prédominent encore au sein de leur communauté, et des phénomènes magiques se présentent. Ils sont si constants dans leur loyauté envers le passé, que cela semble impossible, mais qu'ils doivent être en relation avec une source centrale d'autorité qui soutient et renforce constamment leur foi, en la gardant vivante. Est-il possible que les sources de cette foi immortelle se trouvent dans cette ville mystérieuse, dans lesquelles elles communiquent en secret ? Ou devons-nous penser que tous les éléments susmentionnés ne sont encore qu'une "curieuse coïncidence" ?

« L'histoire de cette ville mystérieuse a été racontée à Stephens par un prêtre espagnol entre 1838 et 1839. Le prêtre lui a juré qu'il l'avait vue de ses propres yeux et a fourni à Stephens les détails suivants, que le voyageur croyait fermement être vrais. "Le prêtre du petit village, près des ruines de Santa Cruz del Quiché, avait entendu parler de la ville inconnue quand il était dans le village de Chajul[2]... Il était jeune en ce temps-là. Il a escaladé avec beaucoup de difficultés le sommet de la crête la plus haute de la sierra des cordillères. Arrivé à dix ou douze mille pieds de hauteur, il a regardé au-dessus de l'immense plaine qui s'étendait jusqu'au Yucatan et au golfe du Mexique, et a vu à une grande distance, une grande ville étalée sur un vaste espace, avec des tourelles blanches et brillantes sous le soleil.

« La tradition disait qu'aucun homme blanc n'avait atteint cette ville auparavant, que ses habitants parlaient la langue maya, qu'ils savaient que des étrangers allaient conquérir leurs terres. Ils étaient donc prêts à assassiner tout homme blanc qui tenterait d'entrer sur leur territoire... Ils n'avaient pas d'argent, pas de chevaux ni de bœufs, de mulets ni d'autres animaux domestiques, sauf des volailles, et des coqs qu'ils gardaient sous terre pour empêcher qu'on les entende chanter."

« La même histoire nous a été racontée personnellement il y a une vingtaine d'années, par un vieux prêtre indigène que nous avions rencontré au Pérou et avec lequel il se trouve que nous avions des relations d'affaires. Il avait passé toute sa vie à essayer en vain de cacher sa haine envers les conquérants, qu'il appelait les

---

1. Qui est propre au sacerdoce du prêtre consacré ayant reçu le sacrement de l'Ordre.
2. Ville du Guatemala.

"brigands"; et, en l'avouant, gardait des relations amicales avec eux et la religion catholique pour l'amour de son peuple, mais de tout son cœur, il était fidèlement un adorateur du soleil. Il avait voyagé, en qualité de missionnaire indigène converti, et avait été à Santa Cruz, affirmant solennellement qu'il y était également pour voir certaines personnes de son peuple en empruntant un "passage souterrain" menant à cette ville mystérieuse.

« Nous croyions à sa version, car un homme qui est sur le point de mourir ne s'arrêterait que rarement pour inventer des histoires inutiles, et la personne que nous avons trouvée la corrobore dans *Les voyages* de Stephens. D'ailleurs, nous connaissions deux autres villes absolument inconnues des voyageurs européens, non que les habitants désiraient particulièrement se cacher, car les gens de pays bouddhistes venaient occasionnellement leur rendre visite, mais leurs villes n'étaient pas inscrites sur les cartes européennes ou asiatiques; et à cause des missionnaires chrétiens trop zélés et entreprenants, et peut-être pour des raisons plus mystérieuses, les quelques indigènes des autres pays qui connaissaient l'existence de ces deux villes ne les mentionnaient jamais. La nature avait fourni des coins étranges et des cachettes pour ses élus, et malheureusement, les pays dits civilisés étaient loin de penser que l'homme est libre d'adorer la divinité de la même manière que ses pères. »

Ce qui précède rappellera au lecteur l'histoire de Sir Arthur Conan Doyle, *Le monde perdu*; et il peut être intéressant ici de citer un article intitulé *The Book of the Azure Veil*, paru dans *Lucifer* de septembre 1894 : « La moins connue de toutes les Écritures accessibles dans l'Occident est le *Popol Vuh*. Un homme rouge l'a écrit, il y a quelques siècles, au Guatemala. Il avait des connaissances. Comme la plupart des hommes qui ont des connaissances, son nom est inconnu en Occident... L'auteur du *Popol Vuh* appartenait à un peuple cultivé, qui a construit de grandes cités en pierre taillée, aux temples vastes et imposants... Quelques citoyens de ce peuple survivent encore dans une partie de leur pays dans lequel l'homme blanc n'a pas mis les pieds; ils suivent en liberté et en paix leurs prêtres qui ont la vue de l'âme, s'accrochent à la religion de leurs ancêtres, et pratiquent la magie des anciens... Tous les hommes rouges qui sont restés fidèles à l'ancienne religion sont encore sous leur influence. L'un de leurs importants centres était au Guatemala, et l'un de leurs Ordres était l'auteur du *Popol Vuh*. »

Mme Blavatsky constata : « Les ruines, qui couvrent les deux Amériques et se trouvent sur de nombreuses îles des Antilles, sont toutes attribuées aux Atlantes submergés. En plus des hiérophantes du vieux monde, qui à l'époque de l'Atlantide était presque rattaché au nouveau par la terre, les magiciens du pays maintenant submergé avaient un réseau de passages souterrains qui couraient dans toutes les directions. À propos de ces mystérieuses catacombes, nous allons maintenant vous raconter une curieuse histoire d'un Péruvien mort depuis longtemps, alors que nous voyagions ensemble à l'intérieur de son pays. Il doit y avoir de la vérité, comme nous l'a ensuite confirmé un Italien qui avait vu l'endroit et qui, faute de moyens et de temps, aurait vérifié l'histoire lui-même, du moins en partie. L'informateur de l'Italien était un vieux prêtre, à qui un Indien péruvien avait révélé ce secret. Ajoutons, d'ailleurs, que le prêtre a été obligé de faire ce récit, étant à ce moment complètement sous l'influence hypnotique du voyageur.

« L'histoire concerne les fameux trésors du dernier des Incas. Le Péruvien affirmait que depuis le meurtre bien connu et misérable de ce dernier par Pizarro, le secret avait été connu de tous les Indiens, à l'exception des *Mestizos*[1] auxquels on ne pouvait pas faire confiance. » Il raconta ainsi : « L'Inca a été fait prisonnier, et pour sa libération, sa femme a offert une chambre pleine d'or, "du plancher jusqu'au plafond, aussi haut que son conquérant pourrait arriver" avant que le soleil ne se couche, le troisième jour. Elle a tenu sa promesse, mais Pizarro a brisé sa parole, selon la pratique espagnole.

« S'émerveillant devant l'exposition de tels trésors, le conquérant a déclaré qu'il ne libérerait pas le prisonnier, mais qu'il l'assassinerait, à moins que la reine ne lui révèle l'endroit d'où venait le trésor. Il avait entendu dire que les Incas avaient quelque part une mine inépuisable, une route ou un tunnel souterrain parcourant plusieurs kilomètres, où étaient conservées les richesses accumulées du pays. L'infortunée reine a demandé un délai et est allée consulter les oracles. Pendant le sacrifice, le grand prêtre lui a montré dans le "miroir noir" consacré, l'assassinat inévitable de son mari, qu'elle livre ou non les trésors de la couronne à Pizarro.

« Alors la reine a donné l'ordre de fermer l'entrée, qui était une porte coupée dans la paroi rocheuse du gouffre. Sous la direction du prêtre et des magiciens, le gouffre a été rempli jusqu'au sommet d'énormes masses rocheuses, et la surface couverte de manière à dissimuler l'œuvre. L'Inca a été assassiné par les Espagnols et sa malheureuse reine s'est suicidée. La cupidité espagnole atteignait une grande ampleur, et le secret des trésors enfouis était enfermé dans les cœurs de quelques Péruviens fidèles.

« Notre informateur péruvien a ajouté que, à la suite de certaines indiscrétions à diverses époques, des personnes avaient été envoyées par différents gouvernements pour rechercher le trésor sous prétexte d'exploration scientifique. Elles avaient fouillé le pays, mais sans réaliser leur but. Jusqu'ici, cette tradition est corroborée par les rapports du Dr Tschuddi et d'autres historiens du Pérou. Mais il y a certains détails supplémentaires dont nous ignorons s'ils ont été rendus publics auparavant.

« Plusieurs années après avoir entendu l'histoire et sa corroboration par l'Italien, nous avons encore visité le Pérou. Partant de Lima par le sud, nous avons atteint un point près d'Arica[2], au coucher du soleil, et nous avons été frappés par l'apparition d'un rocher énorme, presque perpendiculaire, qui se tenait dans une lugubre

---

1. Hommes métis, en particulier des hommeari d'origine espagnole et indigène.
2. Commune du Chili.

solitude sur la côte, à l'écart des Andes. C'était la tombe des Incas. Pendant que les derniers rayons du soleil couchant frappaient la face du rocher, on distinguait, à l'aide de jumelles de théâtre, de curieux hiéroglyphes inscrits sur la surface volcanique.

« Quand Cuzco était la capitale du Pérou, on y trouvait un temple du soleil, célébré de près et de loin pour sa magnificence. Il était couvert d'épaisses plaques d'or et les murs étaient couverts du même métal précieux ; les avant-toits étaient aussi en or massif. Dans le mur côté ouest, les architectes avaient aménagé une ouverture de sorte que lorsque les rayons du soleil la touchaient, elle les concentrait à l'intérieur du bâtiment. S'étirant comme une chaîne d'or d'un point brillant à l'autre, ils encerclaient les murs, illuminant les idoles sombres et révélant certains signes mystiques à d'autres moments invisibles. Ce n'est qu'en comprenant ces hiéroglyphes, identiques à ceux que l'on peut voir encore aujourd'hui sur la tombe des Incas, que l'on pouvait apprendre le secret du tunnel et de ses ramifications.

« Parmi ces dernières, il en existait une dans le voisinage de Cuzco, maintenant masquée au-delà de la découverte. Elle conduisait directement dans un immense tunnel qui s'étendait de Cuzco à Lima, puis, en tournant vers le sud, s'étend en Bolivie. À un certain point, elle était coupée par un tombeau royal. À l'intérieur de cette chambre funéraire étaient habilement disposées deux portes, ou plutôt deux énormes dalles qui tournaient sur des pivots et se fermaient si étroitement qu'elles ne se distinguaient des autres parties des murailles sculptées que par les signes secrets dont les fidèles gardiens avaient la clef. L'une de ces dalles tournantes couvrait l'embouchure sud du tunnel de Lima, l'autre, celle du nord du corridor bolivien. Ce dernier, se dirigeant vers le sud, passait par Tarapaca[1] et Cobijo, car Arica n'était pas loin de la petite rivière appelée Payquina, qui est à la frontière entre le Pérou et la Bolivie.

« Non loin de cet endroit se dressaient trois sommets séparés qui formaient un curieux triangle, ils étaient inclus dans la chaîne des Andes. Selon la tradition, la seule entrée praticable conduisant vers le nord se trouvait dans l'un de ces sommets ; mais sans la connaissance du secret de ses repères, un régiment de Titans aurait pu déchirer les rochers en vain pour tenter de le découvrir. Mais même s'il quelqu'un pouvait pénétrer dans le mur du tombeau, se frayer un chemin jusqu'à la dalle tournante, et tentait de la faire sauter, les roches superposées étaient disposées de manière à ensevelir la tombe, ses trésors et, comme le mystérieux Péruvien nous l'avait exprimé, "mille guerriers" dans une ruine commune. Il n'y avait pas d'autre accès à la chambre d'Arica que la porte de la montagne près de Payquina. Sur toute la longueur du corridor, de la Bolivie à Lima et à Cuzco, se trouvaient de plus petites cachettes remplies de trésors d'or et de pierres précieuses accumulées par plusieurs générations d'Incas dont la valeur globale était incalculable.

« Nous avions en notre possession un plan précis du tunnel, du tombeau et des

---

1. Ville du Chili.

portes que nous avait donné le vieux Péruvien à l'époque. Si nous avions déjà pensé à dévoiler ce secret, cela aurait exigé la coopération des gouvernements péruvien et bolivien à une grande échelle. Pour ne rien dire des obstacles physiques, aucun individu ou petit parti ne pouvait entreprendre une telle exploration sans rencontrer l'armée des contrebandiers et des brigands, dont la côte était infestée et qui, en fait, comprenait presque toute la population. La simple tâche de purifier l'air toxique du tunnel, qui n'avait pas été pénétré depuis des siècles, aurait également été compliquée. Là, cependant, résidait le trésor, et là, la tradition disait qu'il resterait, jusqu'à ce que le dernier vestige de la domination espagnole disparaisse de toute l'Amérique du Nord et du Sud.

« Les trésors exhumés par le Dr Schliemann à Mycènes[1] ont éveillé la cupidité populaire, et les regards des spéculateurs aventureux se sont tournés vers les localités où la richesse des peuples anciens était censée être enterrée, dans une crypte ou une caverne, ou sous un dépôt de sable ou d'alluvions[2]. Aucun autre lieu, pas même au Pérou, n'avait autant de traditions que dans le désert de Gobi. Dans la Tartarie indépendante, ce gâchis de sable mouvant était autrefois, si le rapport en parle correctement, le siège de l'un des empires les plus riches du monde.

« Sous la surface, on dit qu'il y avait tant d'or, de bijoux, de statues, d'armes, d'ustensiles, et tout ce qui indiquait la civilisation, le luxe et les beaux-arts, qu'aucune capitale chrétienne ne pouvait rivaliser aujourd'hui. Le sable du Gobi se déplaçait régulièrement d'est en ouest avec les vents violents qui soufflaient continuellement. Parfois, certains de ces trésors cachés étaient découverts, mais pas un natif ne les touchait, car toute la région était sous le coup d'un puissant sortilège. La mort serait la punition. Les Bahtis, hideux, mais fidèles gnomes, gardaient les trésors cachés de ce peuple préhistorique, attendant le jour où la révolution des périodes cycliques ferait à nouveau connaître leur histoire pour instruire l'humanité.

« Selon la tradition locale, la tombe de Gengis Khan existe toujours près du lac Tabasun-Nor. À l'intérieur se trouvait l'Alexandre mongol, comme s'il était endormi. Après trois siècles de plus, il se réveillerait et conduirait son peuple à de nouvelles victoires et à une nouvelle moisson de gloire. Bien que cette tradition prophétique soit reçue avec tant de regards sceptiques, nous pouvions affirmer que la tombe elle-même n'était pas une fiction, et que sa richesse étonnante n'était pas exagérée.

« Le quartier de la région sauvage du Gobi et, en fait, toute la région de la Tartarie indépendante et le Tibet étaient jalousement protégés contre les intrusions étrangères. Ceux qui étaient autorisés à le traverser étaient soumis au soin particulier et au pilotage de certains agents de l'autorité principale, et étaient dans le devoir de ne transmettre au monde extérieur aucune information concernant les lieux et les

---

1. Cité antique préhellénique située sur un plateau entre les monts Profitis Ilias et Zara, au nord-est de la plaine d'Argos, dans le Péloponnèse, et entourée de fortifications en murs cyclopéens.
2. Sols ou des sédiments meubles et non consolidés qui ont été érodés, remodelés par l'eau sous une forme ou une autre, et redéposés dans un milieu non marin.

personnes. Mais sans cette restriction, nous aurions pu ajouter à ces pages des récits d'exploration, d'aventure et de découverte qui auraient été lus avec intérêt. Le temps viendrait, tôt ou tard, où le sable affreux du désert renoncerait à ses secrets longtemps enfouis, et alors notre orgueil moderne connaîtrait des mortifications inattendues. »[1]

On ne peut douter du fait qu'Héléna eût un but dans ses voyages américains. Elle alla au Mexique en 1885, visita deux fois le Pérou, et parla de « relations d'affaires » avec « un vieux prêtre indigène du Pérou » et du fait qu'ils avaient « voyagé ensemble, à l'intérieur de son pays », avec un « Péruvien mystérieux ». Quand, en 1872, ses voyages prirent fin et l'œuvre de sa vie commença, la première chose qu'elle fit était d'essayer de « spiritualiser le spiritualisme ». Ce fut seulement quand cet effort échoua qu'elle contribua à fonder la Société théosophique.

---

1. Il est dans les archives de la Société théosophique.

Chapitre VIII
Son maître

Venons-en au maître d'Héléna Petrovna. Aucune notice biographique ne présente d'informations à son sujet. Les affirmations de ce livre seront cantonnées à ses propres déclarations et aux évènements de sa vie.

Elle écrivit à M. Sinnett alors qu'il la pressait pour avoir du contenu pour ses *Mémoires*: « Je vois le maître dans mes visions depuis mon enfance. Durant l'année de la première Ambassade du Népal (quand?)[1], je l'ai vu et reconnu par deux fois. Une fois, il est sorti de la foule et m'a ordonné de le rejoindre à Hyde Park. Je ne *peux pas* et ne *dois pas* parler de cela. »

Elle raconta au sujet de son deuxième voyage à Londres: « Visité Londres? J'y étais, ainsi qu'en France avec père en 1844, pas en 1851. Plus tard cette année, j'étais seule et je vivais à Cécil Street dans des chambres meublées, puis à Mivert's Hotel. J'étais alors avec la Comtesse Bagration, et lorsqu'elle est partie, je suis restée avec sa demoiselle de compagnie Jezebel, mais personne ne connaît *mon* nom ici. Je vivais aussi dans un grand hôtel quelque part entre la City et The Strand, ou dans The Strand, mais comme pour les chiffres et les noms, vous pourriez me demander quel était le numéro de la rue où j'ai habité durant ma dernière incarnation »[2].

La Comtesse Wachtmeister raconta l'histoire de la rencontre d'Héléna Petrovna et de son Maître dans *Reminiscences of H. P. Blavatsky*[3]: « Pendant son enfance, elle voyait souvent une forme astrale près d'elle, qui semblait toujours apparaître dans un moment de danger et qui la sauvait aux moments critiques. H.P.B. a appris à considérer cette forme astrale comme un ange gardien, et elle se sentait sous sa protection et ses conseils.

« Lorsqu'elle était à Londres avec son père, le colonel Hahn, en 1851, elle se promenait seule dehors quand, à sa grande stupéfaction, elle a vu un grand hindou dans la rue accompagné de quelques princes indiens. Elle l'a reconnu immédiatement, il ressemblait à la forme astrale. Sa première réaction a été de se précipiter à sa rencontre et de lui parler, mais il lui a fait signe de ne pas bouger, et elle est restée debout, comme envoûtée, alors qu'il s'éloignait ».

La Comtesse Wachtmeister continua son récit: « Le jour suivant, elle est allée à Hyde Park pour une promenade, profitant de sa solitude pour penser libre-

---

1. 1850-1851, Jung Bahadur visita l'Angleterre.
2. Voir le passage de Mme Pissarett à ce sujet dans le chapitre 1.
3. Une erreur selon les propos de H.P.B., plus haut.

ment à cette rencontre extraordinaire. Levant les yeux, elle a vu la même forme s'approcher d'elle, puis son maître lui a dit qu'il était venu à Londres pour une importante mission avec les princes indiens, mais qu'il était désireux de la rencontrer en personne, car il avait besoin de sa coopération dans la tâche qu'il allait entreprendre. Il lui a ensuite raconté comment la Société théosophique devait être formée et qu'il souhaitait qu'elle en soit la fondatrice. Il lui a donné une petite idée de tous les problèmes qu'elle aurait à affronter, mais lui a aussi dit qu'elle devrait passer trois ans au Tibet pour se préparer à cette tâche importante.

« Après trois jours de réflexion et de concertation avec son père[1], H.P.B. a décidé d'accepter l'offre et a quitté Londres peu de temps après pour l'Inde.

« À Würzburg, un curieux incident s'est produit en 1885-1886. Mme Fadeef – la tante d'H.P.B. - a écrit à Héléna qu'elle lui envoyait un colis à Ludwigstrasse, contenant ce qui semblait être des déchets. Le paquet est arrivé et il m'a été attribué la tâche de l'ouvrir. Alors que je sortais les objets les uns après les autres, et que je les tendais à Mme Blavatsky, je l'ai entendue s'exclamer de joie et dire : "Viens et regarde ce que j'ai écrit en 1851, le jour où j'ai rencontré mon maître bien-aimé". J'ai vu dans un carnet avec une écriture estompée, les quelques lignes dans lesquelles H.P.B. a décrit l'entrevue ci-dessus. Ce carnet que nous avons toujours en notre possession, en voici quelques lignes :

« "Nuit mémorable ! Une nuit, au clair de la lune qui se couchait à Ramsgate, le 12 août, 1851 lorsque j'ai rencontré M.·., le maître de mes rêves !

Le 12 août correspond au 31 juillet dans le calendrier russe, le jour de ma naissance – vingt ans !" »

Le « carnet » que mentionne la comtesse Wachtmeister était réellement un carnet de dessins, et était conservé dans les archives de la Société théosophique. Les lignes ci-dessus étaient écrites en dessous de croquis de bateaux sur une ligne d'eau[2]. La comtesse continua ainsi : « En voyant le manuscrit, j'ai demandé pourquoi elle avait écrit "Ramsgate" au lieu de "Londres", et H.P.B. m'a répondu que c'était une fausse piste. Au cas où une tierce personne aurait regardé dans ce livre, celle-ci ne saurait pas où elle avait rencontré son maître, et que sa première rencontre avec lui était à Londres[3], comme elle me l'avait dit plus tôt ».

---

1. Son père ne donna pas son consentement sur le plan du maître.
2. Fac-similé et compte rendu du carnet de dessin dans *Le théosophe* de janvier 1935.
3. Pour un troisième point de vue sur cette rencontre, voir le Chapitre XIII.

CHAPITRE IX
À la recherche du maître

La comtesse Wachtmeister remarqua qu'après avoir rencontré son maître, Mme Blavatsky quitta Londres pour l'Inde. Cependant, elle passa beaucoup de temps à faire le chemin – largement plus d'un an, visitant, selon l'itinéraire de M. Sinnett, le Canada, La Nouvelle-Orléans, le Texas et le Mexique en route, et, selon la liste de Mme Besant, l'Amérique du Sud et les îles du Pacifique, n'arrivant à Bombay qu'à la fin de 1852.

Elle visita l'Amérique du Nord, dit M. Sinnett, « motivée par un enthousiasme passionné pour les Indiens de l'Amérique du Nord, qui avait débuté à la lecture des romans de Fénimore Cooper... En 1851, elle est partie à la poursuite des Peaux-Rouges de son imagination jusqu'au Canada... Au Québec (ou ce qu'elle pensait l'être), on lui a présenté un groupe d'Indiens. Elle était ravie de rencontrer les fils de la forêt, et même les filles de ceux-ci, leurs squaws. Avec certains d'entre eux, elle s'est installée pour une longue conversation sur les actions mystérieuses des guérisseurs. Finalement, ils sont partis, et avec eux divers articles des biens personnels de Madame – surtout une paire de bottes qu'elle appréciait beaucoup, et que les ressources du Québec à cette époque-là ne pouvaient remplacer. De ce fait réel, les actes des Peaux-Rouges ont gâché ainsi l'idéal qu'elle s'était construit en imagination. Elle a abandonné sa recherche de leurs wigwams et a élaboré un nouveau programme...

« Le Mexique semblait être une future région accueillante dans laquelle elle pourrait risquer sa vie, et elle s'est rendue en attendant, à La Nouvelle-Orléans.... Là l'intérêt principal de sa visite était les vaudous, une secte de nègres, indigènes des Antilles, et les métis, dépendants d'une sorte de pratiques magiques à laquelle nul étudiant de l'occulte hautement qualifié ne s'intéresserait, mais qui présentait néanmoins des attraits pour Mme Blavatsky, pas encore assez avancée dans ses connaissances pour distinguer les variétés "noires" et "blanches" de l'exercice mystique... Elle aurait pu être attirée dangereusement par une association avec elles ; ... mais l'étrange protecteur qui s'était si souvent manifesté pour l'aider pendant son enfance – qui avait pris alors une forme plus définie, car elle avait maintenant rencontré en tant qu'homme vivant la longue figure familière de ses visions – est venue encore à sa rescousse. Elle a été avertie dans une vision du risque qu'elle courait avec les vaudous, et a immédiatement déménagé à la campagne pleine de fraîcheur et de nouveaux pâturages.

« Elle a traversé le Texas pour se rendre au Mexique, et s'est arrangée pour voir une bonne partie de ce pays peu sûr, protégée dans ces périlleux voyages par sa propre audace imprudente, et par diverses personnes qui, de temps en temps, s'intéressaient à son bien-être. Elle a traversé des communautés brutes de toutes sortes, sauvages aussi bien que civilisées, et semblait avoir été protégée du mal par la force de sa propre intrépidité, qui assurément la préservait, et son mépris féroce pour toutes et n'importe quelles considérations associées au "magnétisme du sexe" »[1].

Ici, il serait peut-être bon d'ajouter qu'elle était également protégée par le fait qu'elle voyageait avec des vêtements d'hommes. Elle a écrit à M. Sinnett : « Supposons que je dise que j'étais en vêtements d'homme, vu que j'étais très mince à l'époque, ce qui est la vérité solennelle, que diraient les gens ? J'étais donc en Égypte avec la vieille comtesse Kisselev qui aimait me voir habillée en étudiant, "l'étudiant gentilhomme", dit-elle. Maintenant, vous comprenez mes difficultés ? Ce qui passerait chez n'importe quel autre pour de l'excentricité, de la bizarrerie, ne servirait plus qu'à m'accuser aux yeux du monde. »[2]

« Pendant ses voyages américains, qui ont duré environ un an, elle a eu la chance de recevoir un héritage considérable, légué par une de ses marraines. Cela lui 'a assuré d'excellentes ressources financières pendant un certain temps, bien qu'il soit très regrettable pour elle que l'argent ne lui ait pas été rendu en versements modérés, car le tempérament, que les faits de sa vie avaient jusqu'à présent révélé, pouvait facilement la faire passer pour une personne dépensière... Elle est tout à fait incapable d'expliquer comment elle a dépensé ses 80 000 roubles. Parmi ses achats faits au hasard figurent, des terres en Amérique, dont elle a depuis longtemps oublié la situation, en plus d'avoir, bien sûr, perdu tous les documents qui faisaient référence à la transaction. »[3] Le colonel Olcott dit : « Elle m'a dit qu'elle a dépensé en deux ans un héritage de 85 000 roubles (environ 170 000 roupies) que sa grand-mère lui a laissé, en vagabondant à travers le monde. Une bonne partie du temps, elle avait avec elle un énorme chien Terre-Neuve, qu'elle menait avec une lourde chaîne en or. »[4]

« Elle a décidé, au cours de ses pérégrinations mexicaines, de se rendre en Inde, pleinement animée de la nécessité de chercher au-delà des frontières septentrionales de ce pays, pour mieux connaître ces grands maîtres de la plus haute science mystique, avec lesquels le protecteur de ses visions était associé dans son esprit. Elle a donc écrit à un certain Anglais qu'elle avait rencontré en Allemagne deux

---

1. Est-ce le Capitaine Remington dont Maître K.H. écrit en 1880 : « Il y a une section distincte dans notre communauté qui s'occupe de nos très rares accessions d'une autre race et du sang, et qui a amené à travers le seuil le capitaine Remington et deux autres Anglais au cours de ce siècle » ? (*Lettres des Mahatmas*, p. 19.)
2. Erreur dans les dates, ça devrait être en 1853. Elle n'était pas en Inde en l'année 1854.
3. Elle a incorporé l'histoire de cette visite, peut-être aussi des incidents de la précédente, dans un livre, *Dans les cavernes et les jungles de l'Hindoustan*, et ils forment les Chapitres XI, XII, XIII et XIV du présent ouvrage.
4. Mal imprimé en tant que « Leli », dans *La Vie extraordinaire d'Héléna P. Blavatsky*

ans auparavant – et dont elle savait qu'il poursuivait la même quête qu'elle – de la rejoindre aux Antilles, afin de pouvoir aller à l'est ensemble. Il est venu, mais le groupe s'était encore agrandi avec l'arrivée d'un hindou que Mme Blavatsky avait rencontré à Copán, au Mexique, et dont elle avait rapidement établi qu'il était ce qu'on appelle un "chela" ou élève des maîtres, ou adepte des sciences occultes de l'Orient. Les trois pèlerins du mysticisme sont sortis par le Cap à Ceylan, et de là ils ont pris un bateau à voile jusqu'à Bombay, où, si l'on en croit les dates, ils ont dû arriver à la fin de l'année 1852.

« Une dispersion du petit groupe a rapidement suivi, chacun poursuivant des objectifs quelque peu différents. Madame n'acceptait pas les conseils du chela, et était déterminée à tenter de se rendre au Tibet, à travers le Népal. Jusque-là, sa tentative avait échoué, principalement, croyait-elle, à cause de l'opposition du résident britannique au Népal à cette époque.

« Le 3 mars 1893, » écrivit le colonel Olcott, « S.V. Edge et moi nous avons rencontré dans le train entre Nalhati et Calcutta, le major général C. Murray, retraité du 70e régiment d'infanterie du Bengale, maintenant président de la Municipalité de Monghyr[1], qui a rencontré H.P.B. en 1854 ou 1855, à Pankhabari[2], au pied des collines de Darjeeling. Il était alors capitaine, commandant les sapeurs et les mineurs de Sebundy. Elle essayait d'entrer au Tibet en passant par le Népal "pour écrire un livre"; et pour pouvoir le faire, elle voulait traverser la rivière Rungit. Le capitaine Murray lui a fait savoir par le gardien qu'une dame européenne était passée par là, alors il est allé la chercher et l'a ramenée. Elle était très fâchée sans raison. Elle est restée avec le capitaine Murray et sa femme pendant environ un mois, et ses projets étant tombés à l'eau, elle est partie, et le capitaine Murray a entendu parler d'elle jusqu'à son arrivée Dināǰpur. Elle avait apparemment environ trente ans.

« Les faits ci-dessus étaient si intéressants que je les ai notés dans le train et que j'ai demandé au général Murray de les certifier avec ces mots :
"La note ci-dessus est correcte,

  « C. Murray

   Major général

   Le Résident britannique avait probablement et indirectement un lien avec sa détention, car des ordres stricts avaient été donnés par le capitaine Murray, dans le commandement militaire de ce district frontalier, pour empêcher les Européens de traverser le Rungit, sans quoi ils seraient presque sûrs d'être assassinés par les tribus sauvages de ce pays.

   J'ai eu des informations sur une autre de ses tentatives tibétaines d'un monsieur hindou vivant à Bareilly, lors d'une de mes visites officielles en Inde du Nord. La première fois qu'H.P.B. est venue dans cette ville après notre arrivée

---

1. Ville d'Inde.
2. Ville d'Inde.

en Inde, ce monsieur l'a reconnue comme la dame européenne qui avait été son hôte de nombreuses années auparavant, alors qu'elle allait vers le nord pour essayer d'entrer au Tibet en passant par le Cachemire. Ils ont eu une conversation agréable au sujet du bon vieux temps. »

Cette première tentative d'entrer au Tibet par le Cachemire a eu lieu en 1856. Quand son premier effort de 1853 a été empêché, Mme Blavatsky « est descendue dans le sud de l'Inde puis à Java et à Singapour, pour retourner en Angleterre », dit M. Sinnett. « Cependant, 1853 n'était pas une bonne année pour qu'une Russe visite l'Angleterre. Mme Blavatsky avait du mal à supporter de voir les préparatifs de la guerre de Crimée, et elle est revenue en Amérique à la fin de l'année, se rendant cette fois à New York, et de là à l'ouest. Elle est d'abord allée à Chicago, une ville naissante à cette époque par rapport au Chicago de nos jours, et plus tard au Far West, et à travers les montagnes Rocheuses, en voyageant avec des caravanes d'émigrants, puis elle a fini par s'installer à San Francisco pendant un certain temps. Son séjour en Amérique a duré deux ans environ, puis pour la deuxième fois, elle a fait route pour l'Inde en traversant le Japon et le détroit, atteignant Calcutta dans le courant de l'année 1855...

« Lors de ses voyages en Inde en 1856, elle a été rattrapée à Lahore par un monsieur allemand, une connaissance de son père, Külwein, à qui le colonel Hahn avait demandé comment faveur s'il pouvait trouver sa voyageuse de fille. Il était accompagné de deux amis, et voyageait en Orient à son compte pour des raisons mystiques, en référence au fait que le destin ne lui avait pas accordé le succès qui allait couronner les efforts de Mme Blavatsky. »

Mme Blavatsky raconta : « Je suis allée en Inde en 1856 – simplement parce que j'avais envie de revoir le Maître. J'ai voyagé d'un endroit à l'autre, je n'ai jamais dit que j'étais russe, les gens me prenaient pour ce à quoi je ressemblais. J'ai rencontré Külwein et son ami quelque part à Lahore. Si je devais décrire mon séjour en Inde pendant cette année-là, cela remplirait un livre entier, mais comment puis-je dire la vérité ? »

M. Sinnett poursuivit : « Les quatre compatriotes ont voyagé ensemble pendant un certain temps et sont allés du Cachemire à Leh, au Ladakh, en compagnie d'un Chaman Tartare, qui les a aidés à contempler certaines merveilles psychologiques dans un monastère bouddhiste. Le Chaman Tartare a apporté à Mme Blavatsky une aide significative que celle qu'il pouvait offrir à ses compagnons pour la faire entrer au Tibet. En l'habillant d'un déguisement approprié, il l'a conduite avec succès de l'autre côté de la frontière, et loin dans le pays, qui est généralement inaccessible. » Mais laissons Mme Blavatsky décrire ces aventures à sa guise.

CHAPITRE X
Les aventures au Tibet

Il y a quelques années, un petit groupe de voyageurs s'aventurait péniblement du Cachemire à Leh, une ville du Ladakh, le Tibet central. Parmi nos guides, nous avions un Chaman Tartare, un personnage très mystérieux, qui parlait un peu le russe et pas du tout l'anglais, et qui pourtant réussissait à parler avec nous et qui se révélait être d'une grande utilité. Ayant appris que certains membres de notre groupe étaient des Russes, il imagina que notre protection était toute puissante et qu'elle pourrait lui permettre de retourner en toute sécurité dans sa maison sibérienne, d'où, comme il nous le dit, il s'était enfui pour des raisons inconnues, quelque vingt ans avant son départ, en traversant par le Kiatcha et le grand désert de Gobi, au pays des Tcha-gars[1]. Nous nous croyions en sécurité sous la protection de quelqu'un qui semblait si important.

« Pour expliquer brièvement la situation : nos compagnons avaient formé le plan imprudent de pénétrer dans le Tibet, sous divers déguisements. Aucun d'entre eux ne parlait la langue, bien que l'un d'eux, un certain M. Külwein, ait appris un peu la langue Kazan Tartare, et pensait vraiment qu'il le parlait. Comme nous le mentionnons incidemment, nous pouvons aussi raconter que deux d'entre eux, les frères N__, ont été très poliment ramenés à la frontière avant d'avoir parcouru vingt-cinq kilomètres dans l'étrange pays du Bod oriental ; et M. K__, un ancien ministre luthérien, ne pouvait même pas quitter son misérable village près de Leh, car dès les premiers jours il s'est trouvé immobilisé par la fièvre et a dû retourner à Lahore en passant par le Cachemire.

« Mais une vision qu'il a aperçue était aussi nette que s'il avait été témoin de la réincarnation de Bouddha lui-même. Ayant entendu parler de ce "miracle" par un certain missionnaire russe en qui il pensait pouvoir avoir plus confiance qu'en l'abbé Hue, il ressentait depuis des années le désir de raconter la jonglerie des "grands païens", comme il disait. K__ était un positiviste, et se glorifiait plutôt de ce néologisme antiphilosophique. Mais son positivisme était condamné à recevoir un coup de grâce.

« À environ quatre jours de voyage d'Islamabad, dans un village de boue insignifiant, dont l'unique qualité rédemptrice était son magnifique lac, nous nous sommes arrêtés pour quelques jours de repos. Nos compagnons s'étaient provisoirement éloignés de nous, et le village devait être notre lieu de rendez-vous. C'était

---

1. Les sujets russes n'étaient pas autorisés à traverser le territoire tartare ni les sujets de l'empereur de Chine pour se rendre dans les usines russes.

là que le chaman nous avait appris qu'un grand groupe de "saints" lamaïques, en pèlerinage dans divers sanctuaires, s'était installé dans un ancien temple se situant dans une caverne et y avait établi un Vihara[1] temporaire. Il a ajouté que, puisqu'on disait que les "Trois honorables"[2] voyageaient avec eux, les saints Bhikshus[3] étaient capables de produire les plus grands miracles. M. K__, désirant dénoncer le plus grand charlatan de tous les temps, a commencé aussitôt à leur rendre visite, et à partir de ce moment-là les relations les plus amicales se sont établies entre les deux camps.

« Le Vihara était dans un endroit très romantique et isolé, protégé contre toute intrusion. Malgré les attentions, les cadeaux et les protestations excessives de M. K__, le chef, qui était un Pase-Budhu, un ascète d'une grande sainteté, a refusé d'exposer le phénomène de "l'incarnation", jusqu'à ce qu'un certain talisman en possession de l'écrivain ait été exposé. Cependant, voyant cela, les préparatifs ont été faits immédiatement, et un enfant de trois ou quatre mois a été arraché à sa mère, une pauvre femme du voisinage.

« Un serment a tout d'abord été exigé de M. K__, selon lequel, pendant sept ans, il ne divulguerait pas ce qu'il pourrait voir ou entendre. Le talisman est une simple agate, ou cornaline[4], connue parmi les Tibétains et d'autres comme *A-yu*, et qui possédait naturellement des propriétés très mystérieuses, ou en avait été doté. Un triangle est gravé dessus, dans lequel sont contenus quelques mots mystiques.

« Plusieurs jours se sont écoulés avant que tout soit prêt ; rien de mystérieux ne s'était produit pendant ce temps, sauf que, sur l'ordre d'un Bhikshu, des visages effrayants nous sont apparus au sein vitreux du lac, alors que nous étions assis à la porte du Vihara sur sa rive. L'un d'eux était le visage de la sœur de M. K__, qu'il avait laissée en bonne santé et heureuse dans sa maison, mais qui, comme nous l'avons appris par la suite, était morte quelque temps avant d'entreprendre ce voyage. La vue l'a d'abord affecté, mais il a fait appel à son scepticisme, et s'est calmé grâce aux théories des ombres des nuages, aux reflets des branches d'arbres, etc., comme ceux sur lesquels les gens de son espèce se rabattent.

« L'après-midi prévu, le bébé a été ramené au Vihara, et laissé dans le vestibule ou

---

1. Monastère
2. Ceux-ci sont les représentants de la Trinité Bouddhique – Bouddha, Dharma, Sangha : ou Fo, Fa, et Sengh, comme on les appelle au Tibet.
3. Des moines.
4. Ces pierres sont très vénérées parmi les lamaïstes et les bouddhistes ; le trône et le sceptre de Bouddha sont ornés avec eux, et le Dalaï-Lama en porte un sur le quatrième doigt de sa main droite. Ils se trouvent dans les montagnes de l'Altaï, et près de la rivière Yarkuh. Notre talisman était un cadeau du vénérable grand prêtre, un Heiloung, d'une tribu de Kalmuk. Bien que traités comme des apostats de leur lamaïsme primitif, ces nomades entretiennent des relations amicales avec leur frère Kalmouk, les Chokhots du Tibet oriental et de Kokonor, et même avec les lamaïstes de Lha-Ssa. Les autorités ecclésiastiques, cependant, n'auront pas de relations avec eux. Nous avons eu de nombreuses occasions de faire connaissance avec ce peuple intéressant des Steppes d'Astrakhan, ayant vécu dans leurs kibitkas dans nos premières années, et pris part dans la générosité hospitalière du prince Tumene, leur défunt chef, et sa princesse...

la salle de réception, car K__ ne pouvait pas aller plus loin dans le sanctuaire temporaire. L'enfant a ensuite été placé sur un morceau de tapis au milieu de la pièce, et tous ceux qui n'appartenaient pas au groupe ont été refoulés. Deux "mendiants" ont été placés à l'entrée pour empêcher les intrus d'y pénétrer. Puis, tous les lamas se sont assis sur le sol, le dos contre les murs de granit, de sorte que chacun d'eux était séparé de l'enfant par un espace d'au moins trois mètres. Le chef, ayant fait mettre un carré de cuir par le desservant, s'est assis au coin le plus éloigné.

« Seul, M. K__ s'est placé près de l'enfant et il a observé chaque mouvement avec un vif intérêt. La seule condition exigée de nous était que nous devions garder un très grand silence et attendre patiemment la suite des évènements. Un rayon de soleil brillait à travers la porte ouverte. Peu à peu, le "Supérieur" est tombé dans ce qui semblait être un état de profonde méditation, tandis que les autres, après une brève invocation en *sotto voce*, sont devenus soudain silencieux et ont semblé complètement pétrifiés. Un silence oppressant régnait, et l'on n'entendait que le chant de l'enfant.

« Après que nous nous soyons assis là quelques instants, les mouvements des membres du bébé ont soudainement cessé, et son corps a semblé devenir rigide. K__ regardait attentivement chaque mouvement, et tous les deux, d'un coup d'œil rapide, nous nous sommes rendu compte que toutes les personnes présentes étaient assises, immobiles. Le Supérieur, le regard fixé sur la terre, ne regardait même pas l'enfant; mais, pâle et immobile, il ressemblait plus à une statue de bronze d'un Talapoin en méditation qu'à un être vivant.

« Soudain, à notre grande consternation, nous avons vu l'enfant, non pas se lever, mais se jeter violemment en position assise! Encore quelques secousses, puis, tel un automate mis en mouvement par des fils cachés, le bébé de quatre mois s'est dressé sur ses pieds! Quel plaisir de voir notre stupéfaction, et dans le cas de M. K__, son visage horrifié! Pas une main ne s'est tendue, pas un mouvement n'a été fait, ni un mot prononcé; et pourtant, il y avait un bébé encore au berceau debout et solide comme un homme!

« Le reste de l'histoire que nous citerons est tiré d'une copie des notes écrites à ce sujet par M. K__, le soir même, et qui nous a été donnée, au cas où il n'atteindrait pas sa destination, ou si l'écrivain ne réussissait pas à voir autre chose.

« Après une minute ou deux d'hésitation, écrit K, le bébé a tourné la tête et m'a regardé avec une expression d'intelligence, c'était tout simplement horrible! Cela m'a fait froid dans le dos. Je me suis pincé les mains et me suis mordu les lèvres jusqu'au sang pour m'assurer que je ne rêvais pas. Mais ce n'était que le début. La créature miraculeuse, faisant, comme je l'imaginais, deux pas vers moi, a repris sa position assise et, sans détacher ses yeux de moi, a répété, phrase par phrase, dans ce que je supposais être la langue tibétaine, les mots mêmes que l'on m'avait dits à l'avance, et qui sont communément prononcés aux incarnations de Bouddha, en commençant par "Je suis Bouddha; je suis le vieux Lama; je suis son esprit dans un nouveau corps.", etc.

« J'ai ressenti une véritable terreur ; mes cheveux se sont dressés sur ma tête et mon sang s'est glacé. Sur ma vie, je n'aurais pu articuler un mot. Il n'y avait pas de supercherie ici, pas de ventriloquie. Les lèvres du nourrisson bougeaient, et ses yeux semblaient fouiller mon âme d'une expression qui me faisait penser que c'était le visage du Supérieur lui-même, ses yeux, son regard que je regardais. C'était comme si son esprit était entré dans le petit corps et me regardait à travers le masque transparent du visage du bébé.

« J'ai senti mon cerveau s'étourdir. L'enfant s'est approché de moi et a posé sa petite main sur la mienne. J'ai sursauté comme si j'avais été touché par du charbon chaud ; et, incapable de supporter la scène plus longtemps, j'ai couvert mon visage de mes mains. Ce n'était que pour un moment, mais quand je les ai enlevés, le petit acteur était redevenu un bébé qui chantait, et un moment après, couché sur le dos, il a poussé un cri agité. Le supérieur avait repris son état normal et la conversation s'est poursuivie.

« "Ce n'est qu'après une série d'expériences similaires, s'étendant sur dix jours, que je me suis rendu compte que j'avais vu l'incroyable et stupéfiant phénomène décrit par certains voyageurs, mais que j'avais toujours dénoncé comme une imposture. Parmi une multitude de questions sans réponses, malgré mon contre-interrogatoire, le Supérieur a laissé échapper une information qui doit être considérée comme hautement significative. 'Que se serait-il passé', ai-je demandé, à travers le chaman, 'si, pendant que l'enfant parlait, dans un moment d'effroi insensé, pensant que c'était le diable, je l'avais tué ?' Il a répondu que, si le coup n'avait pas été fatal à l'instant, l'enfant seul aurait été tué. 'Mais', ai-je continué, 'supposons que cela ait été aussi rapide qu'un éclair ?' 'Dans ce cas-là', a-t-il répondu, 'vous m'auriez aussi tué.'"

« Nous avons mentionné une sorte de pierre en cornaline que nous avions en notre possession, et qui a eu un effet très inattendu et favorable sur la décision du chaman. Chaque chaman possède un tel talisman, qu'il porte attaché à une ficelle sous son bras gauche.

« "À quoi cela sert-il, et quelles sont ses vertus ?" C'était la question que nous avons souvent posée à notre guide. Il ne nous a jamais répondu directement, mais a évité toute explication, promettant que, dès qu'une occasion se présenterait et que nous serions seuls, il demanderait à la pierre de répondre pour lui. Avec cet espoir très vague, il nous a livrés aux bons soins de notre propre imagination.

« Mais le jour où la pierre a "parlé" est arrivé assez vite. C'était aux heures les plus critiques de notre vie, à une époque où la nature vagabonde d'un voyageur avait emporté l'écrivain sur des terres lointaines, où aucune civilisation n'est connue et où la sécurité ne peut être garantie même pendant une heure. Un après-midi, comme chaque homme et chaque femme avait quitté la yourte[1], qui avait été

---

[1]. Tente tartare.

notre maison pendant plus de deux mois, pour assister à la cérémonie de l'exorcisme lamaïque d'un Tshoutgour[1] accusé de briser et d'égarer tous les pauvres meubles et la faïence d'une famille vivant à environ trois kilomètres de distance, le chaman, qui était devenu notre seul protecteur dans ces déserts lugubres, s'est souvenu de sa promesse.

« Il a soupiré et a hésité, mais après un bref silence, a laissé sa place sur la peau de mouton et, en sortant, a placé une tête de chèvre séchée avec ses cornes saillantes au-dessus d'une cheville en bois, puis a descendu le rideau de feutre de la tente, déclarant que désormais personne ne viendrait, car la tête de la chèvre était un signe qu'il "travaillait".

« Après cela, mettant sa main sur sa poitrine, il a tiré la petite pierre de la grosseur d'une noix, et l'a déballée avec soin, l'a avancée, semble-t-il, pour l'avaler. En quelques instants, ses membres se sont raidis, son corps est devenu rigide et il est tombé, froid et immobile comme un cadavre. Mais, à cause de la légère contraction de ses lèvres à chaque question posée, la scène aurait été embarrassante, voire terrible.

« Le soleil se couchait, et sans les braises mourantes qui tremblaient au centre de la tente, l'obscurité complète se serait ajoutée au silence oppressant qui régnait. Nous avons vécu dans les prairies de l'ouest et dans les steppes immenses de la Russie méridionale, mais rien ne peut être comparé au silence du coucher de soleil sur les déserts de sable de la Mongolie, pas même les solitudes stériles des déserts de l'Afrique, quoique les premiers soient partiellement habités, et les derniers absolument dépourvus de vie. Pourtant, l'écrivain seul se tenait à côté de ce qui ressemblait au mieux à un cadavre étendu sur le sol. Heureusement, cet état n'a pas duré longtemps.

« "Mahandu !" a fait une voix qui semblait venir des entrailles de la Terre où le chaman était prostré. "Que la paix soit avec vous… que voulez-vous que je fasse pour vous ?"

« Aussi surprenant que cela puisse paraître, nous étions tout à fait prêts, car nous avions vu d'autres chamans produire des performances similaires.

« "Qui que vous soyez", avons-nous dit mentalement, "allez chez K__, et essayez de ramener la pensée de cette personne ici. Voyez ce que l'autre groupe fait, et dites-lui… ce que nous faisons et où nous sommes".

« "Je suis là", a répondu la même voix. "Kokona, la vieille dame, est assise dans le jardin… elle met ses lunettes et lit une lettre."

« "Lisez le contenu, et vite !" nous a-t-on ordonné pendant que nous préparions un carnet et un crayon. Le contenu était donné lentement, comme si, en dictant, la présence invisible voulait nous donner le temps de poser phonétiquement les mots, car nous reconnaissions la langue valachienne dont nous ne savions rien de plus que la capacité de la reconnaître. Nous avons ainsi rempli toute une page.

---

1. Un démon élémentaire que croient tous les natifs d'Asie.

« "Regarde vers l'ouest... vers le troisième pôle de la yourte", a prononcé le Tartare de sa voix naturelle, bien qu'elle ait sonné creux et qu'elle semble venue de loin. "Sa pensée est là."

« Puis, d'un mouvement convulsif, la partie supérieure du corps du chaman a semblé se lever, et sa tête est tombée lourdement sur les pieds de l'écrivain, qu'il tenait à deux mains. La position devenait de moins en moins agréable, mais la curiosité se révélait un bon allié au courage. Dans le coin ouest se tenait, vivante, mais vacillante, instable et brumeuse, la forme d'une vieille amie, une Roumaine de Valachie, qui avait des dispositions pour le mysticisme, mais qui ne croyait pas du tout aux phénomènes occultes.

« "Sa pensée est là, mais son corps est inconscient. Nous ne pourrions pas l'amener ici autrement," a dit la voix.

« Nous nous sommes adressés à l'apparition et l'avons suppliée de répondre, mais en vain. Les traits bougeaient, et la forme gesticulait comme si elle avait peur et agonisait, mais aucun son ne sortait des lèvres obscures ; seulement nous imaginions – peut-être était-ce une illusion – entendre des mots roumains qui semblaient venir de loin : "Non se pôte !" (Cela ne peut être fait.)

« Pendant plus de deux heures, nous avons eu les preuves les plus substantielles et les plus indiscutables que l'âme astrale du Chaman voyageait selon notre vœu tacite. Dix mois plus tard, nous avons reçu une lettre de notre amie valachienne, en réponse à celle dans laquelle nous avions joint la page du carnet de notes lui demandant ce qu'elle avait fait ce jour-là et décrivant la scène dans son intégralité. Elle était assise – écrivait-elle – dans le jardin ce matin-là[1], prosaïquement occupée à faire bouillir des conserves ; la lettre qui lui était adressée était, mot pour mot, la copie de celle reçue de son frère ; tout à coup, à cause de la chaleur, a-t-elle pensé, elle s'est évanouie et s'est souvenue distinctement avoir rêvé qu'elle voyait l'écrivain dans un lieu désertique qu'elle décrivait avec exactitude, et assis sous une "tente gitane", comme elle disait. "Désormais", a-t-elle ajouté, "je ne peux plus douter".

« Mais notre expérience s'est révélée encore meilleure. Nous avions dirigé l'ego intérieur du chaman vers le même ami mentionné précédemment dans ce chapitre, le Kutchi de Lha-Ssa, qui fait constamment des allers-retours vers l'Inde britannique. Nous savons qu'il était au courant de notre situation critique dans le désert. Quelques heures plus tard, nous avons été secourus par un groupe de vingt-cinq cavaliers à qui leur chef avait ordonné de nous retrouver à l'endroit où nous étions, ce qu'aucun être vivant doté de pouvoirs communs n'aurait pu savoir. Le chef de cette escorte était un Shaberon, un "adepte", que nous n'avions jamais vu auparavant ni ne reverrions même après, car il ne quittait jamais son soumay[2], et nous ne pouvions y avoir accès. Mais il était un ami personnel des Kutchi.

---

1. L'horaire à Bucarest correspondait parfaitement à celle du pays où la scène avait eu lieu.
2. Lamaserie.

« Ce qui précède, bien sûr, ne provoque qu'incrédulité chez le commun des lecteurs. Mais nous écrivons pour ceux qui croiront, ceux qui, comme l'écrivain, comprennent et connaissent les pouvoirs et les possibilités illimitées de l'âme humaine. Dans ce cas, nous croyons volontiers, oui, nous le savons, que le "double spirituel" du chaman n'a pas agi seul, car il n'était pas un adepte, mais simplement un médium. Selon son expression favorite, dès qu'il a placé la pierre dans sa bouche, son "père est apparu, l'a traîné hors de son corps, et l'a emmené où il voulait", et à sa demande. »

CHAPITRE XI
En compagnie du maître en Inde

Bien qu'elle ait pénétré le territoire du Tibet en 1856, Madame Blavatsky ne parvint pas à atteindre le vihara[1] de son maître. Mais cela ne signifia pas qu'elle ne l'avait pas vu. Il était possible qu'il se soit rendu en Inde, et qu'elle l'y ait rejoint, lors de leurs visites en 1852-1853 et en 1855-1856. M. Sinnett assura que, selon ses dires, sa formation dans le domaine de l'occulte débuta durant sa vingt-cinquième année, en 1856. Il ajouta qu'elle « était sous la direction de son gardien occulte qui l'a poussée à quitter l'Inde peu de temps avant les conflits qui ont débuté en 1857[2] », c'est-à-dire la révolte des Cipayes.

Elle raconta : « Le Maître m'a ordonné de me rendre sur l'île de Java pour une affaire quelconque. Là-bas, il y avait deux personnes que je soupçonnais être des chelas[3]. J'ai vu l'un d'entre eux en 1869 à la maison du Mahatma, je l'ai reconnu, mais il a nié. »[2] Cela nous indique qu'elle était à présent entièrement embrigadée au service de son maître, et qu'il lui assignait des missions à exécuter pour lui, d'un bout à l'autre du globe.

Un témoignage de sa rencontre et de son voyage avec son maître en Inde vient d'une autre source. En avril 1879, elle et le colonel Olcott visitèrent les grottes de Karla, tout près de Bombay. Il nous le raconte dans son livre *Vieilles pages de journal*[4], tout comme elle dans *Depuis les caves et les jungles d'Hindoustan*[5], ce dernier étant une compilation de lettres qu'elle écrivit pour le *Russky Vyestnik* à l'époque.

Le colonel Olcott forma un groupe dont faisaient partie « H.P.B., Mooljee Thakersey et moi-même. Notre suivante Babula nous accompagnait. » Madame Blavatsky raconta : « Nous étions accompagnés de trois amis hindous… Une fois arrivé à la gare, notre groupe a été rejoint par deux autres natifs, avec qui nous étions en correspondance depuis bien des années… L'un était un brahmane de Poona, le second un Moodelial[6] de Madras, le troisième un Cingalais de Kegalla, le quatrième un Zemindar[7] du Bengale, et le cinquième un immense Rajput[8], que

---

1. L'ermitage.
2. Dans une note de marge de sa copie de *Caves et jungles*, le colonel Olcott écrivit : « Un Maître – invisible »
3. Des disciples.
4. *Old Diary Leaves*
5. Depuis les caves et les jungles d'Hindoustan.
6. Propriétaire de terres
7. Fonctionnaire.
8. Guerrier.

nous connaissions depuis longtemps sous le nom de Gulab-Lai-Singh, et que l'on appelait simplement Gulab-Singh. »

Pourquoi de telles différences entre les deux récits? La raison nous est présentée dans l'une de ses lettres adressées à M. Sinnett, dans laquelle elle reprochait à Sellin d'avoir remis en cause la véracité de son récit, *Le double peut-il assassiner?*, car elle y avait modifié une date. Elle invoqua son droit d'autrice, et ajouta: « J'écrivais des histoires, basées sur des faits plus ou moins réels, avec des personnages réels, dont je ne changeais que le nom... Rédigeai-je mon journal ou mes confessions, étais-je tenue par l'honneur de ne conter que les évènements tels qu'ils avaient eu lieu, dates et noms inchangés?... Il s'agissait là de la même chose que pour mes *Russian Letters* d'Inde, dans lesquelles, alors que j'avais décrit un voyage de fiction à travers l'Inde avec pour guide Thornton de *Gazeteer*, j'avais toutefois ajouté de véritables faits et personnages, réunissant ainsi, sur une période de trois ou quatre mois, des évènements et des faits apparus au fil des ans, comme les phénomènes du Maître. Était-ce donc un crime? »

Encore un incident de sens, et nous pourrons ensuite passer à ses aventures en compagnie du maître. V.S. Solovyoff la contacta à Paris en mai 1884. « Allez-vous rester longtemps ici? » « Je ne le sais moi-même pas encore. Le Maître m'envoie. » « Quel Maître? » « Mon Maître, le professeur, mon gourou. Vous pouvez l'appeler Gulab-Lai-Singh, de *Depuis les caves et les jungles d'Hindoustan*. »

Après une journée d'exploration des grottes de Karla, puis une visite à la foire qui se tenait toute proche, le groupe s'installa pour la nuit dans la véranda de l'une des plus petites chambres. Notez le récit bien différent de cet épisode par le colonel. Il écrivit: « Nous avons mangé un souper bien chaud qui nous a été servi dans la véranda des grottes, et après avoir admiré le panorama baigné de clair de lune, fumé une dernière fois, nous nous sommes enroulés dans nos couvertures et nous sommes allongés sur le sol rocheux pour dormir tranquillement jusqu'au matin. Babu Rao s'est tenu à l'entrée de la grotte et a pris soin de garder le feu de bois allumé, pour faire fuir les bêtes sauvages... L'histoire des *Caves et jungles* à propos d'une attaque de nuit par un énorme tigre n'est que fiction. »

Elle raconta: « Un souper a été préparé dans le style de l'est. Il y avait des tapis sur le sol, et nous utilisions de grandes feuilles de bananier en guise d'assiettes et de plats. Les pas glissants et feutrés des serviteurs, plus silencieux encore que des fantômes, parés de leurs vêtements de mousseline blanche et de leurs turbans rouges, la profondeur sans limites de l'espace devant nous, perdu au creux des vagues de lumière lunaire, et derrière nous les sombres caveaux des grottes anciennes, creusées par des races inconnues, dans des temps inconnus, en l'honneur d'une religion préhistorique inconnue, tout ceci, notre environnement, nous a transportés dans un monde étrange, et dans des époques lointaines, bien différentes de la nôtre. »

Les « époques lointaines bien différentes » rappelaient, sans l'ombre d'un doute, une visite précédente des grottes de Karla avec un autre groupe, incluant Gulab Lai Singh. Elle écrivit : « Je me dois de m'attarder sur sa personnalité, car les histoires les plus incroyables et les plus variées circulaient à propos de cet homme étrange. On racontait qu'il appartenait à une secte de raj-yogis, et était un initié des mystères de la magie, de l'alchimie, et d'autres sciences occultes d'Inde. Il était riche et indépendant, et aucune rumeur n'osait l'accuser de supercherie, particulièrement parce que, bien que très cultivé à propos de ces sciences, il n'en ait jamais dit un mot en public, et cachait précautionneusement son savoir de tous, mis à part quelques amis.

« C'était un Thakur indépendant, qui venait du Rajasthan, province d'Inde dont le nom signifie terre des rois. Les Thakurs, pour ainsi dire sans exception, descendent tous de Surya, le soleil, et sont donc nommés Surya-vansa. Ils sont plus fiers que n'importe quelle nation du monde. Ils ont un proverbe : "La saleté de la terre ne peut se coller aux rayons du soleil... L'Angleterre n'a pas désarmé les Rajputs, comme elle l'a fait pour le reste des nations d'Inde, ainsi Gulab-Singh est venu, accompagné de vassaux et d'hommes munis de boucliers..."

« Les Thakurs du Rajputana, qui seraient détenteurs de quelques bibliothèques souterraines[1], occupaient en Inde une position similaire à celle des barons féodaux d'Europe durant le Moyen-Âge. Officiellement, ils étaient dépendants de quelques princes natifs ou du gouvernement britannique. Mais de facto, ils étaient parfaitement indépendants. Leurs châteaux étaient construits à flanc de hautes montagnes, et venaient s'ajouter à cette difficulté naturelle d'y entrer de longs passages secrets connus uniquement de leurs propriétaires et dont l'existence était révélée à leurs héritiers à leur mort. Ces passages reliaient les châteaux entre eux, rendaient leurs possesseurs deux fois plus difficiles à atteindre. Nous avions visité deux de ces couloirs souterrains, dont l'un était assez grand pour contenir un village entier. Aucune torture n'aurait pu pousser les propriétaires des lieux à dévoiler le secret de leur entrée, mais les yogis ainsi que les adeptes initiés allaient et venaient librement, ayant la confiance aveugle des Thakurs. Une histoire similaire était racontée à propos des bibliothèques et des passages souterrains de Karla...

« Kandala n'était rien de plus qu'un gros village situé sur le toit plat de l'une des montagnes de la chaîne des Ghâts occidentaux, Sahyadri, allant jusqu'à 670 mètres au-dessus du niveau de la mer. Le village était entouré de pics isolés. L'un d'entre eux ressemblait à un long bâtiment d'un étage, avec un toit plat et un parapet en guise de rempart. Les hindous assuraient que, quelque part autour de cette butte, il existait une entrée secrète, qui menait vers d'immenses couloirs intérieurs, en vérité à tout un palace souterrain, et qu'il existait encore à ce jour des

---

1. « Certaines de ces bibliothèques, remplies des manuscrits les plus précieux, appartiennent à des princes natifs et des pagodes très attachées à leur territoire, mais la plus grande partie reste entre les mains de jaïna ainsi que des Thakur Rajput, dont les anciens châteaux obtenus par héritage sont éparpillés dans tout le Rajasthan, comme autant de nids d'aigles perchés sur de hautes montagnes. » (Page 69)

gens qui gardaient le secret de cette demeure. Un ermite saint, yogi et mage, ayant habité ses grottes durant de "nombreux siècles", a transmis ce secret à Shivâjî, le célèbre leader des armées marathes. Comme Tannhäuser dans l'opéra de Wagner, l'indomptable Shivâjî a passé sept ans dans cette demeure mystérieuse, et a acquis de ce fait sa force et sa bravoure extraordinaires. »

À ce stade de son histoire, H.P.B. ajouta deux autres personnes à son groupe, sans véritable introduction, nommées mademoiselle X et monsieur Y, ce dernier étant architecte ainsi que le secrétaire du colonel, et la première, une femme âgée aux qualités artistiques. On peut supposer qu'ils étaient également membres du premier groupe dont faisait partie Gulab-Singh.

« Dans la grotte, tout le monde dormait profondément autour du feu, mis à part moi. Aucun de mes compagnons ne semblait s'inquiéter un tant soit peu du bourdonnement des milliers de voix de la foire, ou des rugissements prolongés et lointains des tigres qui s'élevaient de la vallée, ni même des prières assourdissantes des pèlerins qui allaient et venaient toute la nuit durant…

« Deux serviteurs de Gulab-Singh, portant des lances traditionnelles et des boucliers en peau de rhinocéros, et qui avaient été assignés à notre protection contre les animaux sauvages, étaient assis sur les marches de l'entrée couverte de la grotte. J'étais incapable de dormir, et je regardais donc avec une curiosité grandissante tout ce qu'il se passait. Le Thakur lui non plus ne dormait pas. Chaque fois que je levais les yeux alourdis par la fatigue, la première chose sur laquelle ils venaient se poser était la silhouette gigantesque de notre mystérieux ami.

« S'étant assis dans la posture traditionnelle de l'est, les pieds relevés et les mains autour des genoux, le Rajput s'est posté sur un banc taillé à même la pierre à une extrémité de la véranda, pour contempler l'atmosphère argentée. Il était si proche des abysses que le moindre mouvement maladroit l'aurait exposé à un grand danger. Mais la déesse du granit, Bhavani elle-même, n'aurait su être plus immobile. Devant lui, la lumière de la lune était si forte que l'ombre noire sous la pierre qui l'abritait était plus imprenable encore, recouvrant son visage d'un voile d'une noirceur absolue. De temps à autre, la flamme du feu sautillant éclairait de son reflet brûlant le visage d'une couleur de bronze foncé, me permettant ainsi de distinguer ses traits semblables à ceux d'un sphinx, ainsi que ses yeux brillants, aussi immobiles que le reste de sa figure.

« "Que dois-je penser ? Est-il simplement endormi, ou bien se trouve-t-il dans cet état étrange, cette annihilation temporaire de la vie corporelle ? Ce matin encore il nous racontait comment les initiés Raj-yogis étaient capables de se plonger dans cet état à leur gré. Oh, si seulement je pouvais m'endormir".

« Soudain, un sifflement fort et prolongé très proche de mon oreille m'a fait sursauter et trembler aux souvenirs distincts d'un cobra. Le son était strident, et il semblait évident que le bruit venait de sous le foin sur lequel j'étais installée. Puis il a sonné une fois ! Deux ! Il s'agissait de notre réveil américain, que je prenais toujours avec moi lors de mes voyages. Je n'ai pu m'empêcher de rire de moi-même, tout en me sentant légèrement honteuse de ma peur involontaire.

« Mais ni le sifflement, ni la sonnerie bruyante du réveil, ni le mouvement soudain qu'a fait mademoiselle X en relevant sa tête encore endormie, n'ont réveillé Gulab-Singh, qui se tenait toujours au bord du précipice. Une autre demi-heure est passée. Le rugissement lointain des festivités se faisait encore entendre, mais autour de moi tout était calme et immobile. Le sommeil s'échappait toujours plus loin de moi. Un vent frais et fort s'est élevé avant l'aube, faisant bruisser les feuilles et remuant la cime des arbres qui s'élevait au-dessus de l'abysse.

« Mon attention a été happée par le groupe de trois Rajputs qui se tenaient devant moi : les deux porteurs de boucliers et leur maître. Je ne pourrais dire pourquoi j'étais à ce moment particulièrement attirée par la vue des longs cheveux des serviteurs, qui ondulaient dans le vent, bien que la place qu'ils prenaient était réduite en comparaison. Je détournais le regard vers leur Sahib, et le sang dans mes veines a cessé de couler. Le voile d'un topi[1], qui pendait devant lui, attaché à un pilier, virevoltait dans le vent, tandis que les cheveux du Sahib lui-même restaient immobiles, comme s'ils avaient été collés à ses épaules. Pas un cheveu ne bougeait ni un seul pli de sa tenue en mousseline légère. Aucune statue ne saurait être aussi immobile.

« "De quoi s'agit-il alors ?" me dis-je. "Suis-je en plein délire ? Est-ce que c'est une hallucination, ou une réalité inexplicable et merveilleuse ?" J'ai fermé les yeux, m'interdisant de regarder plus longtemps. Mais un moment plus tard, j'ai relevé les yeux, surprise par un craquement provenant du dessus des marches. La longue silhouette noire d'un animal est apparue à l'entrée, sa forme se dessinant clairement sur le fond de ciel pâle. Je l'ai vu de profil. Sa longue queue fouettait l'air d'avant en arrière. Les deux serviteurs se sont levés avec agilité et sans un bruit, avant de tourner la tête en direction de Gulab-Singh, comme s'ils attendaient ses ordres. Mais où était Gulab-Singh ?

« À la place qu'il occupait un instant plus tôt, il n'y avait personne. Seul restait le topi, arraché du pilier par le vent. Je me suis relevée d'un bond, un rugissement puissant m'a assourdie, emplissant le vihara, éveillant les échos ensommeillés et résonnant tel le grondement adouci du tonnerre contre tous les bords du précipice. Grand Dieu ! Un tigre !

« Avant que cette idée n'ait eu le temps de prendre une forme précise dans ma tête, les dormeurs se sont levés d'un bond, et tous les hommes se sont saisis de leurs armes et révolvers. Alors nous avons entendu le son de branches qui craquaient, et de quelque chose de lourd glissant vers le fond du précipice. L'inquiétude était générale.

« "Quel est le problème à présent ?" a dit la voix calme de Gulab-Singh, et j'ai pu à nouveau le voir sur le banc de pierre. "Pourquoi êtes-vous si effrayée ?"

---

1. Un casque colonial.

« Des "Un tigre ! N'était-ce pas un tigre ?" lui sont venus en réponse, sur un ton à la fois hâtif et interrogateur, de la part des Européens et des hindous. Mademoiselle X tremblait comme un malade transi par la fièvre.

« "Que ce soit un tigre ou autre chose, il est à présent au fin fond des abysses.", a répondu le Rajput, dans un bâillement.

« "Je me demande pourquoi le gouvernement n'a pas encore éliminé tous ces horribles animaux", a sangloté mademoiselle X, qui de toute évidence croyait en l'omnipotence de l'exécutif avec ferveur.

« "Mais comment vous êtes-vous débarrassé de cet animal à rayures ?", a insisté le colonel. "Est-ce que quelqu'un a tiré avec son arme ?"

« "Vous les Européens pensez que tirer est la meilleure, sinon la seule façon de se débarrasser des animaux sauvages. Nous avons d'autres moyens, qui se sont parfois avérés plus efficaces que les armes", a expliqué Babu Narendro-Das-Sen. "Attendez de rejoindre le Bengal, vous aurez de nombreuses occasions de faire la rencontre de tigres une fois là-bas."

« La lumière du jour commençait à poindre, ainsi Gulab-Singh nous a proposé de descendre examiner le reste des grottes ainsi que les ruines de la forteresse avant que la journée ne devienne trop chaude. À trois heures et demie, nous avons donc rejoint un chemin différent et plus facile d'accès menant à la vallée. Le marathe ne nous a pas accompagnés. Il a disparu sans nous informer de l'endroit où il se rendait...

« Nous devions passer les heures les plus chaudes dans le village de Varangaon. Aux alentours de deux heures de l'après-midi, alors que nous nous plaignions de la chaleur, et ce malgré les punkhas[1] s'agitant d'avant en arrière, notre ami le marathe brahmane, que nous pensions avoir perdu en chemin, a fait son apparition. Accompagné d'une demi-douzaine d'habitants du plateau du Deccan, il avançait lentement, pratiquement assis sur les oreilles de son cheval, qui renâclait et semblait très peu enclin à bouger. Lorsqu'il a atteint la véranda et a sauté à terre, nous avons vu la raison de sa disparition. Un énorme tigre était attaché à sa selle, dont la queue traînait dans la poussière. On pouvait voir des traces de sang dans sa gueule à moitié ouverte. Il a été détaché du cheval et allongé devant l'entrée.

« "S'agit-il de notre visiteur de la nuit dernière ?" J'ai regardé Gulab-Singh. Il était assis sur un tapis dans un coin, sa tête posée sur sa main, en pleine lecture. Il a légèrement froncé les sourcils, mais n'a pipé mot. Le brahmane qui venait de rapporter le tigre était tout aussi silencieux, supervisant quelques préparatifs, comme s'il se préparait à quelque solennité. Nous avons rapidement appris que, aux yeux de la population superstitieuse, ce qui allait se passer relevait en effet de la solennité. Une touffe de poil prise sur la peau d'un tigre ayant été tué non pas par balle ou par arme blanche, mais par un "mot", est considérée comme le plus puissant des talismans contre sa race.

---

1. Sorte d'éventails.

« "C'est une occasion presque unique", nous a expliqué le marathe. "Il est très rare de rencontrer un homme possédant le *mot*. Les yogis et les sadhus ne tuent généralement pas les animaux sauvages, car ils considèrent comme un péché de détruire la moindre forme de vie, qu'il s'agisse d'un cobra ou d'un tigre, ainsi ils se contentent d'éviter de croiser le chemin d'animaux dangereux. Il n'existe qu'une confrérie en Inde dont les membres connaissent tous les secrets, et pour qui rien dans la nature n'est dissimulé. Voici le corps du tigre, qui prouve que l'animal n'a pas été tué par une arme d'aucun genre, mais simplement par le *mot* de Gulab-Singh. Je l'ai retrouvé très facilement dans les buissons, exactement en dessous de notre ermitage, au pied de la colline qu'il a dégringolée, déjà mort. Les tigres ne font jamais de faux pas. Gulab-Lai-Singh, vous êtes un Raj-yogi, et je vous salue!", a alors ajouté le brahmane fier, s'agenouillant devant le Thakur.

« "N'employez pas de mots vains, Krishna Rao!" l'a interrompu Gulan-Singh. "Relevez-vous ; ne jouez pas le rôle d'un shudra[1]."

« "Je vous obéis, Sahib, mais veuillez me pardonner, car je me fie à mon propre jugement. Aucun raj-yogi n'a jamais reconnu avoir de lien avec la confrérie, pas depuis la naissance du mont Âbû."

« Il a alors commencé à distribuer des petites touffes de poil prélevées sur l'animal décédé. Personne ne parlait. J'ai lancé un regard curieux à mon groupe de compagnons de voyage. Le colonel, président de notre Société, s'est assis, le regard baissé et le visage très pâle. Son secrétaire, monsieur Y, était allongé sur le dos, fumant un cigare et regardant droit au-dessus de lui, les yeux inexpressifs. Il a accepté les poils en silence, et les a rangés dans son sac. Les hindous se tenaient autour du tigre, et le cingalais a tracé de mystérieux signes sur son front. Gulab-Singh a poursuivi la lecture de son livre en silence. »

Les voyages de Madame Blavatsky retranscrits dans *Depuis les caves et les jungles d'Hindoustan*, et dans les *Vieilles pages de journal* du colonel Olcott se séparèrent dans les grottes de Karla. Alors qu'il nous narre leur véritable voyage de 1879 passant par Allahabad, Kânpur, Bharatpur, Jaipur, Amber, Agra, Saharanpur et Meerut, elle nous conte les voyages de sa ou ses visites passées dans les années 1850, allant de Nashik pour visiter les temples troglodytes, à Chandvad où se trouvent les temples sous-roche appelés Enkay-Tenkay, à Mândû, "la cité fantôme", ainsi qu'aux grottes de Bagh, à quatre-vingts kilomètres de là.

Le véritable voyage de 1879 ne dura que trois semaines : Madame Blavatsky, après avoir couvert la quasi-totalité de son itinéraire dans *Caves et jungles*, dit : « Nous avions encore sept semaines à notre disposition. Où pouvions-nous aller? Comment utiliser au mieux notre temps? » Elle et le colonel Olcott n'avaient pas tant de temps libre à disposition. Ceci faisait vraisemblablement référence à son passé, lorsque voyager était son unique occupation.

La façon de voyager fut très différente entre les deux expéditions. En 1879, ce

---

1. Serviteur.

fut un voyage rapide en train, mais elle raconta dans *Caves et jungles*: «Toute la journée, nous errions parmi les rivières et les jungles, passant par des villages et des ruines de forteresses anciennes, voyageant à bord de charrues tirées par des bœufs, à dos d'éléphants ou de chevaux, voyageant souvent en palk. Lorsque la nuit tombait, nous installions nos tentes et dormions, peu importait le lieu... Nous avons visité de nombreux chemins et bosquets isolés qui n'avaient probablement jamais été foulés par le moindre voyageur européen. Gulab-Singh était absent, mais nous étions accompagnés par l'un de ses fidèles serviteurs, et le fait que nous soyons si bien accueillis presque en tout lieu était certainement le résultat de l'influence magique de son nom. Si les paysans nus et misérables se tassaient devant nous et fermaient leurs portes à notre approche, les brahmanes quant à eux étaient aussi serviables que l'on pouvait l'espérer.»

Elle avait bien évidemment un but à atteindre lors de cette expédition: l'étude des temples et des temples troglodytes. L'une de ses conclusions fut relativement étonnante. Elle raconta: «Il est vraiment remarquable que presque tous les temples sous roche d'Inde se trouvent dans des montagnes de forme conique. Il semblerait que les anciens bâtisseurs recherchaient expressément ce type de pyramides naturelles. J'ai remarqué cette particularité à Karla, et on ne la retrouve qu'en Inde. Il peut s'agir d'une simple coïncidence, ou bien d'une des règles d'architecture religieuse d'un ancien temps? Et qui sont alors les imitateurs? Les bâtisseurs des pyramides égyptiennes, ou bien les architectes inconnus des grottes indiennes? Dans les pyramides comme dans les grottes, tout semble être calculé avec une exactitude géométrique. En aucun cas, les entrées ne se trouvent en bas, mais toujours à une certaine distance du sol... L'Égypte a emprunté beaucoup à l'Inde.» Elle dit encore à propos des grottes de Nashik: «Les premières grottes sont creusées dans une butte conique, à environ quatre-vingt-cinq mètres de sa base... Plus en profondeur se trouve un labyrinthe entier, constitué de cellules.»[1] Et elle ajouta à propos des grottes d'Enkay-Tenkay: «À vingt kilomètres de Chandvad se trouve une ville entièrement constituée de temples souterrains. Là-bas encore, l'entrée se situe à une trentaine de mètres du sol.» – et la colline est pyramidale[2].

Ainsi, alors qu'elle nous présentait précédemment l'itinéraire et le but de l'une de ses expéditions en Inde, il y en eut une autre très différente, à laquelle elle fit également référence dans *Caves et jungles*, dont elle abordait à peine l'existence, et au sujet de laquelle elle ne donnait aucun détail. «Bénarès, Prayaga (aujourd'hui Allahabad), Nashik, Hardwār, Badrinath, Mathura: toutes ces villes sont des lieux sacrés de l'Inde préhistorique, que l'on devait visiter l'un après l'autre, mais pour

1. Voir également les grottes de Bagh, qui partagent les mêmes caractéristiques.
2. Comparez ceci avec les couloirs et les chambres souterraines d'Amérique du Sud décrites dans le chapitre VII, ainsi qu'avec les passages suivants, extraits de *La doctrine secrète*: «La guilde des Serpents de la Sagesse a bien gardé ses savoirs sacrés, et l'Histoire de l'humanité est écrite dans les cieux ainsi que sur les murs souterrains.» «Les Adeptes ou Sages de la Troisième, Quatrième ou Cinquième Race résidaient dans des habitations souterraines, généralement sous une structure pyramidale, sinon sous une véritable pyramide.»

les visiter vraiment, non pas de façon touristique à vol d'oiseau, avec un guide touristique en main, et un cicérone pour fatiguer notre esprit, et user nos jambes. »

Une fois encore, elle lista ce dernier itinéraire, mais d'une façon différente : « Nous devions nous rendre à Nashik, l'une des rares villes mentionnées par les historiens grecs, pour voir ses grottes et le temple Kalaram dédié à Rama. Puis à Allahabad, la métropole de la dynastie de la lune... Bénarès, la cité des cinq mille temples et autant de singes. Kânpur ... les vestiges de la cité du soleil, détruite... il y a six mille ans. Agra et Dehli. Puis, après avoir exploré le Rajasthan et ses milliers de châteaux, forteresses, ruines et légendes des Thakurs, nous devions nous rendre à Lahore, métropole du Penjab, pour finir à Amritsar, où nous passerions quelque temps. »

Il est important de noter que Lahore clôt la liste ici, et ce fut dans cette ville qu'elle rencontra en 1856 Kulwein et son groupe ; ils tentèrent d'entrer au Tibet ensemble via le Cachemire et Ladakh. Il est plausible que nous ayons ici une esquisse de ses déplacements lors de ses deux visites en Inde en 1852-1853 et en 1855-1857.

CHAPITRE XII
Les grottes de Bagh

Dans le chapitre du livre *Depuis les caves et les jungles d'Hindoustan* portant ce nom, Madame Blavatsky raconta un autre sauvetage par Gulab-Singh, qui avait quitté le groupe, mais revint rapidement du fait de cette urgence. Elle nous dit : « Bagh est situé sur la route reliant les régions du Gujarat et de Malva, dans le défilé d'Udaipur, et est en conséquence une possession du Maharana d'Udaipur.

« Comme tous les temples troglodytes d'Inde, les grottes de Bagh sont creusées à l'intérieur d'un pic vertical. Soixante-douze marches sont taillées à même la roche, couvertes de mauvaises herbes épineuses et de mousse, et signalent le début de l'ascension vers les grottes de Bagh. Ajoutez à ceci un certain nombre de sources montagneuses suintant par les pores rocheux, et personne ne sera surpris si j'explique que nous nous sentions bien faibles sous le poids de toute cette vie et de nos difficultés archéologiques. Mais en rejoignant le sommet, nous avons vu une enfilade de grottes sombres par des entrées régulières et carrées d'environ deux mètres de large. Un étrange plafond se trouvait au-dessus de la plateforme carrée, qui servait autrefois de véranda…

« Juste avant l'entrée, une porte menait à un autre couloir rectangulaire, aux piliers hexagonaux, et possédant des niches qui contenaient des statues dans un état de conservation correct. Elles représentaient des déesses de trois mètres de haut, et des dieux de deux mètres et demi. Après ce couloir se trouvait une pièce avec un autel, d'une forme hexagonale régulière, dont chaque côté mesurait un mètre de long, et protégée par une coupole taillée dans la roche. Personne n'était admis en ce lieu, mis à part les initiés aux mystères de l'Adytum. Tout autour de cette pièce, on pouvait voir une vingtaine de cellules pour des prêtres.

« Trop absorbés par l'étude de l'autel, nous n'avions pas remarqué l'absence du colonel, pas avant d'entendre sa voix sonore au loin, nous appelant : "J'ai trouvé un passage secret. Venez, voyons où celui-ci nous mènera !" Qui était le "colonel" de cette première expédition ? Le colonel Olcott n'a jamais visité les grottes de Bagh. Était-ce un Anglais qu'elle avait rencontré en Allemagne deux ans plus tôt, qu'elle savait en quête de la même chose qu'elle, et à qui elle a écrit depuis l'Amérique, pour lui demander de la rejoindre dans les Antilles, afin qu'ils puissent ensuite rejoindre l'est ensemble ? Était-ce le capitaine Remington ?

« Torche à la main, le colonel marchait bien en avant de nous, très désireux de continuer son exploration. Mais chacun de nous avait son propre petit projet, ainsi nous étions réticents à l'idée de répondre à ses appels. Le Babu Narendro-Das-Sen s'est chargé de répondre pour tout le groupe : "Faites attention, colonel. Ce passage mène à la tanière des glamours[1]. Méfiez-vous des tigres !"[2]

« Mais une fois lancé sur la route des découvertes, notre président n'était pas du genre à se laisser stopper. Nous l'avons suivi *nolens volens*. Il avait raison : il avait fait une découverte, et lorsque nous avons pénétré dans la cellule, nous avons vu le plus inattendu des tableaux. Contre le mur opposé se trouvaient deux porteurs de torches enflammées, aussi immobiles que s'ils avaient été transformés en pierre cariatide. Et, à environ un mètre cinquante au-dessus du sol, deux jambes vêtues d'un pantalon blanc ressortaient du mur. Aucun corps n'était attaché à elles. Le corps avait disparu, et seules les jambes étaient secouées de convulsions en un effort pour s'extirper. Nous aurions pu penser que la méchante déesse de ce lieu avait coupé le colonel en deux, et ayant fait s'évaporer la moitié supérieure, aurait coincé la seconde dans le mur, en guise de trophée.

« "Qu'est-il advenu de vous, M. le président ? Où êtes-vous ?", résonnaient nos questions inquiètes. Au lieu de recevoir une quelconque réponse, les jambes convulsaient plus violemment encore, et ont bientôt disparu entièrement, après quoi nous avons entendu la voix du colonel, comme provenant d'un long tube : "Une pièce, une cellule secrète. Vite ! Je vois toute une rangée de pièces. Je les confonds toutes ! Ma torche s'est éteinte ! Apportez des allumettes et une autre torche !"

« Mais tout ceci était bien plus facile à dire qu'à faire. Les porteurs de torche ont refusé d'avancer. En effet, ils étaient déjà submergés par la peur. Mademoiselle X a jeté un regard plein d'appréhension au mur recouvert d'une épaisse couche de suie, puis à sa jolie robe. Monsieur Y s'est assis sur un pilier cassé, et nous a dit qu'il n'irait pas plus loin, préférant fumer une cigarette en silence en compagnie des timides porteurs de torche.

« Plusieurs marches verticales étaient taillées dans le mur, et sur le sol, on pouvait voir une grande pierre d'une forme si irrégulière et étrange qu'elle ne pouvait, selon moi, en aucun cas être naturelle. Le Babu à l'œil vif n'a pas été long à découvrir ses particularités, et nous a assuré qu'il "s'agissait de l'obstacle bloquant le passage secret." Nous nous sommes empressés d'inspecter la pierre avec plus de minutie, et avons découvert que, bien qu'elle ait imité au mieux les irrégularités d'une roche naturelle, la surface inférieure portait des traces évidentes de travail humain, et possédait une sorte de charnière qui pouvait facilement bouger. Le trou mesurait environ un mètre de haut, mais pas plus de soixante centimètres de large.

« Le musculeux "guerrier de Dieu", Ram-Runjit-Das, a été le premier à suivre le

---

1. Tigres magiques et illusoires.
2. « Les tigres de Bagh ne sont pas des tigres ordinaires, sinon les serviteurs du Sadhus, des saints faiseurs de miracles ayant hanté ces grottes durant de nombreux siècles maintenant, et qui daignent parfois prendre l'apparence d'un tigre. »

colonel… Le Babu élancé l'a rejoint d'un seul bond de singe. Puis, grâce à l'Akâli qui me tirait depuis le haut, et Narayan qui me poussait par le bas, j'ai pu me frayer un chemin, bien que l'étroitesse du passage se soit avérée très désagréable, et que la rugosité de la pierre ait laissé de nombreuses traces sur mes mains… Est ensuite venue mademoiselle X, escortée par Mulji, mais monsieur Y est resté derrière.

« La pièce secrète était carrée, et mesurait trois mètres cinquante de côté. Au plafond se trouvait un autre trou sombre, juste au-dessus de celui par lequel nous étions entrés. Cette fois-ci, nous n'avons découvert aucun obstacle. La cellule était parfaitement vide, exception faite d'araignées noires aussi grosses que des crabes. Notre apparition, et tout particulièrement la lumière vive de nos torches, les ont rendues folles. Prises de panique, des centaines couraient sur les murs, redescendaient rapidement, tombaient sur nos têtes, coupant leurs fines toiles dans leur précipitation inconsidérée… Mademoiselle X était très en colère, et a prétendu être victime d'étourdissements afin de rejoindre monsieur Y dans la salle du dessous.

« Quant à nous, nous avons décidé de grimper par la deuxième ouverture, mais cette fois-ci sous la direction de Narayan. Il nous a révélé que cet endroit ne lui était pas inconnu ; il était déjà venu, et nous a confié que d'autres pièces similaires, l'une au-dessus de l'autre, menaient jusqu'au sommet de la montagne. Puis, a-t-il ajouté, elles prenaient soudain un virage, et descendaient progressivement vers tout un palace souterrain, qui était parfois habité de façon temporaire. Certains raj-yogis, souhaitant s'éloigner du monde pour un temps et passer quelques jours isolés, trouvaient la solitude parfaite au sein de cette demeure souterraine…

« La seconde pièce était exactement telle que la première. Nous avons facilement trouvé le trou dans le plafond, et avons rejoint la troisième cellule. Nous nous y sommes assis un moment. Je sentais que respirer me devenait difficile, mais je pensais simplement que j'étais à bout de souffle et exténuée. Je ne dis donc à aucun de mes compagnons que quelque chose n'allait pas. Le passage menant à la quatrième pièce était presque entièrement bouché par de la terre mélangée à des petits rochers, et les hommes du groupe se sont affairés à le dégager pendant une vingtaine de minutes. Nous avons ainsi atteint la quatrième cellule.

« Narayan avait raison, les pièces se trouvaient l'une au-dessus de l'autre, et le sol de l'une formait le plafond de l'autre. La quatrième pièce était en ruines. Deux piliers reposaient l'un sur l'autre, et constituaient un tremplin parfait pour atteindre le cinquième étage. Mais le colonel a calmé notre zèle en nous annonçant qu'il était temps de fumer le "calumet de la délibération", à la mode des Peaux-Rouges.

« "Si Narayan ne se trompe pas", a-t-il dit, "cette ascension peut encore durer jusqu'à demain matin."

« "Je ne me trompe pas", a répondu Narayan presque solennellement. "Mais depuis ma visite en ces lieux, j'ai entendu dire que certains de ces passages avaient été scellés avec de la terre, afin de bloquer toute liaison. Et si je me souviens bien, nous ne pourrons pas aller plus loin que l'étage suivant."

«"Dans ce cas, il est inutile d'essayer de poursuivre notre route. Si les ruines sont assez branlantes pour bloquer les passages, il serait dangereux pour nous de continuer."

«"Je n'ai jamais dit que les passages avaient été bloqués par le temps qui passe. Ce sont *eux* qui l'ont fait."

«"Qui ça, *eux*? Voulez-vous parler des *glamours*?"

«"Colonel", a annoncé l'hindou avec peine, "ne vous moquez pas de ce que je dis. Je parle sérieusement."

«"Mon cher ami, je vous assure que mon intention n'est nullement de vous offenser ou de ridiculiser un sujet sérieux. Je ne comprends simplement pas ce que vous voulez dire par *eux*."

«"Je parle de la confrérie… Les raj-yogis. Certains d'entre eux vivent près d'ici."

«Grâce à la faible lumière provenant des torches à demi consumées, nous avons pu voir que les lèvres de Narayan tremblaient et que son visage était devenu pâle en prononçant ces mots. Le colonel a toussé, a replacé ses lunettes et est resté silencieux un moment.

«"Mon cher Narayan", a enfin dit le colonel, "je ne veux pas imaginer que votre intention soit de rire de notre crédulité. Mais je ne peux croire que vous pensiez sérieusement nous convaincre qu'une quelconque créature vivante, qu'il s'agisse d'un animal ou d'un ascète, puisse exister dans un lieu où il n'y a pas d'air. J'ai prêté une attention toute particulière à ce fait, ainsi je suis parfaitement certain que je ne me méprends pas : il n'y a pas une seule chauve-souris dans ces cellules, ce qui prouve que l'air est rare. Et regardez donc nos torches! Voyez comme elles brillent faiblement. J'en suis certain, si l'on grimpe deux ou trois autres pièces comme celle-ci, nous allons suffoquer!".

«"Et malgré ces faits, je dis la vérité", a répété Narayan. "Les grottes suivantes sont habitées par *eux*. Et je les ai vus de mes propres yeux."»

«Le colonel est alors devenu songeur et se tenait debout, observant le plafond d'une façon perplexe et indécise. Nous sommes tous restés silencieux, la respiration lourde.

«"Repartons!" a soudain crié l'Akâli, Ram-Runjit-Das. "Je saigne du nez."

«J'ai ressenti à ce moment une sensation étrange et imprévisible, et je me suis écroulée lourdement sur le sol… J'ai vaguement réalisé que je m'étais bien évanouie, et que j'allais mourir si l'on ne m'emmenait pas à l'air libre. Il m'était impossible de faire le moindre mouvement, de produire le moindre son, et malgré tout, mon âme était libre de toute peur. Rien d'autre qu'un sentiment indifférent et pourtant indescriptiblement doux de repos, et une inactivité totale de tous les sens mis à part de l'ouïe… Était-ce la mort? a été ma question intérieure emplie de confusion.

« Puis j'ai eu l'impression que des ailes puissantes m'éventaient… Ensuite, j'ai pu expérimenter une nouvelle sensation : je ne ressentais pas que l'on me soulevait du sol. Je le savais. Et je tombais de plus en plus profond dans un précipice inconnu, parmi les bruits retentissants et creux d'un orage lointain. Soudain, une voix forte a résonné près de moi. Et cette fois-ci je pense que je ne l'ai pas entendue, je l'ai ressentie. Cette voix avait quelque chose de palpable, quelque chose qui a interrompu instantanément ma chute incontrôlable, et m'a empêchée de sombrer plus profondément encore. C'était une voix qui m'était très familière, pourtant dans ma faiblesse, je ne suis pas parvenu à me souvenir de la personne à qui elle appartenait.

« De quelle façon j'ai été tirée par ces passages étroits restera toujours un mystère pour moi. Je suis revenue à moi sur la véranda du dessous, éventée par des brises fraîches, et ce aussi soudainement que je m'étais évanouie dans l'air vicié de la cellule au-dessus de nous. Une fois complètement rétablie, la première chose que j'ai vue était une silhouette puissante vêtue de blanc, avec une barbe Rajput couleur de jais, qui se tenait anxieusement penchée au-dessus de moi. Une fois que j'ai reconnu le propriétaire de cette barbe, je n'ai pu m'empêcher d'exprimer mon émotion par une exclamation joyeuse : "D'où venez-vous ?" C'était notre ami Thakur, Gulab-Lai-Singh, qui nous avait promis de nous rejoindre dans la province du nord-est, et qui nous apparaissait à Bagh, comme tombé du ciel ou arrivé de la terre.

« Mais mon malencontreux accident, et l'état pitoyable du reste des courageux explorateurs ont suffi à éviter d'autres questions et expressions d'étonnement. À côté de moi se tenait mademoiselle X, effrayée, et utilisant mon nez comme bouchon pour sa bouteille de sels ; de l'autre côté, le "guerrier de Dieu" recouvert de sang, comme revenant d'une bataille contre les afghans. Un peu plus loin se tenait le pauvre Mulji, victime d'une terrible migraine. Narayan et le colonel, heureusement pour notre groupe, n'ont souffert d'aucun mal sinon d'un léger vertige. Pour ce qui est du Babu, aucun air chargé en acide carbonique n'aurait pu déranger sa merveilleuse nature bengalie. Il disait être sauf et relativement à l'aise, mais terriblement affamé.

« Enfin, l'effusion mêlée d'exclamations et d'explications inintelligibles a pris fin, et j'ai pu reprendre mes esprits et comprendre ce qui m'était arrivé dans la grotte. Narayan a été le premier à remarquer mon évanouissement, et s'est empressé de me ramener par le passage. Et à ce moment, ils ont tous entendu la voix de Gulab-Singh provenant de la cellule supérieure : "Tumhare iha aneka kya kam tha ?" ("Qu'est-ce qui a bien pu vous conduire ici ?")

« Avant même qu'ils ne se remettent de leur étonnement, il est passé devant eux en courant, et en descendant dans la pièce du dessous, leur a demandé de "lui passer la *bal*¹". Le "passage" d'un objet aussi solide que mon corps, et l'image de

---

1. Sœur.

l'action que j'imaginais parfaitement m'a fait rire de bon cœur, et je me suis sentie désolée de ne pas avoir pu en être témoin. Lui passant leur cargaison à moitié morte, ils se sont empressés de rejoindre le Thakur, mais il avait trouvé le moyen de se débrouiller sans eux, bien que tenter de comprendre comment il avait fait les a laissés incrédules. Lorsqu'ils parvenaient à traverser un couloir, Gulab-Singh était déjà au suivant, et ce malgré le lourd fardeau qu'il portait, et ils ne sont jamais arrivés à temps pour lui apporter leur aide. Le colonel, dont la caractéristique principale était sa tendance à toujours aller dans le détail, ne pouvait concevoir par quel procédé le Thakur avait réussi à déplacer aussi rapidement mon corps presque inerte à travers tous ces passages étroits.

« "Il n'a pas pu la jeter d'abord dans le passage avant de passer à son tour, car chacun des os de son corps aurait été brisé", songea le colonel. "Et il reste cependant moins plausible encore de supposer qu'il serait descendu le premier, et l'aurait ensuite tirée vers le bas. C'est tout bonnement incompréhensible!" Ces questions l'ont harcelé un long moment après cela, jusqu'à prendre la forme d'un puzzle. Lequel est venu en premier, l'œuf ou la poule?

« En ce qui concerne le Thakur, lorsqu'on le questionnait avec attention, il haussait les épaules et répondait qu'il ne se souvenait plus vraiment. Il disait qu'il s'était contenté de faire tout ce qui était en son pouvoir pour me ramener à l'air libre, que tous nos compagnons de voyage étaient témoins de ses actions. Il était sous nos yeux tout ce temps durant, et en ces circonstances, lorsque chaque seconde compte, les gens agissent sans réfléchir.

« Mais tous ces questionnements ne nous sont venus à l'esprit qu'au cours de la journée. Juste après que je me sois allongée sous la véranda, d'autres choses ont dérouté notre groupe ; personne n'était en mesure de comprendre pourquoi le Thakur se retrouvait exactement à l'endroit où son aide était nécessaire ni comment il était arrivé là, et chacun était très désireux de savoir. Sous la véranda, ils m'ont trouvé allongée sur un tapis, le Thakur affairé à me ramener à moi, et Mademoiselle X, les yeux grands ouverts, le fixait, car elle le prenait pour un esprit matérialisé.

Cependant, les explications que nous a apportées notre ami semblaient parfaitement satisfaisantes, et nous sont apparues de prime abord relativement naturelles. Il se trouvait à Hardwār lorsque Swami Dayanand nous a fait parvenir la lettre qui a repoussé notre rencontre avec lui. Lorsqu'il est arrivé à Kandua par la voie de chemin de fer d'Indore, il venait de rendre visite à Holkar, et en apprenant que nous étions si proches, il a décidé de nous rejoindre plus tôt qu'il ne l'avait prévu. Il était arrivé à Bagh la veille au soir, mais sachant que nous allions nous rendre dans les grottes tôt le matin, il s'y est rendu avant nous et s'est contenté de nous y attendre. "Voilà l'explication de tous ces mystères", a-t-il ajouté.

« "De tous ces mystères ?" s'est exclamé le colonel. "Alors, vous saviez déjà à l'avance que nous allions découvrir ces cellules ?"

« "Non, je ne le savais pas. J'y suis simplement allé parce que je ne les avais pas vues depuis longtemps. Les examiner m'a pris plus longtemps que prévu, c'est pourquoi j'ai été en retard pour vous retrouver à l'entrée." »

« "Le Thakur-Sahib appréciait probablement la fraîcheur de l'air dans les cellules", a suggéré le malicieux Babu, dévoilant toutes ses dents blanches en un large sourire. »

« Notre président a poussé un cri énergique. "Exactement ! Comment ai-je pu ne pas y penser plus tôt ? Il est impossible que vous ayez eu de l'air respirable dans les pièces au-dessus de celle dans laquelle vous nous avez trouvés. De plus, comment avez-vous atteint la cinquième cellule, alors que l'entrée de la quatrième était presque entièrement bouchée, et que nous avons dû creuser notre passage ?" »

« "Il existe d'autres passages qui y mènent. Je connais tous les recoins et les couloirs de ces grottes, et chacun est libre de choisir son chemin", répondit Gulab-Singh. J'ai cru voir un regard de connivence entre lui et Narayan, qui s'est contenté de se cacher derrière ses yeux impétueux. "En attendant, retournons dans la grotte où le petit-déjeuner nous attend. L'air frais vous fera le plus grand bien à tous." »

« En chemin, nous avons passé une autre grotte, vingt ou trente marches au sud de la véranda, mais le Thakur ne nous a pas laissé y entrer, craignant de nous exposer à nouveau au danger. Ainsi, nous avons descendu les marches de pierre dont j'ai parlé plus tôt, et après en avoir descendu environ deux cents en direction du pied de la montagne, nous avons fait une légère remontée pour pénétrer dans la "salle à manger", comme l'appelait le Babu. Dans mon rôle d'invalide intéressante, j'ai été portée jusque là-bas, assise dans ma chaise pliante qui ne me quittait jamais lors de mes voyages… »

« Nous connaissions déjà de Karla les quatre serviteurs du Thakur qui nous ont rejoints, et ils se sont inclinés dans la poussière pour nous saluer. Des tapis étaient étalés sur le sol, et le petit-déjeuner était prêt. Toute trace de dioxyde de carbone avait enfin quitté nos cerveaux, et nous nous sommes assis devant notre repas dans les meilleures dispositions. Notre conversation a rapidement tourné vers la Mela[1] de Hardwār, que nos amis, que l'on ne s'attendait pas à retrouver si tôt, avaient quittée cinq jours auparavant… »

« Ainsi, nous avons longuement discuté sous la voûte de la grotte après que notre déjeuner a été terminé. Mais notre discussion n'était pas aussi joyeuse qu'elle aurait pu l'être, car nous devions nous séparer de Ram-Runjit-Das, qui partait pour Bombay. Il était arrivé, porteur de la lettre de Swami Dayanand[2]… Notre nouvel ami était natif d'Amritsar, dans le Penjab, et avait été élevé dans le Temple d'Or sur les rives de l'Amrita-Saras, le "Bassin de l'Immortalité", où réside le grand gourou, ou instructeur des sikhs. »

« Notre Sannyasi était un véritable Akâli : l'un des six cents prêtres guerriers rat-

---

1. Une foire.
2. Ce passage entre crochets est tiré des pages 198-199.

tachés au Temple d'Or[1], ayant pour but de servir Dieu et de protéger le Temple. Sa simple apparence était en accord parfait avec son titre de "guerrier de Dieu". Son apparence était incroyable et typique : il ressemblait à un centurion musclé des anciennes légions romaines, plutôt qu'à un serviteur de Dieu pacifique. Il est apparu sur son magnifique cheval, accompagné d'un autre sikh, qui marchait à quelques pas derrière lui, en signe de respect… Nos compagnons hindous avaient remarqué qu'il était un Akâli alors qu'il était encore à bonne distance. Il portait une tunique bleu clair sans manches, exactement identique à celles que l'on voit sur les statues des guerriers romains. De larges bracelets d'acier protégeaient ses bras musclés, et un bouclier dépassait de derrière son dos. Un turban bleu de forme conique recouvrait sa tête.

« Il se rendait à présent à Bombay. Le noble sikh nous a serré la main à l'européenne, puis en levant sa main droite nous a bénis, à la façon de tous les adeptes de Nanaka. Mais lorsqu'il s'est approché du Thakur pour prendre congé, sa contenance a soudain changé. Ce changement a été si évident que nous l'avons tous remarqué. Le Thakur était assis sur le sol, appuyé contre une selle qui lui servait de coussin. L'Akâli n'a pas non plus tenté de le bénir ou de lui serrer la main. L'expression fière sur son visage a changé également, et a révélé de la confusion ainsi qu'une humilité anxieuse, à la place de l'habituel respect de soi et de l'autosuffisance. Le brave sikh s'est agenouillé devant le Thakur, et au lieu de prononcer le traditionnel "Namaste !" – "Salutation à toi !" – il a murmuré respectueusement, comme s'il s'adressait au gourou du bassin Doré : "Je suis ton serviteur, Sadhu-Sahib et je te donne ma bénédiction !"

« Sans raison apparente, nous nous sentions tous gênés et mal à l'aise, comme coupables d'indiscrétion. Mais le visage du mystérieux Rajput est resté plus calme et impassible que jamais. Il regardait la rivière avant que cette scène n'ait eu lieu, et a déplacé lentement son regard jusqu'à le poser sur l'Akâli, qui se tenait presque à plat ventre devant lui. Puis, il a touché la tête du sikh avec son index, et a fait la remarque que nous devrions partir immédiatement, car il commençait à se faire tard.

« Nous avons pris la route dans notre calèche, nous déplaçant lentement à cause des sables profonds qui recouvraient toute la région, et le Thakur nous a suivis à cheval durant tout le trajet. Il nous a raconté le récit épique d'Hardwâr et du Rajasthan, de grands faits des Hari-Kulas, les princes héroïques de la Course solaire. *Hari* signifie soleil, et *Kula*, famille. Certains des princes Rajput appartiennent à cette famille, et les Maharanas d'Udaipur sont particulièrement fiers de leurs

---

1. En octobre 1880, le colonel Olcott et H.P.B. visitèrent Amritsar et son Temple d'Or. Là-bas, raconte le colonel : « Je fus accueilli par l'un des Maîtres, qui à l'époque faisait partie des gardiens, et qui nous offrit à chacun une rose fraîche, une bénédiction dans les yeux. » (*Vieilles pages de journal*, II, 225.)
Il s'agissait de Maître K.H., qui écrivit à M. Sinnett le 29 octobre : « Je serai venu quelques jours, mais je me retrouve à présent dans l'incapacité de souffrir le magnétisme changeant de mes propres compatriotes. J'ai vu quelques-uns de nos fiers sikhs ivres et chancelants sur le sol en marbre de leur temple sacré… Demain, je tournerai mon visage vers ma maison. » (*Les lettres du Mahatma*, 12.)

origines astronomiques. »

Étant donné que la prochaine histoire s'avère longue et compliquée, elle requiert un chapitre qui lui est entièrement dédié, et devra porter le même titre que dans *Depuis les caves et les jungles d'Hindoustan*.

Chapitre XIII
Une île mystérieuse

Lorsque le soir commença à poindre, nous avancions sous les arbres d'une jungle sauvage; nous arrivâmes bientôt près d'un grand lac où nous laissâmes les voitures. Les rives étaient envahies de roseaux: non pas les roseaux qui répondent à nos notions européennes, mais plutôt de la sorte que Gulliver aurait pu trouver lors de ses voyages à Brobdingnag. L'endroit était complètement désert, mais nous vîmes un bateau amarré près des terres. Il nous restait encore environ une heure et demie avant le coucher du soleil, alors nous nous assîmes tranquillement sur quelques décombres et profitâmes de la vue splendide, tandis que les serviteurs du Thakur transportaient nos sacs, caisses et paquets de couvertures sur le bac. Monsieur Y. se préparait à peindre le paysage devant nous qui était effectivement très charmant.

« "Ne soyez pas si pressé de capturer cette vue", a fait Gulab-Singh. "Dans une demi-heure, nous devrions être sur l'îlot où la vue est d'autant plus belle. Nous pourrions y passer la nuit et le lendemain matin également… Je compte vous inviter à un concert. Ce soir, vous serez les témoins d'un phénomène naturel lié à cette île."

«Nous avons tous dressé l'oreille de curiosité. "Vous voulez parler de cette île, là-bas", a demandé le colonel. "Pourquoi ne passerions-nous pas la nuit ici, où il fait follement frais et où…"

« "Où la forêt grouille de léopards espiègles et où les roseaux abritent confortablement des familles de serpents, est-ce là ce que vous alliez dire, colonel?" a coupé le Babu, un large sourire aux lèvres. "Ne trouvez-vous donc pas admirable ce joyeux rassemblement, par exemple? Regardez-les! Il y a le père, la mère, les oncles, les tantes et les enfants. Et je suis même certain de pouvoir y trouver la belle-mère."

«Madame X. a regardé en direction de l'endroit qu'il désignait et a crié jusqu'à ce que tous les échos de la forêt aient émis un grognement en retour. À moins de trois pas d'elle se trouvaient au moins quarante serpents adultes ainsi que des serpenteaux. Ils se divertissaient en effectuant des pirouettes, enroulant leurs corps avant de les dérouler de nouveau, entrelaçant leurs queues et présentant à nos yeux écarquillés une vision parfaite de l'innocence et de la satisfaction primitive. Madame X., ne pouvant plus supporter cette vue davantage, s'est enfuie dans la voiture d'où elle nous montrait un visage pâle, horrifié. Le Thakur, qui s'était bien confortablement installé près de monsieur Y. afin d'assister aux progrès de sa peinture, a quitté sa place et a observé attentivement le dangereux groupe, fumant en même temps tranquillement son gargari, un narguilé Rajput.

« "Si vous n'arrêtez pas de crier, vous allez attirer tous les animaux sauvages de la forêt en dix minutes," a-t-il dit. "Vous n'avez rien à craindre. Si vous n'énervez pas un animal, il est certain qu'il vous laissera tranquille et s'enfuira probablement loin de vous."

« À ces mots, il a agité légèrement sa pipe en direction de la serpentine réunion de famille. Un éclair qui se serait abattu sur eux n'aurait été pas plus efficace. Tout le groupe de serpents a semblé choqué pendant un moment avant de rapidement disparaître parmi les roseaux en laissant échapper des sifflements et des bruissements puissants.

« "Ça, c'est ce que j'appelle du pur magnétisme animal," a fait le colonel, qui n'avait pas laissé un seul mouvement du Thakur lui échapper. "Comment avez-vous fait, Gulabh-Singh ? D'où tenez-vous cette science ?"

« "Ils ont simplement été effrayés par le mouvement soudain de mon chibouk[1], il n'y a aucune science ou magnétisme dans tout cela. Peut-être voulez-vous, par ce mot sophistiqué, parler de ce que nous les hindous appelons *vashi-karana-vidya*, c'est-à-dire le fait de charmer les gens et les animaux par la seule force de notre volonté. Cependant, comme je l'ai déjà dit, cela n'a rien à voir avec ce que j'ai fait."

« "Mais vous ne niez pas que vous avez étudié cette science et en possédez les attributs, n'est-ce pas ?"

« "Bien sûr. Chaque hindou de ma secte[2] se doit d'étudier les mystères de la physiologie et de la psychologie parmi d'autres secrets légués par nos ancêtres. Mais ceci ? J'ai bien peur, mon cher colonel," a fait le Thakur avec un petit sourire, "que vous voyiez le plus simple de mes actes à travers un prisme mystique. Narayan vous a dit beaucoup de choses à mon sujet derrière mon dos, n'est-ce pas ?" Et il a lancé un regard à Narayan assis à ses pieds, avec un mélange indescriptible d'affection et de reproches. Le colosse du Deccan a baissé les yeux et est resté silencieux.

« "Votre déduction est exacte," a répondu distraitement, monsieur Y., occupé par ses instruments de peinture. "Narayan voit en vous quelque chose comme sa dernière divinité Shiva ; quelque chose d'un peu moins que Parabrahman. Vous y croyez ? C'est à Nashik qu'il nous a assurés avec sérieux que les raj-yogis, parmi lesquels vous-même, bien que je doive admettre que je peine encore à comprendre ce qu'est précisément un raj-yogi, peuvent forcer n'importe qui à voir non pas ce qui est devant leurs yeux à un moment donné, mais ce qui se trouve uniquement dans l'imagination du raj-yogi. Si ma mémoire est bonne, il a appelé ça *Maya*. Il me semble maintenant que c'est un peu exagéré !"

« "Eh bien ! Vous ne l'avez, bien sûr, pas cru et avez ri au nez de Narayan ?" a demandé le Thakur, sondant de ses yeux les profondeurs vert sombre du lac.

---

1. Pipe turque à long tuyau.
2. « ma secte » dans le sens que Bouddha utilisa en disant « C'est la coutume de ma race, » lorsqu'il retourna de son royaume après son illumination « vêtue des mêmes habits austères que les mendiants. »

« "Pas exactement. Bien que, je dois l'avouer, cela a un peu été le cas" a continué distraitement monsieur Y., complètement absorbé par la vue… "Je dois dire que je suis trop sceptique sur ce genre de sujets…" »

« "Cependant, nombre de personnes n'en doutent pas, parce qu'elles ont eu des preuves que ce phénomène se produit vraiment", a fait remarquer le Thakur d'un air désinvolte qui indiquait qu'il n'avait nullement l'intention de poursuivre sur ce sujet. Malgré tout, cette remarque a excité monsieur Y… »

« "Certes !" s'est-il exclamé. "Mais qu'est-ce que cela prouve ? À part eux, il existe tout autant de personnes qui croient en la matérialisation des esprits. Mais faites-moi le plaisir de ne pas me compter parmi ces gens !" »

« La conversation troublait de plus en plus monsieur Y., alors le Thakur a changé de sujet et parlé d'autre chose… Le Babu et Mulji nous ont laissés aider les serviteurs à transporter nos bagages sur le ferry… Le Thakur s'en est allé fumer. Quant à moi, je me suis assise sur ma chaise pliante, regardant paresseusement les alentours jusqu'à ce que mon regard se pose sur Gulab-Singh et s'y fixe comme sous l'influence d'un charme. »

« "Qui et qu'est-ce donc que ce mystérieux hindou ?" me suis-je demandé dans mes pensées incertaines. "Qui est cet homme qui combine en lui deux personnalités si distinctes ; l'une extérieure, gardée pour les étrangers, pour le monde en général ; l'autre intérieure, morale et spirituelle, seulement révélée à quelques amis intimes ? Mais même ces amis intimes, savent-ils plus que ce qui est généralement connu ? Ils voient en lui un hindou qui diffère peu du reste des autochtones éduqués, peut-être à l'exception de son parfait mépris des conventions sociales d'Inde et des demandes de la civilisation occidentale. Et c'est tout, sauf si je rajoute le fait qu'il est connu en Inde Centrale comme un homme assez fortuné et un Thakur, un chef féodal du Raj, un parmi les centaines de Rajes similaires. En outre, c'est un véritable ami à nous qui nous a offert sa protection pendant nos voyages et qui s'est proposé de jouer le rôle de médiateur entre nous et les hindous soupçonneux et peu communicatifs. Au-delà de ça, nous ne savons absolument rien de lui. Il est vrai, toutefois, que j'en sais plus que les autres ; mais j'ai promis de garder le silence, et je le garderai. Et le peu que je connais est si étrange, si inhabituel, qu'il s'agit plus d'un songe que d'une réalité." »

« Il y a longtemps de cela, plus de vingt-sept ans auparavant, je l'ai rencontré dans la maison d'un étranger en Angleterre, où il s'était rendu en compagnie d'un certain prince indien détrôné. Notre relation se limitait à deux conversations ; leur imprévisibilité, leur gravité voire leur sévérité ont alors produit en moi une forte impression ; mais au fil du temps, tout comme pour bien d'autres choses, tout ceci a sombré dans le néant et le fleuve de l'oubli. Il y a environ sept ans, il m'a écrit en Amérique, me rappelant une des conversations que nous avions eues et certaines promesses que j'avais faites. Voilà que nous nous retrouvions une nouvelle fois tous deux en Inde, son propre pays, et j'étais bien en peine de déceler un quelconque changement dans son apparence après tant d'années.

« J'étais, et j'avais l'air plutôt jeune la première fois que je l'ai vu[1] ; mais le passage des années n'avait pas manqué de me transformer en vieille femme. Quant à lui, vingt-sept ans auparavant, il m'avait semblé être un homme d'une trentaine d'années, et il n'avait toujours pas l'air plus vieux, comme si le temps n'avait pas d'emprise sur lui. En Angleterre, sa beauté ravageuse, tout particulièrement sa taille extraordinaire, de même que son refus excentrique d'être présenté à la Reine, un honneur que nombre d'hindous bien nés recherchaient, se déplaçant à cet effet, a excité l'attention du public et celle des journaux. Les journalistes d'alors, lorsque Byron exerçait encore une forte influence, ont usé de leurs plumes infatigables pour parler du "Rajput sauvage", l'appelant "Raja-Misanthrope" et "Prince Jalma-Samson", inventant à son sujet des fables durant toute la durée de son séjour en Angleterre.

« J'en ai oublié toutes les circonstances extérieures… lorsque j'étais assise et l'observais avec autant d'attention que Narayan… Le cercle magique de mes pensées tourmentées est vite devenu insupportable. "Qu'est-ce que tout cela signifie ?" me suis-je exclamée. "Qui est cet être que j'ai rencontré il y a tant d'années de cela, respirant de virilité, et que je revois aujourd'hui, toujours aussi jeune et plein de vie, seulement plus austère, plus incompréhensible ? Après tout, peut-être s'agit-il de son frère, ou de son fils ?" ai-je pensé, essayant de me calmer, sans résultat. "Non, rien ne sert d'en douter ; c'est bien lui, c'est le même visage, la même petite cicatrice sur la tempe gauche. Mais, aujourd'hui comme il y a un quart de siècle, pas de rides sur ces magnifiques traits, pas un cheveu blanc dans cette épaisse crinière d'ébène, et dans les moments de silence, la même expression de parfait repos sur son visage aussi calme qu'une statue de bronze vivante. Quelle étrange expression et quel merveilleux visage de Sphinx !"

« "Ce n'est pas là une comparaison des plus brillantes, ma vieille amie !" a soudain dit le Thakur, et le son d'un rire jovial a transparu dans sa voix alors que je frissonnais et devenais aussi rouge qu'une écolière. "Cette comparaison est si fausse qu'elle en est un incontestable péché contre l'histoire selon deux points importants. Primo, le Sphinx est un lion, tout comme moi, ainsi que l'indique le mot Singh dans mon nom. Mais le Sphinx est ailé, moi pas. Secundo, le Sphinx est une femme, en plus d'être un lion ailé ; mais les Rajput Singhs n'ont jamais eu de traits efféminés. De plus, le Sphinx est la fille de la Chimère, ou Échidna, qui n'était ni belle ni bienveillante. Ainsi, vous auriez pu choisir une comparaison plus flatteuse et moins erronée !"

« Dans ma confusion totale, je n'ai pu que laisser échapper une exclamation. Il a donné libre cours à sa joie, ce qui ne m'a aucunement rassurée.

« "Dois-je vous donner un bon conseil ?" a poursuivi Gulab-Singh, adoptant un

---

1. Maître Morya écrivit une fois à propos d'un portrait de jeunesse d'elle : « c'est elle, ainsi que je l'ai connue au début. » l'adorable servante V (*Les lettres du Mahatma*, 254.)

ton plus sérieux. "Ne vous polluez pas l'esprit avec autant de vaines spéculations… Vous connaissez déjà tous les détails, et c'est plus que vous n'en connaîtrez jamais. Alors, laissez le reste à nos destins respectifs." Et il s'est levé, car le Babu et Mulji nous ont informés que le ferry était prêt à partir.

« "Laissez-moi simplement finir," a fait monsieur Y., "J'y suis presque. Plus qu'une ou deux touches supplémentaires."

« "Laissez-nous voir votre travail. Passez-le-nous!" a insisté le colonel, et madame X. nous a rejoints, encore à demi endormie. Monsieur Y. a ajouté précipitamment encore quelques touches à sa peinture et s'est levé afin de ranger ses pinceaux et ses crayons. Nous avons regardé sa peinture encore fraîche et avons écarquillé les yeux d'étonnement. Il ne s'y trouvait aucun lac, aucun rivage forestier, aucune brume vespérale veloutée recouvrant en cet instant la lointaine île. À la place de tout cela, nous avons aperçu une charmante vue, un groupe de palmiers bien définis éparpillés sur les falaises de calcaire du littoral, un bungalow aux allures de forteresse avec des balcons et un toit plat, un éléphant se tenant à l'entrée et un bateau autochtone sur la crête d'une volute écumante.

« "Quelle est donc cette vue, monsieur?" a demandé le colonel. "Cela valait bien la peine que vous restiez au soleil tout du long et nous reteniez avec vous, pour peindre de telles extravagances sorties tout droit de votre imagination!"

« "Mais de quoi diable me parlez-vous donc?" s'est exclamé monsieur Y. "Est-ce que vous êtes en train de sous-entendre que vous ne reconnaissez pas le lac?"

« "Écoutez-le donc, le lac! Où est le lac, je vous prie? Ne vous seriez-vous pas assoupi?"

« Bientôt, tout notre groupe s'était réuni autour du colonel qui tenait la peinture. Narayan a émis une exclamation et n'a pas bougé, son expression indescriptiblement confuse.

« "Je connais cet endroit," a-t-il finalement dit. "C'est Dayri-Bol, la maison de campagne de Thakur-Sahib. Je la connais. L'année dernière, pendant la famine, j'y ai vécu pendant deux mois."

« J'ai été la première à comprendre ce que tout cela signifiait, mais quelque chose m'a empêchée d'en parler. Finalement, Monsieur Y. a terminé d'arranger et de rassembler ses affaires et s'est approché de nous muni de son habituel air paresseux et désintéressé, mais son visage laissait voir des traces de vexation. Il était visiblement ennuyé par notre persistance à voir une mer là où il ne se trouvait rien d'autre que le coin d'un lac. Mais il lui a suffi de jeter un seul regard sur son malencontreux dessin pour que son expression change. Il est devenu si pâle, et l'expression de son visage est devenue si piteusement déstabilisée, que cela était difficile à voir. Il a tourné et a retourné le morceau de carton bristol, a couru comme un forcené vers son portfolio à dessins, et en a déversé tout le contenu. Échouant visiblement à trouver ce qu'il cherchait, il a de nouveau jeté un regard sur la mer, et se couvrant soudain le visage des mains, s'est effondré pour de bon. Nous sommes tous restés silencieux, échangeant des regards emplis de stupeur et de pitié, ignorant le Thakur qui se tenait sur le bac, nous enjoignant vainement de le rejoindre.

« "Écoutez, Y.," a timidement dit le colonel. "Êtes-vous sûr d'avoir dessiné cette vue ?"

« "Oui, je m'en souviens. Bien sûr que j'ai fait ce croquis, mais je l'ai fait en m'inspirant de la nature. Je n'ai peint que ce que j'ai vu. Et c'est cette certitude qui me contrarie tant."

« "Mais pourquoi devriez-vous être contrarié, mon cher ami ? Reprenez-vous ! Ce qui vous est arrivé n'est ni honteux ni effrayant. Ce n'est que le résultat d'une influence temporaire d'une volonté dominante sur une autre moins puissante."

« "C'est exactement ce que je crains le plus... Bonté divine ! Dois-je croire que ces déconcertants hindous sont réellement capables de réussir ce tour par je ne sais quelle magie ? Je vous le dis colonel, je deviendrai fou si je ne parviens à comprendre tout ceci !"

« "N'ayez crainte, monsieur Y." a fait Narayan avec une étincelle de triomphe dans les yeux. "Vous perdrez simplement le droit de nier l'existence de Yoga-Vidya, l'ancienne science de mon pays."

« Monsieur Y. ne lui a rien répondu. Il a fait un effort afin de calmer ses émotions et a posé courageusement un pied ferme sur le bac. Puis il s'est assis loin de nous, regardant obstinément la surface de l'eau, peinant à redevenir lui-même...

« L'île était petite et tellement envahie de roseaux que de loin elle ressemblait à une pyramide de verdure. À l'exception d'une colonie de singes, qui s'est enfuie précipitamment au loin vers des manguiers à notre approche, l'endroit semblait inhabité. Dans cette forêt vierge aux herbes drues, il n'y avait aucune trace de vie humaine... Les herbes sur lesquelles nous nous tenions, tels des insectes sous une feuille de rhubarbe, ont remué leurs panaches multicolores loin au-dessus de la tête de Gulabh-Singh, qui faisait six pieds et demi de taille, et de Narayan, qui ne mesurait guère qu'un pouce de moins. De loin, cela ressemblait à une mer agitée de noir, jaune, bleu et plus particulièrement de rose et de vert. En arrivant, nous avons découvert qu'il s'agissait de différents bosquets de bambous, mélangés aux roseaux sirkas qui s'élevaient aussi haut que le faîte des manguiers.

« Il est impossible de n'imaginer rien de plus beau et de plus gracieux que les bambous et le sirka. Les touffes éparses de bambous montrent, en dépit de leur taille, qu'il ne s'agit de rien moins que de l'herbe, car le moindre souffle de vent les secoue et leurs crêtes vertes se mettent à acquiescer comme des têtes couronnées de longues plumes d'autruche. Il se trouvait là des bambous mesurant cinquante ou soixante pieds de haut. Nous entendions de temps à autre un léger bruissement métallique dans les roseaux, mais aucun de nous n'y a prêté attention. Tandis que nos coolies et serviteurs étaient occupés à dégager l'endroit pour nos tentes, dressant ces dernières et préparant le repas, nous sommes allés rendre hommage aux singes, les véritables hôtes de l'endroit. On en comptait sans exagération au moins deux cents. Alors qu'ils se préparaient pour leur repos nocturne, les singes se comportaient comme des personnes convenables et bien élevées ; chaque famille choisissait une branche différente et la défendait contre les intrusions d'étrangers cherchant à se loger dans le même arbre, mais cette défense n'excédait jamais les limites des bonnes manières.

« ... Nous sommes passés précautionneusement d'un arbre à un autre, soucieux de ne pas les effrayer. Mais de toute évidence les années passées avec les fakirs, qui avaient quitté l'île il y a seulement un an de cela, les avaient habitués à la société humaine. Ils étaient des singes sacrés, ainsi que nous l'avons appris. N'ayant ainsi rien à craindre des hommes, ils n'ont manifesté aucun signe d'inquiétude à notre approche, et ayant reçu nos salutations, ainsi que pour certains d'entre eux un morceau de canne à sucre, ils sont restés calmement sur leurs trônes de branches, les bras croisés, nous contemplant avec beaucoup de dédain solennel et d'intelligence dans leurs yeux noisette.

« Le soleil s'était couché, et on nous a annoncé que le repas était prêt... Alors que le dernier rayon doré de soleil disparaissait derrière l'horizon, un voile de gaze d'un lilas pâle a recouvert le monde... Les bougies phosphoriques des lucioles se sont mises à scintiller ici et là, brillant avec éclat contre les troncs noirs des arbres, avant de se perdre de nouveau sur le fond argenté du ciel nocturne opalescent. Mais encore quelques minutes et des milliers de ces étincelles de vie, en prélude de la Reine de Nuit ont joué autour de nous, se déversant telle une cascade dorée au-dessus des arbres et dansant dans les airs sur les herbes et le lac sombre.

« Et prenez garde ! voici la reine en personne. Sans bruit, descendant sur terre, elle reprend ses droits. À son approche, le repos et la paix se répandent sur nous ; son air frais calme les activités du jour. À l'instar d'une mère aimante, elle chante une berceuse à la nature, l'enserrant tendrement dans son doux manteau noir... La nature dort, mais l'homme reste éveillé, afin d'être le témoin des beautés de cette heure solennelle de la soirée. Assis autour du feu, nous avons parlé, baissant le son de nos voix comme si nous craignions de réveiller la nuit. Nous n'étions que six : le colonel, les quatre hindous et moi-même ; monsieur Y. et madame X. ne pouvant résister à la fatigue de la journée, s'étaient retirés pour dormir...

« Nous attendions ce "concert" que le Thakur nous avait promis. "Soyez patients," a-t-il dit, "les musiciens n'apparaîtront que lorsque la lune sera levée." La déesse capricieuse était en retard : elle nous a fait attendre jusqu'à dix heures. Juste avant son arrivée... un vent soudain s'est élevé... Dans le silence général, nous avons entendu de nouveau les mêmes notes musicales auxquelles nous n'avions pas prêté l'oreille lorsque nous avions atteint l'île, comme si tout un orchestre essayait ses instruments avant de se lancer dans une grande composition. Tout autour de nous, et au-dessus de nos têtes vibraient les cordes des violons et tressaillaient les notes distinctes des flûtes.

« Bientôt est arrivée une nouvelle rafale de vent déchirant à travers les roseaux, et l'île entière a résonné des accords de centaines de harpes éoliennes. Et alors a commencé une incessante symphonie sauvage. Elle a déferlé dans les bois alentour, emplissant l'air d'une indescriptible mélodie. Tristes et solennels étaient ses accords, tels les arpèges d'une marche funéraire ; puis ils se sont changés en une émotion frémissante, ont secoué l'air à la manière d'une chanson de rossignol et se sont évanouis au loin en un long soupir. Ils n'ont jamais réellement cessé, mais sont devenus plus forts encore, sonnant comme des centaines de cloches d'argent. Puis ils passaient du cri déchirant d'un loup privé de son enfant au rythme précipité d'une joyeuse tarentelle, loin de toutes préoccupations terrestres, du son articulé d'une voix humaine aux vagues accords majestueux d'un violoncelle, du joyeux rire d'un enfant aux pleurs furieux. Et tout ceci se répétait dans chaque recoin en un écho moqueur...

« Le colonel et moi nous avons regardé, grandement étonnés... Les hindous ont souri... Le Thakur fumait sa gargari avec la même tranquillité qu'un sourd. Il y a eu un court intervalle après quoi l'orchestre invisible a repris de plus belle. Les sons se sont déversés et ont roulé en des vagues bouleversantes et irrépressibles... Écoutez ! Une tempête en pleine mer, le vent transperçant les gréements, le sifflement des vagues enragées se fracassant les unes contre les autres, ou le tourbillonnement des couronnes de neige sur les steppes silencieuses. Soudain, la vision a changé. Il s'agissait maintenant d'une cathédrale imposante et les accords tonitruants d'un orgue s'élevaient au-dessus des voûtes. Les notes puissantes se ruaient maintenant les unes dans les autres, s'élançaient à travers l'espace, se rompaient, se mêlaient, et s'enchevêtraient telles une fantastique mélodie d'une fièvre délirante, une espèce de fantaisie musicale née des mugissements et des sifflements du vent.

« Hélas ! le charme de ces sons s'est bientôt essoufflé et l'on a commencé à les sentir trancher comme au couteau notre cerveau. Une image horrible hantait nos têtes abasourdies ; nous nous figurions que les artistes invisibles tiraient sur nos propres veines, et non sur les cordes de ces violons imaginaires. Leur souffle froid nous glaçait, soufflant sur leurs trompettes chimériques, secouant nos nerfs et entravant notre respiration.

« "Pour l'amour de Dieu, Thakur, arrêtez ça ! C'en est vraiment trop," a crié le colonel, à bout de patience et couvrant ses oreilles de ses mains. "Gulab-Singh, je vous dis d'arrêter ça."

« Les trois hindous ont explosé de rire et même la mine grave du Thakur s'est illuminée d'un joyeux sourire.

« "Sur ma parole," a-t-il dit, "me prenez-vous vraiment pour le grand Parabrahman ? Croyez-vous qu'il soit en mon pouvoir d'arrêter le vent, comme si j'étais Marut, le seigneur des tempêtes, en personne ? Demandez quelque chose de plus simple que le déracinement instantané de tous ces bambous."

« "Je vous demande pardon, je pensais que ces étranges sons étaient une sorte d'influence psychologique."

« "Vraiment navré de vous décevoir, mon cher colonel… Ne voyez-vous pas que cette musique sauvage est un phénomène acoustique naturel ? Chacun de ces roseaux qui nous entourent, et il y en a des centaines sur cette île, contient un instrument musical naturel ; et le musicien, Vent, se rend ici chaque jour afin de s'essayer à son art après la tombée de la nuit, tout particulièrement pendant le dernier quartier de lune."

« "Le vent !" a murmuré le colonel. "Oh, oui ! Mais cette musique commence à se transformer en un rugissement terrifiant. N'y a-t-il pas un moyen d'y échapper ?"

« "En tout cas rien qui soit en mon pouvoir. Mais gardez patience, vous vous y habituerez bientôt. De plus, il y aura des intervalles durant lesquels le vent tombera."

« On nous a appris qu'il y avait beaucoup d'orchestres naturels de la sorte en Inde. Les brahmanes en connaissent bien les fabuleuses propriétés. Ils appelaient ces sortes de roseaux, *vina-devis*, les luths des Dieux, et maintenaient la superstition populaire et les dires selon lesquels ces sons sont de divins oracles. L'herbe sirka et les bambous abritaient toujours nombre de petits scarabées qui creusaient de considérables trous dans les roseaux. Les fakirs des sectes adoratrices d'idoles incitaient l'art à cette création naturelle, et travaillaient les plantes en un instrument musical. L'îlot que nous avions visité possédait l'un des *vina-devis* les plus célèbres et avait été, de fait, proclamé sacré.

« "Demain matin," a fait le Thakur, "vous verrez le profond savoir des lois de l'acoustique que possédaient les fakirs. Ils ont élargi les trous causés par les scarabées selon la taille du roseau, lui donnant parfois la forme d'un cercle, parfois d'un ovale. Ces roseaux dans leur présent état peuvent être à juste titre considérés comme la plus belle illustration de la mécanique appliquée à l'acoustique. Cependant, il n'y a rien d'étonnant là-dedans, parce que la plupart des anciens livres sanskrits sur la musique décrivent minutieusement ces lois et mentionnent beaucoup d'autres instruments qui sont non seulement oubliés, mais aussi complètement incompréhensibles de nos jours."

« Tout ceci était très intéressant, mais malgré tout, perturbés par le vacarme, nous ne pouvions écouter attentivement.

« "Ne vous tracassez pas," a dit le Thakur. "Après minuit, le vent tombera et vous dormirez sans être dérangés. Cependant, si la grande proximité du voisinage de ces herbes musicales est trop pour vous, nous ferions tout aussi bien de nous rendre près du rivage. Il y a un endroit depuis lequel vous pouvez contempler les feux sacrés de l'autre côté de la rive…"

« Nous avons atteint une petite clairière non loin de la forêt de bambous. Les sons de l'orchestre magique nous parvenaient toujours, mais seulement de temps à autre et ils étaient considérablement amoindris… Nous nous sommes assis, et j'ai réalisé alors à quel point j'étais fatiguée et lasse, ce qui n'avait rien de surprenant après avoir passé la journée debout depuis quatre heures du matin. »

Chapitre XIV
Hatha yogis et Raja yogis

Les autochtones d'Inde sont vraiment des personnes incroyables. Peu importe à quel point une chose peut être instable, ils s'y aventurent tout de même, s'assoient dessus, dans le plus grand des conforts. S'asseoir pendant des heures au-dessus d'un piquet n'est rien pour eux… Ils se sentent également très à l'aise avec leurs orteils enroulés autour d'une fine branche et leurs corps ne reposant sur rien, comme s'ils étaient des corbeaux perchés sur un câble télégraphique.

« "Salaam, sahib!", ai-je dit à un vieil hindou nu d'une caste inférieure, assis de la manière décrite ci-dessus. "Êtes-vous à votre aise, mon oncle? Et n'avez-vous pas peur de tomber?"

« "Pourquoi devrais-je tomber?" m'a sérieusement répondu "l'oncle" … "Je ne respire pas, mem-sahib."

« "Que voulez-vous dire? Un homme ne peut pas rester sans respirer!" me suis-je exclamée, très étonnée par cette formidable information.

« "Oh si, il peut. En ce moment je ne respire pas, et je suis ainsi parfaitement sain et sauf. Mais il me faudra bientôt remplir de nouveau ma poitrine d'air frais et alors je me tiendrai au piquet, sinon je risque de tomber."

… « À l'époque, nous étions encore inexpérimentés[1] et enclins à ne pas apprécier ce genre d'informations, jugeant qu'elles se rapprochaient plus de la moquerie. Mais par la suite, nous avons appris que sa description du processus nécessaire pour maintenir sa position digne d'un oiseau était parfaitement correcte.

« À Jabalpur nous avons vu des merveilles plus grandes encore. Déambulant au bord du fleuve, nous avons atteint la dénommée avenue des fakirs, et le Thakur nous a invités à visiter la cour de la pagode. C'était un endroit sacré, et ni les Européens ni les musulmans n'étaient admis à l'intérieur. Mais Gulab-Singh a dit quelque chose au chef brahmane et nous sommes entrées sans difficulté.

« La cour était pleine de fidèles et d'ascètes. Mais notre attention a surtout été attirée par trois anciens fakirs complètement nus. Aussi ridés que des champignons cuits, maigres comme des squelettes, couronnés d'une masse gondolée de cheveux blancs, ils étaient assis, ou plutôt debout, dans les postures les plus improbables, du moins le pensions-nous.

« L'un d'eux, reposant seulement sur sa paume droite, était en équilibre, avait sa tête en bas et ses jambes en l'air ; son corps était aussi immobile que la branche

---

1. Il semblerait que cela se soit produit lors de sa première visite en Inde, en 1852-53.

sèche d'un arbre... Un autre fakir se tenait sur une "pierre sacrée de Shiva", une petite pierre de cinq pouces de diamètre. L'une de ses jambes était repliée sous lui, et tout son corps était penché en arrière en un arc-en-ciel, ses yeux fixaient le soleil. Les paumes de ses mains étaient pressées les unes contre les autres comme pour prier... Nous étions incapables d'imaginer comment cet homme pouvait atteindre un tel niveau d'équilibre.

« La troisième personne parmi ces êtres incroyables était assise sur ses jambes croisées, mais la manière dont elle pouvait s'asseoir était au-delà de notre entendement, car ce sur quoi elle était assise était un lingam de pierre pas plus haut qu'un piquet de rue ordinaire et mesurant à peine plus de cinq ou sept pouces de diamètre. Ses bras étaient croisés derrière son dos, et ses ongles n'avaient cessé de pousser et avaient pénétré la chair de ses épaules. "Celui-ci ne change jamais sa position," a dit un de nos compagnons. "Du moins n'en a-t-il pas changé ces sept dernières années."...

« "Et si je poussais l'un de ces fakirs ?" ai-je demandé. "J'ose penser que le simple fait de les toucher les contrarierait." »

« "Essayez donc !" m'a conseillé le Thakur en riant. "Dans leur état de transe religieuse, il est plus facile de réduire un homme en pièces que de le bouger de sa place."

« "Toucher une figure ascétique en état de transe était un sacrilège aux yeux des hindous, mais de toute évidence le Thakur avait très bien conscience qu'en certaines circonstances, il pouvait y avoir des exceptions à toute règle brahmanique. Il a eu un autre aparté avec le chef brahmane qui nous suivait, plus sombre qu'un nuage orageux. La consultation n'a pas duré longtemps et lorsque cela a été fini, Gulab-Singh a déclaré qu'aucun de nous n'avait l'autorisation de toucher les fakirs, mais qu'il avait, lui, obtenu cette permission, et qu'il s'apprêtait de fait à nous montrer quelque chose d'encore plus époustouflant.

« Il s'est approché du fakir se tenant sur la petite pierre, et en l'agrippant précautionneusement par ses côtes protubérantes, l'a soulevé et l'a posé sur le sol. L'ascète est resté aussi immobile qu'avant. Ensuite, Gulab-Singh a pris la pierre et nous l'a montrée, nous demandant cependant de ne pas la toucher, de peur d'offenser la foule. La pierre était ronde, assez plate, d'une surface plutôt inégale. Elle tressaillait au moindre toucher, lorsqu'on la déposait au sol.

« "Maintenant vous pouvez voir que ce piédestal est loin d'être stable. Et vous avez vu que, sous le poids du fakir, la pierre était aussi immobile que si elle était plantée dans le sol."

« Lorsque le fakir a été reposé sur la pierre, les deux ont en même temps repris leur apparence de corps unique, solidement maintenu sur le sol, et pas une seule ligne du corps du fakir n'avait changé... Ce que j'ai décrit est un fait, mais je ne pourrais prendre la responsabilité de l'expliquer.

« Aux portes de la pagode, nous avons trouvé nos chaussures, qu'on nous avait demandé de retirer avant d'entrer. Nous les avons enfilées de nouveau et avons quitté ce "Saint des Saints" des mystères séculaires, nos esprits encore plus perplexes qu'avant.

« Nous avons trouvé Narayan, Mulji et le Babu nous attendant dans l'Avenue des Fakirs. Le chef brahmane était inflexible quant à son refus de les laisser pénétrer dans la pagode. Ces trois-là s'étaient depuis longtemps libérés des griffes d'aciers des castes ; ils mangeaient et buvaient avec nous à la vue de tous, et pour cette offense, ils étaient considérés comme excommuniés et beaucoup plus méprisés par leurs compatriotes que par les Européens eux-mêmes. Leur présence dans la pagode l'aurait souillée à jamais, tandis que celle que nous produisions n'était que temporaire…

« Les hindous sont étranges et originaux, mais leur religion est d'autant plus étrange. Elle a ses aspects négatifs, bien sûr… En dépit de cela, la religion hindoue possède quelque chose de si profondément et mystérieusement irrésistible qu'elle attire et subjugue même les moins imaginatifs des Anglais. L'incident qui suit est un curieux cas de cette fascination.

N.C. Paul, G.B.M.C a écrit un court, mais très intéressant et très spécifique pamphlet. Il n'était qu'un chirurgien du régiment à Bénarès, mais son nom était connu de ses compatriotes en sa qualité de savant spécialiste en physiologie. Le pamphlet était intitulé *Un traité de philosophie yoguique*. Ce dernier a fait sensation parmi les représentants de la médecine en Inde et a créé une vive polémique entre les Anglo-Indiens et les journalistes autochtones. Le Dr Paul a passé trente-cinq années à étudier les faits extraordinaires du yogisme, dont l'existence ne faisait aucun doute pour lui. Il ne s'est pas contenté de les décrire, il a expliqué certains des phénomènes les plus extraordinaires, par exemple la lévitation… C'est principalement sa grande amitié avec le capitaine Seymour qui l'a aidé à élucider certains mystères qui, jusqu'alors, étaient censés être impénétrables.

« L'histoire de ce gentleman anglais est véritablement incroyable, et a produit, il y a environ vingt-cinq ans, un scandale sans précédent dans l'histoire de l'armée britannique en Inde. Le capitaine Seymour, un officier riche et instruit, a accepté la croyance brahmanique et est devenu un yogi. Bien sûr, on l'a déclaré fou, et il a été renvoyé en Angleterre après avoir été capturé. Seymour s'est enfui et est retourné en Inde habillé en sannyasi. Il a été capturé de nouveau et enfermé dans un asile psychiatrique à Londres. Trois jours plus tard, malgré les verrous et les gardes, il a disparu de l'établissement.

« Par la suite, ses amis l'ont vu à Bénarès, et le gouverneur général a reçu une lettre de sa part depuis l'Himalaya[1]. Dans cette lettre il a déclaré n'avoir jamais été fou, malgré son internement ; il a conseillé au gouverneur général de ne pas

---

1. Il est probablement l'un des « deux autres Anglais » à propos de qui Maître K.H. dit en 1880 : « il y a une section parmi notre communauté qui assiste à nos très rares accessions d'une autre race et d'un autre sang, et qui rapporta à travers le seuil le capitaine Remington et deux autres Anglais durant ce siècle. » (*Les lettres du Mahatma*, p.19)

interférer avec ce qui était strictement d'ordre privé, et a annoncé sa ferme résolution de ne jamais plus retourner à la société civile. "Je suis un yogi," a-t-il écrit, "et j'espère obtenir avant ma mort ce qui est le but de ma vie : devenir un raj-yogi." Après cette lettre, on l'a laissé tranquille et aucun Européen ne l'a plus jamais vu, à l'exception du Dr Paul qui, rapporte-t-on, était en constante correspondance avec lui et était allé même deux fois à sa rencontre dans l'Himalaya, prétextant des excursions botaniques.

« On m'a dit que l'ordre a été donné de brûler le pamphlet du Dr Paul, jugé comme une "offense à la science de la physiologie et de la pathologie." À l'époque où je me rendais en Inde, les copies de ce pamphlet étaient d'une extrême rareté. Des quelques copies encore restantes, l'une se trouve dans la librairie du maharajah de Bénarès, et une autre m'a été donnée par le Thakur.

« Ce soir-là, nous avons dîné dans les buvettes de la gare ferroviaire. Notre arrivée a causé une sensation manifeste. Notre groupe occupait tout le bout d'une table, où dînaient nombre de voyageurs de première classe qui nous ont tous dévisagés avec un étonnement non déguisé. Des Européens sur un pied d'égalité avec des hindous ! Des hindous qui daignaient dîner avec des Européens ! Il s'agissait en effet de deux scènes rares et merveilleuses. Les murmures subjugués sont devenus de fortes exclamations. Deux officiers qui se trouvaient connaître le Thakur l'ont pris à partie et, lui ayant serré la main, se sont lancés dans une conversation animée, comme s'ils discutaient de quelques affaires à régler, mais, comme nous l'avons appris par la suite, ils souhaitaient simplement satisfaire leur curiosité à notre sujet…

« Le train pour Allahabad devait partir à vingt heures et nous étions censés passer la nuit dans le wagon. Nous avions dix sièges de réservés dans un wagon de première classe et nous nous étions assurés qu'aucun passager étrange ne puisse y entrer, mais, quoi qu'il en soit, de nombreuses raisons ont fait que je me pensais incapable de trouver le sommeil cette nuit. J'ai donc reçu une provision de bougies pour ma lampe de lecture et, m'installant confortablement dans mon canapé, j'ai entrepris ma lecture du pamphlet du Dr Paul, qui m'intéressait grandement.

« Entre autres choses intéressantes, le Dr Paul expliquait pleinement et savamment les mystères de la suspension périodique de la respiration et autres phénomènes prétendument impossibles pratiqués par les yogis… Cependant, tout ceci concernait des phénomènes physiologiques produits par les hatha-yogis. Chacun d'entre eux se devait d'être examiné par un physicien, mais ils étaient beaucoup moins intéressants que les phénomènes qui avaient trait au domaine de la psychologie. Le Dr Paul n'avait presque rien à dire à ce sujet.

« Pendant les trente-cinq ans de sa carrière indienne, il n'a rencontré que trois raj-yogis ; mais malgré la jovialité dont ils ont fait preuve face au docteur anglais, aucun d'eux n'a consenti à l'initier aux mystères de la nature, un savoir qui leur est réservé… "Les talents des raj-yogis sont beaucoup plus intéressants et beaucoup plus importants pour le monde que les phénomènes des hatha-yogis non spécialistes. Ces talents sont purement psychiques : au savoir des hatha-yogis, les raj-yogis ajoutent toute la dimension d'un phénomène mental. Les livres sacrés leur assignent les talents suivants : la capacité de prédire les évènements à venir, de comprendre toutes les langues, de guérir les maladies ; l'art de lire les pensées des autres, d'être témoin autant de fois qu'ils le désirent de ce qui se passe à des lieues d'eux, de comprendre la langue des animaux et des oiseaux ; *prâkâmya*, ou le pouvoir de garder une apparence jeune pendant une période incroyable, le pouvoir d'abandonner leur propre corps et d'entrer dans la tête des autres ; *vashitva*, ou le pouvoir de tuer et de dompter les animaux sauvages par le regard ; et enfin, le pouvoir magnétique de subjuguer quiconque et de les forcer à obéir aux ordres inattendus du raj-yogi." »

CHAPITRE XV
Périples en Inde, en Birmanie et en Chine

Nous ne croyons pas en la magie qui transcende la capacité de l'esprit humain et sa portée, ni au « miracle », qu'il soit divin ou diabolique, si cela conduit à une transgression des lois de la nature instaurées de toute éternité. Néanmoins, nous acceptons le dicton du talentueux auteur de *Festus*, disant que le cœur humain ne s'est pas encore totalement exprimé, et que nous n'avons jamais réussi à comprendre l'étendue de ses pouvoirs.

« De nombreuses années d'errance parmi les magiciens "païens" et "chrétiens", occultistes, hypnotiseurs, et les *tutti quanti* de l'art blanc et noir, devraient suffire, selon nous, à nous octroyer un certain droit de nous sentir en mesure de donner un avis pratique sur cette question à la fois douteuse et complexe. Nous nous sommes joints aux fakirs, les hommes saints de l'Inde, et les avons observés à travers leurs relations avec les *Pitris*. Nous avons vu les procédures et le *modus operandi* des derviches tourneurs, eu des échanges amicaux avec les marabouts de la Turquie européenne et asiatique. Les psylles de Damas et de Bénarès n'avaient que peu de secrets que nous n'avons point eu la chance d'entrevoir.

« Nous avons assisté, une fois en Inde à un duel d'habileté mentale mettant aux prises un saint *gossein*[1] et un sorcier[2]... Nous avions discuté à propos des pouvoirs relatifs des *Pitris*[3] des fakirs et des alliés invisibles du jongleur. Un duel d'habileté a été engagé et l'écrivain a été choisi comme juge. Nous nous reposions en mi-journée, à côté d'un petit lac au nord de l'Inde. Sur la surface du plan d'eau miroitant, des fleurs aquatiques innombrables flottaient avec de grandes feuilles brillantes. Chacun des concurrents en a cueilli une.

« Le fakir, s'allongeant sur la poitrine, a croisé les mains sous son torse et a plongé dans un état de transe momentanée. Il a ensuite posé la feuille, la surface vers le bas, sur l'eau. Le jongleur prétendait avoir un contrôle sur "le maître de l'eau"[4] et se vantait de forcer le pouvoir d'empêcher le *Pitris* de faire apparaître des phénomènes sur la feuille du fakir dans leur élément. Il a pris sa propre feuille et l'a jetée sur l'eau, après avoir récité quelques incantations barbares. La feuille s'est agitée violemment, tandis que l'autre feuille est restée parfaitement immobile.

« Au bout de quelques secondes, les deux feuilles ont été englouties. Sur celle du

---

1. Fakir, mendiant.
2. Jongleur.
3. Esprits préadamites.
4. L'esprit régnant sur l'eau.

fakir est apparu, au grand dam du jongleur, quelque chose qui semblait être un dessin symétrique tracé avec des caractères blancs laiteux, comme si le jus de la plante avait été utilisé comme fluide d'écriture corrosif. Une fois devenues sèches et dès qu'il a été possible d'examiner minutieusement les lignes, celles-ci se sont avérées être une série de caractères sanskrits merveilleusement créés. Le tout donnait une phrase renfermant un grand précepte moral. Le fakir, rappelons-le, ne savait ni lire ni écrire. Il apparaissait sur la feuille du jongleur, au lieu d'une quelconque forme d'écriture, le dessin d'un visage terriblement hideux et malicieux. Chaque feuille véhiculait donc une impression ou une réflexion allégorique sur le caractère du concurrent, et révélait là le genre d'êtres spirituels desquels il était entouré.[3]

« C'est de cette manière qu'un journal anglais a décrit l'étonnante astuce de la croissance des plantes, tel qu'elle est pratiquée par les jongleurs indiens. "Un pot de fleurs vide a été posé sur le sol par le jongleur, qui a requis que ses camarades soient autorisés à ramener des moisissures du petit terrain en contrebas. La permission ayant été accordée, l'homme s'en est allé, et est revenu deux minutes plus tard avec une petite quantité de terre fraîche attachée à son tchador, qu'il a déposée dans le pot de fleurs et a légèrement tassée.

« "Prenant dans sa corbeille le noyau sec d'une mangue, il l'a fait passer parmi les personnes présentes de sorte qu'elles puissent l'examiner et s'assurer que c'était bien ce qu'elles croyaient. Le jongleur a prélevé une quantité de terre du centre du pot de fleurs et a placé le noyau dans la cavité. Il a alors remué la terre légèrement au-dessus du noyau et, après avoir versé un peu d'eau sur la surface, il a couvert le pot de fleurs avec une feuille en forme de petit triangle.

« "Et alors, au milieu d'un chœur de voix et du brouhaha du Thabor, le noyau a germé. À ce moment-là, une partie du tissu s'est écartée, laissant entrevoir une tendre pousse avec deux longues feuilles d'une couleur brun-noirâtre. Le tissu a été réajusté et l'incantation a repris. Il n'aura pas fallu longtemps avant que le tissu ne s'écarte une nouvelle fois et que l'on s'aperçoive alors que les deux premières feuilles avaient cédé la place à plusieurs feuilles vertes, et que la plante avait maintenant neuf ou dix pouces de haut.

« "La troisième fois, les feuilles ont été beaucoup plus épaisses, le jeune arbre a grandi pour atteindre environ treize ou quatorze pouces de hauteur. La quatrième fois, le jeune arbre, qui mesurait désormais environ dix-huit pouces de haut, avait dix ou douze mangues de la taille d'une noix qui pendaient autour de ses branches. Finalement, au bout de trois minutes, le tissu a entièrement été enlevé et le fruit, de taille parfaite bien qu'il ne soit pas encore mûr, a pu être cueilli et montré aux spectateurs, et, après avoir été goûté, il s'est révélé légèrement acide"[1].

« Ajoutons à ceci que nous avons assisté à des expériences similaires en Inde et

---

1. Des faits semblables à celui-ci se sont déroulés en occident, lors d'une séance, et sont relatés par Mme d'espérance dans *Shadowland*, p. 261.

au Tibet, et avons plus d'une fois fourni nous-mêmes le pot de fleurs en vidant une vieille boîte d'extrait de Liebig. Nous l'avons remplie de nos propres mains et y avons planté une minuscule racine, qui nous a été remise par le conjurateur, et jusqu'au terme de l'expérience, nous n'avons jamais détaché nos yeux du pot qui était placé dans notre propre chambre. Le résultat a invariablement été tel qu'il est décrit ci-dessus.[4]

« En Occident, un être "sensible" doit être envoûté avant d'être rendu invulnérable par les "guides" qui président, et nous défions tout "médium", dans son état physique normal, d'enfouir les bras jusqu'aux coudes dans du charbon incandescent. Mais en Orient, que l'interprète soit un saint lama ou un sorcier mercenaire, cette dernière classe étant généralement appelée "jongleurs", il n'a pas besoin d'être amené à un état anormal pour jouer avec le feu, dans le vrai sens du terme, ou manipuler des morceaux de fer brûlés ou du plomb fondu. Nous avons vu au sud de l'Inde ces "jongleurs" garder leurs mains dans une fournaise de charbons ardents jusqu'à ce que ceux-ci soient réduits en cendres.

« Pendant la cérémonie religieuse de Shivaratri, ou la veillée Shiva, quand les fidèles passent des nuits entières en contemplations en prières, l'un des shivaïtes, appelés jongleurs tamouls, a fait surgir des phénomènes des plus incroyables en faisant simplement appel à un esprit qu'ils appellent *Kutti-Sâttan*, le petit *démon*. Mais, loin de laisser les gens penser qu'il était guidé ou "sous l'emprise" de ce gnome, car c'était un gnome à défaut d'autre chose, l'homme, accroupi sur sa fosse en braise, a fièrement réprimandé un missionnaire catholique qui a saisi cette occasion pour informer les spectateurs que le misérable pécheur "s'était vendu à Satan".

« Sans retirer ses mains et ses bras de la braise à l'intérieur de laquelle il les rafraîchissait, le tamoul s'est retourné simplement vers le missionnaire semoncé, lui jetant un regard arrogant. "Mon père et mon grand-père" a-t-il dit, "avaient ce 'petit' à leur disposition. Le Kutti était notre fidèle serviteur et maintenant, monsieur, vous faites croire aux gens qu'il est mon Maître! Mais ils ne sont pas dupes." Après cela, il a retiré tranquillement ses mains du feu et a poursuivi avec d'autres spectacles.

« Nous avons assisté, une fois au Bengale, à une épreuve de volonté qui illustre une phase très intéressante du sujet. Un adepte de la magie a fait quelques passes au-dessus d'un morceau de fer, l'intérieur d'un couvercle d'un plat, qui s'est incliné; et, alors qu'il l'observait attentivement depuis quelques instants, il a semblé aspirer le liquide impondérable[1] par goulées et le jeter contre la surface.

« Quand l'étain fut exposé à la lumière aveuglante pendant six secondes environ,

---

1. Un fluide subtil transmis d'un individu à un autre, ou à des substances qui sont touchées... « Une émanation magnétique produite inconsciemment est sûre d'être maîtrisée par une plus forte... Mais lorsqu'une volonté intelligente et puissante dirige la force aveugle et la concentre sur un point donné, l'émanation la plus faible maîtrise souvent la plus forte. Une volonté humaine a le même effet sur l'Akasha. » (*Isis* dévoilée, p. 463.)

la surface brillante s'est retrouvée soudainement couverte, comme avec un film. Puis des marques d'une teinte plus sombre ont commencé à apparaître sur sa surface et quand, au bout de trois minutes environ, l'étain nous a été restitué, nous y avons trouvé une image, ou plutôt une photographie, du paysage qui s'étendait devant nous, fidèle à la nature elle-même, et chaque couleur était parfaite. Il a conservé sa forme pendant environ quarante-huit heures avant de s'abîmer lentement.

« Ce phénomène peut être facilement expliqué. La volonté de l'adepte était concentrée sur l'étain, ce qui a fait apparaître un film d'akasha qui semblait être, à ce moment, une plaque photographique sensibilisée. La lumière avait fait le reste. Une telle exhibition de la force de la volonté d'obtenir des résultats physiques objectifs a préparé le disciple à comprendre son efficacité dans la guérison de la maladie, en conférant la vertu désirée aux objets inanimés qui sont mis en contact avec le patient.

« Chaque animal est plus ou moins doué de la capacité de percevoir, sinon des esprits, du moins quelque chose qui demeure pour le moment invisible aux hommes ordinaires et qui ne peut être discerné que par un clairvoyant. Nous avons fait des centaines d'expériences avec des chats, des chiens, des singes de toutes sortes et une fois avec un tigre dompté. Un miroir rond noir, connu sous le nom de "cristal magique", a été fortement envoûté par un hindou autochtone, habitant autrefois Dindigul et résidant maintenant dans un endroit plus isolé, parmi les montagnes connues sous le nom des Ghâts occidentaux. Il avait apprivoisé un tigreau qui lui avait été apporté de la côte de Malabar, une partie connue de l'Inde où les tigres sont particulièrement féroces ; et c'est avec cet animal intéressant que nous avons effectué nos expériences.

« À l'instar des anciens Marsi, Psyles et de célèbres charmeurs de serpents, ce monsieur a prétendu être doté de la puissance mystérieuse qui lui permettrait de dompter n'importe quel genre d'animal. Le tigre avait été soumis à un abrutissement chronique, pour ainsi dire ; il était devenu aussi inoffensif et innocent qu'un chien. Les enfants pouvaient le taquiner et le tirer par les oreilles, il ne faisait que s'agiter et hurler comme un chien.

« Mais chaque fois qu'il était forcé de regarder à travers le miroir magique, le pauvre animal devenait instantanément agité par une sorte de frénésie. Ses yeux se remplissaient de terreur humaine ; hurlant de désespoir, incapable de se détourner du miroir vers lequel son regard semblait rivé comme s'il était sous l'emprise d'un charme magnétique, il se tordait et tremblait jusqu'à ce qu'il convulse effrayé par une vision qui nous restait inconnue. Il se couchait alors, gémissant faiblement, mais regardant toujours à travers le miroir. Quand on le lui enlevait, l'animal restait haletant et semblait prostré pendant environ deux heures. Qu'avait-il vu ? Quelle image d'esprit de son propre monde animal invisible pouvait avoir un tel effet terrible sur la bête sauvage et naturellement féroce et audacieuse ? Qui peut le dire ? Probablement celui qui était l'auteur de la scène.

« Le même effet sur les animaux a été observé pendant les séances spiritualistes avec quelques saints mendiants ; il en est allé de même quand un Syrien, mi-païen et mi-chrétien, de Kunankulam[1], un sorcier réputé, a été invité à se joindre à nous pour effectuer des expériences.

« Nous étions en tout et pour tout neuf personnes, sept hommes et deux femmes. L'une de ces dernières était une autochtone. Le jeune tigre se trouvait dans une chambre à proximité, profondément occupé avec un os. Puis, il y avait *un ouandérou*, ou singe-lion qui, avec son pelage noir, sa barbiche et ses moustaches blanches, ses yeux brillants et rusés, avait l'air d'une personnification du mal, et un joli loriot doré, nettoyant tranquillement sa queue lumineuse sur un perchoir, placé près d'une grande fenêtre de la véranda.

« En Inde, les "séances spiritualistes" ne sont pas organisées dans l'obscurité, comme en Amérique ; aucune condition n'est requise si ce n'est un silence absolu et une harmonie parfaite. Elles se déroulent en plein jour, réfléchissant la lumière à travers les portes-fenêtres ouvertes, avec le bruit lointain de la vie des forêts avoisinantes et des jungles nous envoyant l'écho de myriades d'insectes, d'oiseaux et d'animaux. Nous nous étions assis au milieu d'un jardin dans lequel la maison avait été construite. Nous avions quitté l'atmosphère étouffante de la salle de la séance, pour nous asseoir au milieu des grappes d'érythrine aux couleurs lumineuses – le corail – inhalant les arômes parfumés des arbres et des arbustes, et des fleurs de bégonia, dont les fleurs blanches tremblaient dans la douce brise.

« En bref, nous étions entourés de lumière, d'harmonie et de parfums. De grands bouquets de fleurs odorantes et d'arbustes, sacrés pour les dieux autochtones, ont été rassemblés à cet effet et placés dans les chambres. Nous avons respiré le basilic doux, la fleur de Vishnu, sans laquelle aucune cérémonie religieuse au Bengale ne peut avoir lieu ; et les branches du *Ficus Religiosa*, l'arbre dédié à la même divinité brillante, mêlant leurs feuilles aux fleurs roses du lotus sacré et de la tubéreuse indienne, ornaient abondamment les murs.

« Alors que le "béni", représenté par un fakir infâme, mais néanmoins très saint, restait plongé dans la contemplation de soi, et que certaines merveilles spirituelles se manifestaient par la puissance de sa volonté, le singe et l'oiseau montraient peu de signes d'agitation. Seul le tigre tremblait visiblement par intermittence et regardait autour de lui, comme si ses yeux brillant d'une lueur phosphorique verdâtre suivaient une présence invisible qui flottait alors de haut en bas. Ce qui n'était pas encore perceptible par les yeux humains devait donc être objectif pour lui. Le *ouandérou*, quant à lui, avait perdu toute sa vivacité, il semblait somnolent, et il s'était accroupi, immobile. L'oiseau n'avait manifesté que peu de signes d'inquiétude.

« Il y avait un bruit dans l'air qui semblait similaire à des battements d'ailes déli-

---

1. État de Cochin.

cats ; les fleurs se répandaient dans la pièce, déplacées par des mains invisibles ; et, lorsqu'une fleur glorieuse d'azur est tombée sur les pattes pliées du singe, celui-ci est devenu si nerveux qu'il s'est réfugié sous la robe blanche de son maître. Ces scènes ont duré une heure, et il serait trop long de les rapporter toutes ; la plus étonnante étant celle qui a clôturé cette saison des merveilles. Quelqu'un s'est plaint de la chaleur, nous avons alors reçu une pluie de rosée délicatement parfumée. Les gouttes tombaient vite et en abondance, et ont procuré une sensation de rafraîchissement déconcertante, avant de s'assécher dès qu'elles nous touchaient.

« Quand le fakir eut achevé son exposition de magie blanche, le "sorcier", ou le conjurateur, tel qu'il était nommé, s'est préparé à montrer son pouvoir. Nous avons eu droit à une succession de merveilles que les récits des voyageurs ont fait connaître au grand public, montrant, entre autres, le fait que les animaux possèdent naturellement une faculté clairvoyante, et même, semble-t-il, la capacité de discerner entre les bons et les mauvais esprits.

« Toutes les prouesses du sorcier ont été précédées de fumigations. Il a brûlé des branches d'arbres et d'arbustes résineux, qui ont dégagé des panaches de fumée. Bien que rien n'ait pu effrayer un animal en utilisant seulement ses yeux naturels, le tigre, le singe et l'oiseau ont affiché une terreur indescriptible. Nous avons alors supposé que les animaux étaient effrayés par les marques flamboyantes, ces feux que l'on faisait brûler autour du camp pour éloigner les bêtes sauvages suivant une coutume familière qui nous revenait à l'esprit.

« Pour dissiper le doute sur ce point, le Syrien s'est approché du tigre accroupi avec une branche de l'arbre Bael, la pomme de bois, sacrée pour Shiva, et l'a agitée plusieurs fois au-dessus de sa tête, marmonnant entre-temps ses incantations. La bête a immédiatement été prise de panique et d'une terreur indescriptibles. Ses yeux ont quitté leurs orbites comme des boules de feu flamboyantes ; sa bouche moussait ; il s'est jeté sur le sol comme s'il cherchait quelque trou où se cacher, ne cessant de pousser des hurlements qui ont réveillé une centaine d'échos réactifs de la jungle et des bois. Enfin, jetant un dernier coup d'œil à l'endroit où ses yeux ne l'avaient jamais conduit, il a fait un saut désespéré en brisant sa chaîne et s'est précipité à travers la fenêtre de la véranda, emportant un morceau de la charpente avec lui. Le singe s'était enfui depuis longtemps, et l'oiseau était tombé du perchoir comme s'il était paralysé.

« Nous n'avons cherché d'explications ni auprès du fakir ni auprès du sorcier sur la méthode selon laquelle leurs phénomènes respectifs avaient été effectués. Si nous l'avions fait, ils auraient incontestablement répondu comme l'aurait fait un fakir à un voyageur français, qui raconte son histoire dans un numéro récent d'un journal new-yorkais, appelé le Franco-américain, comme suit : "... Je ne dispose que d'un seul moyen. Lequel ? La volonté. L'homme, qui aura atteint son apogée en termes de maîtrise du pouvoir intellectuel et matériel, doit dominer les autres. Les brahmanes ne savent rien d'autre."

« Nous avons vu en Inde une petite confrérie de fakirs installés autour d'un petit lac, ou plutôt d'une profonde nappe d'eau dont le fond était littéralement rempli d'énormes alligators. Ces monstres amphibiens rampaient et se réchauffaient au soleil, à quelques pas des fakirs, dont certains pouvaient être immobiles, perdus dans la prière et la contemplation. Tant que l'un de ces saints mendiants restait visible, les crocodiles étaient inoffensifs tels des chatons. Mais nous ne conseillerions jamais à un étranger de s'approcher tout seul à quelques mètres de ces monstres. Le pauvre Français, Pradin, a trouvé prématurément la mort à cause d'un de ces terribles reptiles, communément appelés le Moudela.

« Durant les grandes fêtes des pagodes, ou celles des mariages des castes riches, partout où l'on rassemble de grandes foules, les Européens ont fait la rencontre des *guni* ou charmeurs de serpents, des fakirs hypnotiseurs, des thaumaturges sannyasins et les fameux "jongleurs". Ridiculiser était facile, expliquer était en revanche plutôt gênant, mais y donner un aspect scientifique était tout bonnement impossible. Les résidents britanniques de l'Inde et les voyageurs préféraient le premier expédient. Mais allez demander à ces saints comment les résultats suivants, qu'ils ne devaient ni ne pouvaient nier, étaient obtenus.

« Quand plusieurs *guni* et fakirs sont apparus avec leurs corps entourés de *cobras de capello*, leurs bras ornés de bracelets de *corallilos*, des petits serpents infligeant une mort certaine en quelques secondes, et leurs épaules couvertes de colliers de *trigonocéphales*, l'ennemi le plus terrible des pieds nus hindous, dont la morsure tue comme un éclair, le témoin sceptique a souri et a expliqué gravement comment ces reptiles, jetés en torpeur cataleptique, avaient tous été dépossédés de leurs crocs par les *guni*. "Ils sont inoffensifs et il est absurde de les craindre."

« "Le Sahib va-t-il caresser une de mes bêtes ?" a demandé une fois un *guni*, s'approchant de notre interlocuteur qui parlait avec fierté à ses auditeurs à propos de ses exploits herpétologiques depuis toute une demi-heure. Comme nous reculions rapidement, les pieds du guerrier courageux ne se révélant pas moins agiles que sa langue, nous n'avons pas pu immortaliser la réplique fâcheuse du Capitaine B. Seul le terrible garde du corps du *guni* l'a sauvé d'une bonne raclée. D'ailleurs, il suffisait de prononcer un mot et, pour une demi-roupie, n'importe quel psylle professionnel commencerait à ramper et à rassembler en quelques instants un grand nombre de serpents sauvages des plus venimeux, avant de les maîtriser et de les entourer autour son corps.

« Plus de deux fois, dans le voisinage de Trinkemal, un serpent a été prêt à s'attaquer à l'écrivain, qui avait failli s'asseoir sur sa queue ; mais à deux reprises, au coup de sifflet rapide des *guni* que nous avions engagés pour nous accompagner, il s'est arrêté à quelques centimètres de notre corps, comme s'il était stoppé par la foudre, a enfoncé lentement sa tête menaçante au sol, demeurant raide et immobile comme une branche morte sous le charme du *kilna*, appellation hindoue pour le mantra de charme particulier qui empêche le serpent de mordre.

« Les pauvres païens ne connaissent pas de tels impedimenta, à l'instar des scientifiques modernes, si la science européenne veut bien le croire, mais produisent néanmoins les mêmes phénomènes. Nous avons vu une fois dans un cas vraiment exceptionnel qui nécessitait qu'un "oracle" soit requis, la possibilité de ce que nous avions précédemment nié avec véhémence, à savoir, un simple mendiant qui a causé, en allumant une flamme sensible, des éclats réactifs sans recourir à aucune particule. Un feu a été allumé avec des branches de l'arbre de Bael, et quelques herbes sacrificielles ont été déposées sur lui. Le mendiant était assis à côté, immobile, et semblait absorbé dans la contemplation.

« Par intervalles, entre les questions, le feu était moins vif et semblait prêt à s'éteindre ; mais quand les interrogatoires gagnaient en consistance, les flammes croissaient et devenaient immenses, montaient au ciel, scintillaient, s'inclinaient, et envoyaient des signes ardents vers l'est, l'ouest, le nord et le sud, chaque mouvement ayant une signification bien distincte dans un code de signaux bien compris. Entre-temps, elles pouvaient s'enfoncer dans le sol et leurs extrémités pouvaient lécher le gazon dans tous les sens, avant de disparaître brusquement, laissant seulement un lit de braises rougeoyantes.

« Quand le dialogue avec les esprits des flammes a touché à son terme, le Bikshu[1] s'est tourné vers la jungle où il demeurait, entonnant un chant plaintif et monotone, au rythme duquel la flamme sensible persistait, pas de la même manière que le professeur Tyndall, quand il lisait la *Faerie Queene*, mais par des mouvements simples, et avec une alternance magique de sifflement et de rugissement, jusqu'à ce qu'il soit hors de vue. Puis, comme si sa vie même s'éteignait, elle a disparu et a laissé un lit de cendres devant les spectateurs étonnés.

« Les yogis des temps anciens, ainsi que les lamas modernes et les *Talapoins*, utilisent un certain ingrédient avec un minimum de soufre et un jus laiteux qu'ils extraient d'une plante médicinale. Ils doivent certainement détenir de merveilleux secrets, comme nous l'avons vu, pour guérir des plaies béantes en quelques jours, et ressouder les os brisés en autant d'heures qu'il faudrait de jours pour le faire grâce à une chirurgie commune. L'écrivain a contracté une fièvre inquiétante a été près de Rangoon, après une inondation de la rivière Irrawaddy. Elle a été guérie en quelques heures par le jus d'une plante appelée, si nous ne nous trompons pas, *Koukoushan*, bien qu'il y ait eu des milliers d'autochtones qui ne connaissaient point ses vertus et qui ont péri à cause de la fièvre. C'était en remerciement à un geste insignifiant de gratitude que nous avions fait à un simple mendiant ; un service qui n'intéressera guère le lecteur.

« Une croyance populaire dans certaines parties de la Russie, particulièrement en Géorgie, dans le Caucase, et en Inde, disait que, dans le cas où le corps d'une personne noyée ne pouvait pas être retrouvé, il suffisait de jeter son vêtement à l'eau, et il flotterait jusqu'à l'endroit du corps, puis s'enfoncerait à nouveau dans l'eau.

---

1. Un mendiant.

Nous avons même assisté à l'expérience réussie, tentée avec la corde sacrée d'un brahmane. Elle flottait çà et là, tournant autour de lui comme si elle cherchait quelque chose, jusqu'à ce qu'elle se précipite en ligne droite sur une cinquantaine de mètres et coule et, à cet endroit précis, les plongeurs ont remonté le corps. Ce phénomène s'explique par la loi de la puissante attraction existant entre le corps humain et les objets qu'il a longtemps portés. Un vêtement ancien est nettement plus efficace pour l'expérience qu'un nouvel habit.

« Il n'y a peut-être pas, sur la surface entière du globe, une masse de ruines plus imposante que Nagkon-Wat qui a suscité l'étonnement et l'émerveillement des archéologues européens qui se sont aventurés au Siam. Le terme de ruines semble à peine correct, car nulle part on ne trouve des bâtiments si anciens dans un meilleur état de conservation qu'à Nagkon-Wat et à Angkorthom, les ruines du grand temple.

« Isolé au fin fond de la province de Siamrap, au Siam oriental, au milieu d'une végétation tropicale luxuriante entourée de forêts presque impénétrables de palmiers, de cacaoyers et de noix de bétel, "l'aspect général du merveilleux temple est magnifique et romantique, aussi impressionnant et grandiose", constate M. Vincent, un récent visiteur...

« Nous avons été à Nagkon-Wat dans des circonstances exceptionnellement favorables, et nous approuvons l'exactitude générale de la description de M. Vincent... Pour notre part, nous pouvons ajouter qu'il y a sur les murs plusieurs répétitions de Dagon, l'homme-poisson des Babyloniens, et des dieux cabires de Samothrace. Cela a peut-être échappé à l'attention des quelques archéologues qui ont examiné le lieu, mais à la suite d'une inspection plus stricte, ils y trouveront plus tard le père réputé du Cabiri Vulcan, avec ses boulons et ses instruments... Il est facile de constater que les fouilleurs d'Ellora, les bâtisseurs des anciennes Pagodes, les architectes de Copan et des ruines d'Amérique centrale, ceux de Nagkon-Wat et ceux des restes égyptiens étaient, si ce n'est de la même race, au moins de la même religion : celle enseignée dans les Mystères les plus anciens.

« Un brahmane a été volé à Golaghat et Assam. En dépit de tous les efforts, le voleur n'a pas été retrouvé, les biens volés sont demeurés introuvables. Il a donc eu recours à une invention magique connue dans la région d'Assam sous le nom de "Huka-Mella" ou "le bâton". Il a fait mander un célèbre conjurateur du nom de Mahidar. L'homme est venu. La première chose qu'il a faite a été de couper un bâtonnet dans le jardin du brahmane ; il s'est alors dirigé vers le seuil de la maison, attendant que quelqu'un passe. Au bout d'un certain temps, un employé du bureau du commissaire est passé par là. Le sorcier a appelé le jeune homme, qui s'appelait Rochpar, et après lui avoir expliqué de quoi il s'agissait, lui a demandé s'il serait prêt à aider le brahmane à retrouver ses biens volés. Rochpar a consenti et a pris le bâtonnet que le sorcier lui avait remis, après y avoir glissé tout bas quelques conjurations.

« Mais à peine l'a-t-il touché, qu'il a été obligé d'agir sous l'exercice d'une force étrange. Il a crié que le bâton semblait avoir grandi dans sa main, et le tirait en avant. Naturellement le brahmane ainsi qu'une grande foule ont suivi le greffier, impatient de voir ce qui se passerait. Arrivé à un petit réservoir, Rochpar a poussé le bâton au fond de l'eau peu profonde et a dit : "Creuse ici !" L'eau a été retirée et les biens volés ont été extraits de la boue....

« J'ai appris à connaître ce genre de sorcellerie moi-même. Ma broche et ma montre en or ayant été volées en Inde, elles ont été retrouvées le jour même par une fillette de cinq ans, à qui un fakir avait attaché un tel bâton. L'enfant était utilisée à cette fin dans tout le pays. Le fakir ou Bawa[1] n'acceptait pas de rémunération pour sa contribution. »

Dans *Le théosophe* d'août 1900, le colonel Olcott publie une corroboration de la visite de Mme Blavatsky en Chine, qui mérite d'être présentée. « Grâce à la gentillesse d'un prince indien, nous avons reçu une lettre pour un ami indien écrite par un gentleman de Simla qui voyageait en Chine. La référence à H.P.B. la rend particulièrement intéressante. Nous omettons les noms de la lettre originale, qui est en notre possession.

Rung Jung, Mahan, Chine,
1er janvier 1900.

CHER __

« Votre lettre adressée par Son Altesse, Rajah Sahab Hira Singh, m'est parvenue par les montagnes Spiti. Actuellement, j'ai traversé ces montagnes et je me trouve sur le territoire de Mahan, en Chine. Cet endroit est connu sous le nom de Rung Jung. Il est situé sur le territoire de l'Empire chinois. L'endroit a une grande caverne et est entouré par de hautes montages. C'est le sanctuaire des lamas et le lieu favori des Mahatmas. Les grands Rishis l'ont choisi en raison de son ancienneté et de ses beaux paysages.

« L'endroit est parfait pour la contemplation divine. Un homme ne peut trouver nulle part un endroit mieux adapté que celui-ci pour se consacrer pleinement à son esprit. Le grand Lama Kut Te Hum, le gourou de tous les lamas, a canalisé son attention sous la forme de *samadhi*[2] pendant les deux derniers mois et demi. On s'attend à ce qu'il sorte de l'état de *samadhi* après environ trois mois et demi, donc j'aspire ardemment à patienter ici jusqu'à cette période pour avoir une conversation personnelle avec lui. Ses *chelas*[3] méditent aussi et semblent pénétrer dans un univers de grande évasion.

« Après avoir conversé avec eux, j'ai appris que Mme Blavatsky avait visité cet endroit et médité ici pendant un certain temps. Autrefois j'avais des doutes quant à son arrivée ici, mais toutes mes réticences se sont dissipées et je suis sûr de sa

---

1. Un père.
2. Concentration totale de l'esprit.
3. Des disciples.

contemplation divine dans cet endroit saint et sacré.

« L'enseignement et les *Updesha* que les lamas m'ont transmis montrent que les perceptions de la Société théosophique ne sont pas seulement visionnaires et théoriques, mais s'inspirent des schémas pratiques. Cependant, après une longue expérience, j'ai senti qu'il était difficile de pratiquer le yoga dans les plaines de l'Hindoustan et qu'il n'était possible de le faire que dans ces hautes montagnes. Autrefois, j'avais l'habitude d'entrer en contemplation pendant deux ou trois heures par jour, même si cela était difficile. Maintenant, je peux m'asseoir facilement pendant huit ou neuf heures et même plus. Je me sens en ce moment en bonne santé et mieux qu'avant.

« Un Bengali nommé Banu est ici avec moi ; son amour pour la contemplation l'a conduit jusqu'ici, nous irons tous deux à Lhassa. Ces lamas disposent d'une bibliothèque si précieuse, que ce court espace m'empêche de vous la décrire ».

Chapitre XVI
La fête de bienvenue à Pskov

Cette fête de bienvenue à Pskov, qui fut longtemps reportée, est décrite par Véra, la sœur de H.P.B. :

« Nous ne nous attendions pas à la voir avant encore plusieurs semaines ; mais curieusement, à peine ai-je entendu sonner à la porte que j'ai su que c'était elle et me suis précipitée à sa rencontre. Comme prévu, ce soir-là, une fête devait avoir lieu chez mon beau-père avec qui je vivais. Sa fille devait se marier le soir même, les invités avaient pris place et le tintement de la sonnette était incessant. Néanmoins, j'étais si convaincue qu'il s'agissait d'elle, qu'à la surprise de tous, j'ai quitté précipitamment la cérémonie de mariage et ai couru ouvrir la porte, ne souhaitant pas que les domestiques s'en chargent.

« Nous nous sommes saluées, submergées de joie, oubliant sur l'instant l'étrangeté de la situation. Je l'ai aussitôt emmenée dans ma chambre et le soir même j'ai eu la conviction que ma sœur avait acquis d'étranges pouvoirs. Qu'elle soit éveillée ou endormie, elle était toujours entourée de mouvements mystérieux, de bruits singuliers, de petits coups qui venaient de tous les côtés : des meubles, des carreaux, du plafond, de la porte et des murs. Il s'agissait de sons très distincts et ils semblaient même intelligents ; ils frappaient trois coups pour "oui" et deux pour "non"[1].

« Les proches de la sœur de Mme Blavatsky menaient une vie cossue et recevaient beaucoup de monde à cette époque. Sa présence attirait énormément de visiteurs et aucun d'entre eux ne repartait insatisfait, car les "coups" qu'elle évoquait fournissaient des réponses, composées de longs discours en différentes langues, certaines étant inconnues du médium, ainsi qu'on l'appelait.

« La pauvre "médium" a été soumise à toutes sortes de tests, auxquels elle s'est volontiers pliée, et ce malgré l'absurdité de la demande, afin d'apporter la preuve qu'elle ne provoquait pas ces phénomènes par jonglerie. Elle avait pour habitude de s'asseoir tranquillement et d'un air quelque peu désintéressé sur le canapé ou sur un fauteuil, occupée à broder sans, semble-t-il, montrer le moindre intérêt au brouhaha qu'elle produisait autour d'elle. Et ce brouhaha était très grand, en effet.

« L'un des invités récitait l'alphabet, un autre notait les réponses reçues, tandis que la mission des autres était de proposer des questions mentales auxquelles elle répondait chaque fois promptement… En ces instants, les conversations et discussions se poursuivaient autour d'elle. On lui montrait souvent de la défiance et

---

1. Véra, et ensuite Mme Yahontoff, résidaient à Pskov avec le général N. A. Yahontoff, le père de feu son mari. Elle épousa M. Jelikovsky peu de temps après.

de l'ironie, mais elle les endurait avec calme et patience, esquissant pour seules réponses un sourire étrange ou intrigant ou bien un haussement ironique des épaules...

« Afin de mettre un terme à tout cela, elle s'est laissée soumettre aux demandes les plus absurdes ; on l'a fouillée, ses mains et ses pieds étaient attachés avec des ficelles... Elle prenait parfois une revanche sournoise sur ceux qui doutaient d'elle en usant de quelques farces. Par exemple, les coups émis depuis les lunettes du jeune professeur, alors qu'elle était assise de l'autre côté de la pièce, étaient si forts qu'ils ont failli faire tomber les lunettes de son nez, ce qui l'a fait pâlir de terreur.

« Une autre fois, une femme, un esprit fort, l'air très vaniteux et coquet, a reçu une réponse étrange et déroutante à sa question ironique, qui était de savoir quel était le meilleur conducteur pour la production des coups et s'ils pouvaient être appliqués n'importe où. Le mot "Or" a résonné, puis sont venus les mots "nous allons vous le prouver immédiatement." La femme continuait de sourire, la bouche légèrement entrouverte. La réponse a à peine été donnée qu'elle est devenue très pâle, sautant de sa chaise, les mains plaquées sur sa bouche. Son visage était déformé par la terreur et la surprise. Pourquoi ? Parce qu'elle avait ressenti les coups dans sa bouche, ainsi qu'elle l'a avoué plus tard. Ceux qui étaient présents se sont lancés des regards éloquents. Avant même son aveu, ils avaient tous compris que la femme avait ressenti une violente agitation et les coups dans l'or de sa dent artificielle ! Et lorsqu'elle s'est levée de sa place et a quitté la pièce avec précipitation, un rire tonitruant s'est propagé dans la pièce parmi nous, et ce, à ses dépens.

« Comme toujours, ceux qui étaient les plus proches de H.P.B. étaient aussi les plus sceptiques quant à ses pouvoirs occultes. Son frère Léonide ainsi que son père ont été ceux qui ont le plus longtemps résisté à l'évidence, jusqu'à ce que les doutes du premier soient complètement dissipés par les faits qui vont suivre. Le salon des Yahontoff était plein de visiteurs. Certains étaient accaparés par la musique, d'autres par des cartes, mais comme souvent, les phénomènes intéressaient la majeure partie d'entre nous.

« Léonide de Hahn ne s'intéressait à rien en particulier, il marchait nonchalamment, regardant chaque chose et chaque individu. C'était un jeune homme fort et musclé, empli de la sagesse latine et allemande de l'Université, et qui ne croyait jusqu'alors en rien ni personne. Il s'est arrêté derrière le dossier de la chaise où sa sœur était assise, et l'a écoutée parler de la manière dont certaines personnes, qui s'appelaient "médiums", rendaient les objets légers si lourds qu'il était impossible de les soulever, et d'autres normalement lourds qui devenaient remarquablement légers.

« "Et tu prétends pouvoir faire de même ?" a demandé le frère à sa sœur avec ironie.

« "Les médiums le peuvent et je l'ai fait à certaines occasions, quoique je ne puisse pas toujours en garantir la réussite... Je vais essayer, je vais simplement réparer cette table d'échecs et essayer. Que celui qui souhaite se prêter à l'expérience le fasse maintenant, puis qu'il essaie de nouveau, une fois que j'aurai refait la table."

« "Essaies-tu de dire que tu ne vas pas du tout toucher la table?" »

« "Pourquoi devrais-je la toucher?" a répondu Mme Blavatsky avec un calme sourire.

« Après avoir entendu cette extraordinaire affirmation, l'un des jeunes hommes s'est rendu avec détermination près de la table d'échecs et l'a soulevée comme s'il s'était agi d'une plume.

« "Très bien", a-t-elle dit. "Maintenant, veuillez la laisser et vous reculez!"

« Il a promptement obéi à l'ordre et le silence a gagné l'assemblée. Ils regardaient tous avec nervosité ce que s'apprêtait à faire Mme Blavatsky, retenant leur souffle. Elle a fixé simplement ses grands yeux sur la table d'échecs, et l'a observée avec intensité. Puis, sans détourner le regard, elle a silencieusement invité, d'un geste de la main, le même jeune homme à la soulever. Il s'est approché et a attrapé la table par son pied avec une grande assurance. La table ne pouvait être déplacée! Pliant ses mains à la manière de Napoléon, il a dit avec lenteur : "Eh bien, quelle bonne plaisanterie!"

« "En effet, c'est une bonne plaisanterie!" a répété Léonide. Il soupçonnait le jeune visiteur d'être secrètement de mèche avec sa sœur et de chercher à les duper.

« "Puis-je également essayer?" a-t-il soudain demandé à sa sœur.

« "Je t'en prie, mon cher" a été sa réponse amusée.

« Son frère s'est alors approché avec un sourire et a saisi à son tour, de son bras musclé, la minuscule table par son pied. Mais le sourire s'est aussitôt évanoui et a laissé place à une expression de surprise muette. Il a un peu reculé et a examiné ce qui, pour lui, était une table d'échecs très familière. Puis il lui a donné un coup violent, mais la petite table est restée inébranlable. Soudain, en posant son puissant torse sur sa surface, il l'a enserrée de ses bras, essayant de la secouer. Le bois a craqué, mais n'a cédé à aucune tentative. Ses trois pieds semblaient fixés au sol. Léonide Hahn a perdu alors tout espoir et, abandonnant sa tâche ingrate, a fait un pas de côté, les sourcils froncés, et s'est contenté de dire : "Que c'est étrange!"…

« Le tapage avait entre-temps attiré de nombreux visiteurs et ils affluaient depuis le salon dans le large appartement où nous nous trouvions. Nombre d'entre eux, des plus jeunes aux plus âgés, ont essayé de soulever la petite table obstinée, ou ne serait-ce que de lui provoquer quelques petits mouvements. Ils ont échoué, comme nous tous.

« Devant la stupeur de son frère, et espérant par chance détruire enfin ses doutes, Mme Blavatsky, lui adressant son habituel rire décontracté, a dit : "Essaie de soulever la table maintenant, encore une fois!"

« Léonide H. a approché la petite chose, hésitant, l'a attrapée par le pied et, la soulevant vers le haut, a manqué de se disloquer les bras à cause de l'effort inutile qu'il avait fourni ; la table avait cette fois été soulevée comme une plume! »

Chapitre XVII
Rougodevo

« Mon père, » dit Mme Jelikovsky, « un homme au vaste pouvoir intellectuel et des plus savants, a été un sceptique toute sa vie, un "voltairien" comme on dit ici en Russie. Il a été, par la force des choses, contraint à changer ses convictions et a passé des jours et des nuits à écrire, sous la dictée de messieurs les esprits, la généalogie de ses ancêtres[1], "les preux chevaliers de Hahn-Hahn von Rotterhahn." »

Les circonstances de sa conversion sont données par M. Sinnet dans ses *Incidents dans la Vie de Mme Blavatsky*, comme cela est rapporté par Mme Jelikovsky : « Cela s'est produit à Saint-Pétersbourg quelques mois plus tard, lorsque Mme Blavatsky a quitté Pskov avec son père et sa sœur, et que tous les trois vivaient dans un hôtel. Ils étaient venus à Saint-Pétersbourg pour affaires, en route pour la propriété de Mme Yahontoff à Rougodevo dans le district de Novorjev, à quelque deux cents verstes[2] de la ville où ils avaient décidé de passer l'été. Toutes leurs matinées étaient consacrées aux affaires, leurs après-midi et soirées à rendre visite et recevoir, et l'on ne trouvait guère le temps pour les phénomènes, ne serait-ce que pour les mentionner.

« Un soir, ils ont reçu la visite de deux vieux amis de leur père… Tous deux étaient très intéressés par les dernières actualités sur le spiritualisme et avaient, bien sûr, hâte d'assister à quelque chose. Après quelques phénomènes réussis, les visiteurs se sont positivement déclarés surpris et ne savaient pas trop quoi penser des pouvoirs de Mme Blavatsky. Ils ont dit qu'ils ne pouvaient ni comprendre ni s'expliquer l'indifférence du père en présence de telles manifestations.

« Il se tenait là, exposant calmement sa "grande patience" avec les cartes, tandis que des phénomènes d'une nature si merveilleuse se produisaient autour de lui. Le vieux gentleman, ainsi pris à partie, a répondu que ce n'était que niaiserie et qu'il ne voulait pas entendre parler de ces absurdités ; il a ajouté que de telles occupations n'étaient guère dignes de personnes sérieuses. Le refus n'a pas découragé les deux vieux gentlemen outre mesure. Au contraire, ils ont commencé à insister sur le fait que le colonel devait, au nom de leur vieille amitié, tenter l'expérience avant de nier l'importance, voire la possibilité, des phénomènes de sa fille.

« Ils lui ont proposé de tester les intelligences et leur pouvoir en écrivant un mot dans une pièce, sans qu'aucun de nous ne le sache, et en demandant ensuite aux

---

1. Un descriptif complet est donné dans *Les Incidents dans la Vie de Mme Blavatsky*, par A. P. Sinnett, pp. 75-77.
2. Environ 213 kilomètres.

"coups" de le répéter. Le vieux gentleman, probablement plus dans l'espoir d'une déconvenue qui lui offrirait l'opportunité de se moquer de ses deux amis que dans le désir de leur faire plaisir, y a finalement consenti. Il a laissé ses cartes et, se dirigeant vers une pièce adjacente, a écrit un mot sur un morceau de papier; suite à quoi, le déposant dans sa poche, il est retourné à sa patience et a attendu en silence, riant derrière sa moustache grise.

« "Eh bien, nos différends seront bientôt réglés" a fait K__ W. "Que direz-vous cependant, mon vieil ami, si le mot que vous avez écrit est correctement rapporté? Ne seriez-vous pas contraint à croire dans de telles circonstances?"

« "Ce que je pourrais dire, si le mot est correctement deviné, je ne peux le dire en cet instant", a-t-il répondu avec scepticisme. "Je peux vous dire une chose en revanche, c'est qu'à partir du moment où j'en viens à croire en votre présumé spiritisme et en ses phénomènes, je serai également prêt à croire en l'existence du diable, des ondines, des sorciers et des sorcières et tout ce qui va avec, autrement dit toutes ces superstitions de vieilles femmes, et alors vous pouvez vous préparer à me présenter comme patient pour un asile psychiatrique."

« Après avoir parlé de la sorte, il est retourné à sa patience et n'a plus prêté aucune attention au déroulement des évènements… La plus jeune sœur répétait l'alphabet; le vieux général inscrivait les lettres, tandis que Mme Blavatsky ne faisait rien, en apparence…

« À l'aide des coups et de l'alphabet, nous avons eu un mot, mais il s'est trouvé être si étrange, si grotesque et absurde, n'ayant aucun rapport avec quoi que soit qui aurait pu être écrit par son père, que nous tous qui nous attendions à une phrase compliquée, nous avons échangé des regards, ne sachant pas vraiment si l'on devait la lire à haute voix. À notre question concernant le fait que ce puisse être là tout, les coups sont devenus plus énergiques dans leurs sons affirmatifs. Nous avons eu plusieurs coups triples, ce qui dans notre code signifiait: oui! Oui, oui, oui!!!

« Remarquant notre agitation et nos murmures, le père de Mme B. nous a regardé par-dessus ses lunettes et a demandé: "Eh bien, avez-vous obtenu des réponses? Ce doit être effectivement quelque chose de complexe et de profond!"

« Il s'est levé et, riant dans sa moustache, s'est approché de nous. Sa plus jeune fille, Mme Yahontoff, est alors allée vers lui et a dit, quelque peu confuse: "nous n'avons qu'un seul mot." "Et quel est-il?" "Zaitchik."

« Quel spectacle en effet que d'assister au changement extraordinaire qui s'est opéré sur le visage de cet homme à ce seul mot! Il est devenu d'une pâleur mortelle. Ajustant ses lunettes d'une main tremblante, il a tendu celle-ci tout en disant avec précipitation: "Laissez-moi voir! Donnez-le-moi. Est-ce donc vrai?"

« Il a pris les bouts de papier et a lu d'une voix très agitée: "Zaitchik. Oui, Zaitchik; c'est bien cela. Que c'est étrange!"

« Sortant de sa poche le papier sur lequel il avait écrit dans la pièce adjacente, il l'a tendu à sa fille et à ses invités en silence. Ils y ont à la fois trouvé la question posée et la réponse qui était attendue. Les mots étaient les suivants : "Quel était le nom de mon cheval de guerre favori que j'ai chevauché durant ma première campagne turque ?" et, plus bas entre parenthèses ("Zaitchik").

« Nous avons été complètement envahis d'un sentiment de triomphe et nous l'avons exprimé en conséquence. Ce mot solitaire, Zaitchik, a eu un énorme effet sur le vieux gentleman. Comme cela est souvent le cas avec les sceptiques invétérés, une fois qu'il a su qu'il y avait bel et bien quelque chose dans les affirmations de sa fille aînée, et que cela n'avait rien à voir avec aucune jonglerie ou tromperie, étant convaincu de ce seul fait, il s'est jeté dans l'étude des phénomènes avec tout le zèle d'un ardent enquêteur.

« Une fois installés dans notre propriété à Rougodevo, nous nous sommes trouvés comme transportés dans un monde enchanté, dans lequel nous nous étions très vite accoutumés à voir des meubles se déplacer d'eux-mêmes et des choses être transférées d'un endroit à l'autre d'une manière des plus inexplicables. Nous nous étions aussi habitués à la forte interférence de quelque pouvoir intelligent inconnu de nous, chaque jour de notre vie. Tant et si bien que nous avons fini par ne plus leur prêter grande attention, bien que les faits phénoménaux aient frappé tout le monde comme étant tout bonnement miraculeux…

« Toutes les personnes vivant en ces lieux, avec les membres de l'entourage, voyaient toujours, parfois en plein jour, de vagues ombres humaines déambuler dans les pièces, apparaître dans les jardins, sur les parterres devant la maison, et près de l'ancienne chapelle. Mon père, le plus grand des sceptiques, et Mlle Léontine, la gouvernante de notre jeune sœur, m'ont très souvent raconté qu'ils avaient vu et rencontré de telles silhouettes assez clairement…

« Cela ne concernait pas que H.P.B., mais sa petite sœur également, Lisa, une enfant âgée de neuf ans, qui a vu plus d'une fois ces formes étranges se glisser en silence le long des couloirs de l'ancienne maison… L'enfant, aussi étrange que cela puisse paraître, ne craignait pas plus les fantômes agités que sa grande sœur, car elle les considérait avec innocence comme des personnes vivantes. Elle ne s'intéressait qu'aux problèmes importants : d'où venaient-ils, qui étaient-ils et pourquoi s'attendait-on à ce que ni elle ni sa sœur ne puissent les voir. La jeune fille trouvait cela fort impoli. Par chance pour cette enfant, et peut-être grâce aux efforts de sa sœur, Mme Blavatsky, cette faculté l'a quittée très tôt pour ne jamais plus revenir.

« La vie tranquille des sœurs à Rougodevo a touché à sa fin avec la terrible maladie qui a frappé Mme Blavatsky. Des années auparavant, peut-être durant ses voyages en solitaire dans les steppes d'Asie, elle a été blessée de façon spectaculaire. On n'a jamais su comment cela s'était passé. Inutile de dire que cette plaie profonde se rouvrait occasionnellement et que Mme Blavatsky souffrait alors d'une intense agonie, qui lui causait parfois des convulsions et une transe semblable à la mort[1].

---
1. Le colonel Olcott indique que cette plaie se rouvrit pendant que H.P.B. se trouvait à Chittenden, dans la propriété d'Eddy, en 1875. Il la décrit comme étant causée par un coup de poignard, juste sous le cœur.

« La maladie durait de trois à quatre jours, puis la blessure guérissait presque aussi vite qu'elle s'était ouverte, comme si une main invisible l'avait refermée, et il ne restait aucune trace. Mais la famille effrayée ignorait au début cette étrange singularité, et ils n'en étaient que plus effrayés et désespérés.

« On a fait venir un médecin depuis la ville voisine, mais il s'est révélé peu efficace, non pas tant du fait de sa méconnaissance en chirurgie, qu'en raison d'un remarquable phénomène dont il a été témoin et qui l'a laissé impuissant, saisi d'une terreur indicible. Il commençait seulement à examiner la plaie de la patiente complètement inconsciente et prostrée devant lui, lorsque soudain il a vu une large et sombre main entre les siennes et la plaie qu'il était sur le point d'oindre. La plaie béante était proche du cœur et la main ne cessait de bouger à plusieurs intervalles, du cou jusqu'à la taille. Aggravant davantage sa terreur, un terrible bruit a retenti dans la pièce ; c'était un tel chaos de bruits et de sons provenant du plafond, du sol, des carreaux des fenêtres et de chacun des meubles dans l'appartement, que le médecin a supplié qu'on ne le laisse pas seul dans la pièce avec la patiente inconsciente.

« Au printemps de 1860, les deux sœurs ont quitté Rougodevo pour le Caucase, afin de rendre visite à leurs grands-parents, qu'elles n'avaient pas revus depuis des années. »

Chapitre XVIII
Dans le Caucase

« Lors de l'été de 1860, nous avons quitté la région de Pskov pour le Caucase, afin de rendre visite à nos grands-parents, les Fadeïev, et Mme Witte, notre tante, la sœur de notre mère, qui n'avait pas vu Hélène depuis plus de onze ans. Sur le chemin, dans la ville de Zadonsk, qui se trouve dans la région de Voronej, nous avons appris que l'archevêque de Kiev, le Vénérable Isidore, dont nous avions fait la connaissance durant notre enfance à Tiflis où il était à la tête de l'Exarchat de Saint George, se trouvait en ville, en transit avant de rejoindre Saint-Pétersbourg où il officiait au monastère.

« Nous avions hâte de le voir. Il se souvenait de nous et nous a fait parvenir un message disant qu'il serait ravi de nous voir après la Messe. Nous nous sommes rendus à l'Église de l'Archevêque, non sans hésitations de ma part. Sur le chemin, j'ai donc dit à ma sœur : "Je te prie de faire en sorte que tes démons se tiennent tranquilles tant que nous sommes en présence de l'archevêque".

« Elle s'est mise à rire et à dire qu'elle ne souhaitait rien de plus, mais que la décision ne lui appartenait pas. Je ne le savais malheureusement que trop bien ! De ce fait, je n'ai pas été étonnée, mais affligée, quand j'ai entendu un tapotement démarrer au moment où le respectueux vieil homme a commencé à questionner ma sœur sur ses voyages. Un ! deux ! Un ! deux ! trois ! Il ne pouvait que remarquer ces individus importuns qui semblaient déterminés à se joindre à nous et prendre part à la discussion. Afin de nous interrompre, ils ont fait vibrer et se déplacer le mobilier, les sabliers, nos tasses de thé et même le chapelet en perles d'ambres que le vieil homme saint tenait dans ses mains.

« Il a réalisé immédiatement notre désarroi, et après avoir pris connaissance de la situation d'un coup d'œil, il nous a demandé laquelle de nous était médium. Comme toute bonne égoïste qui se respecte, je me suis empressée de pointer ma sœur du doigt. Il a continué de nous parler pendant plus d'une heure, posant question après question de vive voix à ma sœur, et par la pensée à ses accompagnateurs, et semblait profondément surpris et ravi d'avoir assisté au phénomène. Avant de nous quitter, il nous a bénies et nous a réconfortées en nous assurant que nous n'avions aucune raison de craindre le phénomène.

« D'après lui, "il n'est de force qui, tant par son essence que sa manifestation, ne doit son origine au Créateur. Tant que tu n'abuses pas des dons qui t'ont été conférés, tu n'as aucune raison d'être inquiète. Il ne nous est en aucun cas interdit d'explorer les forces cachées de la nature. Un jour, elles seront comprises et mises au service de l'homme, bien que ce ne soit pas encore le cas. Que Dieu te bénisse mon enfant!".

« Il a de nouveau béni Héléna, et fait le signe de la croix. À combien de reprises H.P. Blavatsky avait dû se remémorer nombre d'années plus tard, ces mots chaleureux prononcés par l'un des principaux représentants de l'Église grecque Orthodoxe, et à quel point s'était-elle sentie reconnaissante envers lui? » [1]

Le Général P. S. Nikolaeff décrivit Tiflis, dans le Caucase, patrie des Fadeïev dans ses *Reminiscences of Prince A. T. Bariatinsky* de la manière suivante: « Ils vivaient à cette époque dans une ancienne demeure du Prince Tchavtchavadzé, un grand bâtiment duquel émanait une impression étrange... Un long et imposant couloir était décoré avec les portraits de famille des Fadeïev et des Princes Dolgorouky. En continuant un peu, on tombait sur un salon dont les murs étaient recouverts de tapisseries Gobelin, un cadeau de l'Impératrice Catherine; et à proximité se trouvait l'appartement de Mlle N. A. Fadeïev, que l'on aurait pu prendre pour un musée privé des plus remarquables. On y retrouvait dans une même pièce des armes en provenance des quatre coins du monde, de la vaisselle et des coupes antiques, des ustensiles archaïques, des idoles chinoises et japonaises, des mosaïques et autres représentations de l'époque byzantine, des tapis persans et turcs et des tissus élaborés avec de l'or et de l'argent, des statues, des dessins, des peintures, des fossiles, et pour finir, une librairie tout ce qu'il y a de plus rare et précieuse.

« L'émancipation des serviteurs n'avait apporté aucune modification au quotidien des Fadeïev. L'entièreté de leurs nombreux serfs[1] était restée au service de la famille, mais ils recevaient désormais une compensation, tandis que les membres de la famille continuaient de vivre comme avant, c'est-à-dire dans le luxe et l'abondance, ce qui signifie qu'ils étaient toujours aussi hospitaliers et ouverts d'esprit. J'adorais passer mes soirées chez eux.

« À précisément onze heures moins le quart, le vieux général, balayant le parquet avec ses pieds chaudement emmitouflés, se retirait dans ses appartements. Au même moment, en toute hâte et en silence, le souper était apporté sur des plateaux et servi dans les chambres; puis s'en suivait immédiatement la fermeture des portes du salon, pour laisser place à des conversations animées sur un large panel de sujets. La littérature contemporaine était passée en revue et critiquée, et les questions sociales actuelles en Russie discutées. Quelquefois, le sujet tournait autour du récit d'un voyageur étranger en visite, ou bien du témoignage d'une récente escarmouche par l'un de ses héros, un quelconque officier à la peau brûlée par le soleil, tout juste de retour du champ de bataille dans les montagnes du Caucase, que l'on écouterait avec attention. D'autres fois, Quartano, le vieux et désuet franc-maçon espagnol, à ce moment-là officier dans l'armée russe, passait pour partager de palpitants récits des guerres de Napoléon Ier.

« Ou bien encore, "Radda Bay", H.P. Blavatsky, la petite fille du Général A. M.

---

1. Synonyme de serviteur.

Fadeïev, avait l'habitude de nous faire l'honneur d'une apparition, lors desquelles on lui demandait de faire appel à ses souvenirs pour nous raconter quelques épisodes tumultueux de sa vie en Amérique ou de ses voyages. Ainsi, quand le sujet de discussion tournait inévitablement au mystique, elle-même s'empressait "de provoquer les esprits", et la lueur des grandes bougies commençait à s'amenuiser, sans presque plus vaciller vers la fin, les silhouettes humaines des tapisseries Gobelin semblaient prendre vie et se mouvoir, et chacun d'entre nous se sentait patraque, pris d'une sensation insidieuse, situation qui durait généralement jusqu'à ce qu'à l'Est le ciel commence à éclaircir la sombre nuit du Sud. »

Mme Jelikovsky raconta : « Mme Blavatsky a vécu à Tiflis moins de deux ans, et pas plus de trois dans le Caucase » ; mais plus tard dans sa revue *Lucifer*, elle écrivit : « Héléna Petrovna a continué à vivre dans le Caucase durant les quatre années qui ont suivi ». Elle continua son récit par : « Elle a passé la dernière année à vagabonder en Imérethie, Géorgie et Mingrélie...

« Il n'était que naturel que les princes et "l'aristocratie" terrienne qui vivaient dans leurs "châteaux" éparpillés ci et là, coincés tel un nid au feuillage épais dans les bois et forêts denses de Mingrélie et Imérethie, et qui à peine un demi-siècle auparavant n'étaient que d'apprentis brigands, si ce n'est d'authentiques bandits de grand chemin aussi fanatiques que des moines napolitains et aussi ignorants que des nobles italiens, aient perçu un personnage tel que Mme Blavatsky non pas comme une magicienne bienfaisante, mais plutôt comme une sorcière.

« Si elle venait à soigner et aider ceux qui se pensaient sincèrement ensorcelés, c'était uniquement pour se poser en cruelle ennemie de ceux qui les avaient ensorcelés et qui comptaient en récupérer les bénéfices... De ce fait, si parmi ses amis se trouvaient des personnes de la classe sociale des Princes Gouriel, Dadiani et Abashedss, d'autres, éprouvant de la haine envers ceux nommés précédemment, étaient donc à compter parmi ses ennemis jurés...

« Elle se tenait en marge de la société, éprouvant du mépris pour ses idoles, et se retrouvait de ce fait considéré comme une dangereuse iconoclaste. Toute sa compassion était dirigée à l'égard de la partie tabou du genre humain que la société prétend ignorer et évite, tout en poursuivant secrètement ses membres les plus célèbres que sont les nécromanciens, les obsédés, les possédés et autres personnages mystérieux. Les Koodiani de naissance[1], les faiseurs de miracles perses, et les vieilles sorcières arméniennes ou encore les soigneurs et diseurs de bonne aventure, faisaient partie des premiers qu'elle cherchait à prendre sous sa tutelle.

« Enfin, l'opinion publique s'est déchaînée, et la société, forte d'un sentiment de supériorité purement basé sur le nombre de ses constituants plutôt que sur leur caractère individuel, s'est liguée contre l'un de ses membres qui a osé défier ses lois consacrées et agir comme aucune personne respectable ne l'aurait fait, à savoir errer dans la forêt seule, à cheval, et préférer les huttes enfumées et leurs résidents

---

1. Magiciens et sorciers.

malpropres, à d'étincelants salons et leurs triviaux occupants. L'aristocratie superstitieuse de Gourie et Mingrélie a rapidement commencé à la voir comme une magicienne, et des personnes se sont mises à parcourir de grandes distances pour pouvoir la consulter. »

Dans une lettre à l'attention de M. Sinnett, H.P.B. écrivit : « Demande à Véra ce qu'elle sait au sujet de mes pouvoirs quand je me trouvais en Imérethie et Mingrélie, dans les forêts vierges d'Abkhazie et sur la côte de la Mer Noire, et si des personnes, princes indépendants, archevêques ou aristocrates, n'ont pas afflué en masse de toutes directions pour me demander de les soigner, de les protéger et j'en passe.

« Toujours à la recherche d'occupation, » écrivit Mme Jelikovsky, « toujours active et pleine d'entrain, elle s'est établie quelque temps en Imérethie, puis en Mingrélie, sur le littoral de la mer Noire, où elle a pris part au commerce de bois raffiné dont la région regorge. Plus tard, elle a déménagé plus au sud à Odessa, où notre tante était partie vivre après la mort de nos grands-parents. Là-bas, elle s'est placée à la tête d'une manufacture de fleurs artificielles, mais l'a quittée peu de temps après pour d'autres entreprises, qu'elle a rapidement quittées à leur tour, en dépit du fait qu'elles s'avéraient généralement prospères. »

C'est peut-être à cette occasion que s'applique une certaine déclaration faite dans *The Liberal Christian* du 4 septembre 1875 : « Merveilleux étaient les récits de ses essais dans le commerce, comme vendre une cargaison de noix de coco à un bateau n'étant pas en état de naviguer. »

Dans *Lucifer*, sa sœur poursuivit : « Elle ne s'est jamais inquiétée de faire quelque chose de peu flatteur pour quelqu'un comme elle. Tout métier honnête lui semblait une opportunité. Il est cependant intéressant de noter qu'elle ne s'est jamais attelée à une occupation pour laquelle ses talents auraient été plus adaptés, plutôt que ces projets de nature commerciale. Par exemple, elle n'a pas choisi la littérature ou la musique, ce qui lui aurait permis de mieux exposer ses impressionnantes facultés intellectuelles, contrairement au commerce qu'elle n'avait jamais étudié dans sa jeunesse. »

Son cousin, le comte Witte écrivit dans ses *Mémoires* : « On a par la suite entendu parler d'elle depuis Odessa. À cette époque-là, toute notre famille était installée dans cette ville. Mes grands-parents et mon père nous avaient quittés à Tiflis, et mon frère et moi y étions inscrits à l'université. C'est à ce moment-là que ma cousine, pleine de ressources, a ouvert à la suite une usine d'encre, un magasin de vente au détail et un autre de fleurs artificielles.

« J'étais particulièrement impressionné par l'extraordinaire facilité avec laquelle elle pouvait assimiler savoirs et compétences, et ce des plus variés. Sa capacité dans ce domaine frôlait le surnaturel. Musicienne autodidacte[1], elle était capable de donner des concerts de pianoforte à Londres et Paris, et bien que jamais éduquée

---

1. Assez loin de la vérité. Elle avait reçu des cours de musique étant enfant que ce soit chez elle ou à Londres.

à la théorie musicale, elle dirigeait un orchestre complet. Il faut aussi prendre en considération le fait que, bien que n'ayant jamais sérieusement étudié les langues étrangères, elle parlait couramment plusieurs d'entre elles.

« J'ai aussi été frappé par sa maîtrise de la poésie. Elle pouvait en écrire des pages et des pages aux vers élégants sans le moindre effort, tout en étant capable de rédiger des essais en prose sur n'importe quel sujet concevable. En outre, elle possédait le don de pouvoir hypnotiser à la fois ses auditeurs et elle-même, afin de donner à ses inventions les plus fantasques l'illusion de la réalité. Il ne fait aucun doute qu'elle était dotée d'un talent pour la littérature. Katkov, le rédacteur en chef moscovite, célèbre dans les annales du journalisme russe, me parlait d'elle en des termes plus qu'élogieux, comme l'indique sa contribution à la revue *The Russian Messenger* (Russky Vyestnik), que sont les contes intitulés *Dans les caves et jungles de l'Hindustan*. »[1]

À terme, elle acheta une maison à Ozourguéti, une base militaire en Mingrélie, petite ville perdue au milieu de forêts ancestrales, sans routes ni axes de transports, si ce n'est des plus primitifs. Dans sa petite maison d'Ozourguéti, Mme Blavatsky tomba très malade. Dans son récit, Mme Jelikovsky écrivit à M. Sinnett : « C'était l'une de ces mystérieuses maladies neurologiques qui laissent perplexes les scientifiques, et que seul un psychologue des plus érudits peut discerner. Elle a commencé, comme elle l'expliquait souvent à ses amis, "à mener une double vie". Ce qu'elle entendait par là, personne en Mingrélie ne le savait. Elle décrivait cette condition de la manière suivante :

« "Il suffisait de prononcer mon nom pour que j'ouvre les yeux. J'étais alors celle que j'avais toujours été, sous toutes ses coutures. Cependant, dès que l'on me laissait seule, je replongeais dans une condition quasi onirique désormais habituelle, et je devenais quelqu'un d'autre (qui exactement ? Mme B. ne le dira pas). Je souffrais seulement d'une légère fièvre qui me consumait doucement, mais sûrement, jour après jour, ainsi que d'une perte d'appétit puis finalement de faim, faim que je ne ressentais plus pendant des jours durant, et je pouvais souvent ne rien ingérer pendant une semaine si ce n'est un peu d'eau. De ce fait, j'avais été réduite à l'état de squelette ambulant en l'espace de quatre mois.

« "Lorsque sous les traits de mon autre personnalité j'étais interrompue en plein milieu d'une conversation à l'appel de mon nom, que ce soit au milieu d'une de mes phrases ou de celles de mes invités, j'ouvrais les yeux pour répondre, et j'avais pour habitude de le faire de manière rationnelle, de tout comprendre, car je n'étais jamais en proie au délire. Mais aussitôt, mes yeux refermés, la phrase qui avait été interrompue à l'appel de mon nom était complétée par mon autre moi, reprise au mot ou au son même auquel elle avait été interrompue. Une fois réveillée et moi-même, je me rappelais très bien la personne que j'étais dans mon état second et ce

---

1. Publié pour la première fois en anglais après sa mort, en 1892. Bien que les contes fussent déjà parus dans une édition russe dès 1883.

que j'avais pu ou était en train de faire. À l'inverse, lorsque j'étais quelqu'un d'autre, l'identité en question n'avait aucune idée de qui était H.P. Blavatsky ! J'étais transportée dans un pays lointain, avec des traits de caractère à des lieux de ma personnalité d'origine et je n'avais aucune connexion avec ma vie réelle." »

Peut-être que le passage qui suit, écrit par H.P.B. plusieurs années après les faits, permet de mettre en lumière ce sujet abscons :

« Cette faculté est latente chez l'homme. J'entends par là qu'elle est en chaque homme, femme et enfant, et non pas seulement dans quelques cas isolés de l'espèce humaine, bien qu'il soit fort probable que ce mystère de la double vie reste hors de portée pour quatre-vingt-dix-neuf personnes sur cent. Cette ignorance peut être attribuée au mode de vie occidental…

« Car qui d'entre nous en est conscient, ou est en possession de moyens lui permettant de se connaître, lorsque cette personne vit dans l'ambiance létale de la société ou du prolétariat ? Comment, celui à qui on a inculqué depuis l'enfance qu'il est né dans le péché, impuissant, et dont seul le "Seigneur" peut lui apporter le salut, peut ne serait-ce qu'avoir l'idée de tester ses capacités, quand la pensée même de leur présence lui échappe ? Quand on s'adonne sans répit à la recherche de toujours plus d'or, plus d'honneur, d'une meilleure position de pouvoir dans la haute société, ou quand on doit "se battre pour subsister", pour un peu de pain et la vie dans les classes sociales inférieures, il n'y a plus de temps ou de place pour chercher à manifester son "moi intérieur".

« Ainsi, au cours de toute une vie, cet alter ego reste dormant, paralysé par la personnalité principale, et ne peut s'affirmer que spontanément et occasionnellement sous forme de rêves, de visions ou encore de "coïncidences" étranges, sans que l'on en tienne compte. Avant de pouvoir proclamer son existence et présence chez l'homme, le Psychic ou Moi supérieur doit entièrement se débarrasser de l'influence soporifique du moi[1].

« Mais une fois cette condition remplie, comme l'a dit Milton : "Celui qui règne sur soi et qui contrôle ses passions, ses désirs et ses peurs est plus qu'un roi", car cette personne est un expert en la matière. Seule la coquille, manifestation subjective du dernier obstacle qui sépare le moi intérieur du monde extérieur, reste à surmonter. Et quand la seule résistance que cette dernière offre n'est au mieux que passive, le moi supérieur est aussi libre que le jour où cette coquille sera abandonnée définitivement[2].

« Il semble cependant exister des individus nés avec cette capacité, sujets du caractère aléatoire du karma, et dont le moi intérieur est si puissant que la résistance appliquée par leur personnalité ou leur corps provisoire est réduite à zéro. »

---

[1]. C'est probablement ce à quoi fait référence H.P.B. quand elle parle du fait qu'il y aurait des millions d'individus dépourvus d'âme dans le monde.
[2]. Elle eut l'opportunité d'écrire à M. Wm. L. Judge : « Oui, "deux personnes" m'habitent. Et alors ? C'est aussi votre cas, à l'exception que ma deuxième personnalité est consciente et responsable, et la vôtre non. » The Path, Juillet 1892.

Pour en revenir à l'état de santé de H.P.B. : « Le seul médecin des environs, un chirurgien de l'armée, était incapable de tirer une quelconque conclusion à partir de ses symptômes, mais il était évident que sa santé déclinait rapidement, et il a fait faire ses valises pour qu'elle rejoigne ses amis à Tiflis. Au vu de son état de faiblesse, elle ne pouvait pas faire le voyage à cheval, et l'option de la charrette semblait trop dangereuse. Elle a donc été embarquée dans un grand bateau indigène le long de la rivière pour un voyage de quatre jours jusqu'à Koutaïssi, accompagnée de quatre domestiques autochtones ayant pour seule mission de prendre soin d'elle…

« Au sein de cette embarcation, naviguant sur une rivière étroite, flanquée par des forêts centenaires, elle a dû se retrouver dans une situation précaire. Bien que navigable, le ruisseau sur lequel ils se trouvaient n'était que très rarement emprunté. Il semblerait que lors de leur périple sur le petit courant d'eau qui séparait deux berges abruptes et boisées, les domestiques aient été pris de frayeur à plusieurs reprises, et ce durant trois nuits consécutives, à la vue de ce qui, jurent-ils, était leur maîtresse, en train de glisser du bateau sur les eaux en direction des forêts avoisinantes, tandis que le corps de cette dernière gisait à plat ventre sur son lit dans la cale du bateau.

« À la vue de la "forme", l'homme qui halait le canoé aurait pris ses jambes à son cou à deux reprises en poussant des cris à en glacer le sang. Sans la présence d'un ancien domestique fidèle qui était là pour prendre soin d'elle, le bateau et la patiente auraient été abandonnés en plein milieu de la rivière. La dernière nuit, le domestique aurait juré avoir vu deux silhouettes, tandis que la troisième, sa maîtresse, en chair et en os, était en train de dormir sous ses yeux. À peine étaient-ils arrivés à Koutaïssi, où avait établi résidence un membre lointain de la famille de Mme Blavatsky, que tous à l'exception de l'ancien majordome l'ont abandonnée sans jamais plus revenir.

« C'est avec grande difficulté qu'elle a été transportée à Tiflis. Une calèche et un ami de la famille avaient été envoyés à sa rencontre, et quand elle a enfin été amenée dans la maison de ses amis, elle était apparemment mourante. De ce moment, elle n'a reparlé avec personne…

« Une après-midi, encore frêle des suites des maux précédemment décrits, Mme Blavatsky est entrée dans la chambre de sa tante, N. A. Fadeïev. Après une courte discussion et remarquant son état de fatigue avancé, sa tante lui a proposé de se reposer sur le sofa. Le contact de sa tête avec le coussin a suffi à ce qu'elle tombe dans un sommeil profond. Sa tante avait tranquillement repris les écrits qu'elle avait interrompus pour discuter avec sa nièce, quand elle a soudain entendu des bruits de pas, légers, bien qu'audibles, dans la pièce, et a rapidement tourné la tête afin de voir qui était l'intrus, car elle était nerveuse à l'idée que sa nièce puisse être dérangée.

« La pièce était vide ! Il n'y avait absolument personne d'autre à l'exception de sa nièce et d'elle-même. Et pourtant, des pas continuaient à se faire entendre, comme si une personne relativement lourde foulait le sol discrètement, le plancher grinçant sous la pression. Ils ont approché du sofa, puis ont cessé d'un coup d'un seul. Puis elle s'est mise à entendre des sons plus graves, comme si quelqu'un était en train de chuchoter aux côtés de Mme Blavatsky, et alors, un livre sur la table de chevet du sofa s'est ouvert sous les yeux de N. A. Fadeïev, et ses pages ont tourné d'avant en arrière, comme si une main invisible s'en chargeait. Depuis l'une des étagères de la bibliothèque, un autre livre a été saisi et a flotté dans la même direction.

« Plus surprise qu'effrayée, car toute personne ayant vécu suffisamment longtemps dans cette maison était désormais assez habituée à de telles manifestations, N. A. Fadeïev a quitté son fauteuil afin d'aller réveiller sa nièce, espérant ainsi mettre fin au phénomène. Cependant, au même moment, un imposant fauteuil a commencé à bouger depuis l'autre bout de la pièce et, tout en frottant le sol, s'est mis à glisser en direction du sofa. Réveillée par le bruit, Mme Blavatsky, immédiatement après avoir ouvert les yeux, a interrogé l'entité invisible sur les raisons de sa présence. S'en sont suivis quelques chuchotements de plus avant un retour à la normale, et il n'y a plus rien eu de la sorte durant le reste de la soirée. »

Chapitre XIX
Le développement psychique en Russie

Le spiritisme, ou spiritualisme, en était encore à ses balbutiements en Europe. Au cours de ses voyages, l'idiosyncrasie[1] psychologique de la jeune fille qu'était alors Mme Blavatsky s'était étoffée, et à son retour, elle se trouvait déjà en pleine possession de pouvoirs occultes que l'on attribuait en ces temps-là à la médiumnité.[1]

« Sous le flot incessant des questions de sa sœur, elle a fini par confesser que ces manifestations n'avaient eu de cesse de la suivre partout où elle allait, comme au temps de ses vertes années d'enfance et de jeunesse. Elle a également reconnu que de tels coups frappés pouvaient s'accroître ou diminuer, voire cesser totalement, par la force de sa seule volonté, ce qu'elle prouvait généralement par une démonstration effectuée sur-le-champ. Bien entendu, le bon peuple de Pskov était alors au courant de ce qui se passait, il avait entendu parler du spiritualisme et de ses manifestations, tout comme le reste du monde. Si des médiums s'étaient déjà signalés à Saint-Pétersbourg, aucun d'entre eux ne s'était encore aventuré jusqu'à Pskov, dont la candide population n'avait jamais entendu parler des coups frappés par les soi-disant "esprits". »

« "Lorsqu'on s'adressait à elle comme médium," a dit Mme Jelikovsky, "Mme Blavatsky se mettait à rire et nous assurait qu'elle n'était aucunement médium, seulement une médiatrice entre les mortels et des êtres dont nous ignorions tout. Mais je n'ai jamais pu saisir la différence... Au cours de ses nombreuses années passées en dehors de la Russie, ma sœur a consacré l'essentiel de son temps à parcourir l'Inde où, comme nous le savons à présent, les théories spirituelles font l'objet d'un profond mépris, et l'on dit des prétendus phénomènes médiumniques qu'ils sont occasionnés par une entremise d'une tout autre nature que celle des esprits ; on affirme que la médiumnité procède d'une source dont ma sœur considère qu'il est avilissant pour sa dignité humaine d'y puiser, ce qui l'induit à refuser de reconnaître la présence d'une force de cette sorte en elle." »

« Il est impossible de détailler ne serait-ce qu'une portion des phénomènes de ce type qui se sont produits durant le séjour que Mme Blavatsky a passé à nos côtés dans la ville de Pskov. On peut toutefois les mentionner de façon générale à travers la classification suivante :
- Les réponses directes parfaitement claires, autant écrites que verbales, faisant suite à des questions mentales, soit de la "lecture de pensée".

---

1. Une idiosyncrasie est une caractéristique inhabituelle d'une personne. Elle peut également désigner une habitude bizarre. Le terme est souvent utilisé pour exprimer l'excentricité ou la particularité.

- Les prescriptions pour diverses maladies, en latin, et les remèdes subséquents.
- La divulgation de secrets intimes, seulement connus de la partie intéressée, particulièrement dans le cas des personnes qui faisaient indélicatement part de leurs doutes.
- Les modifications à volonté du poids des meubles ou des personnes.
- Les lettres provenant de correspondants inconnus et les réponses immédiates faites par écrit, trouvées dans les endroits les plus retirés et les plus mystérieux à la suite de requêtes formulées.
- L'apparition et l'apport d'objets qui n'ont été réclamés par aucune des personnes présentes.
- Les sons s'apparentant à des notes de musique et résonnant dans n'importe quel endroit choisi par Mme Balvatsky.

« Nous avons vite acquis la conviction que les forces à l'œuvre, ainsi que Mme Blavatsky ne cessait de nous le répéter, devaient être réparties en plusieurs catégories distinctes. Tandis que les êtres invisibles situés le plus bas sur l'échelle produisaient la plus grande part des phénomènes physiques, ceux qui étaient placés le plus haut daignaient rarement communiquer ou interagir avec des étrangers. Ces derniers "invisibles" se faisaient voir, sentir et entendre seulement durant les heures au cours desquelles nous étions strictement en famille, lorsque qu'il régnait une grande harmonie et un grand calme parmi nous… lorsque personne ne cherchait à procéder à des expériences ou des tests vains, et lorsque personne ne tentait de convaincre ou d'éclairer quiconque.

« Dans la majorité des cas, les phénomènes étaient sporadiques[1], semblaient tout à fait indépendants de sa volonté, ne tenaient apparemment aucun compte des suggestions de qui que ce soit, et apparaissaient en contradiction frontale vis-à-vis des désirs exprimés par les personnes présentes. Nous nous sentions extrêmement vexés chaque fois que l'occasion de convaincre un chercheur éminemment intelligent se présentait, mais l'entêtement et le manque de bonne volonté de H.P.B. rendaient vaine toute démarche allant dans ce sens.

« Je me souviens bien comment, au cours d'une grande réception, alors que plusieurs familles étaient venues de loin, parfois au point de traverser des centaines de kilomètres dans le but d'assister à quelque phénomène… Mme Blavastky, tout en nous assurant qu'elle faisait tout son possible, ne leur a offert aucune manifestation propre à alimenter leur méditation. Cela a duré plusieurs jours[2]. Les visiteurs sont partis mécontents et dans un état d'esprit aussi peu bienveillant que sceptique.

« En revanche, à peine les portes se sont-elles refermées derrière eux, les clochettes des chevaux ont-elles encore retenti dans la dernière allée à l'entrée du parc, que

---

1. De temps en temps, irrégulièrement.
2. H. P.B. a expliqué cela en se disant fatiguée et dégoûtée par la soif toujours plus grande du public pour les "miracles".

tout dans la pièce a semblé prendre vie. Les meubles se comportaient comme si chaque pièce qui les composait était animée et douée de parole, et nous avons passé le reste de la soirée ainsi que la plus grande partie de la nuit dans les mêmes conditions que si nous nous étions trouvés entre les murs enchantés du palais magique de Shéhérazade…

« Une fois, tandis que nous soupions dans la salle à manger, de retentissants accords se sont fait entendre du piano qui se trouvait entreposé dans l'appartement voisin fermé à clef; il était orienté de telle sorte que nous pouvions tous, de là où nous étions, le voir à travers les portes grandes ouvertes.

« Puis, obéissant au doigt et à l'œil à Mme Blavatsky, son sachet de tabac, sa boîte d'allumettes, son mouchoir de poche, tout ce qu'elle voulait ou qu'on lui faisait demander, tous ces objets se sont précipités dans les airs jusqu'à elle. Ensuite, alors que nous prenions place sur nos sièges respectifs, toutes les lumières de la chambre se sont soudain éteintes, aussi bien les lampes que les bougies, comme si un redoutable coup de vent avait déferlé dans tout l'appartement; et lorsqu'on a craqué une allumette, tous les meubles – sofas, fauteuils, tables, placards et larges buffets – se sont mis sur-le-champ sens dessus dessous, comme renversés bruyamment par des mains invisibles, et aucune fêlure sur l'ornement sculpté le plus fragile ou la moindre assiette n'a été à déplorer.

« Nous avions à peine repris nos esprits après cette performance miraculeuse que nous avons de nouveau entendu quelqu'un jouer bruyamment et distinctement une pièce de musique sur le piano, une longue marche de bravoure cette fois. Alors que nous nous précipitions avec des bougies allumées vers l'instrument et que je comptais dans ma tête toutes les personnes pour m'assurer que toutes étaient présentes, nous avons trouvé, comme nous nous y attendions, le piano fermé à clef tandis que les derniers accords résonnaient encore dans l'air, s'échappant de sous le lourd couvercle fermé.

« Elle était ce qu'on appellerait de nos jours "un bon médium pour l'écriture automatique"; elle était, pour ainsi dire, capable de retranscrire les réponses d'elle-même par écrit en même temps qu'elle conversait sur n'importe quel sujet avec ceux qui se trouvaient autour d'elle… Dès le début, presque depuis son enfance, et certainement durant les jours susmentionnés, Mme Blavatsky, comme elle nous l'a dit, pouvait en pareilles circonstances voir aussi bien la pensée véritable dans l'esprit de la personne posant les questions, que le reflet plus flou et pourtant assez net pour elle d'un évènement, un nom ou quoi que ce soit, comme si tout cela était suspendu dans un monde mystérieux enveloppant la personne, le plus souvent aux alentours de sa tête. Elle n'avait qu'à le copier sciemment ou laisser sa main le faire de manière mécanique. Elle ne se sentait en aucun cas aidée ou conduite par quelque pouvoir extérieur que ce soit; pour ainsi dire, aucun "esprit", d'après elle, ne l'assistait dans le procédé après qu'elle soit revenue de son premier voyage.

« Chaque fois que la pensée d'une personne devait être communiquée par des coups, le procédé changeait. Tout d'abord, elle devait lire, parfois pour l'interpréter, la pensée de la personne qui posait une question ; cela fait, elle devait s'assurer de bien s'en souvenir une fois qu'elle aurait disparu, comme souvent ; elle devait regarder attentivement les lettres de l'alphabet pendant qu'on les lisait ou les pointait du doigt ; elle devait préparer le courant de volonté qui devait produire les coups sur la bonne lettre, puis la frapper au bon moment sur la table ou n'importe quel objet désigné pour servir de véhicule pour les sons ou les coups.

« Il arrivait souvent, lorsque ma sœur était plongée dans sa lecture, que notre père, la gouvernante et moi communiquions mentalement et en silence avec le pouvoir invisible pour éviter de la déranger, nous contentant de formuler nos questions en pensée, et écrivant les lettres frappées sur les murs ou sur la table à proximité de nous... Il est extraordinaire que les conversations silencieuses que nous entretenions avec cette force intelligente, qui ne s'était jamais manifestée qu'en présence de ma sœur, se soient avérées des plus fructueuses pendant les instants où elle dormait ou lorsqu'elle était très souffrante.

« Elle avait renoncé depuis longtemps à communiquer par le biais des coups frappés[1] et préférait répondre aux gens aussi bien verbalement que par transcription directe, ce qui constituait une méthode bien plus rapide et satisfaisante. C'était toujours fait en toute conscience et par la simple observation des pensées, qui se déployaient hors des têtes des gens en spirale lumineuse de fumée ou parfois en jets de ce qui pourrait être considéré comme une quelconque matière rayonnante, et disposées en tableaux et en images distinctes autour de ces mêmes gens.

« De telles pensées, ainsi que les réponses qui leur étaient faites, se trouvaient imprimées dans son cerveau, formulées par des mots et des phrases, de la même façon que les pensées originales. Mais d'après ce que nous pouvons comprendre, les premières visions sont toujours les plus fiables, car elles sont indépendantes et distinctes des impressions propres au voyant, dans la mesure où elles proviennent de la pure clairvoyance et non de la transmission de pensée, procédé qui est toujours susceptible d'entretenir la confusion avec les impressions plus vivaces propres à une personne.

« Par moments, au cours d'un tel procédé de transcription directe, Mme Blavatsky semblait sombrer dans une sorte de coma ou de sommeil magnétique, les yeux grands ouverts, même si ses mains ne cessaient pas pour autant de bouger, et elle poursuivait sa transcription. Lorsqu'elle répondait ainsi à des questions mentales, il était rare que les réponses s'avèrent insatisfaisantes. » Ce à quoi H.P.B. elle-même ajoute dans une note de bas de page : « Très naturellement, dans la mesure où il ne s'agissait ni de "sommeil magnétique", ni d'un coma, mais d'un simple état de concentration intense, d'une attention par trop nécessaire durant une telle concentration, durant laquelle la moindre distraction conduit à l'erreur. »

---

1. En parlant de l'époque où elle se trouvait en Mingrélie.

« Durant tout ce temps, ses pouvoirs occultes, loin de s'affaiblir, se renforçaient jour après jour, et à la fin, elle paraissait soumettre à sa volonté les manifestations de toutes sortes... Entre-temps, les phénomènes épisodiques semblaient s'évanouir en sa présence. Ils continuaient de se produire, mais de façon très parcimonieuse, sans rien perdre toutefois de leur caractère spectaculaire.

« Sitôt rétablie et en pleine santé après sa mystérieuse maladie, Mme Blavatsky a quitté le Caucase pour se rendre en Italie. C'est pourtant avant son départ du pays en 1863 que la nature de ses pouvoirs semble avoir changé.

« À la date où nous écrivons, en 1865, tout phénomène indépendant de sa volonté a entièrement cessé depuis plus de vingt ans. Nous sommes incapables de déterminer à quelle époque s'est opéré ce changement complet dans ses pouvoirs occultes, du fait de son considérable éloignement et dans la mesure où elle en parlait peu, à vrai dire jamais si nous ne lui demandions pas expressément de répondre à la question... Nous tenons ce qu'elle déclarait pour entièrement vrai lorsqu'elle nous écrivit : "Désormais, en 1886, je ne serai plus jamais sujette à la moindre influence extérieure."

« "Je crois ce qu'elle affirme", a déclaré sa sœur, Mme Jelikovsky au cours d'une conversation à Paris, "d'autant plus que, pendant près de neuf ans, nous avons personnellement eu l'opportunité de suivre les diverses phases graduelles marquant les transformations de cette force. À Pskov et Rougo-devo, il arrivait très souvent qu'elle ne parvienne ni à contrôler ni à stopper ces manifestations. Après cela, elle a semblé les maîtriser davantage chaque jour, et jusqu'au terme de son exceptionnelle indisposition prolongée à Tiflis, elle a semblé les défier et les plier intégralement à sa volonté.

« "Cela a été prouvé par la façon dont elle faisait cesser de tels phénomènes à volonté, et par des arrangements préalables, pendant des jours et des semaines d'affilée. Puis, lorsque cette période est arrivée à son terme, elle pouvait les déclencher à volonté et laisser à ceux qui étaient présents le choix de décider de ce qui devait se produire. Bref, de l'avis de tous, là où une nature moins vigoureuse aurait sans aucun doute été anéantie dans la lutte, son indomptable volonté trouvera d'une façon ou d'une autre les moyens de soumettre à son contrôle le monde des invisibles, dont elle a toujours refusé d'affubler les habitants des noms d'esprits et d'âmes." »

Chapitre XX
Troisième tentative d'entrée au Tibet

Aussitôt qu'elle fut rétablie de sa mystérieuse maladie dans le Caucase, Mme Blavatsky quitta la Russie « et se rendit en Italie », nous dit-on dans *Incidents in the Life of Mme Blavatsky* ; elle relata elle-même : « J'ai quitté Tiflis aux environs de 1864 et me suis rendue à Servia ; j'ai parcouru les Carpates, comme je l'explique dans mon histoire au sujet du double[1] ; je suis de nouveau partie vers des contrées étrangères, d'abord vers la Grèce puis l'Égypte » dit Mme Jelikovsky dans *Lucifer*.

« Elle a passé son existence entière dans l'agitation et a voyagé incessamment ; elle se cherchait toujours, pour ainsi dire, un but inconnu à atteindre, une tâche qu'il lui incombait de découvrir et dont il lui fallait s'acquitter. Sa vie itinérante et ses habitudes fluctuantes ne cessèrent que lorsqu'elle s'est retrouvée confrontée aux problématiques scientifiques, humanitaires et spirituelles posées par la théosophie ; elle a alors brusquement mis fin à ses errements, à la manière d'un navire qui, après avoir vogué des années durant, trouve refuge dans un port accueillant, replie ses voiles et jette l'ancre pour la dernière fois.

« M. Sinnett, son biographe, prétend que pendant les années qui ont précédé son départ définitif pour l'Amérique, Madame Blavatsky a entretenu des relations spirituelles avec ces êtres étranges, qu'elle a par la suite considérés comme ses maîtres, les mahatmas de Ceylan et du Tibet, et que c'était par stricte obéissance à leurs injonctions qu'elle a voyagé par monts et par vaux, d'un pays à l'autre. Par quel prodige ? Je ne saurais le dire. Pour la première fois, nous, ses plus proches parents, l'avons entendue évoquer ces êtres énigmatiques en 1873-1874, lorsqu'elle s'est établie à New York. »

Mais quelques années plus tôt, dans ses *Mémoires*, Mme Jelikovsky avait écrit : « Chacun considérait que les manifestations qui se produisaient en présence de ma sœur étaient causées par les "esprits" et par ses pouvoirs médiumniques ; elle-même l'a constamment nié… Elle maintient aujourd'hui comme alors qu'un tout autre pouvoir l'influençait comme il le fait aujourd'hui, à savoir le pouvoir acquis par les sages hindous, les raj-yogis. Elle m'assure que même les ombres qu'elle voyait et qu'elle a vues toute sa vie durant n'étaient ni les fantômes ni les esprits de personnes décédées, mais simplement les corps astraux de ses amis hindous tout-puissants. »

« Qu'importe le nom ? » Qu'H.P.B. les appelle « Raj-Yogis » ou « Mahatmas », elle

---

1. Appelé un Okhal.

parlait des mêmes personnes.

Dans le *Lucifer* de janvier 1895, Mme Jelikovsky fit curieusement remarquer : « Quant à moi, cependant, je ne les ai jamais vus, néanmoins je n'ai pas le droit de douter de leur existence, relatée par des personnes dont la sincérité ne peut être mise en doute. Ces apparitions m'ont tout de même toujours paru très problématiques, et je n'ai jamais hésité à faire part à ma sœur de mon opinion, ce à quoi elle répondait : "comme tu veux, ma chère, je te souhaite de réviser ton jugement." »

Dans l'itinéraire du Dr Besant, il est dit de Mme Blavatsky qu'elle est passée par l'Égypte et la Perse en 1863, et qu'elle a traversé l'Asie centrale jusqu'au Tibet en 1864. Ces dates devraient tenir sur une année. Du fait que, selon sa sœur Véra, elle vint « d'abord en Grèce » avant d'embarquer à l'occasion de cette troisième tentative pour gagner le foyer du maître au Tibet, il se pourrait qu'elle ait été accompagnée, ou pour le moins qu'elle ait reçu des instructions, d'Illarion, un camarade étudiant de l'occultisme qui vivait à Chypre, « un gentilhomme grec que je connaissais depuis 1860, » dit-elle. Depuis la Grèce, elle poursuivit jusqu'en Égypte ; pour atteindre la Perse à partir de là, il lui fallait traverser la Syrie. Parmi toutes les activités qu'elle y mena, aussi bien à cette époque que lorsqu'elle revint en 1871, elle esquissa quelques croquis dans *Isis dévoilée* :

« Quiconque désire s'assurer par lui-même qu'il existe à présent une religion qui a déconcerté, pendant des siècles, la curiosité impudente des missionnaires et l'investigation persévérante de la science, qu'on le laisse violer le confinement des Druzes syriens. Il les verra aligner 80 000 guerriers, dispersés de la plaine orientale de Damas à la côte occidentale. Ils n'attendent aucun prosélyte, dédaignent la notoriété… Jamais on n'a vu le moindre initié druze se faire chrétien. Pour ce qui est des non-initiés, ils ne sont jamais autorisés ne serait-ce qu'à voir les écritures sacrées, et aucun d'entre eux n'a la moindre idée de l'endroit où elles peuvent être gardées…

« Le dogme caractéristique des Druzes est fondé sur l'unité absolue de Dieu. Il est l'essence de la vie tout en étant à la fois inintelligible et invisible, il peut être reconnu à travers certaines manifestations occasionnelles dans la forme humaine. Comme les hindous, ils soutiennent qu'Il s'est incarné plus d'une fois sur la terre. Hamsa a été le précurseur de la dernière manifestation en date, le dixième avatar, pas l'héritier de Hakem, qui n'est pas encore venu. Hamsa était la personnification de la "sagesse universelle". Dans ses écrits, Boha-eddin le qualifie de Messie… Hamsa, tout comme Jésus, était un homme mortel, et cependant "Hamsa" et "Christos" sont des termes synonymes si l'on s'en tient à leur signification profonde et cachée. Tous deux sont des symboles du *Nous*, l'âme divine et supérieure de l'homme, son esprit. La doctrine enseignée par les Druzes sur cette question particulière de la dualité de l'homme spirituel, comportant une âme mortelle et une autre immortelle, est identique à celle des gnostiques, les philosophes grecs les plus anciens, ainsi qu'à celle d'autres initiés…

« Leurs stades ou degrés de promotion après l'initiation sont au nombre de cinq… Leurs idées sur la transmigration sont pythagoriciennes et kabbalistiques…

Ils répartissent la vie de l'homme entre l'âme, le corps et l'intelligence, ou esprit. C'est cette dernière qui communique avec l'âme et se projette vers elle, l'étincelle divine provenant de son Hamsa ou Christos… Ils ont sept grands commandements qui sont également communiqués à tous les non-initiés…

« La moralité des Druzes est aussi stricte qu'intransigeante. Il n'est rien qui puisse pousser le moindre de ces unitariens libanais à manquer aux devoirs fixés par les enseignements qu'il a reçus. Leur rite étant inconnu des profanes, son existence a jusqu'à présent été contestée par ceux qui prétendent écrire leur histoire. Leurs "réunions du jeudi" sont ouvertes à tous, mais aucun intrus n'a jamais participé aux rites d'initiation qui se déroulent occasionnellement le vendredi dans le plus grand secret. Les femmes y sont admises au même titre que les hommes, et elles tiennent un rôle d'une grande importance dans l'initiation de ceux-ci. À moins qu'une exception extraordinaire ne soit faite, la mise à l'épreuve est longue et grave…

« Avant de conclure sur ce sujet, il nous faut ajouter que si un étranger demande à être admis à une "réunion du jeudi", il ne se verra jamais opposer un refus. Seulement, si c'est un chrétien, l'*Okhal* ouvrira une Bible et en lira des passages ; et si c'est un mahométan, il entendra quelques chapitres du Coran qui marqueront la fin de la cérémonie. Ils attendront que le profane se soit retiré, et c'est alors qu'ils fermeront les portes de leur couvent, prendront leurs rituels et leurs livres, et passeront dans leurs sanctuaires souterrains à cette fin.

« En dehors de l'Orient, nous avons rencontré un initié et un seul qui, pour des raisons qui le regardent, ne fait pas secret de son initiation à la fraternité du Liban. Il s'agit du professeur A.L. Rawson, voyageur et artiste érudit de New York. »

Le professeur Rawson, dans un article intitulé « Deux Mme Blavatsky », écrivit : « Il ne fait à mes yeux aucun doute que Mme Balvatsky a été familiarisée avec bon nombre, si ce n'est la totalité, des rites, des cérémonies et de l'instruction en vigueur chez les Druzes du mont Liban en Syrie, car elle me parle de choses qui sont connues des seuls privilégiés ayant eu l'honneur d'être initiés. Au cours de mes séjours au Levant, j'ai souvent entendu son nom à Tripoli, Beyrouth, Deir el Kamer, Damas, Jérusalem et au Caire. Elle était bien connue d'un marchand de Jiddah qui possède un anneau portant ses initiales, et dont il prétend qu'elle lui a fait cadeau. Son serviteur, un ancien chamelier, dit qu'il était le drogman et le camelji de Mme Blavatsky, de Jiddah jusqu'à la Mecque. Je me suis renseigné auprès du Chérif de la Mecque, mais cela ne m'a pas permis d'en apprendre plus sur elle. Il se peut qu'elle s'y soit trouvée incognito par souci de prudence. J'y ai séjourné en tant qu'étudiant en théologie mahométane et secrétaire de Moustapha Kamil Pacha en compagnie duquel j'effectuais mon périple. »

Elle écrit à propos des yézidis dans *Isis dévoilée* : « Nous avons rencontré peu de sectes qui pratiquaient véritablement la sorcellerie. L'une d'entre elles est celle des yézidis, considérée par certains comme une branche des Kurdes ; nous pensons toutefois qu'il s'agit là d'une erreur. Ils habitent essentiellement dans les régions montagneuses et désertiques de la Turquie asiatique, dans les environs de Mossoul, de l'Arménie et jusqu'en Syrie ainsi qu'en Mésopotamie. Partout, on les qualifie d'adorateurs du diable... Ils reconnaissent la malice du chef des "pouvoirs noirs" ; mais dans le même temps, ils craignent son pouvoir et tentent donc de s'attirer ses faveurs. Il se querelle constamment avec Allah, d'après eux, mais une réconciliation peut s'opérer entre les deux un jour ou l'autre...

« Durant leurs réunions de prière, ils joignent les mains et forment d'immenses cercles avec leur cheik, ou un prêtre officiant au milieu, qui tape des mains et entonne chaque vers en l'honneur du Shëitan, Satan. Puis ils tournoient et sautent jusqu'à ce que la frénésie atteigne son apogée, c'est généralement à ce moment qu'ils se mutilent à l'aide de leurs dagues et font de même à leurs voisins. Mais leurs blessures ne se soignent pas et ne cicatrisent pas aussi facilement que dans le cas des lamas ou des saints hommes, car il arrive trop souvent qu'ils soient victimes des blessures qu'ils se sont eux-mêmes infligées. Tandis qu'ils dansent, ils amadouent le *Sheitan*, le louent et l'implorent de se manifester dans ses œuvres en accomplissant des "miracles". Du fait que leurs rites sont principalement exécutés durant la nuit, ils parviennent toujours à obtenir des manifestations d'un caractère varié, dont la moindre consiste en d'énormes boules de feu qui prennent la forme des animaux les plus incongrus.

« On dit que lady Esther Stanhope, dont le nom a été pendant des années un pouvoir parmi les fraternités maçonniques orientales, a assisté personnellement à de multiples cérémonies yézidies. Il nous a été rapporté, par un *Okhal* de la secte des Druzes, qu'après avoir assisté à une des "masses du diable", comme les appellent ces derniers, cette dame hors du commun, si réputée pour son courage personnel et son audacieuse bravoure, s'est évanouie, et qu'en dépit de son habituel accoutrement masculin d'émir, elle a été ramenée à la vie et à la santé avec la plus grande difficulté. En ce qui nous concerne, il nous coûte de reconnaître que toutes nos tentatives d'assister à l'une de ces performances se sont soldées par des échecs. »

Mme Blavatsky rend compte d'une façon tout à fait éloquente d'un incident survenu au cours de ses voyages en Perse, dans *Isis dévoilée* :

« Depuis des temps immémoriaux, les tribus guerrières du Kurdistan ont peuplé la partie orientale de la Turquie et la Perse. Les gens qui composent ce peuple aux origines strictement indo-européennes, sans la moindre goutte de sang sémitique en eux (bien que certains ethnologues semblent en disconvenir), rassemblent en eux, en dépit de leur prédisposition au brigandage, le mysticisme des hindous et les pratiques des mages assyro chaldéens ; ils se sont gardé de vastes portions de territoire qu'ils ne sont pas prêts de céder à la Turquie pas plus qu'à l'Europe entière.

« En théorie, les mahométans de la secte d'Omar, leurs rites et leurs doctrines sont purement du même ordre que ceux des magiciens et des mages. Même ceux qui sont chrétiens nestoriens n'ont de chrétiens que le nom. Les Chaldaïques, dont le nombre d'hommes s'élève à 100 000, au même titre que leurs deux patriarches, sont indéniablement plus manichéens que nestoriens. Bon nombre d'entre eux sont des yézidis. [« Nous avons par deux fois assisté aux étranges rites de ce qu'il reste de cette secte d'adorateurs du feu connus sous le nom de ghebers, qui se rassemblent de temps à autre à Bakou, sur le "champ du feu". Cette ville ancienne et mystérieuse est située près de la mer Caspienne. Elle fait partie de la Géorgie russe. Environ vingt kilomètres au nord-est de Bakou se tient le vestige d'un ancien temple ghebre, qui se compose de quatre colonnes dont les orifices vacants projettent en permanence des flammes, ce qui lui vaut le nom de temple du feu perpétuel. Toute la région est couverte de lacs et de sources de naphte. Des pèlerins provenant de différentes parties de l'Asie s'y rassemblent, et un clergé vénérant le principe divin du feu est entretenu par des tribus éparpillées çà et là à travers le pays.]

« Une de ces tribus se distingue par sa prédilection pour le culte du feu. À l'aube ainsi qu'au crépuscule, les cavaliers s'alignent et, se tournant vers le soleil, murmurent une prière, tandis qu'à chaque nouvelle lune, ils s'adonnent à de mystérieux rites durant la nuit entière. Ils ont une tente dressée à l'écart pour l'occasion, elle est épaisse, noire, l'étoffe de laine est décorée au moyen de signes bizarres, façonnés en rouge et jaune vif.

« Une sorte d'autel est placée au centre, il est encerclé par trois fanfares auxquelles sont suspendus de nombreux anneaux tenus par des cordes tressées de poils de chameaux, que chaque adorateur tient dans sa main droite au cours de la cérémonie. Sur l'autel, une curieuse lampe d'argent d'un style suranné brûle, une relique qui a peut-être été trouvée dans les ruines de Persépolis. Cette lampe, dotée de trois mèches, est une coupe oblongue avec une poignée et appartient de toute évidence à la catégorie des lampes sépulcrales d'Égypte, de celles que l'on trouvait, fut un temps, en grande quantité dans les caves souterraines de Memphis, si l'on en croit Kiercher. Elle s'élargissait de son extrémité vers son milieu, et sa partie supérieure revêtait la forme d'un cœur ; les orifices des mèches formaient un triangle, et son centre était couvert d'un héliotrope renversé, attaché à une tige gracieusement incurvée se déployant depuis l'anse de la lampe. Cet ornement révélait clairement son origine. Il s'agissait de l'un des vases sacrés utilisés dans le cadre du culte rendu au soleil. Les Grecs ont donné à l'héliotrope ce nom que leur a inspiré sa curieuse propension à toujours s'incliner en direction du soleil. Les anciens mages les utilisaient dans leur culte ; et qui sait que si Darius n'avait pas accompli les mystérieux rites avec sa triple lumière illuminant le visage du roi-hiérophante !

« Si nous insistons tant sur la lampe, c'est parce qu'il s'est trouvé qu'une singulière histoire entrait en résonnance avec elle. Ce que nous connaissons des pratiques des Kurdes durant leurs rites nocturnes d'adoration de la lune repose sur des ouï-dire, car ils en gardent jalousement le secret, et aucun étranger ne pourrait être admis à contempler leur cérémonie. Mais dans chaque tribu se trouve un vieil homme, quelquefois plusieurs, considérés comme des "êtres saints", qui connaissent le passé et peuvent divulguer les secrets du futur. Ces hommes sont éminemment honorés, et on a généralement recours à eux pour obtenir des informations en cas de vol, de meurtre ou de danger.

« Voyageant d'une tribu à l'autre, nous avons passé du temps en compagnie de ces Kurdes. Dans la mesure où le but de cet ouvrage n'est pas autobiographique, nous faisons l'impasse sur tous les détails qui n'ont pas de lien immédiat avec quelque fait occulte que ce soit, et quant à ceux qui en ont, nous ne leur consacrerons que quelques lignes. Nous nous contenterons dès lors d'établir qu'une selle très précieuse, un tapis et deux dagues circassiennes, richement montées et ciselées d'or, ont été dérobés dans la tente, et que les Kurdes, menés par leur chef, sont venus, prenant Dieu à témoin que le coupable ne pourrait plus faire partie de leur tribu. Nous en étions convaincus, car le contraire aurait été sans précédent au sein de ces tribus nomades d'Asie, réputées pour la sacralité en laquelle ils tiennent leurs invités, autant que pour la facilité avec laquelle ils les pillaient et parfois les tuaient, une fois qu'ils avaient franchi les frontières de leur *aotil*.

« Un Géorgien faisant partie de notre caravane a alors suggéré de recourir à la lumière du *Koodian* ou sorcier de leur tribu. Cela a été organisé dans le plus grand secret et la plus grande solennité, et l'on a décidé que la grande entrevue devrait se dérouler à minuit, lorsque la lune serait pleine. À l'heure dite, nous avons été conduits vers la tente décrite ci-dessus.

« Un large trou, soit une ouverture carrée, était aménagé sous le toit en voûte de la tente, et les rayons étincelants de la lune s'y déversaient verticalement, se mêlant à la triple flamme vacillante de la petite lampe. Après plusieurs minutes d'incantations, adressées à la lune d'après ce qu'il nous semblait, le prestidigitateur, un vieil homme d'une envergure époustouflante et dont le turban pyramidal touchait le haut de la tente, a sorti un miroir rond d'un genre connu sous le nom de "miroirs persans". Après en avoir dévissé le couvercle, il s'est mis à souffler dessus pendant plus de dix minutes, et à en essuyer la moiteur de la surface avec un paquet d'herbes, murmurant des incantations *sotto voce*. Après chaque essuyage, le verre se faisait toujours plus brillant, au point que son cristal finissait par sembler projeter des rayons resplendissants dans toutes les directions.

« À la fin, l'opération était terminée ; le vieil homme agrippant le miroir se tenait quasiment immobile comme une statue. "Regarde, Hamoun, regarde fixement", a-t-il murmuré, remuant à peine les lèvres. Les ombres et les recoins sombres ont commencé à se regrouper là où, un instant plus tôt, on ne voyait rien d'autre que la face étincelante de la pleine lune. Quelques petites secondes encore et la selle bien connue, le tapis et les dagues, semblaient s'élever d'une eau profonde, claire, et leurs contours paraissaient se dessiner avec une plus grande netteté à chaque instant. Alors, une ombre encore plus sombre est apparue, flottant au-dessus de ces objets, se condensant progressivement, et, aussi visible que si on la scrutait par l'extrémité d'un télescope, la pleine figure d'un homme se baissant vers les objets a jailli.

« "Je le connais", s'est exclamé l'écrivain. "C'est le Tartare qui est venu à notre rencontre la nuit dernière, nous proposant de nous vendre sa mule."

« L'image a disparu, comme par enchantement. Le vieil homme a hoché la tête en signe d'assentiment, mais est demeuré immobile. Puis il a de nouveau murmuré d'étranges mots et s'est mis subitement à entonner une chanson. L'air du morceau était lent et monotone, mais une fois qu'il avait chanté quelques strophes dans la même langue inconnue, sans même en changer le rythme ou l'air, il a prononcé, à la façon d'un récitatif, les mots suivants dans un russe approximatif : "Désormais, Hanoum, regarde bien, si nous l'attrapons – le destin du pillard – nous le saurons cette nuit", etc.

« Les mêmes ombres ont commencé à se rassembler puis, presque sans transition, nous avons vu l'homme étendu sur le dos dans une mare de sang, face à la selle, et deux hommes s'en allant au loin au galop. Pétrifiés d'horreur et répugnés par la scène, nous ne souhaitions pas en voir davantage. Le vieil homme, quittant la tente, a appelé quelques-uns des Kurdes qui se tenaient à l'extérieur et a semblé leur donner des instructions. Deux minutes plus tard, une douzaine de cavaliers galopait à pleine vitesse, dévalant le flanc de la montagne sur laquelle nous avions installé le campement.

« Tôt dans la matinée, ils sont revenus avec les objets perdus. La selle était entièrement couverte de sang coagulé et leur avait bien entendu été abandonnée. L'histoire qu'ils nous ont racontée était que, tandis qu'ils s'approchaient du fugitif, ils avaient vu disparaître deux cavaliers par la crête d'une colline à l'horizon ; et tandis qu'ils chevauchaient, le larron tartare avait été retrouvé mort sur les biens dérobés, exactement comme nous l'avions vu dans la glace magique. Il avait été tué par les deux bandits, qui avaient été interrompus dans leur entreprise de le détrousser par l'apparition soudaine de l'entité envoyée par le vieux Koodian. »

Chapitre XXI
Les lamaseries bouddhistes et les couvents

Bien que Mme Blavatsky n'eût atteint son objectif qu'en 1864, c'est-à-dire se rendre dans l'ashram de son maître, elle avait déjà voyagé au Tibet. Dans une critique de *Buddha and Early Buddhism* écrite par Arthur Lillie, elle déclara : « J'ai vécu de manière discontinue dans le Grand et le Petit Tibet, ces périodes combinées correspondent à plus de sept ans de ma vie. Pourtant, je n'ai jamais déclaré, que ce soit à l'écrit ou à l'oral, que j'ai vécu sept années consécutives dans un couvent. Ce que j'ai dit, et que je répète, c'est que je me suis rendue à Shigatsé, territoire de Tashi-lhunpo et ses environs, et que je me suis rendue plus à l'intérieur des terres, dans des lieux encore jamais visités par des Européens...

« Et voilà "elle nous affirme maintenant qu'elle n'a jamais été une nonne tibétaine" !!! Quand ai-je dit à quiconque une telle absurdité ? Quand ai-je dit en avoir été une ? Si j'avais affirmé en être une, alors un individu ayant quelques connaissances sur le Tibet et sa culture peut tout à fait écrire sur moi ; il serait tout à fait en droit de dénoncer mon imposture, puisqu'elle en serait bien une. Une nonne tibétaine, une "ani" consacrée ne quitterait jamais le couvent sauf à l'occasion d'un pèlerinage, si tant est qu'elle désire rester dans l'Ordre.

« Je n'ai jamais reçu d'instructions "sous le toit" des moines ni, d'après mes connaissances, n'ai affirmé, moi-même ni aucun autre individu sous mon autorité, le contraire. J'ai peut-être vécu dans des lamaseries pour homme, tout comme des milliers d'hommes et de femmes laïcs ; alors j'ai pu en effet recevoir mes "instructions" à ce moment. N'importe qui peut se déplacer à quelques kilomètres de Darjeeling et recevoir des instructions par des moines tibétains "sous leurs toits". Je n'ai jamais affirmé ceci, pour la simple raison qu'aucun des mahatmas connus en Occident n'est un moine...

« Je termine en informant M. Lillie que je connaissais la pratique du lamaïsme des moines tibétains bien des années avant lui. J'ai passé plusieurs années de mon enfance chez les Kalmouks lamaïstes d'Astrakhan ainsi qu'avec leur grand prêtre. À la différence du terme "hérétique", les Kalmouks utilisent le même vocabulaire que les lamaïstes du Tibet, pays dont ils sont originaires, pour parler de religion. Un de mes oncles, qui possédait plusieurs propriétés en Sibérie, m'a emmenée visiter Semipalatinsk et l'Oural qui se situent à la frontière des pays mongols, où réside le "Terachan Lama". Nous avons fait plusieurs expéditions à l'intérieur des frontières, et j'ai tout su sur les lamas, comme les Tibétains, avant d'atteindre l'âge de quinze ans. Par conséquent, il était impossible pour moi de penser "que le chinois était la langue parlée au Tibet".

« Mais, il semblerait que ça ne compte pas. J'aurais dû étudier le bouddhisme et le lamaïsme à l'école de Mr Lillie plutôt qu'à Astrakhan, en Mongolie ou au Tibet, si j'avais voulu avoir quelque matière pour me défendre contre ces critiques du journal *Light*... Eh bien, qu'il en soit ainsi. Qu'ils remplissent leur encensoir eux-mêmes. Je n'ai pas de temps à consacrer à la correction de leurs erreurs, qui ne sont pas sans rappeler une hydre ; quand on coupe une tête, dix autres poussent. »

En 1927, un des étudiants les plus remarquables du Tibet et de ses philosophies, M. W. Y. Evans-Wentz, corrobora les dires d'HPB à propos de son séjour au Tibet. Il écrivit dans son ouvrage *Le livre des morts tibétain* : « En regard de la signification ésotérique des quarante-neuf jours du Bardo, compare : *La doctrine secrète*, de H.P. Blavatsky, Londres, 1888, p. 238, 411, 617, 627-28. Le lama Kasi Dawa Samdup considérait, en dépit des critiques dirigées contre ses ouvrages, qu'H.P. Blavatsky devait incontestablement avoir reçu un enseignement lamaïque élevé, ainsi qu'elle le prétendait. »

Dans *Isis dévoilée*, Mme Blavatsky donne une description détaillée et pertinente des couvents et monastères tibétains, mongols, et népalais : « On peut trouver à la fois à l'est et à l'ouest du Tibet, ainsi que dans toute région où le bouddhisme est prédominant, deux religions distinctes... Il y a le bouddhisme népalais, qui, d'après les dires, est la forme de bouddhisme la plus fidèle aux croyances primitives, et ensuite le lamaïsme Tartarien, mongol et tibétain, qui serait la forme la plus pure du bouddhisme. N'oublions pas que le lamaïsme est une forme externe des rites.

« Les Upàsakas et les Upàsikâs, ou hommes et femmes semi-monastiques et semi-laïques doivent, de même que les moines lamas eux-mêmes, s'abstenir strictement de violer les règles du Bouddha, et s'attacher aussi bien qu'eux à l'étude du Meipo[1] et de tous les phénomènes psychologiques. Ceux qui se rendent coupables d'un des "cinq péchés" perdent le droit de se joindre à la pieuse communauté. Les plus importants de ces interdits sont : ne maudire en aucune circonstance, car la malédiction retombe sur celui qui la profère, et souvent sur ses proches innocents, qui respirent la même atmosphère que lui.

« S'aimer les uns les autres et même nos ennemis les plus acharnés ; donner notre vie, même pour les animaux, au point de s'abstenir de porter des armes défensives ; remporter la plus grande victoire en se vainquant soi-même ; éviter tous les vices ; pratiquer toutes les vertus, et tout spécialement l'humilité et la douceur ; obéir à ses supérieurs ; chérir et respecter ses parents, les vieillards, le savoir, les hommes vertueux et saints ; donner nourriture, abri et réconfort aux hommes et aux animaux ; planter des arbres au bord des routes et creuser des puits pour le bien-être des voyageurs ; voilà quels sont les devoirs moraux des bouddhistes. Tous les Anis ou Bikshunis[2] sont astreints à ces lois.

1. Magie
2. Des nonnes.

« Beaucoup des lamaseries ont des écoles de magie, mais la plus célèbre de toutes est le collège du monastère du Shu-Tukt, auquel sont attachés plus de 30 000 moines, la lamaserie constituant une véritable petite ville. Certaines des nonnes possèdent de merveilleux pouvoirs psychologiques. Nous avons rencontré quelques-unes de ces femmes sur la route de Lhassa à Candi[1], la Rome du bouddhisme avec ses sanctuaires miraculeux et les reliques de Gautama. Afin d'éviter les rencontres avec les musulmans et les autres sectes, elles voyagent seules, de nuit, sans armes, et sans crainte des animaux sauvages, car ceux-ci ne les attaquent pas. Aux premières lueurs de l'aurore, elles se réfugient dans des grottes et des viharas préparées pour elles par leurs coreligionnaires, à des distances calculées d'avance ; car nonobstant le fait que le bouddhisme s'est réfugié à Ceylan, et que nominalement il n'y en a que peu de cette dénomination dans l'Inde anglaise, les confréries Byauds secrètes, et les viharas bouddhistes sont nombreuses, et chaque jaïn se sent obligé de prêter aide indifféremment aux bouddhistes et aux lamaïstes.

« Un des plus intéressants phénomènes que nous ayons vus, nous qui sommes toujours à la recherche des phénomènes occultes, et assoiffés de ces spectacles, a été exécuté par un de ces pauvres Bikshus voyageurs. C'était il y a des années de cela, et à une époque où toutes ces manifestations étaient encore nouvelles pour l'auteur de ces lignes. Un ami bouddhiste, un mystique né au Cachemire de parents Ratchi, mais converti au bouddhisme lamaïste, et qui réside généralement à Lhassa, nous avait menés visiter des pèlerins.

« "Pourquoi emportez-vous ce paquet de plantes mortes ?" a demandé une des Bikshuni, une grande femme âgée et très maigre, en indiquant un grand bouquet de ravissantes fleurs, fraîchement cueillies et odorantes, que portait l'auteur de ces lignes.

« "Mortes ?" a été notre réponse. "Mais on vient de les couper dans le jardin."

« "Et cependant, elles sont mortes", a-t-elle répondu gravement. "Naître dans ce monde-ci, n'est-ce pas mourir ? Voyez comment apparaissent ces fleurs lorsqu'elles s'épanouissent dans le monde de la lumière éternelle, dans les jardins de notre bienheureux Foh."

« Sans bouger de la place où elle était assise par terre, l'Ani a pris une fleur du bouquet, l'a mise sur ses genoux et a attiré, en apparence, vers elle, des brassées de matériaux invisibles de l'atmosphère environnante. Un moment après, un très tenu noyau de vapeur est devenu visible, et a lentement pris forme et couleur jusqu'à ce qu'apparaisse, se balançant en l'air, l'exacte copie de la fleur que nous lui avions donnée. Semblable en teinte et forme à l'originale couchée devant nous, mais mille fois plus riche en couleur et en exquise beauté, de même que le glorieux esprit de l'homme est plus beau que son enveloppe physique.

« Fleur après fleur, et jusqu'aux plus petits brins d'herbe, tout a été ainsi reproduit et s'est évanoui, réapparaissant à notre demande, ou même en réponse à notre pensée. Ayant pris une rose épanouie, nous la lui avons présentée le bras tendu, et,

---

1. Kandy, Ceylan (ancien nom du Ski-Lanka)

quelques minutes plus tard, le bras et la fleur, parfaits dans leurs détails, sont apparus dans l'espace vide, à deux yards d'où nous étions assis. Mais tandis que la fleur paraissait incomparablement plus belle et plus éthérée que les autres fleurs esprits, la main et le bras semblaient n'être que des reflets dans un miroir, y compris une large tache sur l'avant-bras, laissée par un morceau de terre humide attaché à une des racines. Nous en avons connu la raison plus tard.

« Tout ce que l'on sait au sujet de ce qu'on appelle généralement le chamanisme se réduit à fort peu de choses ; et même ce peu a été dénaturé comme, du reste, toutes les autres religions non chrétiennes. On l'a dénommé le "paganisme" de Mongolie, et cela tout à fait à tort, car c'est une des plus anciennes religions de l'Inde. C'est le culte des esprits, ou la croyance en l'immortalité des âmes, croyance que celles-ci sont toujours les mêmes hommes que sur la terre, bien que leurs corps aient perdu leur forme objective, et que l'homme ait échangé sa nature physique contre une nature spirituelle.

« Dans son état actuel, le chamanisme est un rejeton de la théurgie primitive et une fusion pratique des mondes visibles et invisibles. Lorsqu'un habitant de la terre désire entrer en communication avec ses frères invisibles, il doit s'approprier leur nature, c'est-à-dire qu'il les rencontre à mi-chemin et ceux-ci lui fournissent une provision d'essence spirituelle, il leur transmet, à son tour, une partie de sa nature physique, ce qui leur permet d'apparaître quelquefois sous une forme semi-objective. C'est un échange temporaire de deux natures, dénommé théurgie.

« On appelle les shamans des sorciers, parce qu'on dit qu'ils invoquent les "esprits" des morts dans un but de nécromancie. Le véritable chamanisme, dont les traits caractéristiques prévalaient en Inde au temps de Megasthénes, 300 ans av. J.-C., ne peut pas plus être jugé d'après ses rejetons dégénérés parmi les shamans de Sibérie, que la religion de Gautama-Bouddha d'après le fétichisme de ses partisans au Siam et en Birmanie. Il s'est réfugié dans les principales lamaseries de Mongolie et du Tibet ; et là, le chamanisme, si nous devons lui donner ce nom, est pratiqué jusqu'aux limites les plus extrêmes des relations entre les hommes et les "esprits".

« La religion des lamas a gardé fidèlement la science primitive de la magie, et produit, encore aujourd'hui, d'aussi grands exploits que du temps de Kublai-Khan et de ses barons. L'ancienne formule mystique du roi Srong-ch-Tsans-Gampo, le "Aum mani padmé boum", produit ces merveilles, maintenant comme au VIIe siècle[1]. Avalokistesvara, le plus élevé des trois Boddhisattvas, et le saint patron du Tibet, projette toujours son ombre à la vue des fidèles, à la lamaserie de Dga-G'Dan, qu'il a fondée ; et la forme lumineuse de Son-Ka-pa, dans celle d'un nuage de feu, qui se sépare des rayons dansants du soleil, converse encore avec la grande congrégation des lamas au nombre de plusieurs milliers ; la voix descend d'en haut

---

1. Aum (terme mystique sanskrit pour la Trinité), mani (saint joyau), padmé (dans le lotus, padma étant le nom pour lotus), houm (ainsi soit-il). Les six syllabes de la phrase correspondent aux six principaux pouvoirs de la nature émanant de Bouddha (la divinité abstraite, et non pas Gautama), qui est le septième, et l'Alpha et l'Oméga de l'Être.

comme le murmure de la brise dans le feuillage. Peu de temps après, disent les Tibétains, la superbe apparition disparaît dans l'ombre des arbres sacrés du parc de la lamaserie.

« On dit qu'à Garma-Kian, la maison mère, les mauvais esprits qui n'ont pas fait de progrès sont appelés à apparaître certains jours, et qu'on les oblige à rendre compte de leurs méfaits ; les adeptes lamas les forcent à réparer les torts qu'ils ont faits aux mortels. C'est ce que l'abbé Hue exprime naïvement par "personnifier les mauvais esprits", c'est-à-dire les diables. S'il était permis à certains sceptiques européens de consulter les notes imprimées journellement à Moru[1], et dans la "Cité des esprits", sur les rendez-vous d'affaires qui ont lieu entre les lamas et le monde invisible, ils accorderaient certainement un plus grand intérêt aux phénomènes décrits avec tant de complaisance dans les journaux spirites.

« C'est à Buddha-Ila, ou plutôt Foth-Ila, le mont de Bouddha, dans la plus importante des milliers de lamaseries du pays, qu'on voit le sceptre Boddhisgat flotter sans contact dans l'air, et ses mouvements règlent les actions de la communauté. Lorsqu'un lama est appelé à rendre compte au supérieur du monastère, il sait d'avance qu'il est inutile de mentir ; le "régulateur de justice", le sceptre, est là, et son mouvement ondulatoire, qui approuve ou non, tranche instantanément et sans conteste la question de sa culpabilité. Nous ne prétendons pas avoir été témoins personnellement de tout ce que nous rapportons. Nous n'avons aucune prétention d'aucune sorte. Il suffit de dire que, pour ces phénomènes, ce que nous n'avons pas vu de nos propres yeux nous a été affirmé de telle façon que nous le considérons comme authentique.

« Dans les cloîtres de Dshashi-Lumbo, et de Si-Dzang, ces pouvoirs, inhérents à tout homme, mais dont un fort petit nombre sait se servir, sont cultivés à la perfection. Qui n'a pas entendu parler, en Inde, du Banda-Chan-Ramboutchi, le Houtouktou de la capitale du Haut-Tibet ? Sa fraternité de Khe-lan était célèbre dans le pays tout entier ; et un des "frères" les plus renommés était un Peh-ling, un Anglais, qui est arrivé un jour d'Occident dans la première moitié de ce siècle ; c'était un bouddhiste affirmé, et après un mois de préparation, il a été admis parmi les Khe-Tans. Il parlait toutes les langues, y compris le tibétain, et connaissait toutes les sciences, nous dit la tradition. Sa Sainteté et les phénomènes qu'il a produits ont été tels qu'il a été proclamé Shaberon après quelques années seulement de résidence. Son souvenir est encore vivant aujourd'hui parmi les Tibétains, mais son véritable nom n'est connu que des seuls Shaberons.

« Nombreux sont les lamas du Sikkim qui produisent des meipo[2], au moyen de leurs pouvoirs magiques. Feu le Patriarche de Mongolie, Gegen Chutuktu, qui

---

1. Moru (la pure) est une des plus célèbres lamaseries de Lha-Ssa, en plein centre de la cité. Le Shaberon, le Taley Laina, y réside pendant la plus grande partie des mois d'hiver ; pendant les deux mois de la saison chaude, il demeure à Foht-Ila. C'est à Moru qu'est le plus grand établissement typographique du pays.

2. Des miracles.

demeurait à Urga, un véritable paradis, était la seizième incarnation de Gautama, par conséquent un Boddhisattva. Il avait la réputation de posséder des pouvoirs phénoménaux, même parmi les thaumaturges du pays des miracles par excellence.

« Qu'on ne s'imagine pas, toutefois, que ces pouvoirs se développent sans travail. Les vies de la plupart de ces saints hommes, appelés à tort des vagabonds oisifs, des mendiants filous, qui, dit-on, passent leur vie à en imposer à la crédulité de leurs victimes, sont en elles-mêmes des miracles, parce qu'elles prouvent ce qu'une volonté de fer et une parfaite pureté de vie et de but sont capables d'accomplir, et jusqu'à quel degré d'ascétisme surnaturel un corps humain peut être assujetti, et néanmoins vivre jusqu'à un âge très avancé. Aucun ermite chrétien n'a jamais rêvé de tels raffinements de discipline monastique, et la demeure aérienne d'un Simon Stylite apparaîtrait comme un jeu enfantin à côté des épreuves de volonté que s'imposent les fakirs et les bouddhistes.

« Mais l'étude théorique de la magie est une chose ; la possibilité de la pratiquer en est une autre. À Brâs-ss-Pungs, le collège mongol, plus de trois cents magiciens, ou sorciers comme les appellent les missionnaires français, enseignent à plus du double d'élèves entre douze et vingt ans ; ceux-ci doivent attendre bien des années avant de passer l'initiation finale. Moins d'un pour cent atteint le but final ; et sur les milliers de lamas qui occupent une ville de maisonnettes autour du monastère, deux pour cent, tout au plus, deviennent des faiseurs de merveilles.

« On peut apprendre par cœur chaque ligne des 108 volumes du Kadjur[1], et néanmoins faire un piètre magicien pratique. Il n'y a qu'une seule chose qui y conduit sûrement, et plus d'un écrivain hermétique a fait allusion à cette étude particulière. L'un d'eux, l'alchimiste arabe Abipili, dit : "Je t'avertis, qui que tu sois, qui désires te plonger dans les parties les plus profondes de la nature, si ce que tu cherches tu ne le trouves pas au-dedans de toi, tu ne le trouveras jamais au dehors. Si tu ne connais pas l'excellence de ta propre maison, pourquoi chercher l'excellence d'autre chose ?... Homme, connais-toi toi-même, en toi est caché le trésor des trésors." »

Une description haute en couleur du temple de Teschu-Lama provient d'une source des plus inattendues. Le Dr Franz Hartmann, écrivit à Mme Blavatsky en 1886 alors qu'elle vivait à Ostende, pour lui parler de la psychométrie d'une « lettre occulte[2] » par une paysanne allemande, vivant de près de Kempten.

« Ah » s'est-elle exclamée, « qu'est-ce que c'est ? Je n'ai jamais vu quelque chose d'aussi beau de toute ma vie ! Devant moi se dresse une plateforme artificiellement surélevée, ou peut-être est-ce une colline. Sur cette colline se trouve un bâtiment ressemblant à un temple, avec un grand toit à la chinoise. Le temple est d'un blanc éclatant, comme s'il était fait de marbre blanc et pur. Le toit repose sur trois piliers. On peut voir à son sommet un soleil rayonnant. Ah, non ! Ce n'est

---

1. Le grand canon bouddhiste qui comprend 1083 ouvrages en plusieurs centaines de volumes, dont beaucoup traitent de la magie.
2. Une lettre que reçut le Dr Hartmann à Adyar du maître.

que quelque chose qui ressemble à un soleil ; il semblerait que ce soit une sorte d'animal... Il y a une magnifique promenade de pierres lisses et quelques marches menant au temple. Je m'y rends. Voilà, j'y suis, oh ! Le sol est un lac, dans lequel se reflète la lumière du soleil qui se tient sur le toit ! Non, je me trompe ; il n'y a pas d'eau du tout. C'est une sorte de marbre jaunâtre, qui brille comme un miroir. Oui, maintenant je le vois clairement ! Le sol est un damier de marbre, et il y a en son centre un cercle sombre...

« Je suis maintenant dans le temple, je vois deux gentilshommes observant quelque chose sur le mur. L'un d'eux est un gentilhomme d'apparence très agréable, mais est vêtu d'une manière très différente des gens de ce pays. Il porte une robe ample, d'un blanc immaculé, et la pointe de ses chaussures est courbée vers le haut. Le second individu est plus petit et chauve. Il porte un manteau noir à boucles d'argent... Un vase est posé dans l'angle, et on peut y voir des peintures ornementales.

« Il y a quelques peintures et dessins sur les murs. En dessous du plafond, là où commence le toit, il y a un champ, ou un panneau, où sont inscrits de curieux symboles. Certains ressemblent à 15 et d'autres à un V ; d'autres ressemblent à des carrés ou des messages codés... Ils ressemblent à des nombres, mais je ne pense qu'ils en soient. Il y a d'étranges lettres ou caractères. Au-dessus de ce champ se trouve un autre, sur lequel sont représentées des peintures de forme carrée, ou peut-être sont-elles peintes sur des plaques. On dirait qu'elles sont déplaçables, ou du moins, c'est l'impression qu'elles me donnent...

« Les gentilshommes se dirigent vers la sortie et je les suis. On voit à perte de vue des arbres ressemblant à des pins. Je pense que ce sont des pins. Il y en a d'autres avec des feuilles charnues et piquantes, un peu comme des figuiers de barbarie. Il y a des montagnes, des collines, et un lac. Ils m'éloignent du temple... Il y a un grand ravin avec des arbres qui, je pense, sont des oliviers. Je suis désormais sur une place où j'ai une vue étendue sur le pays. Les deux gentilshommes sont partis.

« Je peux y voir des antiquités ressemblant à un vieux mur délabré, et quelque chose ressemblant à l'illustration que vous m'aviez montrée. Je crois que ça s'appelle le Sphinx. Il y a une sorte de pilier, et à son sommet, une statue dont la partie supérieure ressemble à une femme, mais dont la partie inférieure est celle d'un poisson. Il semblerait qu'elle tienne de la mousse dans ses mains, comme si elle se reposait dessus... Que c'est curieux ! Il y a beaucoup de personnes étranges ! Il y a des femmes de petite taille et des enfants. Des semelles sont attachées à leurs pieds ! Ils ramassent des choses sur le rivage, et les déposent dans des paniers. Maintenant, la scène s'évapore dans un nuage. »

Voici ce que Mme Blavatsky répondit : « Cette description pourrait correspondre au temple de Teschu Lama, près de Shigatsé, construit dans une matière semblable au "ciment de Madras" ; il brille bel et bien comme du marbre, si bien qu'on l'appelle le "Shakang"[1] enneigé. Selon ce dont je me souviens, il n'y a pas de soleil ou

1. Le temple.

de croix sur le toit, mais une sorte de dagoba algiorno, triangulaire, reposant sur trois piliers, avec un dragon d'or et un globe. Un svastika est représenté sur le dragon... Je ne me souviens d'aucune "promenade de pierres", à l'exception de celle surélevée artificiellement où on accède par un chemin de pierre et des marches ; je ne me souviens plus du nombre précis, car on m'a toujours refusé l'accès à l'intérieur. Je n'ai observé l'endroit que depuis l'extérieur, tandis que l'intérieur m'a été décrit.

« Les sols de presque tous les temples du Bouddha, Songyas, sont construits dans une pierre jaune polie, qu'on trouve dans l'Oural et dans le nord du Tibet près de la frontière russe. Je ne connais pas le nom de cette pierre, mais elle ressemble à du marbre jaune. Le "gentilhomme" en blanc devait être le maître, et le "gentilhomme chauve" est vraisemblablement un des prêtres "rasés"...

« Dans ces temples, on trouve des "illustrations" déplaçables, sur lesquelles des problèmes mathématiques et astrologiques sont écrits, qui sont exposés pour les disciples étudiant ces deux matières. Le "vase" devait être l'un des nombreux vases chinois ridicules disséminés dans le temple pour des raisons diverses et variées. Les angles du temple sont toujours abondamment décorés de statues représentant des divinités, les Dhyanis. Le toit est toujours ou presque supporté par des rangées de piliers de bois le divisant en trois parallélogrammes. Le miroir "Melong" en acier bruni, rond comme le soleil, est souvent placé au sommet du kiosque sur le toit. Je l'ai moi-même déjà confondu avec le soleil.

« Sur les dômes des dagobas, il y a parfois un pinacle gradué, puis par-dessus est placé verticalement un disque d'or, avec une pointe triangulaire, et souvent, un croissant supportant un globe sur lequel est dessiné un svastika. Demandez-lui si elle a vu ou non ceci : "Om tram ah hri uhm". Cette phrase est de temps à autre grossièrement écrite sur le miroir "Melong"[1] pour repousser les mauvais esprits et apaiser la foule.

« Peut-être que les rangées de piliers de bois qu'elle a vues étaient en fait des lamelles, des petits cubes de bois sur lesquels on peut voir ceci (elle l'a dessiné). Si c'est bien ça, alors je sais ce qu'elle a vu. Il y a des "pins" tout autour des temples, car ces derniers ont été construits volontairement près de ces arbres, des figuiers de barbaries et d'autres arbres chinois dont les moines récoltent les fruits pour fabriquer de l'encre. Il y a bien un lac, bon nombre de montagnes, si c'est là où vit le maître, près de Shigatsé, et seulement quelques petites buttes. La statue de Meilha Gualpo, le seigneur androgyne des salamandres et le Genii de l'air, ressemble à un "sphinx" ; mais la partie inférieure de son corps est perdue dans les nuages, ce n'est pas un poisson ; puis elle n'est pas belle, seulement symbolique. Les pêcheuses ne portent que des semelles aux pieds, comme des sandales, et portent des chapeaux de fourrure. Voilà, ai-je répondu à toutes vos questions ? »

---

1. Un disque de laiton.

Chapitre XXII
Enfin dans l'ashram du maître

Pourquoi eut-elle besoin de tant d'années pour atteindre son objectif? Pourquoi une recherche aussi longue, accompagnée de tant d'échecs? « En 1851, quand j'ai vu mon Maître en chair et en os devant moi pour la première fois, je ne l'ai pas renié ni même douté de lui », dit-elle en pleurant. Mais avoir confiance en lui n'était pas suffisant. « Avant que l'âme puisse se tenir près du Maître, cette dernière doit rincer ses pieds dans le sang du cœur » suggère l'ouvrage *Light on the Path*.

Elle écrivit en 1875 au colonel Olcott : « Souvenez-vous de mes sept années d'initiation préliminaire, d'épreuves, de dangers, et de combats contre les démons incarnés et la légion des diables, et réfléchissez bien avant d'accepter. » Plus loin dans la même lettre : « Je suis une misérable initiée et je sais à quel point le mot "essayer[1]" s'est montré être une malédiction, car il était fréquent que je tremble de peur à l'idée d'avoir mal compris leurs ordres et d'être punie pour en avoir fait trop ou pas assez. »

Peut-être que l'obstacle le plus important sur sa route était le même qui lui causa tant de tort pendant sa jeunesse, c'est-à-dire le caractère propre à la famille Dolgouroky. Son tempérament devait se trouver entre des limites claires qu'elle seule pouvait tracer. Le colonel Olcott nota : « J'ai demandé au Maître pourquoi un contrôle permanent n'était pas exercé sur son tempérament si explosif, et pourquoi elle ne pouvait toujours se comporter comme un sage silencieux et replié sur lui-même, état qu'elle a pu atteindre sous l'emprise de certaines obsessions. La réponse a été que cet état causerait inévitablement sa mort par apoplexie[2] ; le corps est vitalisé par un esprit brûlant et impétueux, que son enfance n'a pas réussi à maîtriser. L'empêcher de dépenser son surplus d'énergie corporel pourrait lui être fatal.

« On m'a dit de rechercher l'histoire de ses ancêtres, les Dolgourokis de Russie, et que je comprendrais ce qui était insinué. Je l'ai fait et j'ai trouvé que cette famille princière et guerrière, remontant jusque Riourik, au IXe siècle, s'est toujours distinguée par son courage démesuré qui traitait de la même façon chaque urgence,

---

1. « Essayer » pourrait tout autant être considéré comme le slogan des maîtres communiquant avec le colonel Olcott à New York : « Celui qui nous recherche nous trouvera. Essayez… n'abandonnez pas notre communauté. Essayez. », etc. Le Mahatma K.H écrivit à M. Sinnett : « Vous connaissez notre motto, et que sa mise en application a effacé le mot « impossible » du vocabulaire occultiste. S'il ne se lasse pas d'essayer, il peut découvrir que le plus noble de tous les faits, son soi-même véritable. »
2. Apoplexie : terme désormais obsolète signifiant un AVC.

un amour passionné pour l'indépendance, et une témérité sans précédent dans la réalisation de leurs vœux. Le prince Yakob, un sénateur du temps de Pierre 1er le Grand, était l'archétype de la famille. Devant le Sénat au complet, il a déchiré un ukase qui ne lui plaisait pas. Quand le tsar l'a menacé de l'exécuter, il lui a répondu : "Vous devrez alors imiter Alexandre, mais vous découvrirez le Cleitos[1] en moi".

« Voici la vraie personnalité de H.P.B., qu'elle a conservée à vie. Elle m'a confié plus d'une fois qu'elle ne serait jamais contrôlée par une puissance exercée sur Terre ou ailleurs. Les seules personnes qu'elle traitait avec révérence étaient les maîtres ; cependant, elle était parfois tellement agressive que, selon ses humeurs, Ils ne pouvaient ou voulaient l'approcher. Avoir le bon état d'esprit pour lui permettre d'avoir des relations avec eux lui a coûté de désespérantes années de retenue, m'a-t-elle avoué honteusement. Je doute qu'aucune autre personne qu'elle n'ait parcouru plus de distance et autant lutté contre autant d'obstacles sur sa route avec une telle volonté de se dominer.

« Il y avait une autre raison, bien plus importante, pour laquelle les maîtres n'osaient contrôler le caractère d'H.P.B. pour l'adoucir, et l'ajuster pour atteindre l'idéal supérieur du sage bienveillant, indépendamment de sa volonté. Un tel acte illégitime aurait interféré avec son Karma... Interférer avec son tempérament violent et supprimer ses autres mauvais traits de caractère aurait eu un impact négatif sur elle, en plus de ne pas accélérer son évolution ; cela équivaut à hypnotiser une personne indéfiniment ou bien à garder une personne invalide sous narcotique.

« Bien sûr, un cerveau si facilement déconcentré n'était pas le plus adapté pour effectuer la tâche extrêmement délicate qu'elle s'était imposée ; les maîtres m'ont dit qu'elle était néanmoins la meilleure aujourd'hui, et qu'ils tireraient d'elle le plus de choses possible. Elle représentait pour eux la loyauté et la dévotion, prête à agir et à souffrir pour la cause, d'autant plus dotée que quiconque de sa génération de pouvoirs psychiques innés et d'un enthousiasme proche du fanatisme. Elle fournissait des éléments de fixité volontairement, qui cordonnaient avec une endurance physique phénoménale, ce qui en faisait l'agent le plus puissant, doux et juste. Avec un esprit moins turbulent, elle aurait pu, probablement, rédiger des œuvres littéraires moins inexactes, mais au lieu de vivre dix-sept ans de plus, elle n'en aurait peut-être résisté que dix, et ses derniers écrits auraient été perdus à jamais. »

Nous avions peu d'information sur la vie d'H.P.B. dans la demeure de son maître. Un des moments les plus intimes de cette période fut raconté dans des réminiscences qu'elle écrivit en 1886 : « C'était une scène qui datait de quelques années.

---

1. C'est probablement l'ancêtre que mentionnait H.P.B. quand elle écrivit à M. Sinnett : « Elle (Vera) était furieuse que je ne lui aie jamais raconté l'histoire de mon ancêtre qui est pour elle un secret de famille, « un cadavre dans le placard » si je me souviens bien de l'expression qu'elle utilisa » Lettres d'H.P.B. à A. P Sinnett, 156.

J'étais de nouveau dans la maison du Mahatma. K.H.[1] J'étais assise dans un coin, sur une natte, et lui, marchait dans la pièce en costume de cheval et Maître (M.) parlait à quelqu'un derrière la porte.

« "Me souvenir je ne le peux pas", ai-je prononcé en réponse à une question de Lui au sujet d'une tante morte. Il a souri et a dit : "Quel drôle d'anglais vous employez". Alors j'ai eu honte, me suis sentie blessée dans ma vanité, et ai commencé à penser (notez bien que c'était dans mon rêve ou dans ma vision, qui était l'exacte reproduction de ce qui s'était passé, mot pour mot, seize ans auparavant) : "Maintenant que je suis ici et ne parle l'anglais qu'en langage phonétique, je pourrai peut-être apprendre avec Lui à mieux parler."

« Pour rendre les choses plus claires avec mon Maître, j'employais aussi l'anglais, bien ou mal, cela lui était égal puisqu'il ne le parlait pas, mais comprenait dans ma tête chaque mot que je disais ; et il me faisait le comprendre Lui – comment ? je ne pourrais jamais le dire ni l'expliquer, même si on me tuait, mais c'est ainsi. Je parlais aussi anglais avec D.K, car lui le parle même mieux que le Mah. K.H.

« Donc, toujours dans mon rêve, trois mois après, comme on me l'a fait sentir dans cette vision – j'étais debout devant le Mah. K.H. près du vieux bâtiment démoli qu'il regardait, et comme mon Maître n'était pas chez lui, je lui ai apporté, quelques phrases en Senzar que j'étudiais dans la chambre de sa sœur ; j'ai demandé au Mahatma K.H. de me dire si je les avais bien traduites – et je lui ai tendu un morceau de papier avec ces phrases écrites en anglais. Il les a prises et les a lues en corrigeant la traduction.

« Il les a relues et a dit : "Maintenant que votre anglais devient meilleur – essayez de prendre dans ma tête le peu que j'en sais." Et il a mis sa main sur mon front dans la région de la mémoire et a pressé les doigts dessus. Et je sentis même, dans mon rêve, la légère douleur que j'avais sentie alors, et le frisson de froid que j'avais éprouvé. Depuis ce jour, Il a fait la même chose sur ma tête quotidiennement, pendant environ deux mois.

« Alors la scène change : je quitte le Maître qui m'envoie en Europe. Je salue sa sœur, son enfant et tous les chelas[2]. J'écoute ce que le Maître m'explique. Puis vient le moment de dire au revoir au Mah K. H., se moquant de moi comme il l'a toujours fait. Il dit : "Eh bien, si vous n'avez pas beaucoup appris sur les sciences sacrées et l'occultisme pratique (qui s'attendrait à ce qu'une femme le fasse ?), vous aurez, au moins, appris un peu d'anglais. Maintenant, vous le parlez presque de manière aussi mauvaise que moi !" s'est-il exclamé.

« La scène change encore : je suis à 47th Street, New York, en train d'écrire *Isis*, et Sa voix me dicte. Dans ce rêve ou cette vision rétrospective, je récrivais une fois de plus tout *Isis* et pouvais indiquer maintenant toutes les pages et les phrases

---

1. Il étudia une année l'université de Leipzig au milieu des années 70. Se référer au « Frère » de Mme Blavatsky, p.63 ; ou dans l'article dans *Le théosophe* de novembre 1929, appelé « Maître Koot Hoomi ».
2. Mot tibétain signifiant un disciple.

que le Mah. K.H. me dictait – comme celles que mon Maître m'a également dictées – dans mon mauvais anglais, Olcott s'arrachant les cheveux à pleines mains de désespoir de ne jamais comprendre ce que je voulais dire. Je me suis encore vue, nuit après nuit, au lit – écrivant *Isis* dans mes rêves, à New York (oui, l'écrivant pendant mon sommeil), et sentant les phrases du Mah. K.H. qui s'imprimaient dans ma mémoire.

« Alors comme je m'éveillais de cette vision, à Würzburg maintenant, j'ai entendu la voix du Mah. K.H. : "Et maintenant, additionnez deux et deux, pauvre aveugle. Le mauvais anglais et la construction des phrases que vous connaissez, même ce que vous avez appris de moi... effacez la flétrissure dont vous a couverte cet homme égaré et présomptueux nommé Hodgson ; expliquez la vérité aux quelques amis qui vous croiront – car le public ne vous croira jamais jusqu'au jour où *La doctrine secrète* paraîtra."

« Je me suis éveillée, cela s'est passé en un éclair, mais je ne comprenais pas encore à quoi cela se rapportait. Une heure après est arrivée la lettre de Hübbe Schleiden à la Comtesse, dans laquelle il a dit que si je n'expliquais pas comment il se faisait qu'il existe une telle ressemblance, trouvée et prouvée par Hodgson, entre mon mauvais anglais et certaines expressions du Mah. K.H., des constructions de phrases et certains gallicismes en particulier, je resterais pour toujours accusée de tromperie, de faux (!) entre autres.

« Naturellement, c'est Lui qui m'a appris mon anglais ! Cela, Olcott même le comprendra. Vous savez, et je l'ai dit à beaucoup d'amis et d'ennemis, ma nourrice, que nous appelons gouvernante, m'avait appris un terrible dialecte du Yorkshire. Depuis l'époque où mon père m'a amenée en Angleterre, à quatorze ans, pensant que je parlais très bien l'anglais – et que les gens lui demandaient s'il m'avait fait élever dans le Yorkshire ou en Irlande – se moquant de mon accent et de ma manière de parler, j'ai abandonné l'anglais sans plus attendre, essayant, autant que possible, d'éviter de le parler.

« De quatorze ans passés à plus de quarante ans, je ne l'ai jamais parlé, je l'ai encore moins écrit, et je l'ai oublié entièrement : je pouvais le lire – ce que je faisais très peu en anglais – mais pas le parler. Je me souviens combien il m'était difficile de comprendre un livre anglais bien écrit encore en 1867, à Venise. Tout ce dont j'étais capable quand je suis arrivée en Amérique, en 1873, c'était de parler un peu, et cela, Olcott, Judge et tous ceux qui me connaissaient alors peuvent l'attester. Je voudrais que les gens puissent voir un article que j'ai essayé une fois d'écrire pour *The Banner of Light*, mettant "sanguinary" (sanguinaire) à la place de "sanguine" (sanguin), etc.

« J'ai appris à l'écrire grâce à *Isis*, c'est certain, et le professeur Wilder, qui venait chaque semaine aider Olcott à arranger les chapitres et à écrire l'index, peut en témoigner. Quand je l'eus finie (et *Isis* est seulement le tiers de ce que j'avais écrit et détruit), je pouvais écrire aussi bien que maintenant : ni pire ni mieux. Ma mémoire et ses capacités semblent avoir disparu depuis lors. Quoi d'étonnant à ce que mon anglais et celui du Mahatma se ressemblent ! Celui d'Olcott et le mien se ressemblent aussi dans les américanismes que j'ai appris de lui durant ces dix ans. »

Hormis l'anglais, Mme Blavatsky étudiait le Senzar, dont elle définit le concept antérieurement, alors qu'elle vivait avec des adeptes tibétains, avec pour but de communiquer avec eux confidentiellement une fois qu'elle quitterait le pays. Voici sa définition : « Le zen-(d)-zar, est la langue sacerdotale en usage parmi les initiés de l'Inde antique. On le trouve maintenant dans de multiples inscriptions indéchiffrables ; utilisé jusqu'à ce jour, il est étudié dans les communautés secrètes des adeptes orientaux et appelé par eux – selon la localité – zend-zar et Brahma ou Deva-Bashya. »

Puis dans *La doctrine secrète* : « Le premier volume d'*Isis* débute par une référence à un vieux livre. Ce très "vieux livre" est l'œuvre originale d'après laquelle ont été compilés les nombreux volumes de Kiu-ti. La tradition dit qu'il a été écrit en Senzar, c'est-à-dire dans le langage sacerdotal secret, sous la dictée des Êtres divins qui l'ont révélé aux Fils de la Lumière, dans l'Asie Centrale, au commencement même de notre Cinquième Race, car il fut un temps où ce langage (le Senzar) était connu des Initiés de toutes les nations, et compris par les ancêtres des Toltèques aussi facilement que par les habitants de l'Atlantide disparue (la Quatrième Race) ; ces derniers le tenaient des sages de la Troisième Race des Mânoushis, qui l'avaient appris directement des Dévas de la Seconde et de la Première races. »

Le Mahatma Tiravellum dit dans *Replies to Enquiries Suggested by Esoteric Buddhism*[1] : « étudier des fragments épars de littérature sanskrite n'est pas assez… Afin de comprendre correctement et de dégager le sens profond de ces textes, il faut tout d'abord maîtriser le langage brahmique crypté, puis les lire sous une lumière ésotérique. »

Mme Blavastky parle d'un « Catéchisme ésotérique Senzar » qu'elle a probablement étudié quand elle vivait avec les maîtres, si bien que *La doctrine secrète* qu'elle écrivit plusieurs années après a été structurée au moyen de ces connaissances. Il y avait d'autres phases à maîtriser, décoder, etc. Elle expliqua plus tard : « Le langage sacerdotal (Senzar), à côté d'un alphabet propre, peut être restitué par plusieurs types de caractères chiffrés qui participent davantage de la nature des idéogrammes que des caractères syllabiques. ». Puis : « Le Senzar et le Sanskrit, ainsi que les autres langues occultes, à côté d'autres possibilités, ont un nombre et une couleur, et une syllabe distincte pour chaque lettre, tout comme l'ancien Hébreu. »Dans *À la découverte de l'occulte. Histoire des débuts de la Société théosophique*, Le colonel Olcott mentionna : « Quand H.P.B. écrivait à ses maîtres, ou inversement, à propos de sujets qui n'avaient pas lieu d'être lus par des personnes extérieures, ils utilisaient une langue archaïque, qui était, semble-t-il, du Senzar. C'est une forme d'écrit ressemblant à du tibétain, qu'elle maîtrisait aussi bien

---

1. Réponses à des demandes suggérées par des bouddhistes ésotériques.

que le russe, le français ou l'anglais. » Il expliqua que pour communiquer avec ses maîtres dans le train en 1879 en Inde, « elle a écrit quelque chose sur une page d'un petit carnet en deux langues : la première ligne était écrite en Senzar – la langue dans laquelle étaient écrites ses rédactions personnelles et ses communications avec le Mahatma – et en dessous en anglais, qu'elle m'autorisait à lire. » Puis elle le jeta par la fenêtre.

En 1884, elle écrivit à M. Sinnet pour lui raconter que « Coulomb lui a volé une "feuille plutôt étrange" et l'a donnée à des missionnaires, avec la certitude qu'il s'agissait d'un message codé par des espions russes (!). Le document a été amené au commissariat de police, examiné par leurs meilleurs experts, puis envoyé une seconde fois à Calcutta. Pendant cinq mois, ils ont remué ciel et terre pour décrypter ce message en vain, puis ont abandonné par désespoir. "C'est encore un de tes gribouillis", a conclu Hume. "C'est un de mes manuscrits en Senzar", ai-je répondu. J'ai l'entière certitude qu'une page d'un de mes manuscrits, dont les pages sont numérotées, a disparu. Je défie quiconque n'étant pas un occultiste tibétain d'y comprendre quoi que ce soit. »

Un « Upàsaka » s'apprêtait à apprendre la méthode de « précipitation ». Elle raconta : « J'ai souvent vu monsieur s'asseoir avec un livre écrit dans un chinois des plus élaborés, dont il voulait copier le contenu, tenant un livre vierge devant lui. Il a saupoudré la page vierge d'une pincée de poudre de plomb puis frotté délicatement. Enfin, il a jeté l'ancre par-dessus. Si l'image des caractères qu'il avait en tête était la bonne, alors la page serait copiée correctement ; s'il était interrompu, son travail serait de moindre qualité, faute d'attention. »

Afin d'éclaircir le sujet de la précipitation, prenons de l'avance et examinons des citations provenant de ses lettres écrites après son séjour au Tibet. En 1886, elle demanda à M. Sinnet de Wurzburg : « Maître K. H. lui-même a-t-il écrit toutes Ses lettres ? Combien de *chela* les ont précipités ? Dieu seul le sait. »

À propos du processus de précipitation, Maître K. H. expliqua à M. Sinnet : « Je dois me concentrer profondément, et photographier chaque mot, chaque phrase dans mon cerveau avant de pouvoir le "précipiter". Le processus de fixation chimique sur une surface dans le but de reproduire une image créée par une caméra nécessite un arrangement préalable à l'intérieur de la mise au point de l'objet à représenter, sans quoi – comme sur bon nombre de mauvaises photographies – les jambes de la personne photographiée pourraient être disproportionnées par rapport à sa tête, etc. Nous devons réarranger les phrases dans notre esprit pour les rendre lisibles, puis les imprimer lettre après lettre sur le papier. C'est tout ce que je peux vous dire sur le sujet.

« Quand la science aura percé le secret de la lithophile (ou lithobiblion) et compris pourquoi l'impression sur feuilles prenait originellement place sur des pierres, alors je serai capable de vous donner une meilleure explication du processus. Mais vous devez vous souvenir d'une chose : lorsque nous créons, nous ne faisons que copier strictement la nature. »

« Lorsque le Maître ordonne à un chela de "précipiter" une note ou une lettre avec son écriture – grâce au désir intense d'un individu, un désir ou une prière que le Maître ressent, en accord avec la loi occulte, puis juge digne, il sera alors capable d'entrer en contact avec lui – son intention sera honorée à la hauteur de son mérite. » dit H.P.B. « Quand un Maître, qui ne peut bien entendu s'abaisser à notre niveau, donne un tel ordre à un chela, ce dernier doit faire de son mieux. S'il pervertit le sens d'une quelconque manière (ce qui est le pire pour un chela) ou trouble le Maître à cause de ses soucis insignifiants à ses yeux, et si ce désir de déranger le Maître est intense et suffisamment pur (bien qu'idiot pour lui), alors il tiendra ces paroles sacramentelles : "Satisfais ceci et cela". »

Maître K. H. dit « Une autre de nos coutumes est de ne jamais repenser, sauf si c'est absolument nécessaire, au message confié et transmis par un chela au monde extérieur. Très souvent, à moins que le contenu du message soit secret ou très important, c'est le chela qui écrit en imitant notre style graphique. Ainsi, l'année dernière, plusieurs de mes lettres vous ont été transmises par précipitation. Puis la douce et accommodante précipitation a été interrompue, car je devais réarranger mes pensées, les rendre plus claires. Néanmoins, mon loyal "déshérité" se devait de continuer à recopier mes pensées, d'où les maladresses occasionnelles. » Ce serait peut-être « la copie des pensées des Maîtres » que Mme Blavatsky apprenait en Mingrélie. Sa sœur disait qu'elle « semblait tomber dans une sorte de coma », mais elle se disait « être dans un état d'intense concentration, et la moindre source de distraction pouvait l'amener à faire des erreurs ». Maître K. H. en décrivit le processus :

« Les dernières expérimentations de la Société de recherche psychique vous aideront considérablement à saisir le sens de la télégraphie mentale. Vous constaterez dans le journal de ce groupe comment le transfert de pensée est influençable. Comme il a été constaté sur ces illustrations extraites d'une série de reproductions, les images géométriques, ou constituées de chiffres et de symboles imprimées dans la partie du cerveau active sont progressivement effacées dans la partie passive du cerveau du sujet.

« Deux facteurs doivent être respectés pour produire une télégraphie mentale fidèle et instantanée : la concentration imperturbable de l'expéditeur et la passivité réceptive totale du destinataire. Si l'une des deux parties est perturbée, le résultat sera assurément imparfait. Le lecteur ne verra pas l'image telle que perçue par l'expéditeur, mais selon sa propre pensée. Quand ce dernier laisse ses pensées dériver, le lien psychique entre lui et l'autre partie est rompu et la communication devient incohérente ainsi que disjointe. »

Mme Blavatsky à propos des précipitations par des chelas, en particulier les chelas non anglophones, dit : « Combien de fois ai-je été surprise, dévorée par la honte, en lisant mes notes rédigées par un chela, dans un style de rédaction[1] adopté par la Société théosophique et utilisé par les chelas, uniquement sans leur permission ou ordre spécial à cet effet, notes qui contenaient des erreurs en science, en grammaire et en sens, et écrites dans un tel langage que l'intention de communication originale avait été complètement pervertie...

« Le Mahatma K. H. dicte rarement mot à mot la précipitation, mais il reste de merveilleuses traces de ces moments dans les lettres qu'il adressait à M. Sinnett. Autrement, il ordonnerait d'écrire ceci ou cela, et le chela écrirait, sans connaître un seul mot d'anglais, tout comme je dois écrire de l'hébreu, du grec, du latin, etc[2]. Il m'est arrivé deux ou trois fois que des lettres soient précipitées en ma présence, par des chelas ne parlant pas anglais; alors ils ont collecté des idées et des expressions dans mon esprit. »

Avant de pouvoir précipiter des messages, il était nécessaire pour les chelas d'apprendre comment les envoyer, et à les envoyer au bon destinataire. Sur ce sujet, elle commenta: « Pour envoyer une lettre, deux ou trois étapes doivent être respectées:

– Placer l'enveloppe scellée sur mon front, puis avertir le Maître de se préparer à entrer en communication, transmettre le contenu de mon cerveau à sa perception sur le courant qu'il forme. La manière de transmettre l'information diffère si je parle la langue ou non.

– Pour desceller le message, le lire physiquement avec mes yeux sans même comprendre les mots, transmettre ce que voient mes yeux à la perception du Maître puis convertir dans sa langue. Pour m'assurer qu'aucune erreur n'a été commise, je dois ensuite brûler la lettre avec une pierre (les allumettes et les feux communs ne fonctionneront pas); les cendres seront emportées par le courant et deviendront à nouveau quelques minutes plus tard une forme plus complexe que de simples atomes. Elles se rematérialiseront là où le Maître se trouve, quelle que soit la distance. »

Les études de Mme Blavatsky pendant son séjour dans l'ashram de son maître contribuèrent à son entraînement exotérique, la préparant ainsi à son retour prochain dans l'autre monde. Son entraînement occulte, la préparation de ses divers véhicules, son rôle de relais de communication entre les maîtres et les hommes du monde qui ne se reposent jamais, elle les prépara (comme nous l'avons observé) pendant bien des années. Les phénomènes qu'elle produisit, les expériences qu'elle vécut en Russie de 1859 à 1863, en témoignent.

Le début de son entraînement occulte fut raconté par M. Sinnett dans son ouvrage *La vie extraordinaire d'Héléna P. Blavatsky*: « Pour rendre les choses les plus claires possibles, je dois donner son explication. Elle n'a jamais cherché à cacher le

---

1. Pour examiner leur écriture, voir *Les lettres du Mahatma*, xliii, xlv, xlvii. Aussi *Le théosophe* de septembre 1933 et février 1934. Mais encore le titre de M. C. Jinarajadasa, *Did Mme Blavatsky Forge the Mahatma Letters* (Est-ce que Mme Blavatsky a falsifié des lettres du Mahatma).
2. En 1886, lorsqu'elle écrivit *La doctrine secrète*.

fait que, depuis son enfance, et presque jusqu'à vingt-cinq ans, elle avait été une excellente médium ; mais ensuite, à cause d'un entraînement psychologique et physiologique régulier, on lui a fait perdre cette faculté dangereuse ; il n'y a plus eu en elle de médium en dehors de sa volonté et de sa surveillance directe. » Son véritable entraînement sous la supervision du maître commença à l'âge de vingt-cinq ans, pendant son second séjour en Inde, de 1855 à 1857. Puis, en 1864, elle atteignit enfin la demeure de son maître. L'entraînement intérieur qu'elle reçut fut sans aucun doute bien plus intense et rapide ; mais nous saurons peu de cette phase tant que nous ne la vivrons pas nous-mêmes.

Chapitre XXIII
Une courte visite de l'Europe

Sur l'itinéraire de Mme Besant[1] figure une « brève visite » de Madame Blavatsky en Italie en 1867. Il semblerait que celle-ci fut pour le moins agitée. Tout d'abord, elle se rendit à Bologne avec l'enfant impotent qu'elle avait adopté dans l'espoir de le sauver. Comme les évènements ne se déroulèrent pas comme elle l'avait souhaité, elle rapatria l'enfant, « qu'elle n'avait pas réussi à ramener vivant chez la gouvernante choisie pour lui par le baron », en Russie, où il mourut et fut inhumé dans une petite ville au sud du pays. « Sans prévenir mes proches de mon retour en Russie... Je suis repartie en Italie avec le même passeport », poursuit-elle.

« Puis viennent Venise, Florence, Mentana. Les Garibaldi, les fils sont les seuls à connaître toute la vérité, ainsi que quelques autres garibaldiens. Vous savez en partie ce que j'ai fait, mais vous ne savez pas tout. Mes proches le savent à l'exception de ma sœur. Je me trouvais bien à Mentana pendant la bataille d'octobre 1867 et j'ai quitté l'Italie au mois de novembre, cette même année. Quant à la question de ma présence, par hasard, ou pour une mission, elle est d'ordre privé. »

Dans son premier carnet de voyage se trouve un article ayant pour titre *Des femmes héroïques*, dans lequel on parle d'elle comme d'un « officier en jupons du clan Garibaldi ». Il est annoté comme suit : « Chaque traître mot de ce carnet est un mensonge. Je n'ai jamais fait partie du "clan Garibaldi". Je suis allée à Mentana avec des amis pour aider à abattre les partisans du pape ; je me suis également fait tirer dessus. Ça ne regarde personne, et encore moins un c__ de journaliste. »

Le colonel Olcott raconta : « Elle m'a dit avoir été présente en tant que milicienne [...] des Garibaldi, à la bataille sanglante de Mentana. Pour prouver son histoire, elle m'a montré les deux endroits où son bras gauche avait été cassé par un coup de sabre et m'a fait sentir sur son épaule droite l'emplacement où une balle de mousquet était toujours logée dans le muscle, ainsi qu'une autre, dans la jambe. Elle m'a montré également une cicatrice, juste sous son cœur, là où on l'avait poignardée avec un stylet. Cette blessure s'est rouverte légèrement pendant son séjour à Chittenden, et c'est dans le cadre d'une consultation à ce sujet qu'elle me l'a montrée. Parfois, j'ai même été tenté de croire que personne parmi nous, y compris ses collègues, n'avait jamais connu la véritable H.P.B., mais que nous n'avions affaire qu'à un corps artificiel, une sorte d'éternel mystère métaphysique dont le *jiva* avait été massacré lors de la bataille de Mentana le 2 novembre 1867,

---

1. Voir la frise chronologique.

lorsqu'elle a reçu ces cinq blessures et qu'on l'a ensuite retrouvée dans une fosse quasiment morte. »

Elle, ou plutôt son corps, se remit de ses blessures à Florence. Elle raconta : « L'Hospodar de Serbie a été assassiné début 1868, il me semble (voir *L'Encyclopédie*), quand j'étais à Florence, après l'épisode de Mentana et que j'étais en route pour l'Inde avec mon Maître venu de Constantinople... Ma foi, vous saviez dès le départ que l'histoire de Mentana s'était passée en octobre 1867. J'étais à Florence pendant la période de Noël, peut-être un mois avant... Puis de Florence, je me suis rendue à Antemari, puis à Belgrade. Là-bas, comme le Maître m'en avait donné l'ordre, avant d'aller à Constantinople en passant par la Serbie et les Carpates, j'ai dû attendre dans les montagnes un certain[1], qu'il avait envoyé me chercher... S'il vous plaît, ne parlez pas de Mentana ni du Maître, je vous en supplie. »

La mention de la mort de l'Hospodar dans ses lettres nous amena à un sujet particulièrement intéressant : sa collaboration littéraire avec Maître Hilarion. C'est de lui que parle le Mahatma K. H. quand il évoqua « l'adepte qui écrit des histoires avec H.P.B. ». Un de ses contes fut publié dans *Le théosophe* en janvier 1880. Il a pour titre *L'âme du violon* et est signé Hilarion Smerdis[2], F. T. S., Chypre, 1er octobre 1879. Il fut intégré à *Nightmare Tales* de Madame Blavatsky, publiés en 1892.

Un autre conte, *Le double peut-il assassiner ?* est inspiré de la mort de l'Hospodar de Serbie et figure dans les pages du *Théosophe* de janvier 1883 ; mais il fut d'abord publié dans les années 1870, dans le *New York Sun,* journal où H.P.B. publia une série « d'histoires étranges » sous le nom de plume « Hadji Mora ». Serait-ce une référence cachée à son pèlerinage à La Mecque ? Peut-être même est-ce le nom qu'elle portait à ce moment-là ?

Mme Blavatsky fut actrice, ou tout du moins spectatrice d'une partie des évènements narrés ci-dessous. Voici une version résumée de son témoignage : « Un matin, en 1867, l'Europe de l'Est a été secouée par la nouvelle d'un horrible drame. Michel Obrénovitch, prince régnant de Serbie, ainsi que sa tante, la princesse Catherine, surnommée Katinka, et sa fille, ont été assassinés en plein jour près de Belgrade, dans leur propre jardin. On ignorait encore l'identité du ou des meurtrier(s)... Selon certaines sources, le crime aurait été perpétré par le prince Karageorgévitch, un ancien prétendant au modeste trône de Serbie, nourrissant un grief contre Obrénovitch senior pour avoir causé du tort à son père... Un jeune membre de la famille de la victime, un enfant adoré par son peuple, a été retiré de son école à Paris puis rapatrié à Belgrade pour être couronné Hospodar de Serbie : Milan, désormais roi de Serbie[3]...

« Dans la tourmente politique qui s'en est suivie, le drame de Belgrade a été

---

1. Mots manquants dans le texte.
2. Madame Blavatsky l'appelait parfois « l'adepte chypriote ».
3. Le cousin de H.P.B., le comte Witte, a écrit dans ses mémoires qu'« après cela, elle devint cheffe de l'Orchestre Royal du roi Milan de Serbie. »

oublié de tous, à l'exception d'une vieille matrone serbe autrefois au service de la famille Obrénovitch. Tout comme Rachel, elle ne pouvait se résoudre à faire le deuil de ses enfants. Après le couronnement du jeune Obrénovitch, neveu de la victime, elle a vendu sa propriété et a disparu, non sans s'être d'abord rendue sur les tombes des victimes et avoir fait le serment de venger leur mort.

« L'auteur de cet authentique récit avait passé quelques jours à Belgrade environ trois mois avant ces meurtres abominables, et connaissait la princesse Katinka. Elle était gentille, serviable et souvent oisive, cloîtrée chez elle; lorsqu'elle voyageait, son allure et son éducation la faisaient ressembler à une Parisienne. La vieille dame serbe ne quittait presque jamais sa demeure, sauf pour rendre visite à la princesse. Allongée sur un tas de coussins et de tapis, elle portait la remarquable tenue traditionnelle de son pays, rappelant Sybille de Cumes pendant ses journées de repos. On murmurait d'étranges récits sur ses connaissances occultes et parfois, les clients se racontaient des anecdotes passionnantes, rassemblés au coin du foyer de mon humble auberge.

« Cette vieille femme, que j'appellerai Gospoja P., avait souvent à son service une autre personne, vouée à devenir la protagoniste de notre terrifiant récit. Il s'agissait d'une jeune bohémienne d'environ quatorze ans, venue de quelque contrée roumaine. Tout le monde, y compris la vieille femme, ignorait son identité de même que son lieu de naissance. On m'a raconté qu'un jour un groupe de bohémiens de passage l'avait laissée là, dans la cour de la vieille dame, et que cette dernière l'avait alors recueillie. On la surnommait "la dormeuse", car on la disait dotée de la capacité de s'endormir n'importe où, même debout, et de raconter ses rêves à haute voix. Son nom païen était Frosya.

« Environ dix-huit mois[1] après que la nouvelle du meurtre a été répandue jusqu'en Italie où je me trouvais à ce moment-là, j'étais en voyage dans le Banat, dans un petit coche que je m'étais offert, et je prenais un nouveau cheval quand le besoin se présentait, selon la coutume de ce pays primitif où régnait la plus grande confiance. En cours de route, j'ai rencontré un vieil homme français, un scientifique, qui voyageait seul, de la même manière que moi, à une différence près : il se déplaçait à pied, alors que je surplombais la route du haut de mon trône de foin, secouée par les cahots du véhicule. Je l'ai trouvé un beau matin, somnolant au milieu de buissons et de fleurs sauvages, et j'avais failli l'écraser, tant j'étais distraite par la beauté du paysage. Les présentations ont été rapides, car j'avais déjà entendu son nom dans des cercles de chercheurs étudiant le mesmérisme, et je savais qu'il s'agissait d'un puissant adepte de l'école de Dupotet. Sur mon invitation, il s'est assis à mes côtés sur mon siège de foin et dans le courant de la conversation, il m'a dit :

« J'ai trouvé en cette charmante Thébaïde un sujet des plus remarquables. J'ai

---

1. Dans sa lettre à M. Sinnett citée ci-dessus, elle affirme avoir « rencontré la Gospoja avec Frosya environ un mois ou deux après le meurtre. »

rendez-vous ce soir avec la famille. Ils cherchent à découvrir la vérité sur un meurtre grâce au don de clairvoyance de la fille. Elle est merveilleuse, vraiment merveilleuse.

— Qui est-ce ? ai-je demandé.

— Une bohémienne roumaine. Élevée, paraît-il, au sein de la famille du prince régnant de Serbie, qui ne règne plus, car il a été assassiné dans des circonstances troublantes. *Houla* ! Faites attention ! Diable, vous allez nous faire tomber de la falaise ! s'est-il exclamé d'une voix pressée, en m'arrachant sans ménagement les rênes des mains et en tirant dessus d'un coup sec.

— Vous parlez du prince Obrénovitch ? ai-je demandé, pantoise.

— Oui, tout à fait ; lui, précisément. Je dois m'y rendre ce soir, pour clôturer une série d'hypnoses en provoquant enfin la sublime manifestation d'un pouvoir secret de l'esprit humain. Vous pourriez m'accompagner, je vous présenterais. De plus, vous pourriez m'être utile en tant qu'interprète, car ils ne parlent pas français.

« Comme j'étais persuadée que Frosya était la somnambule en question, le reste de la famille ne pouvait être que Gospoja P., je m'empressai donc d'accepter. Au coucher du soleil, nous sommes arrivés au pied de la montagne et nous nous sommes dirigés vers le vieux château, du moins était-ce ainsi que le Français l'appelait. Et l'endroit méritait bien son surnom si poétique.

« Il y avait un banc abîmé au tréfonds d'un renfoncement sombre ; et comme nous faisions halte à l'entrée de cet endroit si poétique, et que le Français, galant, guidait mon cheval de l'autre côté d'un pont douteux qui passait au-dessus des eaux pour rejoindre le portail d'entrée, j'ai vu une grande silhouette se lever lentement du banc et s'approcher de nous. Il s'agissait bien de ma vieille amie, Gospoja P., plus pâle et mystérieuse que jamais. Elle n'a pas semblé étonnée de me voir. Elle s'est contentée de me saluer à la manière des Serbes, avec trois baisers sur chaque joue, et sans plus de cérémonie, elle m'a pris la main pour me guider vers le nid de lierre. À moitié allongée sur un petit tapis étendu dans l'herbe haute, le dos appuyé contre un mur, j'ai reconnu notre Frosya.

« Elle portait la tenue traditionnelle des femmes valachiennes : sur la tête, une espèce de turban de gaze entremêlé de divers médaillons dorés et de perles, une chemise blanche avec des manches ouvertes et des jupons multicolores. Son visage était d'une pâleur cadavérique et avait une rigidité de pierre, comme celui du sphinx, ses yeux étaient clos. Il arborait l'expression si particulière des clairvoyants somnambules en état de transe. Si sa poitrine décorée de rangées de médaillons et de pendentifs ne s'était pas soulevée à intervalles réguliers en faisant tinter légèrement ses bijoux à chaque respiration, on aurait pu la croire morte tant son visage semblait éteint.

« Le Français m'a dit qu'il l'avait fait mettre au repos pendant que nous arrivions et qu'elle se trouvait à présent dans le même état dans lequel il l'avait laissée la veille au soir. Puis il a commencé à travailler sur le sujet, car c'est ainsi qu'il appelait Frosya. Il n'a plus fait attention à nous, mais a secoué la main de la jeune fille et, après avoir rapidement effectué quelques passes, a étendu son bras et l'a raidi. Le membre, aussi dur que de l'acier, est resté en place. Il a ensuite fermé tous ses doigts à l'exception du majeur, qu'il a fait pointer vers l'étoile du soir, étincelante dans le ciel d'un bleu profond. Puis il s'est retourné et de droite à gauche, il a projeté ici et là un liquide translucide, mais puissant. Il s'affairait comme un artiste avec son pinceau, en train d'ajouter quelques touches finales à sa toile…

« Pendant ce temps, la nuit était tombée et la lune éclairait l'horizon de sa lumière pâle et fantomatique. Les nuits dans le Banat sont presque aussi magnifiques qu'en Europe de l'Est. De plus, le Français devait travailler à ciel ouvert, car le pape avait interdit de telles pratiques dans l'enceinte de sa tour, utilisée comme presbytère, de peur que les environs ne se peuplent des démons et hérétiques du magnétiseur, qu'il se savait incapable d'exorciser en raison de leur nature étrangère à ces lieux.

« Le vieil homme s'était débarrassé de son veston de voyage et avait remonté les manches de sa chemise. Il a alors adopté un comportement plus expressif et a entamé un véritable processus d'hypnose. Sous ses doigts tremblants, la lune semblait faire briller l'odyle. Frosya faisait face à la lune, si bien que le moindre de ses gestes était visible comme en plein jour. Après quelques minutes, de grosses gouttes de transpiration ont perlé sur son front et se sont écoulées lentement le long de son visage pâle en scintillant dans la clarté lunaire. Puis, elle a remué, comme mal à l'aise, et a entonné à mi-voix un chant que Gospoja, nerveuse et penchée au-dessus de la jeune fille inconsciente, écoutait alors très attentivement pour en saisir chaque syllabe. Immobile, un doigt fin posé sur ses lèvres, les yeux presque exorbités, la vieille femme paraissait s'être elle-même transformée en une statue attentive.

« Tout à coup, comme hissée par une puissance surnaturelle, Frosya s'est levée et s'est retrouvée plantée bien droite devant nous, dans l'attente d'être guidée par le liquide magnétique. Sans mot dire, le Français a pris la main de la vieille femme et l'a mise dans celle de la somnambule, avant de lui ordonner de se mettre en rapport avec Gospoja.

« Que dis-tu, ma fille ? a chuchoté la femme serbe d'une voix douce. Ton esprit peut-il retrouver la trace des meurtriers ?

— Cherche et contemple, a ordonné l'hypnotiseur avec fermeté, les yeux rivés sur le visage du sujet.

— Je suis sur le point de partir. J'y vais, a répondu Frosya dans un murmure lointain. Sa propre voix ne semblait pas émaner d'elle, mais de l'air ambiant.

« À ce moment-là, il s'est passé une chose si incroyable que je ne suis pas certaine d'être en mesure de la décrire. Une ombre rayonnante, vaporeuse, est apparue, tout contre le corps de la jeune fille. Au début, elle n'était épaisse que de quelques centimètres, mais peu à peu, elle a grandi et a semblé prendre forme en se détachant soudain du corps de la jeune fille. Elle s'est condensée en une sorte de brume presque tangible et a rapidement pris la même apparence que notre somnambule. Cette forme rayonnante a vacillé pendant deux ou trois secondes à la surface du sol, puis s'est déplacée sans bruit, d'un mouvement fluide, en direction de la rivière. Elle s'est dissipée tel un brouillard, évaporée dans la lumière de la lune, qui semblait l'avaler entièrement !

« J'avais observé ce phénomène avec la plus grande attention. L'énigmatique rituel connu en Europe de l'Est sous le nom d'invocation du *scin-lecca* se déroulait devant moi. Le doute n'était pas permis. Dupotet avait raison de dire que le mesmérisme était la magie consciente des anciens, et le spiritualisme, les effets inconscients de cette même magie sur certains êtres vivants.

« Dès que le double de brume a traversé l'épiderme de la jeune fille, Gospoja a, d'un geste prompt de sa main libre, sorti de dessous sa pelisse un objet qui ressemblait à s'y méprendre à un stylet, et l'a plongé tout aussi promptement dans la poitrine de la jeune fille. Le geste a été si rapide que l'hypnotiseur, concentré sur son travail, ne s'en est pas aperçu, comme il me l'a expliqué par la suite. Quelques minutes sont passées, dans un silence sépulcral. Nous sommes restés immobiles, comme changés en pierre. Tout à coup, un cri strident et terrifiant a jailli des lèvres de la jeune fille en transe. Elle s'est penchée en avant, a arraché le stylet de sa poitrine et s'est mise à poignarder l'air autour d'elle avec un acharnement rageur, comme si elle combattait des ennemis imaginaires. La bouche écumante, elle criait par intermittence des paroles insensées. Au milieu de ses hurlements rauques, j'ai distingué plusieurs fois deux noms chrétiens d'hommes que j'avais déjà entendus. L'hypnotiseur était en proie à une telle panique qu'il a perdu tous ses moyens et au lieu de mettre le liquide de côté, a continué à en asperger la jeune fille.

« "Faites attention !" ai-je crié. "Arrêtez ! Vous allez la tuer, ou c'est elle qui vous tuera !"

« Mais le vieil homme, sans le vouloir, avait réveillé des forces naturelles inconnues et était incapable de les dominer. La jeune fille enragée s'est tournée vers lui et lui a porté un coup qui lui aurait été fatal, s'il ne l'avait pas esquivé en se jetant sur le côté. Il n'a écopé que d'une impressionnante coupure au bras droit. Le pauvre Français était terrifié. Avec une agilité surprenante pour un homme de sa corpulence, il a grimpé jusqu'en haut du mur au-dessus d'elle et s'y est assis à califourchon. Il a rassemblé ce qui lui restait de sang-froid et a fait quelques passes magnétiques dans sa direction. Dès la deuxième, la jeune fille a lâché son arme et s'est tenue tranquille.

« Que t'arrive-t-il ? a crié en français l'hypnotiseur, perché sur le mur comme un affreux gobelin noctambule. Réponds-moi, je te l'ordonne !

– J'ai fait… ce qu'elle… celle à qui vous m'avez ordonné d'obéir… m'a dit de faire, a répondu la jeune fille en français, à ma grande surprise.

– Qu'est-ce que cette vieille sorcière t'a ordonné de faire ? a-t-il demandé, soudain insultant.

— De les retrouver… ceux qui les ont assassinés… tués. Je l'ai fait… et ils ne sont plus là ! Vengés, je les ai vengés, ils sont… »

Un cri de victoire, puissant hurlement de plaisir malsain, a retenti dans la nuit ; et immédiatement, un tonnerre d'aboiements en écho au cri de Gospoja a réveillé les chiens des villages environnants.

— Je suis vengée, je le sens, je le sais ! Mon cœur me dit que mes ennemis sont morts ! »

Puis, essoufflée, elle s'est effondrée, entraînant dans sa chute la jeune fille, qui s'est laissée mettre à terre sans réagir, comme un rondin de bois.

— J'espère que mon sujet n'a pas commis d'autres méfaits ce soir. Elle est à la fois dangereuse et tout à fait fascinante ! a dit le vieil homme. »

« Nos chemins se sont séparés. Trois jours plus tard, alors que je me trouvais à T. [emesvar], dans un restaurant, à attendre mon déjeuner, je suis tombée sur un journal. Voici les premières lignes que j'ai lues :

"Vienne, 1868, deux morts inexpliqués. Hier soir, à 21h45, alors que P. était sur le point de se retirer, deux majordomes furent soudain pris de panique, comme s'ils avaient vu quelque chose de terrifiant. Ils crièrent, titubèrent et coururent à travers la pièce, les bras levés, comme pour se protéger des coups d'une arme invisible. Ils ignorèrent totalement les questions empressées de leur Maître et de leur suite, mais s'effondrèrent bientôt sur le sol en se tordant de douleur, et moururent dans d'atroces souffrances. Ils ne montraient aucun signe d'apoplexie ni aucune blessure apparente ; mais, chose troublante, leur peau était couverte de taches sombres et de marques longilignes, comme des entailles à l'arme blanche. Pourtant l'épiderme était intact. Il fut observé lors de l'autopsie que, sous chacune de ces mystérieuses taches, se trouvait un peu de sang coagulé. Tout le pays est en émoi et les experts ne parviennent pas à expliquer ce phénomène…" »

Dans sa lettre adressée à M. Sinnett, H.P.B. évoqua ce qui lui était arrivé : « Je suis partie de Tiflis vers 1864 pour retourner en Serbie, puis j'ai voyagé un peu dans les Carpates… L'hospodar a été assassiné début 1868, il me semble (voir *L'Encyclopédie*), quand j'étais à Florence, après l'épisode de Mentana, et que j'étais en route pour l'Inde avec mon Maître venu de Constantinople.

« Vous auriez tort de dénigrer mon roman, *Le double peut-il assassiner ?*. J'ai connu Gospoja, Frosya, la princesse Katinka et même le Gospoda Michel Obrénovitch bien avant[1]… J'ai appris la nouvelle des évènements de Vienne après l'incident auquel j'ai assisté, impliquant Frosya et Gospoja, qui se servait d'elle. Eh bien, chaque détail est véridique en ce qui nous concerne, les autres protagonistes et moi… L'épisode de Mentana a eu lieu en octobre 1867. J'étais à Florence pendant la période de Noël, peut-être un mois plus tôt, quand ce pauvre Michel Obrénovitch a été assassiné. Après cela, je suis partie… en Serbie et dans les Carpates,

---

1. C'est-à-dire pendant un séjour antérieur, en 1864, alors que le meurtre de l'hospodar eut lieu après Mentana, en 1868.

et c'est là que j'ai croisé Gospoja et Frosya, environ un mois ou deux après le meurtre, il me semble...

« En me servant de ces détails et de ces personnages réels, j'ai écrit une histoire pour le *Sun* (NY), sous le nom de plume "Hadji Mora"... J'ai écrit des faits, tout simplement, sur des personnes que je connais, et j'ai uniquement parlé de Mme Popesco, qui m'a raconté ce qu'il s'était passé après l'invocation à laquelle j'avais assisté. Et j'ai mis l'auteur à sa place. Et maintenant, Sellin se présente pour le contre-interrogatoire et me demande si j'étais sur les lieux. Je réponds que non, car j'étais en route pour l'Inde, mais on m'a raconté les faits et j'en ai fait une histoire... L'histoire est bien vraie.

« Seulement, je ne voulais pas publier le nom de Mme Popesco, qui m'a raconté le dénouement de l'affaire quatre ans plus tard, après l'avoir lu dans un journal viennois dont l'article avait été immédiatement supprimé... Voilà pourquoi j'ai prétendu l'avoir lu dans un café, à Temesvar... Mme Popesco avait pris des notes dans son journal et me les a fait lire. En recoupant les dates, j'ai supposé que cela s'était passé la même nuit...

« Je n'ai jamais présenté mes écrits à succès dans le *N.Y. Sun* comme d'infaillibles paroles d'évangile. Ce sont des histoires, inspirées d'évènements survenus ici et là, et impliquant des personnes réelles. J'ai simplement changé leurs noms, sauf dans *Le double peut-il assassiner ?*, dans lequel j'ai fait la bêtise de garder les protagonistes réels, et Hilarion s'est chargé d'arranger tout cela. Et comme il le dit souvent et l'a dit une fois encore le jour où je me suis disputée avec Sellin, "Chaque mot sur l'histoire de l'invocation de Frosya par Gospoja est vrai, de même que l'incident de Vienne et celui raconté dans *Le double peut-il assassiner ?*, comme Mme Popesco vous l'a dit." Je croyais que vous le saviez. »

C'était probablement lors de ce voyage retour d'Inde avec son maître, qu'est survenu l'incident décrit par Mme Blavatsky dans une lettre adressée à ses proches, en Russie. Elle nous fut fournie par sa nièce, Mme Véra Johnston, la fille de Mme Véra Jelikovsky, et fut publiée dans le *Path*, en janvier 1895 :

« Les membres de la famille de H.P.B. se faisaient bien sûr beaucoup de souci au sujet des intentions de cet obscur mentor hindou. Ils ne parvenaient pas à le considérer autrement que comme un "sorcier païen". Et H.P.B. s'est donnée bien du mal pour les faire changer d'avis. Elle leur a dit que son Maître avait un grand respect pour les préceptes chrétiens. Une fois, elle a passé sept semaines loin de tout, dans une forêt voisine du Karakoram. Seul son professeur lui rendait visite chaque jour, mais elle n'a jamais précisé s'il se présentait sous la forme d'une projection astrale ou en personne.

« Quoiqu'il en soit, on lui a montré une grotte des environs, qui était en fait un temple décoré de statues représentant les plus illustres professeurs du monde, entre autres : une gigantesque statue de Jésus Christ accordant le pardon à Marie-Madeleine ; une de Siddhartha Gautama en train d'offrir de l'eau à un mendiant ; une d'Ananda en train de boire dans les mains d'une prostituée paria. »

Il se pourrait bien que son itinéraire du Tibet jusqu'en Italie ait été découvert. « Le général Cross qui, accompagné de sa femme, le docteur Cross, et de sa fille, était en train de visiter Toronto […], a fait un récit captivant, exhaustif et très évocateur de ses pérégrinations dans le nord-ouest du Tibet, et y a inclus le parcours d'une femme blanche en 1867 à travers les campagnes les plus hostiles, pour se rendre dans une lamaserie à l'extrême nord. Grâce aux témoignages de plusieurs personnes âgées interpellées par la personnalité singulière de cette touriste, il a pu retracer l'histoire de son périple. Le général Cross en a conclu qu'il s'agissait de Mme Blavatsky, et la date a été fixée par ses interlocuteurs à dix ans avant la grande mutinerie. Il a dit qu'il n'était pas théosophe, mais que l'histoire du voyage de Mme Blavatsky, telle qu'on la lui avait racontée, avait suscité en lui un vif intérêt. Il était le directeur, ou l'agent, d'une fabrique de thé et d'autres institutions du Dalaï-lama, au Tibet, où il est actuellement en train de retourner. »

Chapitre XXIV
De l'ashram du maître au monde

Une fois remise des blessures qu'on lui avait infligées à Mentana, H.P.B. retourna au Tibet dans le courant de l'année 1868. Elle dit avoir rencontré pour la première fois le Maître Koot Hoomi cette année-là ; selon toute vraisemblance, il n'aurait donc pas été là lors du précédent séjour de Mme Blavatsky chez son maître. L'extrait suivant de *Mme Blavatsky au sujet des divagations de M. Lillie* n'est pas sans intérêt :

« Quant à sa tentative [M. Lillie] d'insinuer que le Mahatma Koot Hoomi n'existe pas, ses propos sont tout bonnement délirants. Avant d'argumenter plus, il va devoir se confronter à une certaine dame russe, dont la sincérité et l'impartialité n'ont jamais été remises en cause par aucune personne la connaissant un tant soit peu. Elle a par ailleurs reçu une lettre de ce fameux Maître en 1870. Sans doute était-ce également une contrefaçon ? Quant à mon séjour au Tibet dans la demeure de Maître Koot Hoomi, j'ai en ma possession des preuves plus fiables que j'exposerai quand je jugerai utile de les présenter…

« Je n'avais jamais rencontré le correspondant de M. Sinnett, Maître K.H., avant 1868… Si M. Lillie avance que Koot Hoomi n'est pas un nom tibétain, nous répondons que nous n'avons jamais prétendu l'inverse. Tout le monde sait que le Maître est originaire du Pendjab et que sa famille s'était installée au Cachemire des années plus tôt. Mais s'il avance qu'un "expert du British Museum a fouillé le dictionnaire tibétain de fond en comble à la recherche des mots 'Kut' et 'Humi' et n'a rien trouvé", je répondrai alors "Achetez un meilleur dictionnaire" ou "Adressez-vous à un meilleur expert". Que M. Lillie fasse une recherche dans les glossaires et abécédaires des frères moraves. »

La lettre à laquelle H.P.B. fait référence ici a été reçue par Mme N. A. Fadeef, sa tante, qui écrivit de Paris au colonel Olcott, en 1884 : « Ce qui m'est arrivé lorsque j'ai reçu une lettre fort mystérieuse, alors que ma nièce se trouvait au bout du monde et que personne ne savait où, voilà la cause exacte de notre inquiétude. Toutes nos recherches étaient infructueuses. Nous étions prêts à la croire morte quand, vers 1870, je crois, ou un peu plus tard, j'ai reçu une lettre de celui que vous appelez, je crois, Koot-Hoomi. Je l'ai reçue chez moi, d'une manière tout à fait troublante, par un messager d'apparence asiatique, qui a disparu sous mes yeux. J'ai encore, à Odessa, ce courrier qui se voulait rassurant et m'informait qu'elle était en sécurité. Je vous l'enverrai dès mon retour ; j'espère qu'il vous sera utile. »

Comme prévu, elle lui fit parvenir la lettre. Elle se trouve aujourd'hui dans les archives de la Société théosophique. Sur le côté inférieur gauche de l'enveloppe, il est écrit « reçue à Odessa le 7 novembre, près d'Helinka, peut-être expédiée du Tibet. 11 novembre 1870. Nadejda F. » en russe, au crayon. La lettre est écrite en français, avec « l'écriture » du Maître Koot Hoomi. En voici une traduction[1] :

« À la respectable,
    très respectable
        Nadyejda Andreewna Fadeew,
        Odessa.

« Les honorables membres de la famille de Mme H. Blavatsky n'ont aucune raison de ressentir du chagrin. Leur fille et nièce fait encore partie de ce monde. Elle est vivante et souhaite informer ses proches qu'elle se porte bien et qu'elle est très heureuse au sein de la retraite secrète et lointaine qu'elle a choisi de faire. Elle a traversé une période de maladie grave, mais elle est rétablie, car, protégée par le Seigneur Sangyas[2], elle s'est fait de fidèles amis qui prennent soin d'elle, tant sur un plan physique que spirituel. Les dames de sa maison doivent donc se tranquilliser. Avant l'ascension de dix-huit lunes, Madame Blavatsky sera rentrée et auprès de sa famille. »[3]

Elle poursuivit : « Et je suis effectivement revenue d'Inde par l'un des premiers bateaux. En novembre 1869 ? Peut-être, je ne me souviens pas. Nous ne sommes jamais arrivés à quai. Ce que je sais en revanche, c'est que cet évènement s'est produit pendant l'année de l'ouverture du canal de Suez, peu après et pendant le séjour de l'impératrice de France. Je ne me souviens pas si elle est arrivée quelques mois plus tôt ou si elle y était à ce moment-là. Mais je me souviens de l'effervescence et des conversations incessantes suscitées à bord par la nouvelle de sa présence, ainsi que du fait que notre bateau, ou l'un de ceux qui naviguaient près du nôtre était le troisième à traverser.

« Ma tante a reçu une lettre du Maître en novembre 1870. J'ai traversé, si mes souvenirs sont bons, en décembre. Je suis allée à Chypre, puis en avril, je crois, le bateau sur lequel j'étais, *Eunomia*, a explosé ; je suis allée du Caire à Alexandrie en octobre 1871. Ensuite, je suis retournée à Odessa en mai 1872, soit "dix-huit lunes" après la réception du courrier du Maître par ma tante. Puis, si elle a bien inscrit la bonne année, c'était un an après l'ouverture du canal que j'ai traversé. »

L'ouverture officielle du canal de Suez eut lieu le 16 novembre 1869. Et le 17, soixante-huit bateaux traversèrent. Il semblerait que l'embarcation sur laquelle H.P.B. aurait traversé en 1870 (l'année suivant l'ouverture) ait été la troisième de cette procession de soixante-huit bateaux. Ailleurs, elle affirma :

---

1. NDT : Le texte original ne nous ayant pas été fourni, il s'agit d'une retraduction.
2. Buddha.
3. Il s'agit de la première lettre de la série des « lettres de Mahatma ».

« Je me suis d'abord rendue en Grèce et j'ai vu Hilarion. Je ne peux communiquer à quel endroit. Puis j'ai voyagé du port du Pirée jusqu'à La Spezia, au large d'où notre bateau a explosé. Ensuite, je suis allée en Égypte : d'abord à Alexandrie, où j'étais sans argent, mais où j'ai gagné quelques milliers de francs sur le numéro 27 (ne retranscrivez pas cela), puis au Caire, où j'ai séjourné d'octobre ou novembre 1871 à avril 1872, seulement quatre ou cinq mois. Puis je suis rentrée à Odessa en juillet, car je suis allée en Syrie, à Constantinople et en d'autres lieux avant cela. Comme Odessa n'est qu'à quatre ou cinq jours d'Alexandrie, j'avais envoyé Mme Sebir avec les singes au préalable. »

Le S.S. *Eunomia* transportait de la poudre à canon et des feux d'artifice. Sur ses quatre cents passagers, seuls seize en réchappèrent. Le gouvernement grec leur permit de continuer jusqu'à leur destination ; H.P.B. arriva donc au Caire, démunie, jusqu'à ce que le gouvernement russe lui vienne en aide. Elle se rendit à l'Hôtel d'Oriente, où Mme Coulomb (Mademoiselle Emma Cutting), au vu des circonstances pénibles, fit preuve de beaucoup de gentillesse à son égard.

H.P.B. « a écrit du Caire pour dire à ses amis que son bateau avait fait naufrage et [...] qu'elle devait rester un moment en Égypte ; pendant ce temps, elle a décidé de fonder une société spirite pour enquêter sur les médiums et différents phénomènes paranormaux, en se basant sur les théories et les préceptes d'Allen Kardec... Elle était prête à se donner beaucoup de mal pour que son projet aboutisse. »

Le docteur A. L. Rawson, dans un article de Frank Leslie's *Popular Magazine* paru en février 1892, affirme que « Paulos Metamon, un magicien copte reconnu et détenteur d'ouvrages très étranges remplis de formules astrologiques, d'incantations magiques et d'horoscopes qu'il se plaisait à montrer à ses invités "après la présentation adéquate", recommandait de ne pas se précipiter. » Il s'agissait là du vieil ami copte de H.P.B., pourtant, elle ne suivit pas son conseil.

« Quelques semaines plus tard, » continua M. Sinnett dans son témoignage, « une nouvelle lettre est arrivée chez ses proches. Elle y faisait montre d'une profonde aversion pour ce projet qui avait lamentablement échoué. Elle aurait écrit des lettres à destination de l'Angleterre et de la France pour recruter un médium, sans succès. En désespoir de cause, elle s'était tournée vers des amateurs : des spiritualistes françaises qui tenaient davantage de vagabondes sans le sou, et parfois vers des arnaqueuses qui sévissaient dans l'ombre de l'équipage d'ingénieurs et d'ouvriers de M. de Lesseps au canal de Suez.

« "Elles ont volé les fonds de la société," s'insurgeait-elle, "elles boivent comme un trou, et aujourd'hui je les surprends en train de berner honteusement nos membres venus enquêter sur des phénomènes paranormaux en décrivant de fausses manifestations. J'ai eu des altercations très pénibles avec des personnes qui me tenaient pour l'unique responsable de ce désastre. Je les ai donc mises à la porte et j'assumerai seule les dépenses nécessaires à l'acquisition des locaux et de l'ameublement. Ma fameuse société spirite n'a pas duré deux semaines. C'est un tas de ruines, certes majestueuses, mais aussi évocatrices que celles des tombes des Pharaons… Et comme un malheur n'arrive jamais seul, j'ai failli me faire tirer dessus par un fou : un Grec, témoin des deux seules séances publiques que nous avons faites, et qui s'est retrouvé possédé, j'imagine, par quelque esprit malveillant." »

Les archives MS. fournissent des détails supplémentaires. « Avant cela, il avait passé son temps à courir sans but dans les bazars et les rues du Caire, armé d'un revolver chargé, en criant que pendant trois nuits, je l'avais envoyé déambuler dans les rues, possédé par des démons qui tentaient de l'étouffer.

« Il a fait irruption chez moi, armé de son revolver. Quand il m'a trouvé dans la salle à manger, il m'a annoncé qu'il était venu me tuer, mais qu'il attendrait que j'aie terminé mon repas. C'était très aimable de sa part, d'autant plus que j'en ai profité pour l'obliger à lâcher son arme et à sortir précipitamment de la maison une fois de plus. Il est à présent enfermé dans un asile de fous, et je jure de ne plus jamais me livrer à ce genre d'expériences. C'est bien trop dangereux et je ne suis pas suffisamment forte et entraînée pour pouvoir contrôler les esprits maléfiques, susceptibles d'entrer en contact avec mes amis pendant les séances.

« Je vous avais déjà dit par le passé que ce genre d'expériences, menées avec des personnes réunies au hasard, notamment des médiums, crée un véritable tourbillon, un vortex d'énergie négative qui permet aux prétendus esprits (vils Kikimora !) de se nourrir de nous, de se gorger de nos forces vitales comme des éponges, et de nous attirer vers les bas-fonds de leur plan d'existence. Mais vous ne comprendrez jamais cela, à moins de parcourir à nouveau, au moins une partie, sinon la totalité des écrits à ce sujet. »

Un courrier de H.P.B. écrit au Caire pour sa sœur Véra démontre l'ampleur de ce danger qui plane non seulement sur les visiteurs, mais également sur les médiums : « Une amie à moi, une jeune Anglaise médium, était en train de se livrer à un exercice d'écriture automatique sur des morceaux de papier, en s'appuyant contre une vieille tombe égyptienne. Le stylo avait commencé à gribouiller des symboles parfaitement incompréhensibles… lorsque soudain, alors que j'étais en train d'observer la scène derrière son dos, ils se sont transformés en ce que je croyais être des lettres russes. J'étais demandée ailleurs, mais je suis revenue juste à temps pour l'empêcher de détruire le morceau de papier en question, comme elle avait détruit les autres. Imagine un peu mon étonnement quand j'ai récupéré le morceau et que je me suis rendu compte qu'il s'agissait d'un message écrit en russe et qui m'était directement adressé !

« "*Barishnya*, (petite ou jeune demoiselle) chère *barishnya*, aidez-moi, ô aidez la pauvre pécheresse que je suis ! Je souffre ; à boire, à boire, donnez-moi à boire !…"[1]

« À peine la pauvre fille avait-elle terminé de m'écrire ce message en russe qu'elle a été saisie de tremblements et a demandé à ce qu'on lui donne à boire. Lorsqu'on lui a apporté de l'eau, elle l'a renversée et a continué à demander à boire.

---

1. Pour lire l'histoire même de l'esprit malveillant, voir page 128, *Incidents in the Life of Mme Blavatsky*.

On lui a donné du vin : elle l'a bu avec enthousiasme, puis a continué, un verre après l'autre, jusqu'à être prise de convulsions et crier "Du vin ! À boire !", sous les regards horrifiés de tous. Elle a fini par s'évanouir et a été ramenée chez elle par cocher. Après cela, elle a été malade pendant plusieurs semaines. »

D'après M. Sinnett, « D'autres scandales et calomnies s'en sont suivis. Quelques sceptiques, curieux et désœuvrés, s'étaient rendus à des séances de la Société spirite et avaient assisté au désastre. En s'appuyant sur ces précédents, ils ont tourné en dérision l'idée même de phénomènes paranormaux et, en toute logique, se sont mis à accuser ceux qui en affirmaient l'existence, d'être des menteurs et des escrocs. En réarrangeant les faits à leur guise, ils sont allés jusqu'à affirmer qu'au lieu de payer ses médiums ainsi que les dépenses de sa société, Mme Blavatsky avait elle-même été payée pour opérer quelques tours de passe-passe et les déguiser en phénomènes authentiques.

« Les fabulations et rumeurs infondées dont l'ont assommée ses ennemis, principalement les "femmes médiums françaises" qu'elle avait mises à la porte, n'ont pas empêché Mme Blavatsky de poursuivre ses recherches, et de prouver à toute personne de bonne foi cherchant à s'assurer de son honnêteté, qu'elle possédait bien des pouvoirs de clairvoyance et de clairaudience, sur lesquels elle exerçait un contrôle indéniable. De même, son pouvoir de déplacer les objets d'un seul regard, sans même les toucher, et parfois à une distance considérable, bien loin de s'affaiblir ou de disparaître, s'était amélioré au fil des ans.

« M. G. Yakovlef, un homme russe de passage en Égypte à l'époque, a écrit : "Une fois, je lui ai montré un médaillon fermé qui contenait le portrait d'une personne et les cheveux d'une autre, fabriqué à Moscou, et peu de gens savent ce qu'il renferme. Sans même le toucher, elle m'a dit : 'C'est le portrait de votre marraine avec les cheveux de votre cousin. Ils sont tous les deux décédés.' Et elle a continué à les décrire comme si elle les avait tous les deux devant elle. Comment a-t-elle su ?" »

Dans son article, le Docteur Rawson raconta que H.P.B. avait dit à la comtesse Kazinoff « avoir résolu au moins un mystère égyptien ». Elle le prouva en sortant un serpent vivant d'un sac dissimulé dans les plis de sa robe.

Le colonel Olcott raconta : « Un spectateur m'a rapporté que partout où se trouvait H.P.B. pendant son séjour au Caire, des phénomènes inexplicables se produisaient. Des lampes de table se mettaient soudain à léviter pour aller se poser ailleurs, comme si quelqu'un les y avait emmenées, le mystérieux copte disparaissait tout à coup du divan sur lequel il était assis, et bien d'autres merveilles du genre. »

Au sujet d'une des lettres qu'elle adressa à sa sœur à cette époque, M. Sinnett remarqua « qu'elle a inclus des feuilles manuscrites volantes, arrachées d'un carnet de notes. Les phénomènes étranges avaient été consignés sur place, certains à l'ombre de la pyramide de Khéops, d'autres dans l'antre du pharaon. Apparemment, Mme Blavatsky s'y serait rendue plusieurs fois, dont une accompagnée de beaucoup de monde, y compris des spiritualistes. Certains de ses compagnons ont relaté des évènements insolites qui se seraient produits dans le désert, en plein jour, alors qu'ils étaient assis à l'ombre d'un grand rocher. D'autres notes, visiblement écrites par Mme Blavatsky, décrivent l'apparition étrange qu'elle a vue dans la pénombre du tombeau du monarque cimmérien, lors de la nuit en solitaire qu'elle avait passée là-bas, confortablement installée dans son sarcophage. »

Après avoir effectué tous ces voyages (elle évoque la Grèce, la Syrie, Constantinople et « d'autres lieux »), elle rendit visite à sa famille et s'installa à Odessa, mais uniquement à titre provisoire. En 1872 et 1873, elle voyagea à travers l'Europe sous l'identité de « Madame Laura », pianiste. Son cousin, le comte Witte, affirme dans ses *Mémoires* qu'à une époque, elle dirigea l'orchestre royal du roi Milan de Serbie. Le docteur Corson raconta : « Ma mère m'a parlé de H.P.B., et m'a décrit avec quel talent elle improvisait au piano, en faisant montre d'une technique remarquable pour quelqu'un qui ne jouait qu'occasionnellement, quand l'envie lui en prenait. » Cela se passa à Ithaca, dans l'état de New York, en 1875.

« D'après le colonel Olcott, « C'était une pianiste exceptionnelle : elle possédait un toucher et une expressivité magnifiques. Ses mains auraient fait et ont été de parfaits modèles pour un sculpteur, et n'étaient jamais aussi gracieuses que lorsqu'elles survolaient le clavier pour en tirer de merveilleuses mélodies. Elle a été l'élève de Moscheles ; et pendant un séjour à Londres, lorsqu'elle était encore petite fille, elle a joué avec son père, avec Mesdames Clara Schumann et Arabella Goddard, un morceau écrit par Schumann pour trois pianos, lors d'un concert de bienfaisance. Quelques semaines après la publication de l'œuvre, un membre de la famille de H.P.B. m'a appris que peu de temps avant de se rendre aux États-Unis, elle était partie en tournée en Italie et en Russie, sous le pseudonyme de "madame Laura".

« Elle jouait très peu pendant la période où je l'ai connue… Mais à certains moments, elle était habitée par l'un des Mahatmas et son jeu était d'une beauté indicible. Parfois, à l'aube, alors que j'étais la seule autre personne dans la pièce, elle s'asseyait au piano et improvisait si bien, que l'on aurait pu croire qu'elle était en train d'écouter les gandharvas, ou des choristes célestes. Sa musique était divine. »

Dans une lettre à M. Sinnett, H.P.B. indiqua qu'« En mars 1873, j'ai quitté Odessa pour Paris, je me suis arrêtée, je crois, au 11 rue de l'université, avec mon cousin Nicolas Hahn, le fils de mon oncle Gustave Hahn, le frère de mon père, et de la comtesse Adlerberg, sa mère. Puis, en juillet, la même année, on m'a ordonné de me rendre à New York, ce que j'ai fait. Vous pouvez tenir le grand public informé de tout ce qu'il s'est passé pendant cette période. Je n'ai pas l'intention de le cacher. »

Le docteur L. M. Marquette, de New York, la rencontra lors de ce séjour à Paris et confia, dans une lettre adressée au colonel Olcott le 6 décembre 1875 : « J'étais avec elle presque tous les jours ; à vrai dire, je passais une bonne partie de mon temps avec elle quand je n'étais pas dans les hôpitaux ou à mes conférences… Elle passait tout son temps à peindre, à écrire, et sortait à peine de sa chambre. Elle connaissait peu de gens, mais parmi eux figuraient M. et Mme Leymarie. »

Étant donné que Mme Blavatsky venait de quitter Odessa pour s'installer à Paris, sa famille trouvait naturellement très étrange son départ soudain pour New York. Sa sœur Véra raconta : « C'est en 1873 ou 1874, quand elle a eu terminé de s'installer à New York, qu'elle nous a parlé, à nous les personnes qui lui sont les plus proches, pour la première fois, de ces mystérieuses personnes, les maîtres. Nous avons trouvé ce départ de Paris pour les États-Unis aussi soudain qu'inexplicable, et elle ne nous en a donné la raison que bien des années plus tard ; elle nous a alors dit que c'étaient ces fameux maîtres qui lui avaient ordonné de faire ce voyage, et qu'à l'époque, ils ne lui avaient donné aucun motif. Pour se justifier de ne nous avoir jamais parlé d'eux auparavant, elle nous a dit que nous n'aurions certainement pas compris et que nous aurions refusé de la croire, et c'était bien normal.

« H.P.B. m'a expliqué, » confia le colonel Olcott, « qu'elle est allée à Paris dans l'intention de s'installer pour un certain temps sous la protection de l'un de ses proches, mais qu'un jour, elle a reçu un message des "frères" lui intimant l'ordre de se rendre à New York et d'attendre d'autres consignes. Le lendemain, elle est partie par bateau, avec à peine plus d'argent que nécessaire pour payer son billet. »

Dans un article du *New York Times* publié le 6 janvier 1889, M. William Q. Judge relata une anecdote profondément révélatrice de la personnalité de H.P.B. : « Elle a débarqué au Havre avec un billet de première classe pour New York, et il lui restait à peine un ou deux dollars. Au moment de monter sur le bateau, elle a remarqué une pauvre femme qui pleurait, l'air abattu, assise sur l'embarcadère avec deux jeunes enfants.

« "Pourquoi pleurez-vous ?", a-t-elle demandé.

« La dame lui a répondu que son mari lui avait envoyé de l'argent d'Amérique afin qu'elle et les enfants puissent le rejoindre. Elle avait tout dépensé pour se procurer des billets pour l'entrepont, qui n'étaient en fait que des contrefaçons, sans aucune valeur. Elle ne savait pas où trouver l'escroc qui l'avait si cruellement dupée, et elle se retrouvait sans le sou, dans une ville inconnue.

« "Venez avec moi," a dit Madame Blavatsky. Elle est allée immédiatement trouver l'agent de la compagnie de transports maritimes et l'a convaincue d'échanger son billet de première classe avec des tickets d'entrepont pour elle, la pauvre femme et les deux enfants. Toute personne ayant déjà traversé l'océan dans un entrepont, au milieu d'une foule d'immigrés, saura mesurer l'ampleur du sacrifice de cette femme au cœur charitable. En dehors de Madame Blavatsky, peu de personnes en auraient été capables. »

Chapitre XXV
L'incident « Métrovitch »

M. Sinnett avait pour intention d'inclure « l'incident Métrovitch » dans ses *Mémoires*, qui ne seront finalement pas appelées mémoires, mais *La vie de Mme H.P. Blavatsky*. Cependant, elle fut inflexible sur le sujet : « JE N'ÉCRIRAI RIEN au sujet de "l'incident Métrovitch" ou de n'importe quel autre incident où la politique et les secrets de personnes décédées sont liés. Ce sera ma dernière et ma plus grande volonté. Si vous voulez rendre les *Mémoires* plus intéressantes à lire, faites-le et je vous aiderai. Nous parlerons de ce que vous voudrez à partir de 1875. Ma vie a toujours été à la vue de tous, car hormis durant mes heures de sommeil, je n'ai jamais été seule. Je défie le monde entier de prouver les accusations formulées contre moi pendant cette période. »

Elle refusa, même après avoir reçu une lettre adressée à « Mme Métrovitch » : « Voilà une nouvelle lettre de chantage et d'intimidation... Je ne sais pas ce que veut cette clique de rossards, mais je sais ce que veulent les Coulomb. Tout cela a un rapport avec une vieille, très vieille histoire... Et le nom du destinataire :

"Mme Métrovitch, ou Madame Blavatsky" est une calomnie et serait même du chantage, du harcèlement, ou tout ce que vous voulez. On ne peut empêcher les personnes dotées d'une langue de vipère de dire à chacun que tout homme m'ayant côtoyée, de M. Meyendorff à M. Olcott, a été mon amant... Mais je crois savoir que lorsque qu'un avocat, ou des avocats, sous l'autorité de Mme Coulomb et de ses commérages, écrivent ces insultes, qui sous-entendent non seulement de la prostitution, de la bigamie et de faux noms, ceci est bien de la diffamation. Je vous prie de montrer ceci à notre avocat et de lui demander que cela cesse immédiatement, car, à moins qu'ils n'écrivent... des excuses, je les inviterai à comparaître en justice pour diffamation. »

Mme Coulomb « n'était pas une amie, mais une connaissance avec qui je n'ai eu aucun contact depuis que j'ai quitté Le Caire en 1871 ; j'en avais même oublié son prénom ! Dans cette lettre[1] tristement connue, on me fait dire que j'ai quitté mon mari pour aimer un autre homme et vivre avec celui, dont la femme, qui est morte en 1870, était mon amie la plus chère ; un homme, qui est mort un an après sa femme et que j'aurais enterré à Alexandrie ; un homme avec qui j'ai eu trois enfants, mais aussi avec d'autres !!! (sic) et, etc., pour ensuite terminer cette confession en l'implorant de ne jamais parler de moi, car elle me connaissait. Ce

---

1. Une lettre qui d'après Mme Coulomb en 1884 a été écrite et envoyée par H.P.B. en 1882.

mensonge en a appelé un autre et servira à affirmer que je n'ai jamais connu les Maîtres, que je ne suis jamais allée au Tibet, et donc, que j'étais une usurpatrice.

« Je ne fais que perdre mon temps à débattre de ce sujet. Ceux qui croient que les lettres publiées par Coulomb en 1884 sont authentiques, ou ceux qui sont assez malicieux pour jouer les idiots, si ces personnes existent, pour les croire vraies, qui me croient capable de me confesser d'une manière si suicidaire à une femme, une personne que j'ai connue quelques semaines au Caire, eh bien, qu'ils le fassent si cela leur chante.

« Je me remets entre vos mains et vous prie de vous rappeler que les *Mémoires* seront une occasion parfaite de me jeter la première pierre, après m'avoir roulée dans la boue. Ne réveillez pas l'eau qui dort plus que nécessaire. Les preuves montrant que j'étais Mme Métrovitch ou même Mme Blavatsky ne regardent personne. J'emporterai ces informations dans ma tombe. »

Voici les histoires contenues dans ses lettres adressées à M. Sinnett concernant son amitié avec les Métrovitch : « Vous dites "Par exemple, nous devrions mettre sur la table cet incident concernant les Métrovitch". Je pense que nous ne devrions pas. Ces *Mémoires* ne seront pas mon salut. Je le sais tout autant que le *Times* ne portera pas son attention à ma lettre contre le rapport d'Hodgson, écrite au nom de la société pour la recherche psychique. Ils ne me sauveront pas "s'ils sont suffisamment riches en informations", parce que, même si ces derniers paraissent en six volumes et sont dix fois plus intéressants, cela ne parviendrait pas à m'innocenter, tout simplement parce que l'incident "Métrovitch" n'est qu'une des nombreuses accusations que mes opposants ont proférées.

« Si je m'exprime sur cet "incident" et me lave de tout soupçon, un Soloviev, ou tout autre rossard en profitera pour redonner vie aux incidents de Meyendorff et des "trois enfants". Puis si je publie les lettres de Meyendorff en possession d'Olcott, adressées à sa "chère Nathalie", dont il vante les cheveux d'un noir corbeau[1] ("long comme un beau manteau de roi", comme disait Musset des cheveux de sa marquise), je ne ferai que gifler un martyr déjà mort, et utiliser les souvenirs si pratiques d'un de mes nombreux prétendus amants. »

Cette « longue série de prétendus amants » apparut en partie à cause d'une confusion de H.P. Blavatsky avec d'autres individus : par exemple, Mme Héloïse Blavatsky, qui, d'après N. A. Fadeef, « est un personnage fictif, qui a rejoint les hussards noirs pendant la révolution hongroise, et dont le sexe n'a été découvert qu'en 1849 ». Elle continua : « Les amis de H.P.B. ont donc été aussi surpris que peinés de lire, des années plus tard, des fragments de sa prétendue biographie, où il était déclaré qu'elle était bien connue des hautes et des basses classes de la société, à Vienne, Berlin, Varsovie et Paris ; son nom était associé à des évènements et à des anecdotes qui s'étaient passés dans ces villes à diverses époques, alors que ses amis avaient la preuve irréfutable qu'elle était loin de l'Europe. Ces anecdotes lui oc-

---

1. Les cheveux de Mme H.P. Blavatsky étaient d'un brun clair.

troyaient indifféremment des prénoms chrétiens comme Julie, Nathalie, etc., qui appartenaient en réalité à d'autres personnes portant le même nom. »

La question de son identité, de même que celle de la véracité de quelques aventures contées dans *Isis dévoilée* furent posées en Amérique, après la publication de cet ouvrage. Le docteur A. L. Rawson de New York écrivit : « Après avoir vécu des situations quelque peu similaires, je me sens d'une certaine manière compatissant à l'égard de Mme Blavatsky et de sa situation si désagréable, sous le feu des critiques remettant en question ses expériences personnelles dans différents pays, et allant même jusqu'à douter de son identité.

« Il y a à peine une semaine, j'ai vu une lettre contenant des interrogations du même type provenant d'Aden, au Yémen : est-ce que Mme Blavatsky est la même Mme Blavatsky qui était connue au Caire, à Aden et ailleurs, il y a quelques années ? Si elle s'avère être la même personne, elle aura alors été ressuscitée, car la vraie Mme Blavatsky est décédée dans la résidence de son ami, à une dizaine de kilomètres de cette ville en 1868. La vraie Mme Blavatsky était une femme russe née dans une bonne famille, ne manquant pas d'argent, et jouissait d'une réputation de littéraire accomplie. Elle disposait à sa mort d'un nombre d'écrits composés par elle-même, qui ont disparu avec son loyal secrétaire. Ne serait-il pas possible que le nom, le rang, et la personnalité de cette femme aient été usurpés par son secrétaire ?

« La persévérance amène la fortune, et Mme Blavatsky était l'une des personnes les plus persévérantes du monde littéraire. Le crayon avec lequel elle a entretenu de nombreuses correspondances pourra en attester. Et soudain, Mme Lydie Paschkoff, une comtesse russe, membre de la société de géographie de France, riche et née d'une famille aisée, amatrice de voyages, apparaît comme par magie. Cette même Mme Paschkoff connaissait, par chance, Mme Nathalie Blavatsky qui est décédée à Aden, ainsi que Mme H.P. Blavatsky, qu'elle a rencontrée en Syrie, en Égypte, et dans d'autres endroits dans l'est.

« Quelques-unes de mes connaissances ont rencontré Mme Blavatsky en Extrême-Orient ; d'autres dans sa résidence là-bas : par exemple, l'éminent physicien et chirurgien, David E. Dudley, docteur en médecine à Manille, dans les Philippines, qui a séjourné récemment quelques mois dans cette ville, et qui est actuellement sur le chemin du retour vers son domicile en Occident, et M. Frank A. Hill, de Boston dans le Massachusetts, qui "était en Inde auparavant. Ces deux messieurs corroborent nombre de ses témoignages."

« De dix-sept à quarante ans, j'ai pris soin de ne laisser aucune trace de moi où que j'aille. Quand j'étais à Bari, en Italie, pour étudier avec une sorcière, j'envoyais à Paris mes lettres, qui étaient ensuite postées pour mes proches. La seule lettre qu'ils ont reçue de moi en provenance d'Inde a été quand j'ai quitté le pays pour la première fois. Puis, j'ai écrit de Madras en 1857, et, lorsque j'étais en Amérique du Sud, j'écrivais des lettres que je postais de Londres. Je n'ai jamais laissé qui que ce soit savoir ce que je faisais ni où.

« Si j'étais une simple p__, ils auraient préféré ceci à mon étude de l'occulte. Ce n'est que quand je suis retournée chez moi, que j'ai prévenu ma tante que la lettre envoyée par K. H. n'était pas écrite par un esprit comme elle le pensait. Quand elle a eu la preuve qu'il s'agissait de vrais hommes, elle les a considérés comme des démons ou aux ordres de Satan. Maintenant que vous l'avez vue, vous pouvez constater qu'elle est extrêmement timide, gentille et douce. Son argent et ses possessions lui appartenaient autant qu'aux autres, mais toucher à sa religion la transformait en furie. Je ne lui ai jamais rien dit à propos des Maîtres. »

H.P.B. affirma plus tard : « Je raconterai tout ce que j'ai fait pendant ces vingt ans et plus, durant lesquels j'ai ri aux qu'en-dira-t-on et effacé toute trace de mes réelles activités, par exemple au sujet des sciences occultes, dont j'ai caché l'existence à ma famille et mes proches, pour éviter qu'ils ne me rejettent. J'expliquerai comment, depuis mes dix-huit ans, j'ai essayé de faire parler les gens de moi, et dit que tel ou tel homme était mon amant, parmi une centaine. »

Revenons à l'histoire Métrovitch : « Pourquoi voudrais-je revenir sur l'incident Métrovitch ? Sachant que j'ai déjà tout dit. Pourquoi ? Eh bien, j'ai rencontré cet homme en 1850, ou du moins son supposé cadavre, dans le district de Pera[1] à Constantinople[2], alors que j'étais en train de rentrer chez moi, de Bougakdira à l'hôtel de Missire. Il a été violemment poignardé trois fois dans le dos par un ou deux Maltais ainsi qu'un Corse, payés par des jésuites. Je l'ai fait emmener par des mouches, contactées par mon guide, après être restée presque quatre heures près de lui. L'unique policier turc qui nous a interpellés a eu l'idée de demander un *bakchich* pour nous aider à jeter le corps dans un fossé voisin, avant de jeter son dévolu sur mes anneaux. Mon revolver pointé sur lui l'a motivé à déguerpir sans attendre.

« Souvenez-vous, c'était en 1850, en Turquie. J'ai fait emmener l'homme dans un hôtel grec de l'autre côté de la ville, où il a été reconnu et soigné suffisamment pour revenir parmi les vivants. Le jour suivant, il m'a demandé d'écrire à sa femme et à Sophie Cruvelli (la meilleure amie de la duchesse, désormais vicomtesse de Vigier à Nice et à Paris, et à l'époque sa maîtresse : scandale n° 1). Je n'ai écrit qu'à sa femme, qui est arrivée depuis Smyrne, et nous sommes devenues amies.

« Je les ai perdus de vue pendant plusieurs années, avant de les rencontrer à nouveau à Florence, où il chantait avec sa femme dans le Teatro della Pergola. C'était un charbonnier[3], un révolutionnaire de la pire sorte, un rebelle fanatique, un Hongrois originaire de Métrovitz, dont il a utilisé le nom comme nom de guerre. Il était le fils naturel du duc de Lucéa, qui l'a éduqué. Il détestait les prêtres, participait à chaque rébellion, et a échappé à la pendaison par les Autrichiens unique-

---

1. Beyoğlu, district d'Istanbul.
2. Istanbul.
3. Groupe révolutionnaire présent en Italie qui contribua à son unification.

ment parce que... non, je n'ai pas besoin de parler de ça.

« Je l'ai à nouveau retrouvé à Tiflis en 1861 ; il était toujours avec sa femme, qui est morte après mon départ, en 1865[1], si je me souviens bien. Des membres de ma famille le connaissaient, ainsi que mes cousins Witte, qui étaient ses amis. Ensuite, j'ai emmené ce pauvre enfant à Bologne pour tenter de le sauver. C'est à ce moment que je l'ai à nouveau rencontré, en Italie. Il a fait tout son possible pour moi, plus qu'un frère n'aurait fait. Malheureusement, l'enfant est mort ; il n'avait aucun document avec lui et j'ai refusé de donner mon nom en pâture aux mauvaises langues. Métrovitch s'est encore une fois occupé de tout : il a enterré l'enfant du baron sous son nom parce qu'il "s'en fichait", dans une petite ville du sud de la Russie en 1867.

« Suite à cela, et sans prévenir ma famille de mon retour en Russie pour ramener ce pauvre enfant, que j'ai échoué à ramener vivant chez la gouvernante choisie pour lui par le baron, j'ai simplement décidé d'écrire au père de l'enfant pour l'informer de ce qui serait à ses yeux un heureux évènement, puis je suis repartie en Italie avec le même passeport.

« À présent, devrais-je, portée par l'espoir illusoire de pouvoir me justifier, commencer à exhumer plusieurs cadavres, dont celui de la mère de l'enfant, ce pauvre enfant, Métrovitch, sa femme, ainsi que tous les autres ? Jamais. Un tel sacrilège n'est pas nécessaire. Laissons les morts reposer. Nous avons, tout autour de nous, bien assez d'esprits vengeurs... Ne les impliquez pas, le contraire ne ferait que leur faire partager les gifles et insultes que je reçois, sans, pour autant, plus réussir à me protéger de ces attaques. Je ne veux pas mentir, et je ne peux dire la vérité. Que puis-je encore faire ?

« À l'exception des mois passés aux côtés des Maîtres, en Égypte et au Tibet, ma vie entière est intimement liée à de nombreux évènements dont les secrets sont partagés à la fois par les vivants et les morts, et je ne suis responsable que de l'apparence de ces situations. Je devrais, pour me sauver, piétiner des hectares de tombes et recouvrir de terre des vivants. Je refuse d'agir ainsi.

« Premièrement, car le faire ne m'apporterait rien de bon, à part me faire qualifier par de nouvelles épithètes déjà fort sympathiques, comme diffamatrice des morts, ou bien harceleuse, ou encore maître chanteur. Deuxièmement, je suis, comme je vous l'ai dit, une occultiste. Lorsque vous parlez de ma "susceptibilité" vis-à-vis de mes proches, je préférerais parler d'occultisme et non de susceptibilité. Je suis consciente des conséquences que cela peut avoir sur les morts, et je veux donc oublier les vivants. Ceci est ma décision finale : JE NE LES IMPLIQUERAI PAS.

« Passons à un autre aspect de ma situation. On me rappelle régulièrement qu'en tant que personnalité, une femme, qui, à la place de remplir ses obligations de femme, comme dormir avec son mari, faire des enfants, les moucher, faire la cui-

---

1. Elle dit ailleurs « mourut en 1870 » ; ce qui est le plus probable, car elle ajoute une seconde fois : « Quand sa femme mourut, il alla à Odessa en 1870. »

sine, se consoler en cachette et dans le dos de son mari grâce à l'assistant matrimonial, j'ai préféré un chemin me menant à la célébrité ; par conséquent, je devais m'attendre à subir un tel traitement. Très bien, je l'admets et j'approuve.

« Mais j'aimerais dire ceci au monde : "Mesdames et Messieurs, je m'en remets à vous et me soumets au jury du monde, seulement depuis la fondation de la Société théosophique. Entre la H.P.B. de 1830 et celle de 1875, un rideau a été baissé, et vous n'êtes aucunement concernés par ce qu'il se passe derrière, c'est-à-dire avant que je ne devienne une personnalité connue. Ceci est ma vie privée, la plus sainte et la plus sacrée, et ne regarde pas les diffamateurs, les langues de vipère qui chercheront à mettre leur nez dans la vie privée de chaque famille et individu."

« À ces hyènes qui, chaque nuit, déterrent, tombe après tombe, pour les dévorer les cadavres : je ne vous dois aucune explication. Si les circonstances m'empêchent de les tuer, alors je souffrirai. Cependant, personne ne peut s'attendre à ce que je me tienne sur Trafalgar Square, pour me confier à chaque brute ou cocher de la ville. Et même ces personnes sont plus dignes de mon respect et de ma confiance que votre monde littéraire, ses lecteurs, vos "salons" et les hommes et femmes de votre parlement. Je préférerais faire confiance à un cocher à moitié ivre plutôt qu'à toutes ces personnes.

« Je n'ai vécu qu'un court instant dans ce monde, même dans mon pays, mais je le connais, surtout depuis ces dix dernières années, mieux que vous, bien que vous soyez à l'intérieur de cette communauté cultivée et raffinée depuis ces vingt-cinq dernières années. Eh bien, aussi modeste que je sois, en tant que victime de diffamation, de diabolisation, et pour avoir vu mon nom traîné dans la boue, je pense que m'en remettre à leur jugement et à leur merci serait indigne de moi. Si j'étais bien la personne dont ils m'accusent, une personne possédant des amants et des enfants à ne plus savoir les compter, qui parmi eux serait assez pur pour me jeter publiquement la première pierre ?

« Une jeune femme accusée est accompagnée d'une centaine d'autres personnes, dont les méfaits ont moins été exposés à la vue de tous, mais ne sont pas pour autant moins coupables. Les plus hautes sphères de la société, des grandes duchesses aux princesses de sang ainsi que leurs cameristes, toutes ont des secrets sensuels, teintés de débauche ou de prostitution. Si, sur dix femmes, mariées ou célibataires, l'une d'entre elles était pure, alors je serais prête à déclarer le monde actuel comme saint, avec l'unique exception que toutes les femmes mentent, aux autres et à elles-mêmes. Les hommes ne sont pas mieux que des animaux ou des brutes primaires. C'est de ces individus que je devrais subir le jugement, et à qui je dois tacitement décrire certains évènements de ma vie, par le biais de mes *Mémoires* pour leur "donner le bénéfice du doute".

« "Mesdames et Messieurs, vous qui n'avez jamais failli à pêcher dans votre paroisse, vous qui êtes souillés par les baisers de femmes ou d'hommes mariés, vous qui n'êtes pas exempts d'avoir des secrets honteux de famille : s'il vous plaît, défendez-moi." Non, monsieur, je préfère mourir plutôt que de me comporter ainsi ! Comme l'a brillamment remarqué Hartmann, mon opinion de moi-même est bien plus importante que celle des autres. Mon juge sera ma propre personne, et non un lecteur, qui pour quelques shillings, achète l'histoire "préconçue" de ma vie comme il aime à le penser.

« Si j'avais des filles, dont la réputation pourrait être ternie si je n'expliquais pas la raison de mon comportement, alors j'en viendrais peut-être à effectuer cet acte indigne. Comme je n'en ai pas, et à l'exception de quelques théosophes et amis, le monde aura oublié mon nom trois jours après ma mort. Je dis que cela ne vaut pas la peine de s'attarder sur ces calomnies.

« Morale de cette histoire : vous êtes le bienvenu pour étonner le public avec le récit de ma vie, à partir du jour où j'ai fondé la Société théosophique, public qui mérite ces explications.

« Agardi Métrovitch était, depuis 1850, mon ami le plus dévoué. J'ai pu le sauver de la pendaison en Autriche grâce à l'aide du comte Kisseleff. Il était mazzinien et a été exilé de Rome en 1863 après avoir insulté le pape. Cette série d'évènements l'a amené à Tiflis, puis à Odessa en 1870, après le décès de sa femme, qui était également mon amie. Ma famille le connaissait plutôt bien ; c'est pourquoi ma tante, qui me racontait être désespérée de ne pas savoir ce que je devenais, l'a imploré de faire un saut au Caire lors de son voyage à Alexandrie, pour essayer de me ramener à la maison, ce qu'il a fait.

« Là-bas, quelques Maltais, formés par des catholiques romains, lui ont tendu un piège pour l'assassiner. J'ai été prévenue par Hilarion, alors physiquement en Égypte, et j'ai ordonné à Agardi Métrovitch de se rendre immédiatement dans ma demeure et de ne pas la quitter pendant dix jours. Sa bravoure et sa témérité ne pouvaient l'empêcher de partir quand même à Alexandrie. Je l'ai poursuivi, accompagnée de mes singes, en suivant les conseils d'Hilarion qui, si je me souviens bien, a vu sa mort, prévue le 19 avril.

« Tous ces mystères et précautions ont motivé Mme Coulomb à ouvrir grands ses yeux et ses oreilles. C'est à cette période qu'elle a commencé à commérer et à m'importuner pour savoir si tout ce que disaient les gens était vrai, par exemple, si j'étais réellement secrètement mariée avec lui. J'imagine qu'elle n'était pas assez téméraire pour me dire que les gens pensaient qu'il n'était pas tout simplement mon mari, mais plutôt quelque chose de moins digne. Je l'ai envoyée paître et lui ai dit que les gens pouvaient croire et dire ce qu'ils voulaient, cela m'était égal. Cela a été la source de tous les commérages que j'ai subis.

« Je ne peux pas dire s'il est mort empoisonné ou, comme je l'ai toujours suspecté, de la fièvre typhoïde. La seule chose que je sais, c'est que je suis arrivée trop tard à Alexandrie pour le forcer à reprendre le même bateau qui l'avait emmené ici. Il était allé jusqu'à Ramleh, puis avait fait une pause pour boire un verre de limonade dans un hôtel, dont on a vu le propriétaire maltais discuter avec deux moines ; il s'est effondré, inconscient, lorsqu'il est arrivé à Ramleh. Mme Paschkoff m'a télégraphié l'information après l'avoir entendue.

« Je l'ai bel et bien trouvé à Ramleh dans un hôtel de petite taille, près d'un médecin, concluant qu'il était atteint de fièvre typhoïde, et d'un prêtre. Sachant l'aversion que lui inspiraient les prêtres, je l'ai chassé après qu'il m'a montré les poings suite à notre dispute, et après avoir appelé la police pour l'éloigner. Je me suis occupée de lui pendant dix jours, durant lesquels, dans une douloureuse agonie, il avait des visions de sa femme et criait son nom. Je ne l'ai pas quitté une seule fois, car je savais qu'il allait mourir, comme Hilarion l'avait dit. Et c'est ainsi qu'il s'est éteint.

« Aucune église n'acceptait de l'enterrer, car il était un charbonnier. Les francs-maçons étaient apeurés par ma demande. Avec l'aide d'un Abyssinien[1], élève d'Hilarion, et d'un employé de l'hôtel, nous lui avons creusé une tombe sous un arbre près de la plage. J'ai engagé des fellahs pour transporter son corps, puis nous avons enterré son pauvre cadavre. J'étais à l'époque un sujet russe, et me suis disputée avec le consul d'Alexandrie (celui du Caire était mon ami). C'est tout.

« Le consul m'a signalé que je ne devais pas me lier d'amitié avec des révolutionnaires et des mazziniens, et que plusieurs personnes affirmaient qu'il était mon amant. J'ai répondu qu'il (Métrovitch) était venu de Russie grâce à un passeport valide, qu'il était un ami de ma famille et n'avait jamais rien fait à l'encontre de mon pays. J'avais tous les droits d'être son amie, ou celle de la personne que je souhaitais. En ce qui concerne les mauvaises paroles proférées contre moi, j'y étais totalement habituée ; mon seul regret est que ma réputation empiétait parfois sur la vérité. "Avoir la réputation sans en avoir les plaisirs" faisait partie à jamais de mon destin.

« Voilà ce que possède Coulomb contre moi. L'année dernière, Olcott a écrit à ma tante pour lui parler de ce pauvre homme ; elle lui a répondu qu'ils connaissaient tous Métrovitch et sa femme, qu'il adorait tellement, et qui est morte quand elle lui a demandé de se rendre en Égypte, etc. Mais ce ne sont que des détails insignifiants. Ce que je veux savoir c'est : est-ce qu'un avocat, ce déchet, a le droit de m'insulter de la sorte dans une lettre ? Et ai-je ou non le droit de le menacer sous l'égide de la justice ?

« Pouvez-vous vous renseigner ? Je vous le demande en tant qu'amie. Sinon, je devrais écrire à plusieurs avocats et introduire une action en justice, ce que je ne peux faire sans revenir en Angleterre. Je ne désire aucunement recourir à la justice, mais comme vous le savez, je veux que ces avocats sachent que j'en ai la possibilité si je le souhaite. Peut-être croyaient-ils, ces idiots, que j'étais secrètement mariée à ce pauvre Métrovitch, et que je voulais emporter ce secret dans ma tombe ? »

Nous pouvons nous réjouir que, en dépit des réticences de Mme Blavatsky, la vérité ait pu être dévoilée grâce aux publications de ses lettres, envoyées à M.

---

1. Éthiopien.

Sinnett, concernant le rôle qu'elle joua dans la vie d'Agardi Métrovitch ; ceci est d'autant plus intéressant, car ces publications contredisent les dires de son cousin, le comte Serge Witte, apparus dans ses *Mémoires*.

À propos de l'amour de sa vie, et non « une amourette », elle dit dans *Mes confessions* : « J'aimais profondément un homme, mais j'aimais plus encore les sciences occultes, mes croyances en la magie, les magiciens, etc. J'ai vagabondé avec lui un peu partout en Asie, en Amérique et en Europe. » Cette déclaration ne correspond pas à Agardi Métrovitch, car même les témoignages du comte Witte confirment qu'à l'exception de l'Égypte avant son décès, elle n'a jamais voyagé en dehors de l'Europe accompagnée de Métrovitch.

Chapitre XXVI
La version des faits du comte Witte

Maintenant que les contemporains de Mme Blavatsky sont décédés, des calomnies à son encontre peuvent être retrouvées dans des documents. La plus importante d'entre elles est, probablement, l'élucubration déformée racontée dans les *Mémoires* de son cousin, la décrivant comme fuyant son mari[1] :

« Les étapes de son étonnante carrière ont été les suivantes : à Constantinople, elle est entrée dans un cirque comme écuyère, et c'est là que Mitrovitch, une des plus célèbres voix de basse de cette époque, est tombé amoureux d'elle. Elle a abandonné le cirque et a accompagné le chanteur dans l'une des capitales européennes où il avait été engagé pour chanter. Peu de temps après, mon grand-père a reçu des lettres du chanteur Mitrovitch, qui lui annonçait avoir épousé Yéléna et se surnommait "son petit-fils". La fameuse basse, apparemment, ne s'inquiétait guère du fait que sa femme n'avait pas divorcé de son mari, le vice-gouverneur d'Erevan.

« Plusieurs années plus tard, mes grands-parents ont gagné un nouveau "petit-fils". Un certain Anglais de Londres les informait, dans une lettre qui portait un timbre américain, s'être marié à Mme Blavatsky, et qu'elle était partie avec lui pour un voyage d'affaires aux États-Unis.

« Bientôt, elle a réapparu en Europe et est devenue le bras droit du célèbre médium des années 1860, Home. Alors la famille a reçu deux autres aperçus de son éblouissante carrière. Ils ont appris par les journaux qu'elle donnait des concerts de piano-forte à Londres et à Paris ; ensuite, elle est devenue cheffe de l'orchestre royal du roi Milan de Serbie.

« Dix ans sont ainsi passés. Fatiguée, peut-être, de ses aventures, la brebis errante a décidé de rentrer au bercail. Elle a réussi à obtenir de mon grand-père la permission de revenir à Tiflis. Elle a promis de s'amender et même de rejoindre son mari légitime. C'est durant cette visite chez les siens que je l'ai vue pour la première fois.

« Son visage, sans doute d'une grande beauté jadis, portait les traces d'une vie orageuse et passionnée, et sa taille était gâtée par une précoce obésité. En outre, elle ne se souciait guère de son apparence et préférait des robes de chambre lâches à une toilette plus sophistiquée. Mais ses yeux étaient extraordinaires. Ils étaient énormes, couleur azur, et quand elle parlait avec animation, ils étincelaient d'une manière indescriptible. Jamais, dans ma vie, je n'ai rien vu de comparable à ces deux yeux.

« C'est cette femme, en apparence si peu attrayante, qui a fait tourner les têtes de la plus grande partie de la société de Tiflis. Elle y a réussi au moyen de séances de

---

1. Voir chapitre V.

spiritisme qu'elle dirigeait dans notre maison [...]. Quoique jeune garçon, mon attitude, à l'égard de tous ces prodiges, demeurait sceptique et je les considérais comme de purs tours de prestidigitation [...]. C'était à Home, je crois, que Mme Blavatsky devait sa connaissance des sciences occultes.

« Mme Blavatsky a fait la paix avec son mari, et est allée jusqu'à établir sa demeure à Tiflis, mais il ne lui a pas été donné de fouler le sentier de la droiture. Un beau matin, elle a été accostée dans la rue par Mitrovitch. La fameuse basse était maintenant sur le déclin, comme artiste, et de bien d'autres manières. Après une brillante carrière en Europe, il en était réduit à accepter un engagement à l'opéra italien de Tiflis. Le chanteur, évidemment, n'avait aucun doute sur ses droits à l'égard de ma cousine et n'a pas hésité à faire valoir ses prétentions. Comme conséquence du scandale, Mme Blavatsky a disparu de Tiflis et la basse avec elle.

« Le couple s'est rendu à Kiev où, sous la direction de sa "femme", Mitrovitch, qui approchait alors de la soixantaine, a appris à chanter en russe et est apparu, avec succès, dans des opéras russes tels que *La vie pour le tsar, Roussalka*, etc. Le poste de gouverneur général de Kiev était occupé alors par le prince Dundoukov-Korsakov. Le prince, qui avait jadis servi dans le Caucase, avait connu Yéléna Petrovna dans sa jeunesse.

« Je ne suis pas en mesure de dire quelle a été la nature de leurs rapports. Mais, un beau matin, les habitants de Kiev ont découvert un bout de papier collé sur les portes et les poteaux télégraphiques, qui contenait un certain nombre de vers assez désagréables pour le gouverneur général. L'auteur de cet éclat poétique n'était autre que Mme Blavatsky elle-même, et comme le délit était flagrant, le couple n'a eu qu'à prendre le large.

« On a entendu parler d'elle à Odessa, où elle est apparue en compagnie de sa fidèle basse. À cette époque, notre famille entière était installée dans cette ville (mes grands-parents et mon père étaient morts à Tiflis), et mon frère étudiait avec moi à l'université d'Odessa. Le couple extraordinaire devait se trouver dans une grande détresse. Alors, ma versatile cousine a ouvert, successivement, une fabrique d'encre, une boutique d'objets divers et un atelier de fleurs artificielles. À cette époque, elle venait souvent me voir et j'ai visité son atelier plusieurs fois, ce qui m'a permis de la connaître davantage…

« Les aventures de Mme Blavatsky dans le domaine de l'industrie et du commerce ont été de terribles échecs. C'est à ce moment que Mitrovitch a accepté un engagement pour chanter à l'opéra italien du Caire, et le couple est parti pour l'Égypte. Dès lors, ils présentaient un tableau assez lamentable : lui, vieux lion édenté, toujours au pied de sa maîtresse, dame âgée, corpulente et mal soignée.

« Au large des côtes africaines, leur bateau a fait naufrage et tous les passagers se sont retrouvés à la mer. Mitrovitch a sauvé sa maîtresse, mais s'est noyé. Mme Blavatsky est entrée au Caire dans des vêtements humides et sans un sou. Comment s'est-elle tirée d'affaire ? Je n'en sais rien. Mais, bientôt, on l'a découverte en Angleterre où elle a fondé la Société théosophique.

« Pour affermir les bases du nouveau culte, elle a voyagé en Inde, où elle a étudié les sciences occultes des hindous. À son retour, elle a pris la tête d'un groupe nombreux d'adeptes de la doctrine théosophique, et elle s'est installée à Paris, reconnue comme la cheffe des théosophes. Peu de temps après, elle est tombée malade et est morte. »

Il y a si peu de vérité dans toute cette histoire qu'il est difficile d'y accorder quelque crédit. Il serait important de noter que l'auteur n'était qu'un jeune garçon de dix ou onze ans quand sa mystérieuse cousine rentra à la maison la première fois, en 1859, puis était un étudiant lors de son second retour en Russie, en 1872. En raison de sa jeunesse, elle lui semblait relativement âgée, et il l'appelait « la vieille dame » alors qu'elle n'avait que trente-neuf ou quarante ans.

La chronologie des évènements, selon Witte, est vague, peut-être en partie parce que ses *Mémoires* furent écrites alors qu'il avait un âge avancé. C'est pourquoi un nombre conséquent de ses affirmations portent à confusion ou sont erronées. Mme Blavatsky raconte dans *Mes confessions* avoir passé trois jours et demi à Tiflis avec le général Blavatsky, en 1863, ce qui remet totalement en question les déclarations de son cousin, selon lesquelles elle « s'installa avec lui à Tiflis ».

Même si elle dit avoir encouragé ces histoires d'amants pour couvrir ses traces, et en tenant compte de l'imagination débordante du jeune Witte, les déclarations de son grand-père, annonçant avoir reçu des notifications de deux « petits-fils » par alliance à quelques années d'intervalle, sont difficiles à accepter en dehors du cercle des « étudiants », d'autant plus que sa tante et sa sœur Véra la pensaient morte, n'ayant plus reçu de ses nouvelles pendant dix ans, lors de sa première absence.

Oser dire que « Mme Blavatsky doit ses connaissances du monde occulte à Home » est la pire des absurdités. Ses années passées à voyager à la recherche de l'occulte sous toutes ses formes, à s'entraîner sous la direction de son maître, avant et après son séjour dans son ashram, rend sa relation avec le médium Home, s'ils en avaient une, dénuée d'intérêt.

Son cousin affirma que « les aventures de Mme Blavatsky dans le domaine de l'industrie et du commerce » furent « de terribles échecs », alors que sa sœur Véra déclara qu'elles « étaient relativement bonnes ».

Concernant l'incident de Kiev lors du règne du prince Dandoukov-Korsakov, voici quelques informations :

> Une lettre écrite par Mme Blavatsky à l'attention du colonel Olcott en 1884 stipulait : « Ceux qui me connaissant depuis ma tendre enfance savent que je suis la chasteté incarnée. Entendre les propos tenus à mon sujet par Smirnof, et ce que vous a répété Coulomb (le Maître a dévoilé tous les mensonges de H.P.B. au sujet de ce pauvre enfant décédé, dont ma tante et ma sœur connaissaient la mère), à propos de ce pauvre homme enterré à Alexandrie, à propos de Sebir qui, en guise de remerciement pour l'avoir sauvé de la famine, a menti à mon sujet, à Odessa et au Caire aussi, à mon oncle alors qu'il était là pour

la guerre russo-turque, etc.. Dandoukov s'est comporté comme un vrai ami et un gentilhomme. Il a télégraphié à Mme de Barren pour me calmer et me dire qu'il avait reçu ma lettre et qu'il m'enverrait immédiatement, le surlendemain, tous les documents officiels demandés par la police et lui-même, pour prouver que Smirnof avait menti. »

En juin 1884, les documents du prince Dandoukov, commandant en chef et gouverneur général du Caucase, envoyés par une missive officielle et pour son plaisir personnel étaient un certificat cacheté de la police de Tiflis déclarant que, durant son séjour dans cette ville, Mme Blavatsky ne s'était rendue coupable d'aucun crime.

Le comte Witte semble ne pas connaître l'existence de la vraie femme d'Agardi Metrovitch, ou n'a fait volontairement aucune mention d'elle, bien qu'elle soit connue des autres membres de la famille. Mme Blavatsky la décrivit comme « mon amie la plus chère et qui est morte en 1870 ». Dans son carnet de croquis se trouvaient deux portraits de son amie, dessinés avec amour et compassion. Le premier dessin l'illustrait seule, tandis que le second la représentait comme « Marguerite » priant devant un crucifix, alors que son mari, comme « Méphistophélès », lui murmurait des mots doux à l'oreille. En dessous, était écrit : « Teresina Signora Mitrovitch (Faust) Tiflis 7 avril 1862. » Mme Blavatsky l'a sûrement dessiné après avoir assisté à l'une de leurs représentations à Tiflis.

Il faudrait nécessairement comparer les deux versions de la mort de Metrovitch pour déduire qui dit la vérité. Prétendant que Metrovitch s'est noyé, le comte Witte ajouta que Mme Blavatsky est arrivée au Caire « dans un vêtement humide », puis qu'on « l'a découverte en Angleterre où elle a fondé la Société théosophique ». Comme tout le monde le sait, la Société théosophique fut fondée à New York. Ensuite, il déclara « qu'elle s'est installée à Paris, reconnue comme la cheffe des théosophes ». Chaque théosophe sait qu'en 1885, lorsqu'elle quitta l'Inde pour l'Europe, elle vécut brièvement en Italie, en Allemagne, en Belgique, avant de s'installer finalement à Londres, où elle mourut le 9 mai 1891. La véracité douteuse de ces propos est autant d'éléments permettant de juger de la qualité des informations détenues par le comte Witte au sujet de la vie de Mme Blavatsky.

Chapitre XXVII
L'enfant

D'après V. S. Soloviev, « voici le déroulement des évènements : en voulant sauver l'honneur d'un ami, elle avait adopté le fils de celui-ci. Elle ne s'en séparait jamais et l'a elle-même éduqué. Devant le monde entier, elle l'appelait son fils. Et maintenant, il était mort. »

Selon toute vraisemblance, elle avait déjà adopté cet enfant en 1862 ; en effet, dans les archives de la Société théosophique se trouvait un « passeport pour la femme du conseiller d'État Blavatsky, attaché du vice-roi du Caucase, ainsi que leur pupille, l'enfant Youry vers les provinces de Tauris, Kherson et Pskov. Valable un an. » Il était daté du 23 août 1862, l'année qu'elle passa à voyager dans les environs d'Iméréthie et de Mingrélie.

À vrai dire, il se peut qu'elle ait adopté l'enfant bien plus tôt, car elle affirma : « En 1858, j'étais à Londres et une rumeur commençait à se répandre au sujet d'un enfant, mais pas le mien (je vous ferai parvenir des preuves médicales…). Il se disait bien des choses à mon sujet : entre autres, que j'étais dépravée, possédée par un démon, etc. ». Il semblerait donc qu'elle avait déjà pris l'enfant en charge en 1858. C'était un petit garçon bossu et souvent malade. Mme Nadejda Fadeef l'appela « Yourotita » dans une lettre.

Lorsque M. Sinnett lui demanda de lui fournir un peu de contenu pour l'écriture de ses *Mémoires*, elle refusa ; « L'histoire du garçon ! Que je sois pendue plutôt que d'en parler. Avez-vous une idée des conséquences possibles, même si vous ne divulguez pas les noms ? De la tornade d'immondices que je devrai affronter ? Je vous ai dit que même mon propre père refusait de me croire et ne m'aurait peut-être jamais pardonné, sans le certificat médical[1] pour prouver mes dires, avant de commencer à éprouver de la sympathie et de l'amour pour ce pauvre garçon… Eh bien, mon cher M. Sinnett, si c'est ma ruine que vous cherchez (même s'il est difficile d'empirer les choses à ce stade), alors parlons de cet "incident". N'en parlez pas, je vous le conseille et vous le demande. J'ai employé bien trop d'énergie à prouver et à jurer que cet enfant était le mien : je suis allée trop loin. Personne ne se fiera au certificat médical. Les gens diront simplement que nous avons corrompu le médecin.

« Nous ne pouvons tout simplement pas dire toute la vérité sur ma vie, ni même au sujet de l'enfant. Le baron Meyendorff, ainsi que toute l'aristocratie russe, se

---

1. Référence très claire à « la même chose que les professeurs Bodkin et Pirogov à Pskov, en 1862. » Voir page 187.

ligueraient contre moi, si, dans le cadre de la controverse qui ne manquerait pas d'éclater, on venait à mentionner son nom. J'ai donné ma parole d'honneur et je la tiendrai, JUSQU'À MA MORT. »

Ces déclarations impliquaient forcément que l'enfant soit celui du baron Meyendorff ; en effet, elle le dit explicitement lorsqu'elle annonça la mort de l'enfant : « Ensuite, j'ai emmené ce pauvre enfant à Bologne pour tenter de le sauver. C'est à ce moment que j'ai rencontré à nouveau Métrovitch, en Italie. Il a fait tout son possible pour moi, plus qu'un frère n'aurait fait. Malheureusement, l'enfant est mort ; il n'avait aucun document avec lui et je refusais de donner mon nom en pâture aux mauvaises langues. Métrovitch s'est occupé encore une fois de tout : il a enterré l'enfant du baron sous son nom, parce qu'il "s'en fichait", dans une petite ville du sud de la Russie, en 1867. Suite à cela, et sans prévenir ma famille de mon retour en Russie pour ramener ce pauvre enfant, que j'ai échoué à ramener vivant chez la gouvernante choisie pour lui par le baron, j'ai simplement décidé d'écrire au père de l'enfant pour l'informer de ce qui serait, à ses yeux, un heureux évènement, puis je suis repartie en Italie avec le même passeport. »

Aux États-Unis, le scandale de l'enfant prit une tout autre forme. En 1890, Mme Blavatsky attaqua le *New York Sun* en justice pour diffamation. Elle écrivit au directeur éditorial du *Path*, Wm. Q. Judge : « Ces quinze dernières années, je suis restée impassible en voyant mon nom souillé par les commérages répandus par la presse et quiconque se plaît à décortiquer les traits de caractère, sortant un peu de l'ordinaire, des personnes célèbres. J'ai continué à œuvrer pour la diffusion des idées théosophiques, car j'étais convaincue que, malgré la détermination d'imbéciles bien décidés à jeter sur moi l'opprobre, la société que j'ai contribué à fonder tiendrait bon face à la malveillance d'autrui et s'épanouirait malgré elle. Et c'est bien ce qu'il s'est passé. Certains de nos membres pourraient se demander pourquoi je ne réplique jamais lorsque l'on remet en doute l'existence de l'occultisme et l'authenticité des phénomènes paranormaux. Il y a à cela deux raisons : l'occultisme existera toujours, en dépit des médisances, et les phénomènes paranormaux ne pourront être prouvés devant la justice au cours de ce siècle…

« Mais voilà qu'un éminent quotidien new-yorkais, sans rien savoir des faits, a publié un article qui me calomnie, par des allégations dont la plupart sont réfutées par ce que j'ai vécu pendant plus d'une décennie. Mais, étant donné que l'une d'entre elles met sans vergogne ma moralité en doute et jette le déshonneur sur le nom d'un grand homme décédé, un vieil ami de la famille, je ne peux décemment me taire…

« Ce quotidien m'accuse d'avoir fait partie du demi-monde en 1858 et en 1868, d'entretenir une relation immorale avec le prince Emil Wittgenstein, et d'avoir eu de lui un fils illégitime. La première accusation est tout simplement risible, mais la deuxième et la troisième accablent d'autres personnes. Le prince Wittgenstein, à présent décédé, était un vieil ami de ma famille. Je l'ai vu pour la dernière fois quand j'avais dix-huit ans, et je suis restée en correspondance très étroite avec lui et sa femme jusqu'à la mort de celui-ci. Il était un cousin de feue l'impératrice de Russie. Il aurait paru inconcevable qu'un journal moderne de New York vienne cracher sur sa tombe. Face à cette insulte à ma personne et à la sienne, il est de mon devoir de répliquer et de défendre l'honneur des théosophes, qui vivent selon les préceptes de la théosophie. Voilà pourquoi j'ai porté l'affaire devant les tribunaux et devant un jury constitué de mes compatriotes américains. J'ai rompu mon allégeance envers le tsar de Russie dans l'espoir que mon pays d'adoption protège ses citoyens ; j'espère que je ne serai pas déçue ! »

En novembre 1892, M. Judge inclut l'éditorial suivant dans son numéro du *Path* : « En juillet 1890, le *Sun* a publié un article plein d'inepties au sujet de Mme Blavatsky. Il accusait également le colonel Olcott, Wm. Q. Judge, ainsi que d'autres personnes, d'escroquerie et de vivre sur les fonds de la société, tout comme elle. Cette calomnie visait à discréditer tous nos membres, car il avait été écrit par un ennemi ayant autrefois compté parmi nos rangs... Mme Blavatsky et M. Judge ont déposé deux plaintes pour diffamation à l'encontre du *Sun* et du docteur E. Coues, de Washington... Les deux procès se sont déroulés dans les tribunaux de New York... En 1891, Héléna Blavatsky est morte ; et comme sa plainte portait sur un préjudice personnel d'ordre moral, son décès a entraîné la fin des poursuites engagées en son nom, libérant immédiatement le journal de la peur d'encourir une peine. Il faudra garder cela à l'esprit en lisant ce qui suit. Le 26 septembre 1892, le *Sun* a fait paraître l'éditorial suivant :

« "Sur une autre page, nous faisons figurer un article de M. Wm. Q. Judge relatant la carrière incroyable de feue Mme Héléna P. Blavatsky, théosophe. Nous prenons soin de faire remarquer que le 20 juillet 1890, nous avons fait l'erreur de faire figurer dans les colonnes du *Sun* un article, dans lequel le docteur E. F. Coues de Washington portait toutes sortes d'accusations à l'encontre de Mme Blavatsky et de ses adeptes. De toute évidence, ces allégations étaient dépourvues de tout fondement sérieux. L'article de M. Judge traite de toutes les questions relatives à la personne de Mme Blavatsky posées par le docteur Coues, et nous déclarons que ces accusations à l'égard de la Société théosophique, et de M. Judge à titre personnel, sont infondées et n'auraient jamais dû être publiées."

« Étant donné que le journal ne risquait plus aucune poursuite judiciaire, ces déclarations sont un geste d'humilité. Ainsi ces diffamations ont pris fin. »

Dans les archives de la Société théosophique se trouvait une lettre de H.P.B., conservée précieusement par le colonel Olcott. Celle-ci traitait de la visite de son médecin en Europe quand elle était malade, en 1885. Il manquait la première page. La deuxième commençait au milieu d'une phrase : « il a amené ses instruments et son miroir pour regarder à l'intérieur et d'autres choses répugnantes. Lorsqu'il l'a fait, il m'a demandé, abasourdi :

«Avez-vous déjà été mariée?

— Oui, ai-je répondu, mais je n'ai jamais eu d'enfant. (Je ne désirais pas entrer dans des détails d'ordre physiologique.)

— De toute évidence, non, a-t-il confirmé. Comment auriez-vous pu puisque d'après ce que je vois, vous n'avez sans doute jamais eu aucun contact de la sorte avec votre mari?»

Je répétai cela à Mesdames Sinnett et Tidesco, qui avaient assisté à l'examen. M. Sinnett m'ordonna sans ambages: «Faites-vous délivrer un certificat, ma chère. Au plus vite!» Je comprenais l'intérêt de la démarche, c'est pourquoi, quand le professeur revint, je lui demandai s'il pouvait me délivrer ce genre de certificat, en arguant que certains de mes ennemis prétendaient que j'avais eu des enfants et que je m'étais conduite de manière immorale. Il accepta aussitôt...

«D'après lui, mon utérus est courbé ou sévèrement incliné depuis ma naissance. Et, toujours selon ses dires, non seulement cette malformation fait que je ne pourrai jamais avoir d'enfants, mais c'est elle qui cause mes douleurs à la vessie... En outre, si j'avais voulu faire preuve d'immoralité (merci bien) avec qui que ce soit, j'aurais été victime d'une inflammation et de douleurs sévères. Voilà! Autant pour les trois enfants de Coulomb, mon mariage avec Mitra, etc., etc. J'ai envoyé le certificat à Sinnett, qui disait en avoir besoin. Je me sens à la fois profondément humiliée et victorieuse.»

Le certificat médical fut rédigé en ces termes: «Le soussigné déclare, comme convenu, que Mme Blavatsky de Bombay, état de New York, secrétaire-correspondante pour la Société théosophique, suit actuellement le traitement prescrit par le soussigné. Elle souffre d'*anteflexio uteri*, fort probablement depuis sa naissance, comme le démontre l'examen pratiqué; elle n'a jamais porté d'enfant et n'a jamais souffert d'une quelconque maladie gynécologique.

(Signé) Dr Léon Oppenheim.

Wurtzbourg, le 3 novembre 1885

Authentifié par Hübbe Schleiden
    Et Franz Gebhard»

La comtesse Wachtmeister, qui vivait alors avec H.P.B., fit valoir que la formulation de ce certificat manquait de précision, que «maladie gynécologique» était assez vague; à sa demande, le docteur Oppenheim délivra donc un second certificat, beaucoup plus explicite: «Par la présente, je certifie que Mme Blavatsky n'a jamais été enceinte et qu'elle n'a donc pu à aucun moment concevoir un enfant. Oppenheim.»

Ce certificat, conservé dans les archives de la Société théosophique, est accompagné d'une lettre dont seule reste la quatrième page. On peut lire:

« Voilà votre fichu certificat, avec vos fantasmes de *virgo intacta,* chez une femme qui a perdu ses entrailles, son utérus et le reste par une chute de cheval. Et pourtant, le docteur a regardé, trois fois, et a déclaré la même chose que les professeurs Bodkin et Pirogov à Pskov, en 1862. Je n'aurais jamais pu avoir ce type de contact avec un homme, quel qu'il soit, sans souffrir par la suite d'une inflammation, parce qu'il me manque quelque chose, et que le vide est comblé par une espèce de concombre tordu. »

Il y avait une autre lettre en accompagnement de ce second certificat, écrite par la comtesse Wachtmeister :

10 février [1886]

Cher ami ET frère,

Voici le certificat que vous souhaitiez avoir. J'ai demandé à ce qu'il soit délivré en la présence de Mme Blavatsky, car je ne me sentais pas le droit de formuler une telle requête sans son accord.

Comme vous le voyez, le mot « enceinte » porte tout le sens, car sans être enceinte, elle n'a pas pu faire de fausse couche ni concevoir un enfant. Le premier certificat a été mal traduit. Dans l'original, détenu par M. Sinnett, le mot « fausse couche » a été traduit par « maladie féminine ». Le médecin m'a ensuite expliqué que, bien qu'aucun confrère ne puisse affirmer avec certitude si une femme a eu ou non des rapports sexuels avec un homme, car la virginité peut être perdue à la suite d'une chute ou à des efforts physiques importants, il était presque certain que Mme Blavatsky n'avait pas connu d'homme. Comme vous le voyez, toutes ces allégations et ces médisances sont mensongères. Le médecin a aussi dit qu'il avait examiné des jeunes filles de dix ou douze ans en sachant qu'elles étaient pures et vertueuses, mais une chute leur avait fait perdre leur virginité…

C. Wachtmeister

Accompagnée de ce vestige de son passé, H.P.B. préféra le travail aux voyages, et le devoir à l'apprentissage.

Chapitre XXVIII
Pauvre et sans le sou à New York

M. William Kingsland, dans son ouvrage *The Real H. P. Blavatsky*, écrivit que désormais, en 1873, H.P.B. avait achevé son *Wanderjahre*[1], qu'elle avait accompli son apprentissage dans le monde extérieur ; dans de nombreux pays, chez de nombreuses races, communautés et sociétés (des plus primitives aux plus aristocratiques) ; elle avait également recherché et vécu nombre d'expériences occultes, qui étaient alors considérées par la science comme totalement indignes d'attention, et par la religion comme relevant du domaine du diable et de ses serviteurs. « Que pouvons-nous considérer, » a-t-il demandé, « comme l'aboutissement de cette vie agitée, tumultueuse, étrange et exceptionnelle ? » La réponse fut la suivante : travailler pour les Maîtres dans le monde. Elle commença à la faire timidement en organisant la Société spirite au Caire. Cette tentative échoua. Le colonel Olcott remarqua avec sagesse : « J'ai hérité de l'opportunité gâchée de son groupe du Caire en 1871. »

Nous avons vu comment elle arriva à New York le 7 juillet, presque sans le sou, ayant embarqué une journée après avoir reçu « des ordres » à cet effet. « Elle a écrit à son père pour qu'il lui fasse parvenir de l'argent à New York par le biais du consul russe, mais il n'arriverait pas avant un certain temps ; et comme le consul lui a refusé un prêt, elle a dû se mettre au travail pour gagner son pain. Elle m'a dit qu'elle avait pris un logement dans l'un des quartiers les plus pauvres de New York, Madison Street, et qu'elle subvenait à ses besoins en fabriquant des foulards ou des fleurs artificielles (je ne parviens pas à me souvenir ce qui était vrai[2]) pour un commerçant hébreu au grand cœur. Elle me parlait toujours de ce petit homme avec gratitude.

« Miss Anna Ballard, une journaliste chevronnée et membre à vie du New York Press Club, nous a raconté comment elle a rencontré H. P. B. "pas plus d'une semaine après son arrivée le 7 juillet 1873. J'étais alors journaliste dans l'équipe du *New York Sun* et chargée d'écrire un article sur un sujet russe. Au cours de ma recherche des faits, j'ai appris par un ami l'apparition de cette dame russe, et je l'ai contactée… Elle m'a dit qu'elle n'avait eu aucune intention de quitter Paris jusqu'à la veille de son embarquement, mais n'a précisé ni la raison de sa venue ni de sa fuite. Je la revois parfaitement dire avec allégresse, 'Je suis allée au Tibet.' Pourquoi celui-ci semblait plus important que les autres voyages en Égypte, en Inde et dans

---

1. Années de compagnonnage.
2. Selon sa sœur Véra, elle avait possédé une usine de fabrication de fleurs artificielles dans le Caucase ; la seconde hypothèse est plus probable.

d'autres pays, dont elle m'avait parlé, je n'ai pu le comprendre, mais elle l'a dit avec une exagération et une animation particulière. J'en connais maintenant, bien sûr, la signification." »

Une autre dame ayant connu H.P.B. durant les premiers temps difficiles à New York fut Elizabeth G. K. Holt, qui écrivit, par bonheur, abondamment à ce sujet : « À cette époque, les femmes n'étaient pas présentes dans le milieu des affaires ; on commençait à entendre parler des revendications de quelques-unes pour leurs "droits" ; mais celles qui étaient obligées de sortir dans le vaste monde pour gagner leurs vies étaient professeurs, télégraphistes, couturières de toutes sortes et ouvrières de petits commerces qui payaient très mal. La machine à écrire n'avait pas encore été inventée. Une dame qui voyageait seule n'était pas acceptée dans les meilleurs hôtels… C'est probablement cette difficulté à trouver un logement correct qui a amené H.P.B. dans la maison où je l'ai rencontrée. Je me suis toujours demandé comment, elle, une étrangère arrivant à New York avait trouvé cet endroit[1].

« La maison était unique, un produit de cette époque particulière. Il était alors difficile pour les travailleuses respectables aux revenus modestes de trouver un lieu approprié où vivre ; c'est pourquoi une quarantaine d'entre elles ont décidé de lancer une petite expérience de vie coopérative. Elles ont loué un nouvel immeuble, au 222 Madison Street, l'un des premiers construits à New York, il me semble. La rue était composée de maisons à deux niveaux, occupées par leurs propriétaires, fiers de leurs arbres d'ombrage, et qui entretenaient leurs jardins à l'avant comme à l'arrière…

« Ma mère et moi avions passé l'été 1873 à Saratoga. Afin que je sois prête pour l'école à la rentrée, on m'avait envoyée en août dans la maison de Madison Street, où nous avions une amie qui me prendrait sous sa protection ; et j'y ai alors trouvé Mme Blavatsky. Elle avait une chambre au premier étage, qui jouxtait celle, identique, de mon amie, et elles ont donc développé une bonne amitié de voisinage. Vivant une vie de famille coopérative, nous nous connaissions toutes assez bien et nous conservions une pièce à côté de la porte d'entrée. Elle nous servait de séjour ou de bureau, de lieu de réunion pour les membres et où se transmettaient le courrier et les messages.

« Mme Blavatsky était, la plupart du temps, assise dans le bureau, mais elle était rarement seule. Semblable à un aimant, elle était assez puissante pour attirer autour d'elle tous ceux qui pouvaient venir. Je l'ai vue, jour après jour, assise là, roulant et fumant sans cesse des cigarettes. Elle possédait une blague à tabac remarquable, la tête d'une sorte d'animal à fourrure, qu'elle portait autour du cou. C'était sans conteste un personnage singulier. Elle paraissait plus grande qu'elle en avait l'air, elle était très massive. Son visage et ses épaules étaient larges ; ses cheveux étaient d'un brun clair et frisés comme ceux d'un noir. Toute son apparence respirait le pouvoir. Récemment, j'ai lu quelque part le récit d'un entretien avec Staline ; l'auteur disait que, lorsque vous entriez dans la pièce, vous sentiez comme s'il y avait

---

1. Elle connaissait New York, y étant déjà allée au moins deux fois auparavant.

une puissante dynamo en marche. C'est quelque chose de ce genre que l'on ressentait à proximité d'H.P. B…

« Madame évoquait souvent sa vie à Paris. Elle nous a notamment dit qu'elle avait décoré les appartements privés de l'impératrice Eugénie. Je l'imaginais vêtue d'un chemisier et d'un pantalon, juchée sur une échelle, et accomplissant vraiment ce travail, et il me semble que c'est ce qu'elle nous a raconté ; mais je ne me souviens plus si elle a dit avoir réalisé la peinture, la fresque, etc. ou si elle a simplement dirigé le projet. Par la suite, elle a démontré clairement qu'elle avait des compétences en art. J'avais un piano, sur lequel Madame jouait parfois, en général à la demande pressante de quelqu'un.

« Elle décrivait leur vie passée aux gens qui le lui demandaient, et ses récits devaient être justes, car ils laissaient une forte impression. Je n'ai jamais entendu dire qu'elle leur avait prédit leur futur, mais elle l'a peut-être fait sans que je le sache… Elle était considérée comme une spirite, bien que je ne l'aie jamais entendu l'affirmer… Lorsque mon amie, Miss Parker, lui a demandé de la mettre en communication avec sa mère décédée, Madame lui a répondu que c'était impossible, car sa mère était absorbée par des choses plus élevées et était hors d'atteinte. Les esprits dont elle parlait continuellement étaient les *diaki*, petits êtres espiègles, équivalents évidents des fées du folklore irlandais, et manifestement non humains, à en juger par la description qu'elle faisait d'eux et de leurs activités…

« Je n'ai jamais considéré Madame comme une donneuse de leçons. Pour commencer, elle était trop nerveuse ; lorsque quelque chose se passait mal, elle pouvait exprimer son opinion avec une vigueur très dérangeante. Je tiens à dire ici que je ne l'ai jamais vue directement fâchée contre quelqu'un ou quelque chose. Ses objections avaient quelque chose d'impersonnel… En cas de dilemmes physiques ou mentaux, on était instinctivement attiré par elle, car on sentait qu'elle était intrépide, non-conventionnelle, d'une grande sagesse, possédant une vaste expérience et pourvue d'une bonne volonté chaleureuse ; elle avait de la compassion pour les défavorisés.

« Un exemple de ceci me vient à l'esprit. Des personnes indésirables commençaient à emménager dans la rue, et le voisinage changeait à vue d'œil. Un soir, l'une des jeunes filles, en rentrant tard du travail, a été suivie et grandement effrayée ; elle s'est précipitée dans un fauteuil du bureau, le souffle court. Madame s'est enquise immédiatement de la situation, a exprimé son indignation dans les termes les plus vigoureux, a fini par tirer un couteau des plis de ses vêtements (je crois qu'elle l'utilisait pour couper son tabac, mais il était suffisamment grand pour constituer une formidable arme de défense) et elle a déclaré qu'elle avait ceci pour tout homme qui l'agresserait.

« À cette époque, Madame avait de gros problèmes d'argent ; les revenus qu'elle recevait régulièrement de la part de son père en Russie avaient cessé, et elle était presque sans le sou. Elle avait dans l'idée que cette situation était causée par les machinations d'une ou plusieurs personnes en contact avec son père, et elle s'exprimait à leur sujet avec sa vigueur habituelle. Certains occupants de notre maison, plus conservateurs, ont insinué qu'elle était, après tout, une aventurière, et que son désir d'argent était tout ce que l'on pouvait attendre ; mais mon amie, mademoiselle Parker, qu'elle avait emmenée avec elle chez le consul russe, m'a assuré qu'elle était réellement une comtesse russe, que le consul connaissait sa famille et lui avait promis de faire tout ce qui était en son pouvoir pour les contacter et découvrir quelle était la difficulté. Je peux dire ici que la rétention de ses revenus était due à la mort de son père et, consécutivement, au temps nécessaire pour mettre ses affaires en ordre.

« Le propriétaire de notre maison était un certain M. Rinaldo, qui venait en personne collecter les loyers, et qui s'est donc familiarisé avec nous. Comme tous les autres, il s'est intéressé à H.P.B. et lui a présenté deux jeunes amis à lui. Ils venaient très souvent lui rendre visite et l'aidaient concrètement en lui faisant des suggestions et en lui donnant du travail. Ils lui ont fait concevoir des cartes publicitaires pour eux et d'autres personnes. Je pense que ces messieurs possédaient une usine de cols et de chemises, car sur la carte dont je me souviens, il y avait des petits personnages (peut-être des *diaki*), habillés de cols et de chemises de leur fabrication. Je pense qu'il s'agissait des premières cartes publicitaires utilisées à New York[1]. Madame s'est également essayée au travail d'ornement sur cuir, et en a réalisé quelques exemples raffinés et complexes, mais ils ne se sont pas vendus et elle a abandonné cette branche.

« C'est vers cette période qu'elle a terminé le roman *Le mystère d'Edwin Drood*, que Charles Dickens avait laissé inachevé au moment de sa mort en 1870. J'ai bien l'impression que les amis juifs de Madame étaient des spirites, et qu'ils l'ont exhortée à finir le livre avec une aide spirituelle. Elle possédait dans sa chambre privée une grande table, et je l'ai vue écrire sans discontinuer, pendant des jours, voire des semaines, page après page de manuscrit[2]...

« Peu après, alors que Madame était toujours sans revenus, elle a fait la connaissance d'une dame française, une veuve dont j'ai oublié le nom, et est devenue intime avec elle ; bien qu'elle soit devenue une visiteuse régulière de la maison, on l'appelait généralement "la Madame française"[3] tandis que H. P. B. demeurait toujours "Madame". C'est cette dame qui est ensuite allée à la ferme des Eddy avec elle.

« Elle vivait alors non loin de chez nous, sur Henry Street. Elle a proposé à H.P.B. de partager sa maison avec elle jusqu'à ce que ses difficultés financières prennent fin. Madame a accepté l'offre et nous a quittés. Beaucoup d'entre nous cependant, et notamment mademoiselle Parker, sont restés en contact régulier avec elle et se rendaient aux réunions du dimanche initiées par les deux dames, et desquelles j'étais tenue à l'écart...

1. Pour un aperçu de ces cartes, ou d'autres similaires, voir For *Vieilles pages de journal*, I, p. 472.
2. Elle traduisit simplement en russe les travaux de M. James, un médium. Elle écrivit à Alexandre Aksakov, un éminent éditeur russe le 28 octobre 1874, lui proposant la traduction des œuvres de James.
3. Il peut s'agir de la Mme Magnon qui rendit ensuite visite à H.P.B. à Philadelphie.

« L'une des histoires concernant les *diaki* remonte à cette époque. Un matin, Madame n'est pas apparue au petit-déjeuner, et son amie s'est finalement rendue dans sa chambre pour voir ce qu'il se passait ; elle y a trouvé H.P.B. incapable de se lever, car sa robe de nuit était solidement cousue au matelas, de telle manière qu'il était impossible que Madame ait pu le faire elle-même, et cela avait été fait si minutieusement qu'il a fallu couper les points pour lui permettre de se lever. C'était l'œuvre des *diaki*.

« Peu après, Madame a reçu de l'argent de Russie et a déménagé à l'angle nord-est, entre la quatorzième rue et la quatrième avenue. La maison était très modeste, avec un bar au rez-de-chaussée et deux autres étages, présentés comme des chambres meublées. Mademoiselle Parker m'y a emmenée… Et j'y ai trouvé Madame au dernier étage, dans une chambre pauvrement équipée ; son lit était un lit d'enfant en fer et à côté, sur une table, se trouvait un petit meuble de rangement avec trois tiroirs.

« Madame était dans un état de grande excitation. Plus tôt dans la journée, sa chambre avait pris feu ; elle avait dit que c'était un acte intentionnel afin de la détrousser. Une fois le feu éteint, et les pompiers et les curieux partis, elle avait découvert qu'on lui avait volé sa montre et sa chaîne. Lorsqu'elle s'est plainte au propriétaire du bar, qui était son logeur, il a insinué qu'elle n'avait jamais eu de montre. Elle nous a dit qu'elle "leur" avait demandé de lui fournir des preuves qu'elle pourrait présenter à son logeur, afin de le convaincre du fait qu'elle avait vraiment perdu son bien ; immédiatement était apparue devant elle une feuille de papier toute grise de fumée, à l'exception de points blancs, de la taille et de la forme d'une montre et d'une chaîne, indiquant que ces dernières avaient été enlevées du papier après que le feu l'ait eu noirci, et révélant les endroits qu'elles avaient recouverts.

« Elle a continué en nous disant que lorsqu'elle avait besoin d'argent, elle n'avait qu'à "leur" demander et qu'elle trouvait alors ce dont elle avait besoin dans l'un des tiroirs de son petit meuble posé sur la table. Je ne pouvais comprendre cela. J'avais toujours entendu les personnes autour d'elle expliquer que les "leur" et "ils" se référaient à ses "guides spirituels" ; naturellement je pensais qu'elle parlait d'eux. Je ne connaissais rien de l'occultisme ou de ses serments, ni de l'altruisme qui est exigé de ses fidèles.

« Un certain temps après ceci, j'ai appris qu'elle était allée à Ithaca afin de donner au professeur Corson, de l'université de Cornell, un anneau qui lui avait été confié par l'un de ses mystérieux guides, et qui permettrait de l'identifier comme l'un de leurs messagers authentiques. Mais cette visite à H.P.B. a été la dernière fois que je l'ai vue ; à partir de là, sa vie a été bien décrite et connue par d'autres. »

Le colonel Olcott prend la suite du récit de 1873 : « En octobre, son père aimé, toujours indulgent et patient est mort[1], et le 29 de ce mois, elle a reçu un télégramme de Stavropol, de la part de sa sœur "Élise", qui lui faisait part de la nou-

---

1. Il s'agit d'une erreur. Il mourut le 15 juillet. Voir le chapitre suivant. Peut-être reçut-elle le télégramme si tard en raison du fait que sa localisation n'était pas connue de sa famille en Russie.

velle, et l'informait du montant de son héritage, précisant qu'une traite de 1000 roubles lui avait été envoyée. Le moment venu, elle a reçu tout l'argent et a déplacé ses appartements dans de meilleurs quartiers à New York : Union Square, East 16th Street, Irving Place, etc., et c'est dans le dernier que je l'ai trouvée, tout juste de retour de la propriété des Eddy. »

CHAPITRE XXIX
Rencontre des fondateurs de la Société théosophique

Le compte-rendu de leur rencontre à la propriété des Eddy, que le colonel Olcott avait rédigé à l'époque en 1874 pour le *New York Daily Graphic,* est disponible en intégralité dans son ouvrage *Le peuple de l'autre monde.* En voici un extrait : « L'arrivée d'une femme russe, de bonne famille, ayant reçu une éducation spéciale et dotée de dons naturels, le 14 octobre…, a été un évènement important dans l'histoire des manifestations spirituelles de Chittenden. Cette femme, Madame Héléna P. Blavatsky, a vécu une vie très mouvementée, voyageant dans la plupart des terres d'Orient[1], à la recherche d'antiquités au pied des pyramides, assistant aux mystères des temples hindous, et se frayant un chemin jusqu'à l'intérieur de l'Afrique, accompagnée d'une escorte armée. Les péripéties auxquelles elle a fait face, les personnes étranges qu'elle a vues, les périls qu'elle a traversés par terre et par mer, feraient de cette histoire l'une des plus romantiques jamais racontées par un biographe. Tout au long de ma carrière, je n'ai jamais rencontré de personnage si intéressant et si excentrique, si je puis le dire sans offense. »

Dix-huit ans plus tard, il donnait accès à son roman-feuilleton *The Oriental Series* dans *Le théosophe*, maintenant disponible en format livre sous le nom de *Vieilles pages de journal*. Celui-ci contient un chapitre sur la « première rencontre des fondateurs », dans lequel il affirma : « Puisque je raconte l'histoire de la naissance et de l'essor de la Société théosophique, je dois commencer par le commencement, et expliquer comment ses deux fondateurs se sont rencontrés. C'était un évènement très commun : j'ai dit : "Permettez-moi, Madame", et lui ai donné de quoi allumer sa cigarette ; nous avons fait connaissance dans la fumée, mais il en est sorti un feu immense et permanent.

« Les circonstances qui nous ont réunis sont étranges… Un jour, en juillet 1874, alors que j'étais assis dans mon cabinet d'avocats, réfléchissant à une affaire difficile pour laquelle j'avais été retenu par la municipalité de la ville de New York, je me suis rendu compte que, pendant des années, je ne m'étais pas intéressé au mouvement spiritualiste… Je suis descendu au coin de la rue, et j'ai acheté un exemplaire du journal spiritualiste *The Banner of Light*. J'ai pu y découvrir les explications de certains phénomènes incroyables… qui semblaient avoir eu lieu dans une ferme, dans la localité de Chittenden, dans l'État du Vermont. J'ai tout

---

1. Il dit ailleurs dans le livre qu'elle avait fait trois fois le tour du monde seule.

de suite compris que, si les phénomènes étaient vrais…, alors ce serait le fait le plus important de la science physique moderne. J'ai décidé d'y aller et de voir par moi-même. J'y suis allé, j'ai constaté que l'histoire était vraie, et j'y suis resté trois ou quatre jours, avant de rentrer à New York. J'ai écrit un compte-rendu de mes observations au *New York Sun*… Suite à cela, le rédacteur en chef du *New York Daily Graphic* m'a proposé de retourner à Chittenden pour lui, accompagné d'un artiste qui ferait des croquis sous mes ordres, afin de réaliser une étude minutieuse de l'affaire…

« Le 17 septembre, j'étais de retour à la propriété des Eddy… Je me suis arrêté dans cette maison des mystères, entourée de fantômes, et abritant les expériences au caractère des plus extraordinaires, pendant environ douze semaines… Deux fois par semaine, mes lettres à propos des "fantômes des Eddy" étaient publiées dans le *Daily Graphic*, illustrées par des croquis de l'artiste, M. Kappes. C'est la publication de ces lettres qui a conduit Mme Blavatsky à Chittenden, et qui nous a réunis…

« On dînait à midi chez les Eddy, et c'est de la porte d'entrée de la salle à manger inconfortable et nue, que Kappes et moi avons vu H.P.B. pour la première fois. Elle était arrivée peu avant midi avec une Canadienne française[1], et elles étaient à table quand nous sommes entrés. Mon regard s'est d'abord porté sur la chemise rouge garibaldienne que cette première portait, et qui contrastait vivement avec les ternes couleurs autour. Ses cheveux formaient alors une chevelure blonde, abondante et mal peignée, coupée au-dessus des épaules. Ils ressortaient par rapport à son teint, fins comme la soie, mais frisés à la racine, comme la toison d'un agneau des Cotswolds. Ses cheveux et la chemise rouge ont attiré mon attention avant que je m'attarde sur les traits de son visage. Elle avait un imposant visage à la kalmouke, qui annonçait sa force, sa culture et son autorité, en contraste avec les visages ordinaires dans la pièce, alors que son vêtement rouge contrastait avec les teintes grises et blanches des murs, les boiseries et les costumes ternes des autres invités.

« Toutes sortes de personnes excentriques allaient et venaient continuellement chez les Eddy pour voir les phénomènes spirituels qui s'y produisaient, et je ne me suis aperçu qu'en voyant cette femme excentrique, qu'elle était du même genre. M'arrêtant au seuil de la porte, j'ai chuchoté à Kappes : "Oh mon Dieu ! Regardez-moi ce spécimen"… Après dîner, elles sont sorties de la maison. Mme Blavatsky s'est roulé une cigarette, et je lui ai proposé du feu afin d'engager la conversation ».

Il est important de signaler que le colonel Olcott était un protagoniste confirmé et enthousiaste du spiritisme, alors que H.P.B. revenait tout juste de son échec au Caire avec des médiums, en pleine possession de ses pouvoirs de voyance. Une courte biographie a été publiée dans le même numéro du *Daily Graphic* que celui

---

1. Peut-être Mrs Magnon.

où paraîtrait plus tard sa lettre contre M. Beard. Dans cette biographie, elle disait d'elle-même: «En 1858, je suis retournée à Paris et j'ai fait la connaissance de Daniel Home, le spirite... Home m'a convertie au spiritisme.... Après cela, je suis allée en Russie, et j'ai converti mon père au spiritisme.

«Je n'avais jamais connu ni vu un médium,» dit-elle ailleurs. «Je ne me suis jamais non plus retrouvée dans une salle de spiritisme avant mars 1873, quand je suis passée par Paris pour me rendre sur le continent américain. C'est en août de cette année que j'ai appris, pour la première fois de ma vie, ce qu'était la philosophie des spirites... Je n'avais qu'une idée très vague et générale des enseignements d'Allan Kardec depuis 1870. Mais lorsque j'ai entendu les déclarations des spirites américains à propos de la "Terre d'été", etc., j'ai directement renoncé à cela. Je répète, je n'ai jamais été une spirite... J'ai toujours été au courant de l'existence des phénomènes spirituels, et je défendais la réalité, c'est tout. Si être une "spirite" consiste en la vision de séries entières de phénomènes paranormaux se produisant à travers le corps de quelqu'un, sa volonté ou toute autre chose, alors j'en étais une, peut être cinquante ans en arrière; c'est-à-dire que j'étais une spirite avant l'apparition du spiritisme moderne.

«Au début de l'année 1872, à mon retour d'Inde, j'avais tenté de fonder une société spirite au Caire, à la suite du succès d'Allan Kardec (je n'en connaissais pas d'autres), pour tenter que des phénomènes se produisent, comme préparatif à la science occulte. J'étais accompagnée de deux Français prétendus médiums, qui nous payaient pour feindre des manifestations, et qui m'ont révélé des tours médiumniques que je n'aurais jamais pensé possibles. J'ai immédiatement cessé de prendre position, et j'ai écrit une lettre à M. Burns pour savoir s'il pouvait envoyer un médium anglais. Il n'a jamais répondu, et je suis retournée en Russie peu après cela.»

Après avoir rendu visite aux Eddy, H.P.B. fit un compte-rendu des phénomènes qui se produisirent pour le *Daily Graphic*. L'article fut appelé *Merveilleuses manifestations spirituelles, une réponse au Dr Beard*. Il peut être lu en intégralité dans *A Modern Panarion*, sous le titre de *Les Manifestations des Eddy*. La description suivante qu'elle fait des «esprits» est extraite de cet article.

«Je suis restée quatorze jours chez les Eddy. Pendant cette courte période, j'ai vu et reconnu entièrement sept "esprits" sur cent dix-neuf. J'admets que j'étais la seule à les reconnaître, le reste du public n'ayant pas été avec moi durant mes nombreux voyages à travers l'est; mais leurs différents costumes ont été entièrement vus et examinés précisément par tous.

«Le premier était un garçon géorgien, vêtu d'une tenue caucasienne traditionnelle. Je l'ai reconnu et l'ai interrogé en géorgien sur des faits que j'étais la seule à connaître. Il m'a comprise et m'a répondu. Puisque je lui avais demandé dans sa langue maternelle (sous la suggestion du colonel Olcott) de jouer la "Lezginka", une danse circassienne, il l'a fait immédiatement à la guitare.»

Voici la version du colonel Olcott dans son ouvrage *Le peuple de l'autre monde* : « Ensuite, le premier visiteur spirituel de la femme russe a fait son apparition. C'était un individu de taille moyenne, bien formé, vêtu d'une veste géorgienne (caucasienne), avec des manches amples et des manchettes longues et pointues, un long manteau, un pantalon large, un caleçon en cuir jaune, et une calotte ou un fez blanc, avec un pompon. Elle l'a reconnu tout de suite comme étant Michalko Guegidze, autrefois habitant de Koutaïssi, en Géorgie, un domestique de Mme Witte, une parente, et qui a servi Mme Blavatsky à Koutaïssi.

« Le soir suivant, un nouvel esprit, appelé "Hassan Agha" est apparu à Mme Blavatsky. C'était un riche marchand de Tiflis qu'elle connaissait bien. Il avait un engouement certain pour la magie noire, et parfois il obligeait son entourage à le laisser prédire l'avenir pour eux grâce à une collection de pierres magiques acquises en Arabie pour un bon prix… La tenue d'Hassan était composée d'un long manteau à la teinte jaunâtre, d'un sarouel, d'un *bishmet* ou d'un gilet, et d'un chapeau de fourrure noire, appelé *pappaha*, recouvert de la *bachlyk* ou capuchon traditionnel, finissant par des pompons sur les épaules. »

H.P.B. dit de lui : « En deuxième, un petit vieillard est apparu. Il était habillé comme les marchands perses le sont généralement. Son habit correspondait parfaitement au costume national. Tout était à sa place, jusqu'aux "babouches" desquelles il a retiré ses pieds, enfilant ses bas. Il a prononcé son nom en chuchotant assez fort. C'est "Hassan Agga", un vieil homme que ma famille et moi avons connu il y a vingt ans à Tiflis. Il a dit, à mi-chemin entre le géorgien et le perse, qu'il avait un "secret venant du royaume des morts à me confier", et a recommencé à trois reprises, essayant, en vain, de finir sa phrase.

« En troisième, un homme à la stature de géant a fait son apparition, vêtu de la tenue pittoresque des guerriers du Kurdistan. Il ne parlait pas, mais a fait une révérence à l'orientale, et a soulevé sa lance ornée de plumes aux couleurs vives, la remuant en guise de salutation. J'ai immédiatement reconnu "Safer Ali Bek", le jeune chef d'une tribu kurde qui m'a accompagnée lors de mes voyages à cheval dans l'Ararat, en Arménie, et qui une fois m'a sauvé la vie. De plus, il s'est penché vers le sol comme s'il attrapait une poignée de terre et, la répandant autour de lui, il a pressé sa main contre sa poitrine : un geste familier uniquement dans les tribus du Kurdistan.

« En quatrième, un Circassien est arrivé. Je me suis imaginée à Tiflis tellement le costume de "noukar" (homme qui court soit devant soit derrière une personne à cheval) était parfait. Celui-là parlait. Il corrigeait même son nom, que j'ai mal prononcé en le reconnaissant, puis quand je l'ai répété, il m'a saluée en souriant, et a dit "Tchok yachtchl" (parfait) dans le plus pur tartare guttural, qui semblait si familier à mes oreilles, puis il est parti.

« La cinquième, une vieille femme, est apparue avec un couvre-chef russe. Elle s'est approchée et s'est adressée à moi en russe, m'appelant par un nom attachant qu'elle utilisait lorsque j'étais enfant. J'ai reconnu une vieille domestique de ma famille, une nourrice de ma sœur.

« En sixième, un noir, grand et puissant, est ensuite apparu sur l'estrade. Sa tête était décorée d'une magnifique coiffure, ressemblant à des cornes reliées par du blanc et du doré. Son apparence m'était familière, mais je ne me souvenais pas directement de l'endroit où je l'avais vu. Peu de temps après, il a commencé à faire des mouvements amples, et son imitation m'a aidée à le reconnaître. Il s'agissait d'un sorcier d'Afrique centrale. Il a souri de toutes ses dents, puis a disparu[1].

« Le septième et dernier, un grand monsieur aux cheveux gris, est sorti, vêtu d'un costume noir conventionnel. La décoration russe de Sainte-Anne était suspendue par un ruban en moire rouge, avec deux rayures noires, que chaque russe reconnaît comme appartenant à ladite décoration. Ce ruban était porté autour de son cou. Je me suis sentie défaillir, car j'ai cru avoir reconnu mon père, mais ce dernier était beaucoup plus grand. Dans mon enthousiasme, je me suis adressée à lui en anglais et lui ai demandé : "Êtes-vous mon père ?" Il a hoché la tête négativement, et a répondu en russe, aussi clairement qu'aurait pu le faire un vivant : "Non, je suis ton oncle". Le mot "Diadia" a été entendu et retenu par tout le public. Il signifie "Oncle" ».

Mme Blavatsky n'avait pas reconnu tous les « esprits » qui se présentèrent. Le colonel Olcott dit : « Parmi les formes les plus visibles qui se sont présentées, une avait l'air d'être soit un coolie hindou, soit un athlète arabe. Il avait la peau foncée, était de petite taille, maigre, nerveux, dynamique, sans plus de graisse superflue sur son corps qu'en aurait un lévrier entraîné. L'artiste, écrivant à propos de lui, m'a dit : "Il m'a marqué plus qu'aucun autre esprit. Je peux le voir à présent, parfaitement même : grand, aux os et aux tendons fins, avec une agilité semblable à celle d'un chat. Il portait un gilet près du corps, apparemment en coton, un caleçon rentré dans ce qui devait être des chaussettes ou des guêtres, une ceinture sur les reins, et sur la tête, un foulard rouge foncé". Il était venu voir Mme Blavatsky, et lui avait fait une honorable révérence ; mais elle n'est pas parvenue à le reconnaître. »

H.P.B. dit : « Décidément, j'ai vu des formes appelées des "esprits" chez les Eddy, et je les ai reconnus, même sous la forme de mon oncle. Mais parfois, j'avais pensé à eux, et je voulais les voir. Le fait de voir leurs formes astrales ne signifiait pas qu'ils étaient morts. Je faisais des expériences, bien que le colonel Olcott n'en ait rien su ; et certaines ont si bien marché que j'ai réellement évoqué parmi eux la forme astrale d'une personne que je croyais morte à cette époque, mais qui, finalement, était vivante et en bonne santé jusqu'à l'année dernière, à savoir "Michalko", mon domestique géorgien ! Il vivait à présent avec un parent éloigné à Koutaïssi, comme ma sœur me l'a appris il y a deux mois à Paris. Il avait été dénoncé, et je le croyais mort, mais il s'était rétabli à l'hôpital. Voilà pour l'iden-

---

[1]. Pour la description du colonel Olcott, voir Chapitre VI.

tification de "l'esprit"[1].

« Même la forme matérielle de mon oncle chez les Eddy était une image ; car je l'avais sortie moi-même de mon esprit, alors que j'étais allée mener des expériences sans le dire à personne. C'était comme si je projetais l'enveloppe charnelle de mon oncle sur le corps astral du médium. J'ai observé et suivi le processus, je savais que Will Eddy était un véritable médium, et que le phénomène était aussi réel que possible. C'est pourquoi, quand il a eu des problèmes, je l'ai défendu dans les journaux.

« En résumé, pendant toutes mes années d'expérience en Amérique, je ne suis jamais parvenue à identifier, en aucun cas, ceux que je voulais voir. Ce n'est que dans mes rêves et dans mes visions que j'ai été mise en contact avec mes parents et mes amis, ceux avec qui existait un fort lien spirituel. Pour certaines raisons psychomagnétiques, trop longues à expliquer ici, les enveloppes charnelles des esprits qui nous ont le plus aimés ne nous approcheront pas, à quelques exceptions près. Ils n'en ont pas besoin, à moins qu'ils aient été irrémédiablement méchants, car ils nous ont avec eux dans le Devachan, l'état de joie dans lequel les monades sont entourées de tout ce qu'elles ont aimé, que ce soit des objets d'aspiration spirituelle ou des entités humaines.

« "Les enveloppes charnelles", une fois séparées de l'esprit, n'ont rien en commun avec ce dernier. Elles ne se retrouvent pas auprès de leurs famille et amis, mais plutôt auprès de ceux avec qui leurs affinités terrestres et voluptueuses sont les plus fortes. Ainsi, l'enveloppe charnelle d'un ivrogne sera attirée par celle de quelqu'un qui est déjà un ivrogne, ou qui a le germe de cette passion en lui, auquel cas elles la développeront en utilisant ses organes pour satisfaire leur envie ; l'enveloppe charnelle de celui qui est mort en étant plein de désir sexuel pour une personne encore vivante sera attirée par elle, etc.

« Il va de soi que ce simple déchet terrestre, irrésistiblement attiré jusqu'à la Terre, ne peut suivre l'âme et l'esprit, qui sont les principes suprêmes de l'être humain. J'ai souvent observé avec horreur et dégoût comment une ombre réanimée de ce genre se séparait de l'intérieur du médium ; comment, se séparant du corps astral et vêtue du vêtement de quelqu'un d'autre, elle prétendait être le proche de quelqu'un, provoquant la réjouissance de la personne, et amenant les individus à ouvrir leurs cœurs et leurs bras à ces ombres qu'ils prenaient vraiment pour leur père ou leur frère bien-aimé, ayant ressuscité pour les convaincre que la vie est éternelle, et qu'ils peuvent les voir… Oh, si seulement ils savaient la vérité, si seulement ils croyaient ! S'ils avaient vu, comme j'en ai souvent vu, une monstrueuse créature dénuée de corps s'emparer d'une personne présente à ces séances spirituelles. C'est comme si elle enveloppait quelqu'un avec un linceul noir avant de disparaître en lui, attirée à l'intérieur par chaque pore de son corps. »

---

[1]. Sa réponse à Arthur Lillie citée plus haut. Cette expérience est similaire à celle de Tekla Lebendorff dans son enfance, décrite au chapitre II.

Dans une lettre à ses proches, Mme Blavatsky résuma ainsi ses expériences chez les Eddy : « Nous ne pouvons éviter, d'une façon ou d'une autre, l'assimilation de nos morts… Ce processus est propre à l'humanité en général. Il est naturel… Mais il existe une autre loi, une loi exceptionnelle, qui se manifeste auprès de l'humanité de façon intermittente : il s'agit de la loi de l'assimilation post-mortem forcée, épidémie au cours de laquelle les morts envahissent le domaine des vivants depuis leurs sphères respectives, bien qu'ils le fassent, heureusement, seulement dans les limites des régions où ils vivaient et dans lesquelles ils sont enterrés. Dans de tels cas, la durée et l'intensité de l'épidémie dépendent de l'accueil qu'ils reçoivent… Une visite périodique de ce genre a actuellement lieu en Amérique. Elle a commencé en 1847 avec des enfants innocents, les sœurs Fox, jouant inconsciemment avec cette arme terrible. Et, accueillie et passionnément invitée à "entrer", toute la communauté des morts semble s'être précipitée à l'intérieur, et a eu une emprise plus ou moins forte sur les vivants.

« Je suis allée délibérément voir une famille de médiums très doués, les Eddy, et j'ai observé pendant plus de quinze jours, menant des expériences que j'ai bien sûr gardées pour moi… Je voyais et observais ces créatures sans âmes, les ombres de leurs corps terrestres desquels, dans la plupart des cas, l'âme et l'esprit étaient déjà partis depuis longtemps, mais qui avaient conservé leurs ombres semi-matérielles, aux dépens de centaines de visiteurs qui allaient et venaient, et de médiums.

« Et j'ai remarqué, grâce aux conseils et à l'aide de mon Maître, que (1) ces apparitions authentiques étaient faites par les "fantômes" de ceux qui avaient vécu et qui sont morts à l'intérieur, dans une certaine zone de ces montagnes ; (2) ceux qui étaient morts loin d'ici étaient moins entiers, un mélange entre une vraie ombre et celle qui s'attarde dans l'aura personnelle du visiteur pour qui elle prétendait venir ; (3) les ombres purement fictives, ou comme je les appelle, les reflets des véritables fantômes ou des véritables ombres de la personnalité décédée. Pour rendre les choses plus claires, ce ne sont pas les fantômes qui se sont assimilés au médium, mais le médium, W. Eddy, qui a inconsciemment assimilé les images de ses proches et de ses amis morts, depuis l'aura des personnes assises.

« C'était épouvantable de regarder le processus ! Cela me rendait souvent malade et étourdie ; mais je devais le regarder, et le mieux que je pouvais faire était de tenir ces créatures répugnantes à distance. Mais c'était quelque chose de voir l'accueil qui était réservé à ces ombres par les spirites ! Ils pleuraient et se réjouissaient autour du médium, vêtu de ces ombres matérielles dénuées d'âme ; ils se réjouissaient et pleuraient encore, éclatant parfois en sanglots à cause de l'émotion, et affichaient une joie et un bonheur sincère qui faisaient saigner mon cœur. J'ai souvent souhaité qu'ils puissent seulement voir ce que je voyais. Si seulement ils savaient que ces simulacres d'hommes et de femmes sont entièrement faits des passions terrestres, des vices et des pensées matérielles, des restes de la personnalité qu'ils étaient ; car ce ne sont que des restes qui ne pouvaient suivre l'âme et l'esprit libérés, et qui étaient abandonnés pour mourir une deuxième fois dans l'atmosphère terrestre, ce qui pouvait être vu par un médium moyen et le public. [Ils sont laissés dans le noyau de la Terre, car, pour nous, sa forme astrale invisible est la région dans laquelle l'ombre repose après la mort ; une grande vérité dégagée de la doctrine ésotérique d'Hadès par les anciens Latins.] Parfois, je voyais un de ces fantômes, quittant le corps astral du médium, bondissant sur l'une des personnes assises, s'étendant pour l'envelopper entièrement, puis disparaissant doucement dans le corps vivant comme s'il avait été aspiré par chacun de ses pores. »

Un phénomène très différent eut lieu le 24 octobre, à Chittenden. Voici la version du colonel Olcott : « La soirée était aussi claire que le jour grâce à la lumière de la lune… Dans le cercle obscur, aussitôt que la lumière avait disparu, "George Dix"[1], a dit en s'adressant à Mme Blavatsky : "Madame, je vais à présent vous soumettre à un test pour évaluer l'authenticité des manifestations dans ce cercle, test qui je pense, ne satisfera pas seulement vous, mais également un monde sceptique. Je vais mettre entre vos mains la boucle d'une médaille d'honneur qui a été portée par votre brave père, et enterrée avec son corps en Russie. Elle vous a été rapportée par votre oncle, que vous avez vu apparaître ce soir."

« J'ai tout de suite entendu la femme pousser une exclamation et, nous avons tous vu Mme B. frappée d'une lumière et tenant dans ses mains une boucle en argent d'une forme des plus curieuses, qu'elle regardait, étonnée et sans voix. Quand elle a un peu repris ses esprits, elle a annoncé que cette boucle avait bel et bien été portée par son père, avec beaucoup d'autres décorations ; qu'elle la reconnaissait, car c'était elle qui avait cassé, avec négligence, la pointe de la broche plusieurs années auparavant ; et que, selon la coutume universelle, celle-ci ainsi que les autres médailles et croix de guerre avaient dû être enterrées avec le corps de son père.

« La médaille à laquelle appartient cette boucle avait été offerte par le défunt tsar à ses officiers après la guerre russo-turque en 1828. Les médailles avaient été distribuées à Bucarest, et un certain nombre d'officiers possédaient des boucles similaires à celle-ci, faites par les grossiers orfèvres de cette ville. Son père était décédé le 15 juillet 1873, et elle, vivant à la campagne, n'avait pas pu assister aux obsèques. Quant à l'authenticité de ce cadeau si mystérieusement reçu, elle en possédait de nombreuses preuves, comme des copies photographiques du portrait à l'huile de son père, sur lesquelles cette même boucle apparaissait, attachée à son propre ruban et à sa propre médaille. »

Il était évident que H.P.B. ne s'attendait pas à ce cadeau, et qu'il ne faisait pas partie d'une de ses expériences. Sa version, dans une lettre du 3 décembre 1874 à Alexandre N. Aksakov, rédacteur en chef du journal *Psychische Studien* (les études psychiques en français), à Leipzig, à qui elle envoyait des articles pour qu'ils soient publiés, fut la suivante : « Dans un cercle obscur, un esprit m'a apporté la médaille de guerre turque de 1828 de mon père, en disant : "Je vous donne, Héléna Bla-

---

1. Un esprit qui apparaissait souvent, un « guide ».

vatsky, la médaille d'honneur que votre père a reçue pour la guerre de 1828. Nous l'avons récupérée, à la demande de votre oncle qui vous est apparu cette nuit, dans la tombe de votre père à Stavropol, et nous vous l'avons ramenée, pour que vous ayez un souvenir de nous, en qui vous croyez et avez foi". Il est inutile de préciser que le "nous en qui vous croyez et avez foi", ne se réfère pas aux "esprits", mais aux maîtres. Seule H.P.B. a compris la véritable essence de ce cadeau.

« Le médium Home, connu en Russie, a accusé, par le biais de lettres envoyées à plusieurs personnes puis publiées, Mme Blavatsky d'être une fausse médium se basant sur les lettres et les livres d'Olcott, puis il s'est attaqué à sa vie privée. Tout cela a principalement été provoqué par la médaille et la boucle, sorties de la tombe de son père, M. Hahn. Home a démontré, avec de bonnes raisons, qu'il n'était pas habituel de mettre des ordres de mérite dans les tombes, et il est allé plus loin en disant que la médaille et la boucle semblaient être une pure fantaisie. » En réponse à cela, H.P.B. écrivit à M. Aksakov :

« Je n'étais pas à l'enterrement de mon père. Mais en ce moment même, la médaille et la boucle qui m'ont été rapportées pendent à mon cou ; et sur le bûcher, sur mon lit de mort, sur le chevalet, je ne pourrai dire qu'une chose : il s'agit de la boucle de mon père. Je ne me souviens pas de la médaille, mais du fermoir dont j'ai moi-même cassé la pointe à Rougodevo, et je l'ai vu des centaines de fois dans les mains de mon père. Si ce n'est pas sa boucle, alors cela signifie que les esprits sont vraiment des démons, peuvent rendre matériel ce qu'ils veulent, et faire perdre la tête aux gens. Mais je sais que si les principales décorations de mon père n'avaient pas été enterrées avec lui, alors qu'il portait toujours, même lorsqu'il allait se coucher et qu'il était à moitié habillé, la médaille qu'il avait reçue pour vingt-cinq ans de service, et celle qu'il avait reçue après la guerre turque, il est probable qu'il ne les ait pas enlevées... Mais j'écrirai à Markoff, qui était présent à l'enterrement, et à mon frère à Stavropol, car je veux savoir la vérité... Tout le monde a entendu le discours de l'esprit, quarante personnes en plus de moi. Alors, il semblerait que j'ai comploté, ou autre, avec les médiums ! Très bien, qu'ils pensent ce qu'ils veulent. Comment diable puis-je communiquer avec Home ?[1] Je ne suis pas une médium. Je n'ai jamais été et ne serai jamais une professionnelle. J'ai consacré toute ma vie à l'étude de l'ancienne cabale et de l'occultisme, les "sciences occultes"... Ma situation est très triste, je suis simplement impuissante. Il ne me reste plus qu'à partir en Australie et à changer de nom à jamais. »

La défense de William Eddy dans les journaux dont H.P.B. a parlé plus haut permit le développement de sa carrière journalistique en Amérique, et fut l'article d'introduction de ses carnets (commencés en 1874 et continués tout au long de sa vie. Ces carnets, en plus des journaux bien gardés d'année en année du colonel Olcott, sont les principales sources de connaissance de leurs activités et de l'his-

---

1. M. Epes Sargent, dans une lettre à H.P.B. du 29 juillet 1876, dit que Home « s'est calmé. Un cliché de son cousin Aksakov avait eu cet effet bénéfique ».

toire de la société qu'ils ont fondée). L'article fut publié dans le *Daily Graphic* et intitulé *Merveilleuses manifestations spirituelles, une réponse au Dr Beard*. Elle sollicitait d'utiliser leurs colonnes « pour répondre à un article du Dr Beard, en relation avec la famille Eddy, dans l'État du Vermont… Le Dr Beard a alors écrit : "Lorsque votre correspondant, le colonel Olcott, retournera à New York, je lui apprendrai, lors d'une soirée pratique, comment faire tout ce que les Eddy font." Lui, en les dénonçant eux et leurs manifestations spirituelles dans une déclaration des plus radicales, avait pour but de faire exploser tout le monde spirituel d'aujourd'hui… Je ne connais pas le Dr Beard personnellement… mais ce que je sais, c'est qu'il ne pourra jamais espérer égaler, et encore moins surpasser, des hommes et des savants tels que Crookes, Wallace ou encore Flammarion, qui ont tous consacré des années à l'étude du spiritisme. Tous en sont arrivés à la conclusion que, en supposant que le phénomène de matérialisation des esprits si bien connu ne prouvait pas l'identité des personnes qu'elles prétendaient être, ce n'était pas, en tout cas, l'œuvre de mains mortelles, et c'était encore moins une fraude. [Sont détaillées les expériences qu'elle a menées chez les Eddy.] "Par la présente, je défie le Dr Beard publiquement, pour la somme de cinq cents dollars, de produire devant un public et dans les mêmes conditions, les manifestations attestées ici, ou s'il échoue, de supporter les conséquences ignominieuses de ses actes." » (Il n'a pas relevé le défi.)

Un journaliste du *New York Times* du 2 janvier 1885, se rappelant des soirées à « La lamaserie » en 1877, écrivit de Mme Blavatsky qu'elle exprimait son opinion sur le spiritisme ainsi : « Les phénomènes qui sont présentés sont peut-être souvent des escroqueries. Peut-être que parmi une centaine de communications avec les esprits, pas une n'est authentique, mais les autres ne peuvent pas en juger. Les communications ont droit à un examen scientifique, mais les scientifiques ne les examinent par car ils ont peur. Les médiums ne peuvent pas me décevoir, car j'en sais plus à ce sujet qu'eux. J'ai vécu pendant des années dans différentes régions de l'est, et j'ai vu plus de choses merveilleuses qu'ils ne pourraient en voir.

« L'univers tout entier est rempli d'esprits. Il est absurde de penser que nous sommes les seuls êtres intelligents du monde. Je crois qu'il y a un esprit latent dans toutes les substances. Je crois presque aux esprits des éléments. Mais tout est régi par des lois naturelles. Et même en cas de violation apparente de ces lois, l'apparition vient d'une incompréhension des lois. Dans le cas de certaines maladies nerveuses, il est rapporté que certains patients ont été soulevés de leur lit par un pouvoir encore inconnu, et qu'il a été impossible de les faire redescendre. Dans de telles situations, il a été noté qu'ils flottent, pieds en avant, grâce à n'importe quel courant d'air qui pourrait passer à travers la pièce. Le miracle de cela cesse quand vous considérez qu'il n'existe pas de loi de la gravitation telle qu'elle est généralement comprise. La loi de la gravitation ne doit être expliquée de façon rationnelle qu'en accord avec les lois magnétiques, comme Newton a essayé de le faire, mais le monde ne l'accepterait pas. Le monde arrive rapidement à connaître des choses qu'on savait il y a des siècles, et qui ont été rejetées par la superstition des théologiens.»

H.P.B. avait la charmante habitude de commenter personnellement les articles à mesure qu'elle les collait dans ses carnets, et même de les illustrer par des croquis ou des images appropriées. Au-dessus de la coupure de son article contre Beard, elle avait écrit: «(Première lettre de H.P.B.)» et comme note de bas de page complétant la liste des sept «esprits» qu'elle avait vus: «Ils doivent être les portraits des personnes décédées qu'ils représentent; ils ne sont certainement pas des esprits ou des âmes, mais un véritable phénomène produit par les élémentaires. H.P.B.»

Notez la formulation minutieuse; par «portraits» et «images», elle décrit les manifestations. Elle étudie ces apparitions attentivement. Les spirites, en lisant son article, en sont rapidement venus à la conclusion qu'elle était avec eux, corps et âme, et ont complètement échoué à comprendre les maigres distinctions qu'elle faisait. Elle écrivit une autre lettre au *Graphic* en faisant référence aux critiques du Dr Beard[1], et à la fin de la coupure de l'article dans son carnet, elle avait ajouté: «Tellement pour la défense des phénomènes. Quant à savoir si ces esprits sont des fantômes, c'est une autre question. H.P.B.»

Sa première lettre fut signée: «H.P. Blavatsky. 124, East 16th Street, New York, 27 octobre 1874»; et la deuxième: «23, Irving Place, New York, 10 novembre 1874.» À la suite d'un article sur les «Esprits incapables», à la page 4 de son carnet, elle écrivit: «Irvin Frances Fern. Bravo! Un grand occultiste. Il a raison, mais nous devons défendre les phénomènes et prouver qu'ils sont réels, avant de leur enseigner la philosophie.»

Pour en revenir à la «première lettre de H.P.B.», sur la première page de son premier carnet, elle décora le haut avec deux petites figurines étranges d'homme et de femme, et écrivit au-dessus d'elles:

«Le rideau est levé. Rencontre entre H. S. O. et H.P.B. le 14 octobre 1874 à Chittenden. H. S. O. est un spirite enragé, et H.P. Blavatsky une occultiste qui se moque du prétendu pouvoir des esprits!» À cela elle ajouta au crayon: «(mais elle fait tout de même semblant de l'être elle-même)» et sous les deux figurines, elle écrivit: «Les deux soleils levants de la future théosophie.»[2] Ces écritures au crayon étaient plus grandes et plus claires que les notes faites à l'encre, et semblaient être plus récentes, car il n'y avait pas de Société théosophique en 1874. Ou bien était-ce une prophétie?

---

1. Appelé «Critique du Dr Beard» dans *A Modern Panarion*.
2. Copie dans *The Theosophist* de janvier 1930 et dans *The Golden Book of the T. S.*, p. 6.

Chapitre XXX
« Le fiasco de Philadelphie »
H.P.B. soutient le spiritualisme

Le colonel Olcott témoigna : « Notre amitié fleurissait de jour en jour, et lorsqu'il a été temps de quitter Chittenden, elle avait accepté le surnom "Jack" que je lui avais donné, et l'utilisait pour signer les lettres qu'elle m'envoyait de New York. Nous nous sommes séparés en bons amis désireux continuer à entretenir cette relation qui avait commencé sous de si bons augures. »

En revanche, il ignorait que sa rencontre avec H.P.B. n'était pas le fruit du hasard, car cette dernière répondait à des ordres. Elle expliqua : « En mars 1873, nous avons reçu l'ordre de nous rendre à Paris depuis la Russie, en juin, d'aller aux États-Unis, où nous sommes arrivés le 6[1] juillet. […] En octobre 1874, nous avons reçu l'ordre de nous rendre à Chittenden dans l'état du Vermont, dans la célèbre propriété de la famille Eddy, où enquêtait le colonel Olcott. »

Le colonel ajouta : « En novembre 1874, dans une lettre qu'elle a signée sous le nom de "Jack the Pappoose[2]", elle m'a demandé de lui obtenir l'accord signé d'écrire des histoires étranges pour un certain journal, car elle serait bientôt "sans le sou", puis a agrémenté sa demande d'une description haute en couleur de sa famille, sa haute lignée, et de ses relations des deux côtés. On aurait dit le discours d'une démocrate, mais montrant qu'elle n'avait aucune raison de ne pas être fière de ses ancêtres. Elle m'a expliqué comment le *Daily Graphic* l'avait interviewée à propos de ses voyages et lui avait demandé son portrait. Dans sa seconde lettre datée de six jours après la première, signée cette fois sous le nom de "Jack Blavatsky", elle a écrit : "Je t'écris en tant que véritable amie et en tant que spirite désirant prévenir le spiritualisme d'un danger proche".

« En novembre 1874, lorsque mes recherches ont été terminées, je suis retourné à New York et lui ai rendu visite dans son logement sur Irving Place, où elle a fait quelques démonstrations de tables tournantes et de *rappings*[3], a épelé des messages de toutes sortes, principalement produits par une force invisible et intelligente qui se donnait le nom de "John King". Ce pseudonyme est connu de tous depuis quarante ans dans le monde entier. En effet, on en a entendu parler pour la première fois en 1850 dans la "chambre aux esprits" de Jonathan Koons de l'Ohio ;

---

1. En réalité, elle arriva le 7 juillet. Voir chapitre XXVIII.
2. Pappoose est un terme désuet et péjoratif désignant un Indien d'Amérique.
3. Forme de communication entre les vivants et les esprits en tapant des messages sur une table, un tableau ou autre.

l'esprit prétendait être le chef d'une ou plusieurs tribus d'esprits. Plus tard, il se disait être l'âme errante du célèbre flibustier Sir Henry Morgan ; c'est d'ailleurs de cette façon qu'il s'est présenté à moi.

« Il m'a montré son visage, enturbanné, à Philadelphie pendant mon enquête sur les médiums de la famille Holmes, en collaboration avec feu le respecté Robert Dale Owen, le général F. J. Lippitt et Mme Blavatsky ; cette dernière et l'esprit communiquaient régulièrement avec moi, à l'écrit et à l'oral. Son écriture était très inhabituelle en plus d'utiliser des expressions anglaises surannées. Je l'ai réellement considéré comme John King à ce moment. Mais désormais, après avoir vu ce dont H.P.B. était capable en termes d'illusions *mayaviques*, je suis persuadé que "John King" n'était qu'un piètre être élémentaire, qu'elle utilisait comme une marionnette dans le but d'assurer mon éducation... Il a été dans un premier temps John King, une personnalité indépendante, puis John King, le messager et serviteur, sans être l'égal des adeptes, et enfin un être élémentaire pur et simple, n'obéissant qu'à H.P.B. et d'autres experts créateurs de miracles.

« Je suis arrivé à Philadelphie le 4 janvier 1875... J'ai pris une chambre dans l'hôtel particulier de madame Martin, sur Girard Street, où logeait également notre amie, Mme Blavatsky. Ma relation avec Mme B. devenait de plus en plus intime en raison de son acceptation de l'offre de A. Aksakov, l'éminent éditeur de Saint-Pétersbourg, précédent tuteur des czarowitch[1], de traduire mes lettres de Chittenden vers le russe, pour une publication dans la ville du tsar. J'ai progressivement découvert que cette femme [...] était l'une des médiums les plus remarquables du monde. De même, sa médiumnité était différente de celle de toutes les personnes que j'avais rencontrées ; au lieu d'être contrôlée par les esprits, c'est elle qui leur donnait la marche à suivre... Il est difficile de savoir si Mme B. a été admise derrière le voile ou bien si son expertise était le fruit de ses conjectures, car elle était réticente à aborder le sujet. Néanmoins, il n'y avait d'autres explications possibles sur la provenance de ses dons. Elle portait au-dessus de sa poitrine un emblème serti mystique d'une confrérie de l'Est dont elle était sûrement la seule membre dans ce pays...

« Lors de ma première soirée passée à Philadelphie, j'ai eu une longue conversation par *rappings* avec, semble-t-il, l'esprit se présentant sous le nom de "John King". Qui que cela ait été..., il était l'un des esprits, ou comme vous voulez l'appeler, les plus puissants et les plus appliqués qui soit, connecté avec le spiritualisme moderne. Ici et en Europe, nous avons lu des articles sur ses prouesses physiques, ses paroles, sa dextérité, ses écrits, ses matérialisations... Mme B. l'a rencontré il y quatorze ans de cela, en Russie et en Circassie, a conversé avec lui, puis l'a retrouvé de nouveau en Égypte et en Inde. Je l'ai rencontré à Londres en 1870. Il semblait capable de converser dans n'importe quelle langue et toujours avec la même aisance. Ainsi, je lui ai parlé en anglais, en français, en allemand,

---

1. Fils aîné de l'empereur de Russie.

en espagnol et en latin, mais je l'ai aussi entendu discuter en grec, en russe, en géorgien (caucasien) avec d'autres personnes ; ses réponses étaient pertinentes et satisfaisantes dans toutes les situations…

« En entrant dans la chambre de Mme Blavatsky ce soir-là, j'ai vu plusieurs dames et messieurs attendant de faire ma connaissance. Ces derniers patientaient grâce aux "lectures de pensées" orchestrées par un jeune médium nommé DeWitt C. Hough… Le jour d'après, à 14h30, une séance était prévue dans ma propre chambre. Un cabinet de fortune a été monté dans le passage carré entre le salon et la chambre à coucher… Les personnes présentes à cette occasion étaient Mme Blavatsky, l'honorable Robert Dale Owen, le docteur Fellinger, M. Betanelly, la médium Mme Holmes, et moi-même. La porte arrière de la chambre a été scellée par M. Owen avec des bandes de papier mince après que Mme Holmes eut été enfermée dans un sac. M. Owen a également fermé à clef la porte de la chambre menant au passage, puis a mis la clef dans sa poche. Ensuite, nous avons éteint les lumières.

« Après trente secondes, nous avons vu des mains, puis le visage de John King est apparu dans les instants suivants, visibles à travers l'ouverture. Il était parfaitement matérialisé, et était, je pense, aussi charmant que les fois précédentes, ou bien il l'était presque. Une voix, qui était apparemment celle de Katie King[1], nous a adressé la parole ; puis, après avoir appelé M. Owen et moi-même, ses mains, ou du moins des mains de femme, ont tapoté les nôtres… John King a autorisé M. Owen à lui toucher les mains et la barbe ; dans l'ensemble, la matérialisation était satisfaisante, peut-être même plus que toutes celles vues dans la maison de Mme Holmes…

« Une séance publique a été organisée au 825, N. 10th Street à vingt heures. Un monsieur a suggéré que je noue les mains de Mme Holmes avant de la mettre dans le sac, ce que j'ai fait. John King est apparu comme d'habitude et a autorisé six ou sept personnes à l'approcher pour converser, lui serrer la main, etc. J'ai remis à John ma chevalière et lui ai demandé de la conserver un petit moment, de manière à ce que je garde un souvenir physique de cette soirée. Une autre dame lui a prêté sa bague avec les mêmes intentions. Il a rendu rapidement la seconde bague, mais a avoué qu'il garderait la mienne, ce qui ne me plaisait guère. Elle était coûteuse, gravée en taille-douce, et je n'étais pas disposé à offrir un cadeau à une tête et des mains détachées… Une surprise m'attendait ce soir-là, car en allant me coucher, j'ai retourné mon oreiller pour y poser ma montre : ma bague était là, intacte.

« Nous avons fait un essai à quatre heures ce jour-là, le 21… Pendant ma dernière entrevue avec John King dans la chambre de Mme B., je lui ai demandé de me faire un signe privé la prochaine fois que je le verrai dans la demeure des Holmes, ce qu'il a accepté. Il est venu à l'ouverture de la séance de cet après-midi-là, et en me regardant, a fait le signe en tournant la tête de gauche à droite et inversement

---

1. Fille présumée de John King.

deux fois de suite. Il a aussi fait un signe à Mme B. qui n'était connu que d'eux deux.

« Le 25 a été la dernière séance en ma présence, l'une des plus remarquables… C'est à ce moment que Mme B. a montré l'étendue de ses capacités. En invoquant John King, elle lui a laissé entendre que Katie King devait sortir du cabinet le soir même, alors il lui a écrit de sa propre main un message lui indiquant que ses ordres seraient "obéis"… Des perturbations violentes ont pris d'assaut le cabinet : des coups, des voix adressées à nous résonnaient dans tous les recoins. Mais l'épreuve suprême était à venir.

« Nous avons entendu le verrou tiré à l'intérieur, et dans un silence étouffant, la porte du cabinet s'est ouverte lentement. J'ai vu une silhouette de fille, petite et maigre, vêtue de la tête aux pieds de blanc. Elle s'est tenue immobile quelques instants, puis s'est avancée de quelques pas. Dans la pénombre, nous avons pu constater qu'elle était plus petite et plus raffinée que la médium… Qui ou quoi qu'elle ait été, je ne sais pas ce qu'elle était, mais je suis sûr d'une chose : ce n'était ni Jennie Holmes ni l'une de ses marionnettes ou complices. Je sais que Mme Blavatsky, qui était assise juste à côté de moi, a proféré un mot dans une langue étrange, et le spectre s'est retiré d'une manière aussi assourdissante qu'à son entrée. Quand la rencontre a touché à sa fin, nous avons trouvé madame Holmes dans son sac, les mains toujours liées, dans une catalepsie si profonde qu'elle a alarmé le docteur Fellger dans un premier temps. Quelques minutes se sont écoulées avant que sa respiration et son pouls ne reviennent. »

Le 30 janvier, un article de H.P.B. parut dans le journal bostonien *Banner of Light*, intitulé *Le fiasco de Philadelphie ou, qui est qui ?*[1] Elle écrivit à la fin de la coupure : « La tempête Holmes-Child de Philadelphie. Les escroqueries de M. et Mme Holmes, des médiums, ont été dévoilées. Je l'avais déjà dit à Olcott, mais ce dernier ne me croyait pas. Les Holmes sont des escrocs. H.P.B. contre le docteur H. T. Child. Child était un complice. Il gagnait de l'argent grâce aux séances des Holmes. C'est un scélérat. »

Dans une lettre adressée à Alexandre Aksakov en février, elle écrivit : « J'ai écrit un article pour le *Banner of Light* contre le docteur Child… Le général Lippitt, Olcott, Roberts l'avocat, et moi-même mettons en place une enquête. » L'un des individus ayant communiqué avec Mme Blavatsky concernant cet article était le professeur Corson, de l'université de Cornell. Il écrivit le lendemain de sa parution : « Il est très satisfaisant pour moi de voir mon opinion partagée par d'autres concernant l'imbroglio des Holmes, les représentant parfaitement… et tout particulièrement le docteur Child. »

Elle répondit au professeur Corson le 9 février : « J'ai reçu de nombreuses lettres de remerciements pour mon article, des compliments que je ne méritais pas, et très peu d'aide pour publier d'autres articles détaillant ma théorie… Mon cher

---

1. Aussi appelé « La controverse des Holmes » dans *A modern Panarion*.

monsieur, serait-il possible pour vous de publier quelque mot concernant votre opinion ? Les éditeurs refusent d'imprimer ne serait-ce qu'un mot de plus de ma part, car il est impossible de savoir où "mes bombes littéraires russes peuvent exploser". La seule conséquence positive de ma lettre a été la démission immédiate du docteur Child de son titre de président de la *Spiritual Association of Philadelphia*[1]... Je suis venue dans ce pays dans le but de répandre la vérité au sujet du spiritualisme, mais j'ai bien peur de n'avoir d'autre choix que d'abandonner. »

Le 16 février, elle lui écrivit de nouveau : « J'ai été envoyée dans ce pays par ma loge au nom de la vérité sur le spiritualisme moderne : il est de mon devoir sacré de dévoiler ce qui est, et dénoncer ce qui n'est pas. Peut-être suis-je arrivée un siècle trop tôt. Peut-être, j'en ai bien peur, étant donné l'état de confusion actuel... dans lequel les gens s'intéressent moins chaque jour à la vérité, et chaque heure de plus en plus à l'argent. Mes vaines protestations et efforts ne seront d'aucune utilité ; néanmoins, je suis prête pour la bataille finale et à assumer toutes les conséquences qu'elle engendrera. Je vous demande de ne pas me considérer comme "une fanatique aveugle"... Mon titre de spirite n'a pas été obtenu par le biais de menteurs, d'escrocs, de prétendus médiums, instruments des esprits de la sphère inférieure, du royaume d'Hadès... J'ai découvert, après tout ce temps, que les besoins de mon esprit n'étaient satisfaits que par la théologie enseignée par les anges[2]... À mes yeux, Allan Kardec, Flammarion, Andrew Jackson Davis et le juge Edmonds ne sont que des écoliers essayant de réciter l'alphabet, parfois de manière maladroite. »

Le 6 mars : « Votre article est paru, vous m'en voyez réjouie. Je savais que Colby, l'éditeur du *Banner of Light*, ne vous aurait jamais refusé. J'ai envoyé mon article il y a dix jours et il n'est toujours pas paru ; je crains même qu'il ne le soit jamais. Alors je prends la liberté de vous l'envoyer pour votre lecture personnelle, quand vous aurez le temps. »

Elle écrivit plus tard : « J'ai obtenu l'aide du colonel Olcott, du général Lippitt, du docteur Taylor dans l'ouest, d'Aksakov à Saint-Pétersbourg, ainsi que d'une dizaine d'autres individus. Le spiritualisme dans son état actuel a cessé de progresser dans la bonne direction. Les désillusions et les théories abracadabrantes de certains spirites sont honteuses à notre époque... Ce que je vous demande est de contribuer à la pratique en rédigeant, quelques fois par an, un article tel que celui que vous aviez écrit pour le *Banner*. »

Un autre de ses correspondants fut un des membres du comité d'enquête, le général Lippitt de Boston. Elle lui écrivit à son tour le 9 février : « Aurais-je découvert quelque tromperie dans la séance de matérialisation des Holmes ? La tromperie est dans leur nature. Ce sont sans aucun doute des médiums, mais aucun d'eux ne vous montrera une authentique matérialisation..., sans qu'au moins l'un

---

1. Association spirituelle de Philadelphie.
2. Sans aucun doute un mot de substitution aux « maîtres » dont elle n'avait pas encore la liberté de mentionner.

d'eux ne soit lui-même dans une transe tout aussi authentique... Je crois en ce que je vois, ressens, mais également en John. Je suis également certaine que Katie a été matérialisée à travers eux, quand Nelson Holmes était en transe dans le cabinet... J'ai dit que le spectre de Katie était Mme White, la complice de Child.»

Le 16 mars, elle ajouta dans son carnet une coupure de son article *Qui l'a orchestré ? Quelques détails sur le mystère Katie King*[1] publié dans le *Spiritual Scientist*, et commenta : «On m'a donné l'ordre de dénoncer le docteur Child, ce que j'ai fait. Le docteur est un hypocrite, un menteur et un escroc. H.P.B.»

Sur sa coupure du «fiasco de Philadelphie», elle ajouta une note sur une page de garde :

«AVIS IMPORTANT

«Oui, je suis désolée de m'être montrée en plein jour durant l'épisode des dénonciations virulentes proférées contre les Holmes avec les spirites. Je devais sauver la situation, car j'étais envoyée depuis Paris aux États-Unis pour prouver l'authenticité de ces phénomènes, mais également montrer les erreurs de raisonnement concernant les théories spirituelles sur les "esprits". Mais comment aurais-je pu faire mieux ? Je ne voulais pas qu'un trop grand nombre de personnes sachent que je pouvais produire volontairement ces phénomènes. Mes ordres étaient de rester discrète ; pourtant, j'ai alimenté les croyances, l'authenticité et la possibilité que de tels phénomènes soient possibles dans les cœurs des matérialistes convertis au spiritualisme. Et maintenant, en raison de la vérité dévoilée sur plusieurs médiums, beaucoup ont arrêté de croire et sont redevenus sceptiques. C'est pourquoi, accompagnée de croyants que je choisis personnellement, je me suis rendue chez les Holmes, et ai aidé M∴ et ses pouvoirs à montrer les visages de John King et de Katie King sous la lumière astrale, à créer ce phénomène de matérialisation, et ainsi, à donner une preuve aux spiritualistes du monde qu'il était l'œuvre de la médiumnité de Mme Holmes. Elle était elle-même effrayée, car elle était consciente cette fois-ci que l'apparition était réelle. Ai-je mal agi ? Le monde n'est pas encore prêt à assimiler la philosophie des sciences occultes. Laissons-les croire dans un premier temps qu'il y a des êtres dans le monde invisible, les "esprits" des morts ou des élémentaires, et que chaque homme contient en lui des pouvoirs, capable de le transformer en Dieu sur Terre.

«Quand je serai morte et aurai disparu, peut-être, certains seront amenés à apprécier mes motivations désintéressées. J'ai promis d'aider de mon vivant les gens à découvrir la vérité, et je m'y tiendrai. Laissez-les m'injurier et me diaboliser. Laissez-en certains m'appeler médium, spirite, et d'autres m'appeler imposteur. Le jour viendra où la postérité me découvrira sous un autre angle.

«Oh pauvre monde, ignorant, crédule et vicieux !

---

1. Aussi appelé «La controverse des Holmes, suite» dans *A modern Panarion*.

« M∴ instaure l'ordre et crée une société : une société secrète comme la loge de rose-croix. Il promet le salut.

H. P. B. »

Le 22 juillet, un article, qui n'est pas d'H.P.B., parut dans le *Spiritual Scientist*, dont le titre est *Les tromperies de Mme Holmes à la lumière du jour*. Mme Blavatsky le commenta dans son carnet : « Elle m'a promis à Philadelphie que si je la sauvais cette fois-ci, alors elle n'aurait plus jamais recours à la tromperie et à l'escroquerie. Du fait de la nature de sa demande, j'ai bien entendu accepté. Et maintenant, la voilà qui répond à nouveau à l'appel de l'argent en recommençant à organiser des manifestations fallacieuses ! M∴ m'interdit de l'aider. Le destin frappera quand il sera temps pour cette vile menteuse. H.P.B. »

Par chance, nous avons l'explication de H.P.B. au sujet de « John King », dans ses deux *Réponses à M. Arthur Lillie* publiées dans *Light* en 1884. Elle dit dans la première lettre : « M. Lillie a indiqué que j'avais conversé avec cet "esprit" continuellement pendant quatorze années en "Inde et ailleurs"[1]. Pour commencer, j'affirme n'avoir jamais entendu le nom de "John King" avant 1873. Il est vrai que j'avais décrit au colonel Olcott et à bien d'autres les traits d'un homme au visage pâle et sombre, rongé par une barbe noire, et portant un vêtement blanc comme un *fettah*. Certains l'avaient rencontré dans la maison ou ma chambre. Je lui avais donné le nom de "John King" pour des raisons que je détaillerai ci-dessous. Je riais de bon cœur de la facilité avec laquelle le corps astral d'un homme vivant pouvait être considéré, et accepté, comme un esprit. Et je leur avais dit connaître "John" depuis 1860 ; il était un adepte venant de l'est, qui était parti depuis pour sa dernière initiation, qui passait par là, et nous rendait visite à Bombay, dans son corps physique… J'ai connu et conversé avec de nombreux "John King" dans ma vie, un nom générique que j'ai donné à bien des esprits. Je remercie le ciel de n'avoir jamais été "contrôlée" par l'un d'eux ! Ma médiumnité m'a été enlevée il y a de cela un quart de siècle, voire plus. Je défie ouvertement n'importe quel "esprit" de Kama-loka de m'approcher et de tenter de me contrôler. »

M. Lillie avait mal compris cette première lettre et pensait qu'elle faisait référence au mahatma Koot Hoomi, ce que H.P.B. rectifia dans sa seconde « réponse » : « "Elle nous dit" d'après mon opposant "qu'il (le mahatma Koot Hoomi) portait une barbe sombre et de longs vêtements souples et blancs". Quand ai-je dit ça ? Je nie, catégoriquement, avoir dit ou écrit ceci… Se réfère-t-il à ma dernière lettre ? En effet, j'ai parlé "d'un adepte venant de l'est, qui était parti depuis pour sa dernière initiation, qui était passé en route d'Égypte au Tibet par Bombay, et qui nous a rendu visite dans son corps physique". Pourquoi cet adepte serait-il le mahatma ? N'y aurait-il d'autres adeptes que le mahatma Koot Hoomi ? Chaque théosophe du siège sait

---

1. Voir le témoignage d'Olcott pp. 207-208.

que je faisais référence à un monsieur grec que je connais depuis 1860[1], alors que je n'ai rencontré le correspondant de M. Sinnett[2] qu'en 1868. »

Voici un fait en rapport avec l'apparition du corps astral d'Arhat Hilarion dans sa maison ; il était à ce moment aux États-Unis dans son corps physique. Le 27 mai, cette note fut publiée dans le *Spiritual Scientist :* « Des rumeurs courent au sujet de l'arrivée d'un ou plusieurs spirites orientaux dans ce pays. Il est dit qu'ils jouissent d'un savoir immense sur les mystères de l'illumination, et il ne serait pas impossible qu'ils entrent en contact avec les individus que nous considérons comme les chefs des affaires spirituelles. Si leur venue se confirmait, alors ce serait pour nous une vraie bénédiction ; car, après avoir vécu pendant un quart de siècle aux côtés de ces phénomènes, nous n'avons toujours pas d'écrit philosophique les mentionnant ni les contrôlant. S'ils sont réellement venus avec l'intention de vénérer le berceau de notre nouvelle vérité (!), alors nous souhaitons la bienvenue à ces hommes sages de l'est. » H.P.B. commenta : « At[3]… et Hil[4]… étaient de passage à New York et Boston ; puis ils ont traversé la Californie pour partir ensuite au Japon. M ¡Å apparaissait chaque jour dans le Kama Rupa. »

Nous nous souviendrons que le colonel Olcott conclut qu'il existait trois « John King » : l'un étant le « messager des adeptes du monde des vivants », un autre étant un simple élémentaire « manipulé par H.P.B. comme une marionnette dans le but d'assurer mon éducation », et le dernier, « l'âme errante du célèbre flibustier, Sir Henry Morgan ». Nous reviendrons sur ce dernier plus tard, ainsi que sur le premier, lorsque nous examinerons les correspondances de H.P.B. avec le général Lippitt.

En avril 1875, elle avoua : « Je ne fais pas entièrement confiance à John… Il est assez vicieux pour ne pas écouter les ordres, à moins qu'il ne les propose de lui-même. Ne vous souvenez-vous pas à quel point ce dernier peut être indépendant ? Je ne peux accepter, à moins qu'il ne me demande de le faire… Je vous ai envoyé une circulaire[5] plutôt étrange ; lisez-la et dites-moi ce que vous en pensez. Demandez à la fraternité de vous aider. John n'ose pas leur désobéir… Je souhaiterais vous aider à écrire ce brevet, mais, croyez-moi, sur mon honneur, je ne suis qu'une esclave, un outil fidèle dans les mains de mes Maîtres. Je suis incapable d'écrire dans un bon anglais à moins qu'ils ne me dictent chaque mot. »

Il se pourrait que la « malveillance » de John, absente « quand il propose de lui-même », ne soit qu'un prétexte pour couvrir l'information qu'elle mentionne juste après : qu'elle ne soit qu'un outil fidèle dans les mains de ses maîtres ; qu'elle ne puisse de son propre gré s'engager dans des actions (ici, aider le général Lippitt à construire sa « machine à écrire » pour communiquer avec les esprits), mais puisse uniquement obéir aux ordres donnés par ce « John », qui est le « messager des adeptes

1. Hilarion Smerdis, de Chypre.
2. Maître K. H.
3. Atrya.
4. Hilarion.
5. La circulaire du « Comité des sept de la Fraternité de Louxor ».

du monde des vivants » ou bien lui-même un adepte.

Mais le « John » qu'elle décrivit, dans sa lettre envoyée au général Lippitt le 12 juin, est plutôt semblable à la description du flibustier : « Parlons maintenant de "John King", ce roi de la malice. Trois volumes ne seraient assez pour décrire ce qu'il a fait dans ma maison alors que j'étais malade, proche de la mort ! Ne demandez qu'à M. Dana et Mme Magnon, qui vivent actuellement avec moi. Quand ils m'ont ramené le courrier ce matin, John avait déjà ouvert chaque lettre avant même que le facteur ait eu le temps de les remettre. Ma servante a accouru dans ma chambre presque en larmes, le visage pâle et terrorisé, me prévenant "qu'un grand gaillard avec une barbe noire avait ouvert toutes les enveloppes dans sa main". Puis, j'ai pu lire votre lettre.

« Maintenant, laissez-moi vous raconter quelque chose, j'ai un conseil pour vous : à moins que vous ne connaissiez parfaitement John, ne lui faites pas plus confiance que nécessaire. Il est bon, diligent, et prêt à tout pour vous servir, seulement s'il vous apprécie... Je l'aime profondément... mais il a le vice en lui, et des vices particulièrement vicieux. Il est malveillant, voire parfois rancunier ; il lui arrive de mentir... et il prend plaisir à induire en erreur les gens. Je ne vais pas témoigner dans un tribunal pour confirmer que mon John est le même John des séances de Londres, le John de la "lampe phosphorescente", bien que j'en sois presque sûre, et l'affirme. Cependant, les mystères du monde des esprits sont si compliqués qu'ils sont comparables à des labyrinthes sans fin. Qui pourrait le croire ?

« Regardez-moi. Je connais John depuis quatorze ans. Il ne m'a pas quittée un seul jour : on le connaît dans tout Pétersbourg ainsi que dans la moitié de la Russie, sous le nom de *Janka*, ou "Johnny". Il m'a accompagnée partout dans le monde et m'a sauvé trois fois la vie : à Mentana lors d'un naufrage, et la dernière fois, le 21 juin 1871, près de La Spezia lorsque notre bateau a explosé en mille morceaux ; seuls seize passagers sur les quatre cents ont survécu. »

Ce "John" ne semble pas être le flibustier, mais plutôt un initié ou un maître ; pourtant, le passage suivant fait bien référence au flibustier :

« Je sais qu'il m'aime, et qu'il n'en ferait pas autant pour d'autres. Pourtant, voyez les tours qu'il me joue : à la moindre chose que je ne fais pas comme il le souhaite, il devient le vieil Harry, sème la zizanie, et quelle zizanie ! Il me maltraite terriblement, m'appelle par les noms les plus merveilleux "jusque-là jamais entendus", rencontre des médiums et leur raconte des histoires à mon sujet, comme quoi je l'ai blessé, que je suis une cruelle menteuse, une ingrate, etc. Il est devenu si puissant qu'il peut désormais écrire lui-même des lettres, sans l'aide d'aucun médium ; il correspond avec Olcott, Adams, ainsi que trois ou quatre femmes que je ne connais même pas... Mais je peux vous nommer dix des personnes avec qui il correspond[1]. Il vole tout et n'importe quoi dans la maison, a donné l'autre jour dix

---

1. Le 16 juin, le général Lippitt écrivit à H.P.B. pour la prévenir que Gerry Brown avait reçu par télégramme direct une somme d'argent de « Sir Henry Morgan ». Pour lire le témoignage d'Olcott voir *Vieilles pages de journal*, I, p. 441.

dollars à Dana, qui le connaît depuis vingt-neuf ans, alors que j'étais malade… Il imite l'écriture des gens pour provoquer des malentendus dans des familles… Ses tours sont toujours des plus inattendus, parfois dangereux. Il me crée des disputes avec les gens, revient me voir en riant, m'expliquant tout de manière moqueuse, puis en profite pour me taquiner.

« Il y a quelques jours, alors qu'il voulait que je fasse quelque chose que j'ai refusé, car j'étais malade et peu disposée à y réfléchir, il m'a alors jeté une substance caustique, contenue dans un coffret fermé rangé dans un tiroir, ce qui m'a brûlé la joue et le sourcil droit. Le jour suivant, alors que mon sourcil devenait aussi sombre que la nuit, il a ri et m'a signalé que je ressemblais à "une prostituée espagnole de belle allure". Cette marque restera au moins un bon mois. Je sais qu'il m'aime, je le sais… mais il abuse de ma bonté des façons les plus infâmes, ce malicieux vaurien…

« Votre conception du monde des esprits et la mienne sont complètement différentes. Mon Dieu ! Peut-être penseriez-vous que "John est un diakka, un mauvais esprit", mais il ne l'est aucunement… Il est aussi bon que n'importe lequel d'entre nous. Néanmoins, la raison pour laquelle je vous préviens est que je voudrais que vous le connaissiez plus avant de vous tenir en sa compagnie. Désormais, la nature m'a généreusement dotée du don de la seconde vue, ou de clairvoyance, ce qui me donne l'opportunité de voir généralement ce que je voudrais voir. Cependant, ses tours me restent toujours inconnus, à moins qu'il ne vienne me les expliquer[1].

« Hier soir, trois personnes sont venues me rendre visite, Dana et Mme Magnon étaient également là, dans ma chambre. John a commencé à taper et à parler : je ne me sentais pas bien et ne désirais pas m'entretenir avec lui, mais il a insisté. D'ailleurs, j'ai aménagé un cabinet sombre dans la chambre aux esprits, près de ma chambre à coucher ; Dana, du "club des miracles", s'y assied chaque nuit. Puis John a fait son entrée.

« Eh bien, Élie.

– Bon, qu'est-ce que vous préparez encore, vilain ?

– J'ai écrit une lettre, ma chère, a-t-il répondu, une lettre d'amour.

– Pour l'amour de Dieu, mais à qui ? me suis-je exclamée, car je ne le connaissais que trop bien, et je craignais une nouvelle frasque.

– Élie, n'avez-vous pas reçu aujourd'hui même, une lettre de Gerry Brown ?

– Non, je n'ai rien reçu. Qu'en est-il de M. Brown ?

– Eh bien, a commencé John, il ne vous écrira plus, car il est en colère après vous. En effet, je vous ai décrite et lui ai fait un portrait de vous de premier choix.

– John, dites-moi ce que vous lui avez raconté, espèce de diable. Je veux savoir.

– Pourquoi ? a-t-il demandé froidement, je ne lui ai pas raconté grand-chose. Seulement, je lui ai donné quelques indices en tant qu'ami. Je lui ai dit que vous étiez une chatte au tempérament doux, lui ai expliqué comment vous m'insultiez en plusieurs langues, et l'ai assuré que vous l'injuriiez terriblement auprès de ceux

---

1. Parce que ce « John » est supérieur à elle en termes de pouvoir, ou au moins son égal.

qui vous rendent visite. Ensuite, je lui ai dit que vous ressembliez à un mignon chausson aux pommes assise dans votre lit, aussi solennelle qu'une cathédrale, et aussi furieuse qu'un chien de chasse. Vous le répugnez, et il compte bien vous exclure de sa revue *Scientist*.

« Eh bien, cher lecteur, je ne sais comment réagir. Dois-je rire, ou me mettre en colère contre ce gobelin possédé par le vice ? J'ignore s'il a inventé cette histoire pour m'embêter ou s'il a réellement écrit à M. Brown. S'il vous plaît, mon cher M. Lippitt, veuillez rendre visite à M. Brown et demandez-lui si John lui a vraiment écrit. Lisez-lui de même cette lettre. »

À ceci, le général Lippitt répondit, le 23 juin, confirmant qu'il avait montré cette lettre, ainsi que celle de M. Betanelly, à M. Brown.

Au début du mois de mars, H.P.B. mentionna au général Lippitt que John était actuellement en train de peindre le portrait de ce dernier sur du satin blanc : « Il l'a terminé en une session, mais m'a demandé de peindre des fleurs autour, de manière à former un cadre. Cependant, je progresse très lentement quand il ne m'aide pas. » Le 3 avril, elle lui envoya une carte postale de Boston disant : « Le portrait est terminé et est en cours de livraison par Adam Express Co. Johnny vous demande d'essayer de comprendre tous les signes maçonniques insérés dans le portrait. Il vous implore également de ne jamais vous en débarrasser, ainsi que de ne pas autoriser trop de monde à le toucher, ni même l'approcher de trop près. Je vous expliquerai pourquoi j'ai déménagé. Samson St. 3420, West Philadelphia. » Elle lui annonça dans un autre message : « Je suis ravie que vous aimiez le portrait peint par Johnny... Il n'y a qu'à Londres qu'il réussit à être réellement lui, mais en portant encore sur son cher visage une certaine ressemblance avec ses médiums respectifs, car il est difficile de changer complètement les particules qu'il puise dans les différentes puissances vitales. »

Dans une autre lettre datant du 30 juin 1875 destinée au général Lippitt, elle dit : « Toutes ces lettres à première vue dénuées de sens, dictées pour vous par les esprits, sont bien des instructions à l'intention de vos spirites d'Amérique, mais sont cryptées à l'aide d'un alphabet cabalistique, employé par la Rose-Croix et d'autres confréries des sciences occultes. Je n'ai pas la liberté de vous les lire tant qu'on ne m'en donne pas l'autorisation. Ne pensez pas que j'essaie de fuir la tâche, je vous le promets sur mon honneur. John sait bien sûr comment écrire de cette manière, car il a fait partie, comme vous le savez, d'un de ces ordres. Continuez à préserver précieusement tout ce que vous recevrez. Qui sait ce qu'attend cette Amérique si aveugle ? John a fait tout son possible pour appuyer votre position. Il n'a plus la permission de se manifester de lui-même, à l'exception des lettres qu'il écrit ou dicte, ou à moins que nous nous retrouvions seuls. Le temps où le spiritualisme sera purifié de toutes interprétations erronées, de ses superstitions, de ses notions obscures, approche... La pratique devra être considérée comme une science, une loi de la nature... et non comme un amas incompréhensible de force et de matière. »

C'est au sujet du flibustier, Sir Henry Morgan, que le colonel Olcott écrivit au général Lippitt en février 1877 : « C'est la dernière fois que vous ou quiconque obtiendrez son aide, car l'esprit authentique de cette appellation est parti pour une autre sphère et a perdu toute attraction pour la Terre. »

Mais c'est sur John King, l'initié ou l'adepte, que H.P.B. écrivit à M. Aksakov le 12 avril 1875 : « L'esprit de John King m'apprécie grandement, et je l'apprécie également, plus que quiconque. Il est mon seul ami ; si je devais être redevable à quelqu'un pour les changements radicaux de ma conception de la vie, les efforts que j'ai fournis, et bien d'autres choses, c'est bien lui. Il m'a transformée, et je lui serai redevable, quand j'irai au "niveau supérieur", de ne pas avoir à y vivre pendant des siècles, peut-être, dans les ténèbres et l'obscurité. John et moi nous connaissons depuis longtemps, avant même qu'il ne se matérialise à Londres et se promène dans la demeure du médium, une lampe à la main... »[1]

---

1. Voir chapitre XXXIII.

Chapitre XXXI
Le *Spiritual Scientist*

L'une des personnes ayant écrit son admiration à H.P.B. au sujet de sa lettre au docteur Beard défendant William Eddy, dans le numéro du *Banner of Light* de novembre 1874, fut Elbridge Gerry Brown, éditeur du *Spiritual Scientist*. Il lui envoya un exemplaire de sa revue et l'invita à l'appeler dès qu'elle visiterait Boston. Dans un premier temps, cela ne donna rien. Le colonel Olcott déclara : « C'est pendant le premier quart de l'année 1875 que nous avons commencé à nous intéresser au *Spiritual Scientist*, un journal indépendant modeste, mais brillant… Le besoin urgent du moment était d'avoir un journal, à la fois qui fut reconnu comme un organe du spiritualisme, et qui put être utilisé pour amener les spirites à mieux examiner le comportement et les prétendus dons psychiques de leurs médiums, et à écouter patiemment les théories sur l'existence des esprits qui communiquent avec les vivants… Notre relation avec lui a débuté par une lettre que nous lui avons envoyée dans le *Spiritual Scientist* du 8 mars 1875, à la suite de quoi, au cours du mois suivant, il avait gagné les faveurs des pouvoirs derrière H.P.B. »

M. C. Jinarajadasa, lorsqu'il publia quelques-uns des documents du carnet de H.P.B. dans sa collection *The Early History of the T. S.*, parue dans *Le théosophe* de 1922 à 1924, remarqua : « Les maîtres derrière H.P.B. attendaient non seulement d'elle et du colonel Olcott qu'ils soient le pivot du mouvement, mais également d'une tierce personne, E. Gerry Brown, le jeune éditeur du *Spiritual Scientist* de Boston. Des instructions ont été envoyées dans plusieurs lettres par le Maître Sérapis Bey afin que M. Brown soit aidé à la fois financièrement, et sous la forme d'articles pour son journal. Par conséquent, H.P.B. et le colonel Olcott en ont écrit et lui ont trouvé des lecteurs. »

Ceci nous amena au sujet de la période d'essai du colonel Olcott par les maîtres ; là où il répondait avec succès à leurs exigences, Gerry Brown échoua. Le colonel reçut une lettre de la fraternité de Louxor, via H.P.B., à laquelle cette dernière ajouta une lettre d'accompagnement de Philadelphie, dans laquelle elle dit : « J'avais le droit de conserver pendant quelques heures la lettre que vous a envoyée Tuitis Bey, et j'ai osé le faire, car je dois moi-même répondre des effets et des résultats des ordres de mon chef. Je suis de ceux qui savent quand et comment, et ce depuis de longues années… Le message a été ordonné à Louxor, peu après minuit, entre lundi et mardi, et rédigé à Ellora à l'aube, par l'un des secrétaires néophytes, et très mal écrit. Je voulais vérifier auprès de T. B. que son souhait était toujours de le faire envoyer dans un tel état de scribouillage, puisqu'il était destiné à quelqu'un qui recevait une telle missive pour la première fois. Ma proposition était de vous faire parvenir l'un de nos parchemins, sur lesquels le contenu apparaît dès que vous y posez les yeux pour le lire et disparaît chaque fois que vous avez terminé ; car, comme je l'ai respectueusement déduit, les tours de John vous ont laissé perplexe, et peut-être votre esprit, malgré votre foi sincère, aurait besoin d'être fortifié par quelques autres preuves plus substantielles. À cela T. B. m'a répondu, entre autres, ainsi : … "un esprit qui recherche les preuves de la sagesse et du savoir ayant l'apparence extérieure de preuves matérielles est indigne d'être initié aux grands secrets du *Book of Holy Sophia*. Celui qui nie l'esprit et le remet en question sur la base d'un vêtement matériel ne sera a priori jamais capable d'essayer." Comme vous le voyez, encore un reproche…

« Je suis une malheureuse initiée, et je sais à quel point le mot "essayer" s'est avéré être une malédiction dans ma vie, et combien de fois j'ai tremblé et craint de me méprendre sur leurs ordres, et de m'attirer une punition pour y avoir trop ou pas assez répondu. Vous semblez considérer cette responsabilité comme un jeu d'enfant. Prenez garde, Henry, avant de vous y précipiter tête la première… Vous avez encore le temps, et vous pouvez encore refuser ce lien. Mais si vous conservez la lettre que je vous ai envoyée et que vous acceptez le mot "néophyte", vous êtes cuit, mon garçon, et il n'y aura pas de retour en arrière possible. Les épreuves et les tentations de votre foi vous submergeront tout d'abord. (Souvenez-vous de mon initiation préliminaire de sept années, de mes épreuves, des dangers et de mes combats contre tous les démons incarnés et les légions du diable, et réfléchissez avant d'accepter.) La lettre que vous avez reçue contient des invocations effroyables, humaines et inventées, telles qu'elles vous apparaissent peut-être. D'un autre côté, si vous êtes décidé, souvenez-vous de mon conseil si vous souhaitez sortir victorieux de la lutte. Patience, foi, pas de questions, obéissance totale et silence. »

« *De la part de la FRATERNITÉ DE LOUXOR, Ve Section, pour Henry S. Olcott.*

« Frère néophyte,

« Nous te saluons. Celui qui nous cherche nous trouve. Essaie. Repose ton esprit : bannis tout doute ___[1]. Nous veillons toujours sur nos fidèles soldats. Sœur Héléna est une servante vaillante et fiable. Ouvre ton esprit à la conviction, aie la foi et elle te guidera vers la porte dorée de la vérité. Elle ne craint ni les épées ni le feu, mais son âme est sensible au déshonneur et elle a des raisons de se méfier de l'avenir.

« En vérité notre bon frère "John" a agi hâtivement, mais ses intentions étaient bonnes. Fils du monde, si tu les entends tous deux, alors essaie.

« C'est notre souhait d'appliquer une punition chargée d'opprobre à l'égard de l'homme enfant et par ta main, frère. ESSAIE. David est honnête et son

---

[1]. Un pli du papier rend ce mot illisible.

cœur est pur et innocent comme l'esprit d'un bébé, mais il n'est pas prêt physiquement. Beaucoup de bons médiums t'entourent. N'abandonne pas ton cercle. Essaie. Frère "John" a amené trois de nos maîtres à se pencher sur ton cas après les séances, tes efforts au nom de notre cause nous donnent désormais le droit de te faire savoir de qui il s'agissait :

Serapis Bey (Section d'Ellora)
Polydorus Isurenus (Section de Salomon)
Robert More (Section de Zoroastre)

« Sœur Héléna vous expliquera le sens de l'étoile et des couleurs.
« Activité et silence concernant la présente.
Par ordre du grand ∴

Tuitit Bey.

« Observatoire de Louxor,
mardi matin,
jour de mars. »

Dans son ouvrage *Vieilles pages de journal*, le colonel Olcott déclara : « Petit à petit H.P.B. m'a fait découvrir l'existence des adeptes de l'est et de leurs pouvoirs, et elle m'a fourni, par une multitude de phénomènes, les preuves du propre contrôle qu'elle avait sur les forces occultes de la nature. Tout d'abord, elle les a attribués à "John King", et c'est grâce à sa bienveillance supposée que j'ai entretenu pour la première fois une correspondance personnelle avec les Maîtres. J'ai conservé nombre de leurs lettres, avec ma propre confirmation des dates de leur réception[1].

« Pendant des années et jusqu'à peu avant mon départ de New York pour l'Inde, j'étais en lien, par mon apprentissage, avec la section africaine de la fraternité occulte ; mais plus tard, lorsqu'un certain formidable changement psychophysiologique est arrivé chez H.P.B., qu'il m'est interdit d'évoquer plus précisément, et que personne jusqu'à présent n'avait suspecté et bien que j'ai alors bénéficié de sa familiarité et de son entière confiance, comme ils l'imaginaient, j'ai été transféré à la section indienne et vers un groupe différent de Maîtres… Les sceptiques nient l'existence de ces adeptes… Mais leur existence a été connue par des milliers de mystiques et de philanthropes qui s'étaient éveillés seuls, génération après génération…

« J'ai été présenté à eux par H.P.B., par l'entremise que mes expériences passées rendraient des plus compréhensibles, comme un prétendu "esprit" éclipsant les médiums. John King a attiré mon attention sur quatre des Maîtres : il y avait un Copte, un représentant de l'école néoplatonicienne, un Vénitien (celui-là était très haut placé, le Maître des Maîtres pour ainsi dire), et un philosophe anglais, disparu aux regards des hommes, mais pas encore mort. Le copte est devenu mon premier

---

1. Elles se trouvent dans les archives de la Société théosophique.

gourou, et il était en effet adepte d'une discipline stricte et un homme caractérisé par sa superbe masculinité. »

Pour en revenir au *Spiritual Scientist* et à son éditeur, H.P.B. déclara dans une lettre au Professeur Corson : « Le même matin que celui de la réception de la lettre, Colby m'a renvoyé mon article, qu'il déclinait respectueusement sans plus de commentaire, sa note rédigée sur un bout de papier imprimé un peu sale. Très bien. J'ai donc commencé à réfléchir, à comploter et à conspirer, et j'ai attrapé le *Spiritual Scientist*, ce modeste journal auquel je n'avais jamais prêté grande attention auparavant… J'ai repris quelques anciens exemplaires et les ai attentivement parcourus, et plus je lisais, moins je trouvais d'inepties telles que dans *Religio*, ou même dans le merveilleux et sublime *Banner*… Puis j'ai reçu la visite d'un monsieur de Boston, qui m'a appris que l'éditeur du *Scientist* était un jeune homme de très bonne éducation, avec suffisamment de relations, mais fauché comme les blés. En devenant un spirite et l'éditeur d'un journal spirituel, il s'était disputé avec toute sa famille, et était par conséquent plutôt ruiné. Du côté du *Banner*, l'opposition était infatigable… La persécution dont ils accablaient le pauvre Jerry Brown, qui avait pris un chemin différent, était sans merci… Bien entendu, je me suis immédiatement enthousiasmée, lui ai trouvé plusieurs lecteurs le jour même et lui ai envoyé mon article… Puis j'ai reçu une lettre d'Olcott, évoquant en profondeur l'immédiate nécessité d'avoir dans ce pays un journal spiritualiste respectable, et disant que je devais essayer d'y travailler si je prenais la cause à cœur… Ne pensez-vous pas que si nous essayions d'aider ce pauvre Jerry Brown, cela pourrait donner quelque chose ?… Si vous pouviez seulement écrire quelque chose de sérieux pour son journal…, vous pourriez également lui trouver quelques lecteurs à Ithaca. »

Et le *Spiritual Scientist* devint donc l'organe de la tentative de H.P.B. pour réformer le spiritualisme aux États-Unis, en l'éveillant aux besoins d'une philosophie. Le 17 avril, une annonce y figura, à propos de laquelle M. Brown dit, dans un éditorial nommé *Un message de Louxor* : « Les lecteurs du *Scientist* ne seront pas plus surpris de lire la circulaire apparaissant à la première page, que nous ne l'avons été de la recevoir par la poste… Qui peuvent bien être nos amis inconnus du "comité des sept", nous l'ignorons, pas plus que nous ne savons ce qu'est la "fraternité de Louxor" ; mais ce que nous savons, c'est que nous sommes très reconnaissants de cette preuve de leur intérêt à notre égard, et que nous nous efforcerons d'en mériter le maintien. Quelqu'un peut-il nous parler de cette fraternité évoquée plus haut ? Et de la signification de Louxor ?… Il est temps qu'un "pouvoir", qu'il soit terrestre ou céleste, nous vienne en aide, car après vingt-sept ans de manifestations spirituelles, nous ne savons rien des lois de leurs apparitions… Nous ne pouvons nous empêcher de considérer ceci comme un mal d'une grande ampleur, et si nous pouvions être assurés que l'apparition de cette mystérieuse circulaire est une indication que la fraternité spiritualiste de l'est s'apprête à lever le voile qui a si longtemps dérobé le temple à nos yeux, nous, ainsi que tous nos amis de cette cause, saluerons cet évènement avec allégresse. Ce serait pour nous un jour béni lorsque l'ordre existera, *sit lux*[1]. »

Le colonel Olcott dit de cette circulaire : « J'en ai écrit moi-même chaque mot, corrigé seul les épreuves de l'éditeur et payé pour les tirages ; c'est-à-dire que personne ne m'a dicté un seul mot… ni n'a contrôlé mon action, d'aucune manière visible. Je l'ai écrite afin d'exécuter les souhaits des Maîtres demandant que nous (H.P.B. et moi-même) aidions l'éditeur du *Scientist* à un moment qui était pour lui une crise difficile, et j'ai usé de mon meilleur discernement afin d'utiliser le langage le plus adapté pour cet objectif. Lorsque la circulaire était à l'impression… j'ai demandé à H.P.B., par lettre, si elle pensait que j'aurais dû la sortir anonymement, ou y apposer mon nom. Elle m'a répondu que c'était le souhait des Maîtres qu'elle soit signée comme suit : "Pour le comité des sept, fraternité de Louxor." Et elle a donc été signée et publiée ainsi.

« Par la suite, elle a expliqué que notre travail, et bien d'autres du même type étaient alors sous la supervision d'un comité de sept adeptes appartenant au groupe égyptien de la fraternité mystique universelle[2]. Jusqu'alors, elle n'avait même pas vu la circulaire, mais je lui en ai apporté un exemplaire en personne et elle a commencé à le lire avec attention. Immédiatement, elle s'est mise à rire et m'a dit de lire l'acrostiche formé par les initiales des six paragraphes. À ma grande surprise, j'ai découvert qu'elles épelaient le nom sous lequel je connaissais l'adepte égyptien sous les ordres duquel j'étudiais et travaillais alors. Plus tard, j'ai reçu un certificat, écrit à l'encre dorée sur un épais papier vert, selon lequel j'étais attaché à cet "observatoire" et trois maîtres (nommés) m'avaient sous leur contrôle. Voici la circulaire légèrement abrégée :

IMPORTANT POUR LES SPIRITUALISTES.

« Le mouvement spirituel est semblable à n'importe quel autre à ces égards : sa croissance est l'œuvre du temps, et son perfectionnement comme sa consolidation sont les résultats du travail réalisé de l'intérieur… Les vingt-sept ans qui se sont écoulés depuis les premières communications entendues dans l'ouest de New York n'ont pas seulement donné lieu à la création d'un vaste corps de spirites, mais ils ont de surcroît motivé le désir et la capacité d'un grand nombre d'esprits supérieurs, en constante augmentation, de comprendre les lois à l'origine du phénomène.

« Jusqu'à présent, ces penseurs modernes n'avaient eu aucun instrument particulier pour échanger leurs opinions… En Angleterre, le *Spiritualist* londonien et la *Revue spirite* en France nous montrent des exemples du type de journal

---

1. Du latin pour dire « Que la lumière soit ».
2. Comparons cette déclaration avec celle de Maître Morya, en 1882 : « Le soleil de la Théosophie doit rayonner pour tous, et non pas pour une partie. Ce mouvement est plus complexe que vous ne l'avez soupçonné jusqu'ici, et les travaux de la S.T. sont liés à d'autres, similaires, qui ont lieu dans le secret, partout dans le monde. » *The Mahatma Letters*, 271.

qui aurait dû être fondé depuis longtemps dans ce pays...

« Le reproche permanent fait au spiritualisme américain est qu'il enseigne très peu de choses dignes d'attention pour un homme de réflexion, que très peu de ses phénomènes se produisent dans des conditions satisfaisantes pour des hommes de science...

« La meilleure réflexion de nos meilleurs esprits s'est vue consignée jusqu'alors dans des volumes dont le prix les a, dans la plupart des cas, placés hors de portée des masses. Afin de remédier à ce mal... quelques honnêtes spirites se sont désormais unis...

« Au lieu d'entreprendre l'expérience coûteuse et incertaine de lancer un nouveau journal, ceux-ci ont choisi le *Spiritual Scientist* de Boston comme instrument de ce nouveau mouvement...

« Le prix du *Spiritual Scientist* est de deux dollars cinquante par an... Il est possible de s'abonner dans toutes les agences respectables, ou en écrivant directement à l'éditeur, E. Gerry Brown, n° 18, Exchange Street, Boston (Massachusetts).

Pour le comité des sept,
Fraternité de Louxor. »

La circulaire de Louxor attira, entre autres commentateurs, un certain M. Mendenhall. Dans une réponse qu'elle lui adressa, H.P.B. écrivit : « Il y a quelque temps, un certain M. Mendenhall a consacré plusieurs rubriques, dans le *Religio-Philosophical Journal* de Chicago, à la question, au contre-interrogatoire et à la critique de la mystérieuse fraternité de Louxor... Cette dernière est l'une des sections de la grande loge, dont je suis membre. Si ce monsieur entretient le moindre doute concernant cette affirmation (et je suis certaine qu'il le fera), il peut, s'il le souhaite, écrire au Lahore pour plus d'informations. Dans le cas où les sept membres du comité auraient la grossièreté de ne pas lui fournir l'information désirée, je peux lui proposer une petite transaction commerciale.

« M. Mendenhall, si je me souviens bien, a deux femmes dans le monde spirituel. Ces deux dames se matérialisent chez M. Mott et entretiennent fréquemment de longues conversations avec leur époux, nous a dit celui-ci... Que l'une des défuntes dise à M. Mendenhall le nom de cette section de la grande loge à laquelle j'appartiens. Pour des esprits véritables et authentiques, si toutes deux sont bien ce qu'elles prétendent être, la chose est plus qu'aisée ; elles n'ont qu'à se renseigner auprès des autres esprits, à lire dans mes pensées, etc. ; pour une entité désincarnée, un esprit immortel, il s'agit de la chose la plus facile du monde. Puis, si ce monsieur me donne le vrai nom de cette section (que trois messieurs à New York, qui sont des néophytes admis de notre loge, connaissent bien), je m'engage à révéler à M. Mendenhall la vérité concernant la fraternité, qui n'est pas composée d'esprits comme il semble le penser, mais de mortels vivants, et je le mettrai de surcroît en contact avec la loge, comme je l'ai fait pour d'autres.»

Sur la copie de la circulaire de Louxor collée dans son carnet, H.P.B. rédigea le commentaire suivant: «Envoyée à E. Gerry Brown sur ordre de S. et de T. B. de Louxor. (Publiée et distribuée par le colonel Olcott sur ordre de M∴)» À cela, le colonel ajouta: «mais inconscient de toute entremise extérieure. H. S. O.».

Maître Sérapis écrivit, à divers moments, au sujet de E. G. Brown au colonel Olcott, qui se rendit à Boston deux fois en 1875: en mars et en juillet. «Essayez de le voir seul à seul, et consacrez-lui la majeure partie de votre temps; de lui dépend le succès du mouvement spirituel, ainsi que le bonheur et le bien-être de vous tous.» «Essayez de gagner la confiance du jeune Bostonien. Essayez de faire en sorte qu'il vous ouvre son cœur et vous dévoile ses espoirs, et transmettez ses lettres à la loge par le biais de frère John (John King).»

On se souviendra que H.P.B. écrivit une fois au général Lippitt que John King «écrit lui-même des lettres, sans l'aide d'aucun médium; il correspond avec Olcott, Adams, ainsi que trois ou quatre femmes que je ne connais même pas... Mais je peux vous nommer dix des personnes avec qui il correspond»; et M. Betanelly écrivit au général Lippitt «Le bureau de John, sa propre table privée, avec ses papiers et sa correspondance, personne n'ose y toucher dans la maison où il nous jouera des tours.» Il s'agit, bien sûr, d'un maître déguisé sous la personnalité de «John King».

Le Maître Sérapis écrivit plus loin au colonel Olcott: «Nous avons tes rapports, mon frère; ils ont été lus et classés. Notre jeune frère est timide et secret, comme tu le dis, mais je t'en avais averti au préalable... Il lutte, hésite, et confond les murmures de la peur avec l'avertissement prophétique de sa conscience: la voix de son Atma. Mon frère, tu as là une tâche difficile; mais ta dévotion et ton ardeur désintéressée envers la cause devraient te rendre plus fort et plus résistant. Cette cause, dans ton pays, dépend entièrement de l'unité la plus forte entre vous trois, la triade choisie par notre loge, vous, bien véritablement, vous trois, si totalement dissemblables et pourtant si étroitement liés, qui allez être réunis pour ne former qu'un, par l'infaillible sagesse de la fraternité. Reste courageux et patient, frère, et poursuis ta tâche!» Le fait que la triade ait échoué à cause de Gerry Brown peut bien être l'une des raisons du transfert de la cause (qui se transforma en la Société théosophique) des États-Unis à l'Inde.

Le 24 mai, H.P.B. écrivit à M. Aksakov: «Un désastre s'est abattu sur nous... Afin de maintenir le *Spiritual Scientist* qui sombre... j'ai dépensé mes derniers deux cents dollars». Au dos de la circulaire de Louxor, elle écrivit: «Plusieurs centaines de dollars ont été dépensés, de nos poches, pour le compte de l'éditeur, et il aurait dû survivre à ce petit *diksha*[1]. Cela s'étant révélé inutile, la Société théosophique a été fondée... L'homme aurait pu devenir puissant, mais il a préféré rester un âne. *De gustibus non dis-putandum est.*» Plus loin, dans son carnet, elle écrivit:

---

1. Une initiation.

« L'éditeur et médium qu'est Brown nous a remerciés pour notre aide. Le colonel Olcott et moi-même avons dépensé plus de mille dollars afin d'éponger ses dettes et de soutenir son journal. Six mois plus tard, il est devenu notre ennemi mortel simplement parce que nous avons fait part de notre scepticisme envers les esprits. Ha, l'humanité reconnaissante ! H.P.B. »

M. Jinarajadasa fournit la conclusion des efforts du *Spiritual Scientist* lorsqu'il dit : « Gerry Brown a fait faillite en septembre 1878, endetté à la fois envers H.P.B. et le colonel Olcott. H.P.B. écrit dans son carnet de cette année-là : "Un flot permanent d'injures et de remarques méprisantes à notre encontre dans son journal, et dans d'autres également, et une faillite pour couronner le tout, sans la moindre ligne pouvant exprimer une reconnaissance, une excuse ou un regret : tel est Gerry Elbridge Brown, le spirite !" Ainsi, Gerry Brown a perdu l'occasion que lui offraient les Maîtres de devenir l'un des membres de la noble triade, envers lequel les futurs théosophes seraient toujours respectueusement reconnaissants. »

Chapitre XXXII
Le mariage et l'ombre de la mort

La publication du récit, par le colonel Olcott, de l'apparition de Mme Blavatsky aux séances chez les Eddy suscita la lettre suivante :

« Henry S. Olcott,

Chittenden, Vermont, propriété des Eddy.

CHER MONSIEUR,

« Bien que je n'aie pas le plaisir de vous connaître personnellement, je prends la liberté de vous adresser ces quelques lignes, ayant eu connaissance de votre nom par l'intermédiaire des comptes-rendus du *Daily Graphic* relatant les manifestations qui se tiennent chez les Eddy, que je lis avec grand intérêt.

« J'apprends dans le *Sun* d'aujourd'hui que, chez les Eddy, en présence de Mme Blowtskey, une dame russe, l'esprit de Michalko Guegidse (un nom qui m'est fort familier) s'est matérialisé en habit géorgien, a parlé géorgien, a dansé la Lezginka et a chanté l'hymne national géorgien.

« Étant moi-même natif de Géorgie dans le Caucase, j'ai accueilli cette nouvelle avec le plus grand étonnement et la plus grande stupéfaction et, ne croyant pas au spiritualisme, je ne sais que penser de ces manifestations.

« J'adresse à ce jour un courrier à Mme Blowtskey avec mes questions au sujet de ce géorgien qui se serait matérialisé. Mais, si elle a quitté la demeure des Eddy, je vous prie de bien vouloir lui faire suivre ma lettre, si vous avez connaissance de son adresse.

« Je vous prie aussi instamment de bien vouloir corroborer ce fait stupéfiant concernant ce géorgien qui se serait matérialisé, et si celui-ci est vraiment sorti du cabinet en habit géorgien et en votre présence. Si cela s'est réellement produit dans les faits, et dans l'éventualité où quelqu'un viendrait à y voir de banales supercheries et fumisteries, je porte à votre connaissance la chose suivante : il n'y a sur le sol américain pas plus de trois Géorgiens, et je suis l'un d'eux, arrivé dans ce pays il y trois ans. Les deux autres Géorgiens de ma connaissance sont arrivés l'année passée, et je sais qu'ils ne sont pas dans le Vermont et ne l'ont jamais été, tout comme je sais qu'ils ne parlent pas un mot d'anglais. En dehors de nous trois, nul ne parle le géorgien en ce pays, et en écrivant cela je l'affirme comme un fait exact. Dans l'espoir d'une réponse de votre part, je demeure,

Respectueusement,
M. C. BETANELY »

Plus tard, M. Betanelly écrivit : « Je connaissais Michalko de son vivant à Koutaïssi, et je pense que j'aurais été en mesure de reconnaître son visage chez les Eddy si j'avais été là ce soir-là. Il était l'ancien domestique de Alex. Guegidse, un aristocrate géorgien, puis a été employé comme serviteur auprès de la famille du colonel A. F. Witte. M. Witte vit toujours à Koutaïssi et occupe un poste d'ingénieur pour le gouvernement russe. »

Comme on l'a vu, M. Betanelly était présent lors de la première séance privée organisée à Philadelphie par le colonel Olcott. Il s'était alors converti avec enthousiasme au spiritualisme. Le colonel Olcott étant le seul participant direct à l'étrange mariage contracté par H.P.B. et M. Betanelly qui en a laissé une trace écrite, il est intéressant d'en reproduire un extrait :

« L'une de mes lettres de Chittenden a éveillé l'intérêt de ce M. B., un sujet russe, et l'a conduit à m'écrire de Philadelphie, exprimant son vif désir de rencontrer ma collègue afin de s'entretenir sur le spiritualisme. Comme elle n'y a fait aucune objection, il s'est rendu à New York vers la fin de 1874[1] et ils se sont rencontrés. Il s'est avéré qu'il a d'emblée été saisi d'une admiration profonde pour sa personne, qu'il a exprimée oralement dans un premier temps puis dans sa correspondance, adressée tant à elle qu'à moi. Lorsqu'elle s'est aperçue de ses visées matrimoniales, elle l'a éconduit avec obstination et s'est fortement irritée de son insistance. Cela a eu pour seul effet d'accroître sa dévotion et il a fini par menacer de se suicider si elle ne lui accordait pas sa main. »

Cette affirmation est corroborée par le général Doubleday dans une lettre du 28 avril 1878, parue dans le *Religio-Philosophical Journal* de Chicago, et dans laquelle il déclare que la lettre de M. Betanelly reproduite ci-dessus conduisit à leur mariage, qu'il menaça de se suicider et qu'elle l'épousât pour l'en empêcher, ayant déjà été la cause de deux suicides à l'apogée de sa jeunesse et de sa beauté[2]. Voilà l'une des motivations qui permettent d'expliquer cet étrange mariage.

Bien entendu, Mme Blavatsky pensait être veuve, et elle le crut de nombreuses années encore. V. S. Soloviev cita l'une de ses lettres datant de 1885 : « J'ai été naturalisée citoyenne américaine il y a de cela presque huit ans, ce qui m'a amenée à perdre tout droit à la pension annuelle de cinq mille roubles dont je bénéficiais en tant que veuve d'un haut fonctionnaire russe. » Il commenta à ce propos : « Que dira l'humble et l'honorable N. V. Blavatsky (qui, bien qu'âgé, vit toujours) lorsqu'il apprendra qu'il est un "haut fonctionnaire russe" et que, de son vivant, sa veuve avait droit à une pension de cinq mille roubles par an ?[3] Quelle ironie du sort ! »

---

1. Dans *Vieilles pages de journal*, cette partie fait l'objet d'une erreur d'impression, 1875.
2. Son maître écrivit un jour à M. Sinnett : « Dites-lui [à Mme Fadeef, la tante de H.P.B.] que moi, le Khosyayin (le Khosyayin de sa nièce m'a-t-elle appelé les trois fois où je suis venu la voir) vous ai rapporté la chose et vous ai conseillé de lui écrire et de lui fournir ainsi votre autographe – renvoyez aussi par l'intermédiaire de H.P.B. ses portraits dès que vous les aurez montrés à votre dame, car à Odessa elle [la tante] est très impatience qu'on les lui retourne, surtout les portraits de jeunesse… C'est elle, tel que je l'ai connue au départ, "la charmante jeune fille." » – *The Mahatma Letters*, 254.
3. Notez qu'elle ne dit pas avoir perdu la pension, mais tout droit à cette pension.

Mme Jelikovsky, la soeur de H.P.B., déclara en réponse à Soloviev :
« Héléna Petrovna Blavatsky ne s'est pas "proclamée" veuve, mais a été reconnue comme telle par les autorités de Tiflis, qui en 1884 lui ont envoyé un certificat où elle était décrite comme la "veuve du conseiller d'État N. V. Blavatsky". Comme elle n'était plus en contact avec lui depuis plus de vingt-cinq ans, elle l'avait complètement perdu de vue et, pas plus que nous, elle ne savait s'il était vivant ou mort. La faute en revient à la police de Tiflis et pas à elle. »

H. P. B. fut, quant à elle, horrifiée lorsque l'affirmation de Soloviev arriva jusqu'à elle. Elle écrivit à M. Sinnett : « Soloviev, de plus, me menace, disant que M. Blavatsky n'est pas mort, mais est devenu un "charmant centenaire" qui a trouvé convenable de se cacher des années durant sur la propriété de son frère, d'où l'annonce erronée de sa mort. Imaginez le résultat si les *Mémoires* sont publiées, et qu'il est en fait bien vivant, et moi pas le moins du monde une veuve ! Voyez le tableau, et votre réputation sera ruinée avec la mienne. Je vous en prie, mettez le livre de côté, du moins sa publication. » Elle ajouta en post-scriptum : « Il se peut que ce que Soloviev raconte au sujet du vieux Blavatsky, que vous (j'ai) avez enterré prématurément, ne soit qu'un pernicieux mensonge de sa part, et qu'il s'imagine que la nouvelle m'accablera, et il se peut aussi que ce ne soit pas le cas. Je n'ai jamais reçu de notification officielle de sa mort, que j'ai uniquement apprise par ma tante à New York et encore une fois ici. "Son siège au pays ruiné, il était parti de lui-même des années auparavant" et puis la nouvelle est arrivée "il était mort". Je ne me suis jamais préoccupée du vieil homme, il n'a jamais rien représenté pour moi, pas même un légitime, bien qu'un *mari haï*. Cependant si cela s'avérait être la vérité (son père est mort à cent huit ans et ma propre grand-mère à presque cent douze ans) et que nous avons parlé de lui tout ce temps comme s'il était dans le Devachan ou en Avīci, cela nous causerait des ennuis interminables. »

Pour revenir au récit du mariage fait par le colonel Olcott : « Betanelly déclarait qu'il ne demanderait rien d'autre que le privilège de veiller sur elle, que ses sentiments n'étaient rien d'autre qu'une adoration désintéressée pour la grandeur de son intellect, et qu'il ne prétendrait à aucun des privilèges de la vie maritale. Ses assauts étaient si pressants que, dans ce qui semble avoir été un accès de folie, elle a finalement consenti à le croire sur parole et à devenir nominalement sa femme, tout en stipulant qu'elle ne renoncerait pas à garder son nom et qu'elle demeurerait aussi libre et indépendante de toute contrainte et contrôle qu'elle l'était jusqu'alors. Ils ont donc été mariés légalement par un pasteur unitarien de Philadelphie des plus respectables, et ont installé leurs lares et pénates dans une petite maison de Samson Street, où ils m'ont reçu lors de mon second séjour dans cette ville, après que mon livre a été achevé et publié. La cérémonie a eu lieu alors que je séjournais précisément chez eux, bien que je n'en aie pas été témoin. Mais j'ai assisté à leur retour de la résidence du pasteur à la suite de la célébration du rite. »

Le mariage eut lieu entre le 11 et le 22 mars, puisque le livre du colonel, *Le peuple de l'autre monde,* fut publié le 11 mars, et que M. Betanelly mentionne le déménagement à Samson Street dans une lettre au général Lippitt en date du 22 mars et qui dit : « Ce soir, j'ai oublié de remettre à madame une lettre que j'avais rapportée du bureau de poste et, alors que nous étions attablés pour dîner, John, me reprochant ma mémoire défaillante, bavassait sans discontinuer et rabâchait le comment et le pourquoi je ne lui avais pas donné la lettre, etc. Depuis notre emménagement dans cette maison, John a fait disparaître de son cadre son propre portrait par deux fois, l'a gardé quelques jours et l'a fait réapparaître, à chaque fois, aussi vite que l'éclair. Ces prodiges sont infinis. Bien que je ne sois spiritualiste que depuis cinq mois, j'ai vu et assisté à plus de manifestations spirituelles (et j'en vois chaque jour davantage), que beaucoup n'ont pu en voir au cours de leurs longues vies. John fait auprès de nous, presque chaque jour, de très mystérieuses et exceptionnelles manifestations. »

Le colonel Olcott relata quelques incidents intéressants qui eurent lieu au cours de sa visite : « Les journées et les soirées de mon séjour à Philadelphie étaient un symposium de lectures, d'enseignements et de phénomènes occultes... Je me souviens, entre autres, qu'un après-midi H.P.B. a fait disparaître en un instant d'un cadre accroché au mur une photographie, pour y mettre une esquisse du portrait de John King, alors même qu'une personne présente était justement en train de la contempler... Un jour, considérant que leur maison manquait manifestement de serviettes, j'en ai acheté quelques-unes et les ai rapportées empaquetées à la maison. Nous les avons découpées et elle est allée les mettre tout de suite en usage sans en faire les ourlets ; mais, comme j'ai protesté contre cette mauvaise gestion, elle s'est mise de bonne grâce à manier l'aiguille. Elle venait à peine de commencer lorsqu'elle a envoyé un coup de pied rageur sous la table de travail où elle était assise et a lancé :

« Sors de là, espèce d'idiot !

– Qu'y a-t-il ? ai-je demandé.

– Oh, a-t-elle répondu, c'est juste un petit monstre d'un élémentaire qui a tiré sur ma robe et qui veut qu'on l'occupe.

– Formidable ! ai-je dit. Voilà exactement ce qu'il fallait ; faites lui faire l'ourlet de ces serviettes. Pourquoi vous l'infliger, alors que cet ourlet-là démontre vos piètres talents de couturière ?

« Elle s'est esclaffée et m'a disputé pour mes mots peu flatteurs, mais a tout d'abord refusé de donner satisfaction au pauvre petit esclave sous la table, qui était pourtant prêt à jouer au gentil farfadet pourvu qu'on lui en donne la possibilité. J'ai cependant fini par la convaincre ; elle m'a dit d'aller enfermer les serviettes, avec fil et aiguille, dans une bibliothèque dont les vitrines étaient bordées d'épaisse soie verte et qui se trouvait à l'extrémité de la pièce. Je me suis exécuté et suis revenu m'asseoir à ses côtés, et notre conversation est bien vite retournée à l'inépuisable et unique thème qui occupait nos pensées, les sciences occultes. Un quart d'heure ou peut-être vingt minutes s'étaient écoulés lorsque j'ai entendu un léger couinement, semblable à celui d'une souris, monter de sous la table, sur quoi H.P.B. m'a annoncé que la "peste" en avait fini avec les serviettes. J'ai donc ouvert la vitrine de la bibliothèque et ai trouvé la douzaine de serviettes avec leurs ourlets faits, mais d'une manière si maladroite qu'elle ferait honte même à la plus jeune des jeunes élèves d'un cours de couture.

« Elles étaient ourlées, sans l'ombre d'un doute, et l'avaient été depuis l'intérieur d'une bibliothèque fermée à clef dont H.P.B. ne s'est pas approchée tout du long où cela s'est produit. Il était à peu près 4 heures de l'après-midi, et bien sûr, il faisait grand jour. ». C'était donc bien le petit élémentaire, celui que H.P.B. appelait « Pou Dhi ».

« Sa maison à Philadelphie était bâtie sur le même modèle que les constructions locales classiques, avec le bâtiment principal à l'avant et une aile à l'arrière qui abritait la salle à manger et à l'étage le salon ou les chambres à coucher. La chambre de H.P.B. se trouvait sur l'avant au premier étage (ou deuxième étage, comme on dit en Amérique) du bâtiment principal ; le salon où les ourlets des serviettes ont été cousus se situait sur le palier intermédiaire, dans le virage des escaliers et, par sa porte ouverte, on pouvait voir directement dans la chambre de H.P.B. si la porte était aussi ouverte.

« Elle était assise en ma compagnie dans cette pièce, mais s'est levée pour aller chercher quelque chose dans sa chambre. Je l'ai vue gravir les quelques marches qui menaient à son étage et entrer dans sa chambre en laissant la porte ouverte. Le temps est passé, mais elle n'est pas revenue. J'ai attendu encore et encore jusqu'à ce que, craignant qu'elle ne se soit évanouie, j'appelle son nom. Ne recevant aucune réponse, et désormais un peu inquiet et sachant qu'elle ne pouvait pas être occupée à quelque affaire d'ordre privé puisque la porte était ouverte, je suis allé à sa chambre, ai appelé à nouveau, et ai jeté un œil à l'intérieur. Elle s'était évaporée, sans qu'il ait été possible qu'elle ait pu le faire d'une manière normale, car hormis la porte qui donnait sur le palier, il n'y avait aucune autre sortie : la pièce était un cul-de-sac.

« Ma longue expérience des phénomènes m'avait permis d'acquérir un certain flegme, mais cet incident m'a troublé et inquiété. Je suis retourné dans le salon, ai allumé une pipe, et me suis efforcé de percer le mystère… Il m'est venu à l'esprit que je devais être le sujet d'une expérience finement orchestrée de suggestion mentale, et que H.P.B. empêchait tout simplement mes organes visuels de percevoir sa présence, et que celle-ci se trouvait peut-être à deux pas de moi dans la pièce.

« Après quelques instants, elle a émergé calmement de sa chambre dans le couloir et m'a rejoint dans le salon. Lorsque je lui ai demandé où elle était passée, elle a ri et m'a dit qu'elle avait dû s'occuper de quelque affaire occulte et s'était rendue invisible. Mais comment, elle a refusé de l'expliquer. Elle nous a joué le même tour, à moi et à d'autres, avant et après notre départ pour l'Inde. »

Concernant le mariage, le colonel Olcott écrivit : « Lorsque je lui ai confié, en privé, mon étonnement au sujet de ce que je considérais comme un accès de folie que d'épouser un homme plus jeune qu'elle, et dont les capacités mentales étaient indescriptiblement inférieures, un homme qui, de plus, ne lui serait jamais un agréable compagnon, et qui avait très peu de moyens, son affaire commerciale n'étant pas encore établie, elle a répondu qu'il était malheureux qu'elle ne puisse y échapper. Son destin et le sien étaient temporairement liés par un inexorable karma, et l'union avait pour elle le caractère d'une punition envers son terrible orgueil et sa pugnacité, qui, tous deux, entravaient son évolution spirituelle, et qu'en revanche le jeune homme ne souffrirait d'aucun tort. » Voilà une seconde explication au mariage.

Une troisième explication, parmi les plus stupéfiantes, fut avancée par V. S. Soloviev, mais celle-ci doit être prise avec précaution, puisque son but semblait être de le faire apparaître sous un jour favorable aux yeux du public et de présenter H.P.B. sous un jour défavorable. Il déclara qu'elle lui écrivit un jour : « Je vais vous raconter ce qui m'est arrivé il y a de cela quelques années aux États-Unis. J'étais alors presque aussi vieille et laide qu'aujourd'hui ; mais, voyez-vous, il y a plusieurs types de laideur dans ce monde, et un beau jeune Arménien tomba donc amoureux de moi là-bas. Il est soudain apparu à ma porte et a commencé à me traiter à la manière dont seul un mari traite sa femme. Je l'ai congédié, mais il n'est pas parti, a affirmé que j'étais sa femme et que nous venions tout juste de nous marier légalement, et ce devant témoins, dont Olcott. Je me suis tournée vers Olcott ; imaginez mon horreur lorsque celui-ci a confirmé le tout. Il était témoin du mariage et avait signé le registre ! » Cela contredit l'affirmation du colonel Olcott plus haut selon laquelle il n'aurait pas été témoin du mariage.

M. C. Jinarajadasa publia, en 1923, un article intitulé *H.P.B. et H.P. Blavatsky* dans le numéro du *théosophe* du mois de mai, où il affirma que « si le colonel Olcott s'était souvenu de ce que Maître Sérapis avait dit à propos de ce mariage (à elle) à M. C. B., il aurait tout rédigé différemment. » Avant d'aborder les lettres de Maître Sérapis en question, il faut se pencher sur une maladie qui toucha H.P.B. peu après le mariage.

Le *Spiritual Scientist* du 18 juin déclara : « L'hiver dernier, en janvier, elle a brutalement chuté sur le trottoir sur l'un de ses genoux, et la conséquence en a été une inflammation du périoste, qui a tant progressé que l'on ne savait pas si le membre allait gangréner et être amputé ou s'il allait être paralysé. » Il sembla que cela n'était pas tout, car, le 13 février, elle écrivit au général Lippitt : « Je me suis presque cassé la jambe en chutant sous un lourd châlit que je tentais de déplacer et qui m'est tombé dessus. »

En avril, elle écrivit au général Lippitt : « Reçut la vôtre cet après-midi. La politesse exigeait que je vous réponde, mais j'étais si fâchée et si malade …que j'ai rendu Olcott fou, essayé de clouer Betanelly au pilori, me suis querellée avec John, et fait faire une crise au cuisinier et convulser le canari à intervalles réguliers, et après m'être de la sorte rendue de fort bonne compagnie, je suis allée me coucher et j'ai rêvé du vieux Blavatsky. Ce dernier élément, je l'ai véritablement pris comme un camouflet prémédité de la part de la Providence, et donc, préférant tout à un tel cauchemar, je me suis retrouvée à trois heures du matin en train d'avaler des pastilles Brown qui, qu'elles m'empêchent ou non de tousser, me faisaient éternuer, et en train d'essayer d'écrire quelque chose qui s'approche d'une réponse raisonnée et sensée… Je crains, à regret, de ne pouvoir vous accompagner à Washington. Ma jambe est pire que jamais. John l'avait complètement guérie et m'avait ordonné de me reposer trois jours. J'ai fait la sourde oreille et depuis ce jour je sens que son état empire chaque jour. Je reçois des soins réguliers pour elle désormais. Aussi, mon procès[1] débute à Riverhead le 11 mai, et je crois qu'il faudra que j'y assiste. »

Le 21 mai, H.P.B. écrivit au colonel Olcott : « La paralysie s'est installée. J'ai fait venir Pancoast, le chirurgien, et Mme Michener, la voyante. Le premier a dit qu'il était trop tard, et la seconde a promis une guérison si je faisais ce qu'elle me disait… elle, je l'ai fait revenir…je suis trop fatiguée pour en écrire davantage. »

Le 12 juin, elle écrivit au général Lippitt : « Vous pouvez remercier "John King" si votre dernière lettre a fini par recevoir une réponse, car M. Betanelly est dans l'ouest, je l'y ai envoyé vers le 26 mai lorsque mon état a empiré et que les médecins ont commencé à penser à me priver de ma jambe la plus solide, et que je pensais à cette période que j'allais monter "là-haut" pour de bon ; et comme je déteste la vue de tristes mines, de geignards et pleurnicheurs et de tout ce qui s'en approche lorsque je suis malade, je l'ai fait décamper. J'ai par bien des aspects des capacités semblables à celles des chats, dont l'une est d'être en permanence à l'affût et te tenter de "mourir" seule si j'y parviens. Je lui ai donc dit de se tenir prêt à revenir si je lui écrivais que j'allais mieux, ou si quelqu'un lui écrivait que j'étais partie à la maison, ou que j'avais "cassé ma pipe", une expression que John King m'avait aimablement apprise. Eh bien, je n'étais cependant pas encore tout à fait morte, car, à nouveau comme les chats, il semblerait bien que je dispose de neuf vies, et parce que, je suppose, je n'étais pas encore attendue dans le giron d'Abraham ; mais j'étais toujours alitée, très faible et généralement en colère de minuit à midi, et je gardais donc le bonhomme au loin pour le moment, dans son intérêt et pour mon confort.

« Ma jambe allait être coupée nette, mais je leur ai dit "gangrène ou sucreries, je ne l'autoriserai pas !" et j'ai tenu bon. Imaginez la fille de mon père, avec une

---

1. Concernant ce procès, le 1er juillet 1874, elle avait formé un partenariat avec une ferme à Long Island. Le colonel Olcott dit : « Ce à quoi on pouvait s'attendre se produisit : H.P.B. alla vivre dans cette ferme, se disputa, finit avec des dettes et avec un petit procès bien corsé, que bien après, ses amis l'aidèrent à régler. » *Vieilles pages de journal*, I, 31.

jambe de bois ; imaginez ma jambe partir au pays des esprits avant moi pour le coup ! George Wash. Childs aurait eu là une opportunité de composer un quatrain, une charmante oraison, de la "poésie" comme le disait M. Artemus Ward en clôturant ses vers avec l'habituel refrain de son sempiternel *Philadelphia Ledger*: "partie rejoindre sa jambe" ! Eh bien ! J'ai donc rassemblé ma volonté la plus ferme (celle du dimanche) et ai prié les médecins et les chirurgiens d'aller voir si ma jambe ne se promenait pas sur le Centennial Grounds. »

Pour le récit du procès, par H.P.B. voir : *The Early History of the T. S.* dans *Le théosophe* de mai 1923.

« Après qu'ils ont déguerpi comme une nuée de gobelins malpropres ou de Kakodémons, j'ai appelé la voyante Mme Michener et ai parlé avec elle. En résumé, je m'étais préparée à mourir, cela m'était égal, mais j'étais décidée à mourir avec mes deux jambes. La gangrène s'était étendue tout autour du genou, mais deux jours de cataplasmes d'eau froide et un chiot blanc (ce chien restait la nuit couché en travers de ma jambe) ont guéri le tout en un rien de temps. Mes nerfs et mes muscles étaient encore faibles, je ne pouvais pas marcher, mais tout danger était écarté. J'ai encore eu deux ou trois autres maladies qui faisaient montre de l'ambitieux projet de se voir parées de noms latins, mais j'ai coupé court à tout cela. Un peu de volonté, une bonne crise (cette dernière s'est démenée pour avoir le meilleur de moi-même), une saine étreinte avec le "messager à nez retroussé", et me voilà à nouveau. B… était un doux nigaud ; jamais il ne vous aurait décrit mes souffrances aussi poétiquement que je ne l'ai fait. N'est-ce pas, mon général ? »

Le 18 juin, M. Betanelly écrivit au général Lippitt : « Comme aucun médecin ne voulait me dire quelle serait l'évolution de la maladie de Mme Blavatsky, j'ai repoussé jusqu'à ce soir ma réponse à votre lettre. Tous ces jours madame était toujours la même : trois ou quatre fois par jour, elle perdait toute énergie et gisait comme morte deux ou trois heures d'affilée, sans pouls et le cœur arrêté, d'une froideur et d'une lividité morbides. John King a dit la vérité… Elle était dans une telle transe lundi matin et l'après-midi, de trois heures à six heures, que nous la pensions morte. Les gens disaient que son esprit voyageait en ces occasions, mais je ne saurais le dire et j'ai simplement pensé à plusieurs reprises que c'était fini. Tout cela était très étrange. Ceux qui la veillaient disaient que la nuit elle se levait et allait tout droit à la chambre aux esprits et qu'elle s'appuyait sur sa jambe alors que le jour elle ne pouvait pas du tout la bouger ni marcher… Vendredi matin, elle s'est sentie mieux et a entrepris immédiatement d'écrire depuis son lit pour le *Scientist* de Aksakov[1]. Elle attendait des lettres de Boston, mais n'en a reçu aucune, cela l'a rendue furieuse et elle s'est sentie plus mal, et désormais il semblait qu'elle devrait demeurer couchée dans son lit comme morte jusqu'à l'être pour de bon. Les esprits lui jouaient des tours. C'est pour cela que le docteur a affirmé par trois

---

1. Elle écrivit de toute évidence « Notice to Mediums », car elle parut dans le *Spiritual Scientist* à Boston le 22 juin. Voir Chapitre XXXIV.

fois qu'elle était morte, elle était complètement épuisée néanmoins. »

À compter du 30 juin, la crise était passée et elle écrivit au général Lippitt : « Mon état de santé s'améliore très médiocrement, mais je m'en soucie comme de ma première chemise… Je dois partir, toute boiteuse que je suis, pour des affaires que je ne peux convenablement différer. Ma destination est Boston et ses environs, dans un périmètre d'environ quatre-vingts kilomètres alentour. Olcott est parti à Boston quelques jours, pour affaires. »

Le colonel Olcott, poursuivant son récit du mariage, écrivit : « Le mari a oublié ses vœux d'abnégation, et à son indicible dégoût, s'est transformé en un pressant amant. Elle est tombée dangereusement malade. Dès qu'elle s'est remise, elle l'a quitté et a refusé de revenir. Quand, après de nombreux mois de séparation, il a vu que sa détermination était inaltérable, il a pris un avocat et a engagé une procédure de divorce au motif d'abandon. Les assignations lui ont été remises à New York, M. Judge lui a servi d'avocat et le 25 mai 1878, le divorce a été accordé. »

Dans les lettres de Maître Sérapis au colonel Olcott, publiées par M. C. Jinarajadasa, on trouvait un tout autre motif au mariage de H.P.B. à M. Betanelly, que M. Jinarajadasa décrivait comme « un paysan », « à peine mieux qu'un ouvrier », un homme qui « avait monté une petite affaire d'import-export ». Ce motif tenait à l'intense désir de faire progresser la cause des maîtres en Amérique. Sans fonds aucun, et ayant reçu l'assurance par le jeune M. Betanelly qu'il se dévouerait corps et âme au soutien du spiritualisme (qui était la phase dans laquelle la cause se trouvait à cette période), H.P.B. le prit au mot et sacrifia ses inclinations et ses sensibilités aux besoins du moment.

Maître Sérapis, dans une correspondance écrite peu après le 9 mars, date de la lettre de Maître Tuitit Bey au colonel Olcott en tant que néophyte, fit référence à cette lettre : « Notre frère aurait dû recevoir les messages envoyés bien avant le moment où ils lui sont arrivés, si une curiosité fiévreuse de savoir quels contenus elle renfermait ne s'était emparée de notre sœur, et c'est ce mauvais comportement qui a retardé les messages… Nous lui pardonnons, car elle souffre intensément… Notre sœur a tout juste envoyé une lettre à son frère Henry, dans laquelle il trouvera une obligation signée par elle pour la somme de cinq cents dollars… sa donation au *Spiritual Scientist* si elle venait à mourir. La possible imminence d'une telle situation n'est pas que paroles en l'air de la part de notre noble sœur. Le gardien[1] est à l'affût et ne manquera aucune occasion si le courage de notre sœur venait à l'abandonner. Cela sera l'une de ses plus rudes épreuves… une Ellorienne[2], éternel et immortel est son Augoeides… La mission de notre frère ne peut être achevée et

---

1. La note de M. Jinarajadasa au sujet du gardien est intéressante : « Tout au long de ces lettres au sujet de H.P.B., on trouve plusieurs références au "Gardien du seuil". Cette formule mystérieuse apparaît dans *Zanoni* [de Bulwer Lytton]. De toute évidence, défier le gardien et risquer sa vie était l'une des épreuves que l'initié devait traverser. Il n'y a aucun indice dans les lettres concernant le type de dangers que H.P.B. devait affronter et qui faisaient que sa vie était en jeu. » (p. 21)
2. Un membre de la section d'Ellora (Inde) de la Grande Fraternité.

accomplie lors de son premier séjour dans la ville de Boston. Laisse-le préparer le terrain pour la réception de notre soeur … si elle survit à l'épreuve. Car de la force de la bonne volonté envers elle et de l'intensité de la pensée magnétique concentrée sur elle dépendra en grande partie sa sécurité lors de sa descente périlleuse vers le —[1]. Tu ne connais pas encore, ô, mon frère, tous les mystères et les pouvoirs de la pensée, oui, de la pensée humaine… À quel point l'accomplissement de son devoir sera dangereux, et dans quelle mesure est-il probable que tous deux vous perdiez une soeur et une – Providence sur terre. Sérapis. »

En mai, le maître écrivit au colonel Olcott : « Elle doit affronter une fois encore en face à face le redoutable être qu'elle pensait ne plus jamais revoir. Elle devra soit le vaincre, soit devenir sa victime et mourir… Dans quelle solitude, avec quelle absence de protection, mais malgré tout avec quelle détermination, elle aura à faire face à tous les grands périls et à tous les dangers mystérieux et obscurs qu'elle devra affronter… Mon frère, il n'y a rien que je puisse faire pour notre pauvre soeur. Elle s'est placée sous la sévère loi de la loge et ces lois ne peuvent être adoucies pour personne. En tant qu'Ellorienne, elle doit gagner son droit… L'ultime issue de cette épreuve redoutée dépend elle et d'elle seule, et de l'ampleur de la compassion qu'éprouvent ses deux frères, Henry et Elbridge, pour elle, de la force et de l'ardeur de la volonté qu'ils envoient jusqu'à elle, où qu'elle soit. Sache, ô frère, qu'une telle volonté, fortifiée par une affection sincère, l'entourera comme un bouclier impénétrable, solide et protecteur, formé des bons voeux combinés de deux âmes immortelles et dont la puissance sera proportionnelle à l'intensité de leur désir de la voir triompher… Si elle triomphe et survit, priez tous deux pour notre soeur, car elle le mérite. Sérapis. »

Le 22 juin, Maître Sérapis écrivit : « Elle est malheureuse et, dans les heures les plus sombres de son angoisse et de sa peine, se tourne vers toi pour des conseils amicaux et des mots d'apaisement et de réconfort. Dévouée à la grande cause de la vérité, elle lui a sacrifié le sang de son coeur ; pensant qu'elle pourrait aider cette cause si elle prenait un mari qui, par amour pour elle, serait généreux et donnerait sans contrepartie, elle n'a pas hésité et s'est liée à lui, qu'elle haïssait. Le même principe de compensation qui l'a poussée à accepter ce jeune homme rusé…

« Sa coupe d'amertume est pleine, ô, frère. L'influence sombre et mystérieuse assombrit tout… le cercle impitoyable se resserre de plus en plus étroitement autour d'eux ; accorde-lui ton amitié et ta clémence, frère… et laisse sinon à son désert l'être misérable, faible et sot que le destin lui a donné pour mari. Aie pitié de lui, c'est lui aussi qui, en s'abandonnant intégralement au pouvoir du gardien, a mérité son destin. Son amour pour elle s'est évanoui, la flamme sacrée est morte faute d'étincelles, il n'a pas prêté attention à ses paroles d'avertissement ; il hait John et adule le gardien qui communique avec lui. Sur sa suggestion, étant au bord de la faillite, il a forgé le plan secret de rejoindre l'Europe en bateau et de la laisser

---

1. Mot illisible.

seule et démunie. Si nous n'aidons pas celui-ci dans son intérêt à elle, qui est notre sœur, sa vie est promise au pire et elle aura pour tout futur pauvreté et maladie.

« Les lois qui gouvernent notre loge ne nous permettent pas d'intervenir dans sa destinée, par des moyens qui pourraient apparaître comme divins. Elle ne peut avoir de l'argent autrement que par celui qu'elle a épousé; son orgueil doit s'effacer même devant lui qu'elle déteste. En dépit de cela, il nous reste des moyens à disposition pour subvenir à ses besoins et, à travers elle, t'être bénéfique à toi et à la cause. Frère John a habilement oeuvré pour son intérêt dans son pays d'origine.

« Les chefs du gouvernement lui ont envoyé des ordres; s'il les accomplit, des millions lui seront réservés dans l'avenir[1]. Il n'a pas d'argent et peu de cervelle. Mon frère essaiera-t-il de lui trouver un partenaire? Je suis mauvais en affaires et tout ce qui précède est suggéré par frère John. J'ai tout dit. Que la bénédiction divine soit avec toi. S. »

Le 25 juin, le colonel Olcott reçut une nouvelle lettre: « Les gens doivent respecter sa pureté et sa vertu, car elle le mérite. Frère Henry doit avoir la sagesse du serpent et la douceur d'un agneau, car celui qui espère résoudre dans le temps les grands problèmes du monde macrocosmique et vaincre le gardien en face à face, conquérant ainsi par la violence le seuil où sont enterrés les plus mystérieux secrets de la nature, doit d'abord éprouver la force de sa volonté, l'indomptable détermination à réussir, et, faisant émerger à la lumière toutes les facultés mentales cachées de son Atma et son intelligence la plus élevée, s'attaquer aux problèmes de la nature de l'homme et résoudre en premier lieu les mystères de son cœur... Écris quotidiennement à notre sœur en souffrance. Réconforte son cœur lourd, et pardonne les défauts enfantins de celle dont le cœur sincère et fidèle ne prend aucune part aux insuffisances causées par une enfance ruinée d'emblée. Tu dois adresser à la loge tes rapports et tes notes journalières lors de ton séjour à Boston, par l'intermédiaire du frère John, sans omettre les signes cabalistiques de Salomon sur l'enveloppe. Sérapis ».

Alors que H.P.B. et le colonel Olcott se trouvaient à Boston (deuxième visite) en juillet 1875, il reçut la lettre suivante: « Vous devez tous trois[2] trouver vos futurs vous-mêmes. Le présent de notre sœur est sombre, mais malgré cela son avenir peut être brillant. Tout dépend de vous-même et d'elle-même. Laissez votre Atma exprimer vos intuitions... Tu ne dois pas te séparer d'Héléna si tu désires être initié. Mais à travers elle, tu pourras avoir la capacité de surmonter les épreuves de l'initiation. Celles-ci sont redoutables et tu désespéreras sans doute plus d'une fois, mais ne renonce pas, je t'en prie. Rappelle-toi que le labeur de certains, pour acquérir la connaissance que tu as obtenue en quelques mois, a duré des années...

---

1. Dans une lettre au général Lippitt du 22 mars, M. Betanelly dit qu'il espère ouvrir une grande voie commerciale entre la Russie et les États-Unis. L'en-tête de sa lettre dit: « Betanelly & Co., importateurs de plantes à insectes, de soie grège, de laine, de peaux de chèvre, de tapis persans, de tabac turc, d'huile de rose, etc. 430 Walnut Street, Perm Buildings, Philadelphie. »
2. H. P. B., colonel Olcott et Elbridge Gerry Brown.

Restez fermement liés l'un à l'autre, et essayez d'habiter les mêmes lieux auxquels son destin, guidé par la sagesse de la fraternité, pourra la mener. Essaie de t'assurer une bonne situation. Tu réussiras. Essaie d'aider cette pauvre femme au cœur brisé, et le succès viendra couronner tes nobles efforts...

« Essaie de l'aider à trouver l'argent nécessaire… pour le 3 du mois prochain… Son argent revient entre ses mains avec certitude, il sera aisé pour toi de trouver un prêt avec une telle garantie[1]… pauvre, pauvre sœur ! Âme pure et chaste, une perle enfermée dans un corps en apparence grossier. Aide-la à se défaire de l'apparence de rudesse qu'elle a endossée, et il se pourrait bien alors que tous soient éblouis par la lumière divine qui se dissimule derrière une telle écorce. Le conseil fraternel que je t'adresse est de rester à Boston. N'abandonne pas son parti, ton propre bonheur, le salut de ton jeune frère. Essaie. Cherche, et tu trouveras. Demande, et l'on te donnera… Veille sur elle, mon frère, pardonne ses accès de passion, sois patient, clément, et la charité que tu accordes à autrui te sera rendue généreusement au centuple. Sérapis »

Une lettre plus tardive de juillet dit : « Frère, ta mission à Boston est finie pour le moment[2]… Pars de là-bas en paix, et essaie d'utiliser ton temps. John King s'occupera du problème de Philadelphie[3]. Il ne doit pas lui être permis de souffrir de l'impureté de la désillusion de ce pauvre misérable. Il se peut que, dans son désespoir et avec des circonstances particulières, elle soit tentée de retourner à Philadelphie et auprès de son époux. Ne lui permets pas de le faire, mon frère. Dis-lui que vous allez tous deux à Philadelphie, et prends à la place des billets pour New York, pas plus loin. Une fois arrivés à bon port, trouve-lui un appartement approprié, et ne laisse pas passer un jour sans la voir. Persuade-la de rester là, car si elle se trouve à nouveau quelques heures en présence de ce mortel pollué, ses pouvoirs en souffriront grandement, car ils sont à présent dans une phase de transition, et le magnétisme autour d'elle doit être pur. Ta propre progression pourra être entravée par une quelconque interférence de ce type.

« Elle voudra aller à Philadelphie, mais ne le lui permet pas, utilise ton amitié et toute ta persuasion. Comme je te l'ai dit précédemment, tu ne subiras, mon frère, aucune perte matérielle découlant de tout cela… Si tu réussis à la montrer au monde sous son vrai jour, non pas d'adepte, mais d'auteur et d'intellectuelle, et que vous vous consacrez tous deux aux articles dictés à elle, ta fortune sera faite. Fais-la travailler, installe-la, guide-la dans la vie pratique comme elle devra te guider dans la vie spirituelle. Tes garçons[4], mon frère, auront tout ce qu'il leur faut, n'aie crainte à leur sujet, consacre-toi à ta mission principale. Dégage la voie

---

1. Elle récupéra 5000 dollars de la ferme de Long Island grâce au procès.
2. Le colonel et H. P. B. avaient été les invités de M. et Mme Houghton à Boston, et avaient poursuivi là leur enquête concernant les pouvoirs de clairvoyance de Mme Thayer. Voir Chapitre XXXIV.
3. Sa séparation de M. Betanelly.
4. Le colonel Olcott avait deux jeunes fils.

qui semble obscure pour vous deux pour le présent, et laisse le futur prendre soin du reste. Utilise ton intuition, tes pouvoirs innés, essaie, tu réussiras. Veille sur elle et ne laisse rien de mal lui arriver, à notre chère sœur qui est si imprudente et inconsidérée pour elle-même.

« Il faut que les plus brillants intellectuels du pays lui soient présentés. Vous devez tous deux travailler sur vos intuitions et les éclairer selon les Vérités. Votre lointain futur est à Boston[1], votre présent à New York. Ne perds pas un jour, essaie de l'aider et commencez votre nouvelle vie fructueuse ensemble. Garde ta chambre, tu ressentiras là ma présence quelque temps, car je serai avec toi à chaque fois que j'occuperai tes pensées et quand tu auras besoin de moi. Travaillez main dans la main, ne crains pas l'homme immoral qui la revendique, ses mains seront liées. Elle doit être honorée, respectée et sollicitée par tous ceux qu'elle peut instruire. Essaie de dissiper sa morosité et ses appréhensions pour l'avenir, car elles interfèrent malheureusement avec ses perceptions spirituelles. Les germes pousseront, mon frère, et tu seras stupéfait. Patience, foi, persévérance. Suis mes instructions : laisse-la retrouver sa sérénité à travers toi. Elle te fera acquérir savoir et gloire à travers elle. Ne la laisse pas désespérer un seul instant, le redouté – qu'elle[2] a traversé portera ses fruits... Sérapis »

La dernière lettre intéressante reproduite ici fut, de toute évidence, écrite après leur installation à New York : « Sache que la fraternité sera assemblée dans sa chambre à ton retour du bureau, et que sept paires d'oreilles écouteront tes rapports et jugeront la progression de ton Atma en lien avec tes perceptions intuitives. Ne prête pas attention lorsqu'elle te dira que ses mots ne l'intéressent pas ; poursuis, et sache que tu parles en présence de tes frères. Quand cela sera nécessaire, ils te répondront à travers elle. Que Dieu te bénisse, mon frère.

Sérapis »

---

1. Comme Gerry Brown leur fit défaut, ils se rendirent en Inde au lieu de retourner à Boston.
2. Mot illisible.

Chapitre XXXIII
Le grand changement psychophysiologique

Le lecteur se souviendra de la remarque énigmatique du colonel Olcott[1] : « J'étais en lien, par mon apprentissage, avec la section africaine de la Fraternité occulte ; mais plus tard, lorsqu'est arrivé chez H.P.B. un formidable changement psychophysiologique qu'il ne m'est pas permis d'évoquer plus précisément, et que personne jusqu'à présent n'avait prévu, et bien que je bénéficie alors de sa familiarité et de son entière confiance, comme ils l'imaginaient, j'ai été transféré à la section indienne et vers un groupe de Maîtres. »

Quel était ce changement, et quand eut-il lieu ou culmina-t-il ? La réponse à la deuxième question est facile : pendant sa maladie, en mai et en juin 1875 à Philadelphie. La nature de ce changement ne peut être expliquée que par H.P.B. en personne. Elle essaya d'en donner une vague idée à sa tante, Mme Fadeef, et à sa sœur, Mme Jelikovsky. À ce stade, nous nous appuierons sur une précieuse source d'information garantie par M. Wm. Q. Judge, éditeur de *The Path*. Il persuada Mme Charles Johnston, Véra, nièce de H.P.B., fille de Mme Véra Jelikovsky, de traduire du russe les lettres de H.P.B. adressées à sa famille, et les publia dans la revue *The Path* de décembre 1894 à décembre 1895. Mme Johnston écrivit à propos de la maladie à Philadelphie :

« À un moment, H.P.B. était extrêmement malade avec des rhumatismes à la jambe à un stade avancé. Les docteurs lui ont dit qu'elle avait la gangrène et estimaient son cas désespéré ; mais elle a été soignée avec succès par un noir qui lui a été envoyé par le "Sahib"[2]. Elle a écrit à Mme Jelikovsky : "Il m'a totalement guérie. Et environ au même moment, j'ai commencé à ressentir une étrange dualité. Plusieurs fois par jour, je sentais qu'il y avait quelqu'un d'autre, autre que moi, présent dans mon corps. Je ne perdais jamais la conscience de ma personnalité ; je me sentais comme si je demeurais silencieuse et que l'autre, le locataire qui m'habitait, parlait avec ma langue.

« "Par exemple, je sais que je n'ai jamais été dans les endroits que décrit 'l'autre moi', mais cet autre, le second moi ne ment pas lorsqu'il parle de lieux et de choses qui me sont inconnus, car il les a véritablement vues et les connaît bien. J'ai renoncé, et laissé mon destin me guider selon son propre souhait ; et d'ailleurs, qu'y puis-je ? Il serait parfaitement ridicule de ma part de nier les connaissances possédées et avouées par le deuxième habitant de mon corps, et ainsi de donner l'occasion aux gens qui

---

1. Chapitre XXXI.
2. Le colonel Olcott dit : « Elle alla mieux en une nuit, par l'un de ses remèdes quasi miraculeux. »

m'entourent de penser que je les ai gardées secrètes pour des raisons de modestie.

« "La nuit, lorsque je suis seule dans mon lit, l'existence entière de cette autre personnalité défile devant mes yeux, et je ne me vois pas, moi, du tout, mais plutôt une personne différente, dont la race et les sentiments sont différents. Mais quel intérêt de l'évoquer ? Cela suffit à rendre quelqu'un fou. J'essaie de défendre mon rôle et d'oublier l'étrangeté de ma situation. Il ne s'agit pas de médiumnité, ni en aucun cas d'un pouvoir impur ; car son ascendant sur nous tous est bien trop fort, nous menant vers de meilleures voies. Aucun diable n'agirait de la sorte. Des 'esprits' peut-être ? Mais si nous en venons à cela, mes anciens 'spectres' n'oseront plus m'approcher. Il suffit que j'entre dans la pièce où se tient une séance, pour que cessent tous les types de phénomènes d'un seul coup, particulièrement les matérialisations. Ah non, cela relève tout à fait d'un ordre supérieur ! Mais un phénomène d'un autre type se produit de plus en plus fréquemment sous la direction de mon autre personnalité. Un de ces jours, je vous enverrai un article à ce sujet. C'est intéressant." »

Le colonel Olcott évoqua cet article ou un autre similaire lorsqu'il dit : « Vous trouverez dans un vieux numéro du *New York World* un long compte-rendu des expériences d'un reporter dans nos quartiers généraux de la 47th Street. Parmi les merveilles dont ont été témoins les huit ou dix personnes présentes, il y a eu l'apparition d'un Frère qui est passé par la fenêtre et est revenu. La pièce se situait au premier étage de la maison et il n'y avait aucun balcon sur lequel il avait pu marcher. » Mme Johnston poursuivit :

« Les journaux ont rendu compte de certains de ces phénomènes et ont décrit l'apparition de visiteurs astraux, parmi lesquels un hindou. En envoyant des extraits, H.P.B. commente : "Je vois cet hindou tous les jours, tout comme je verrais n'importe quel autre être vivant, à la seule différence qu'il m'apparaît plus éthéré et plus transparent. Auparavant je gardais le silence sur ces apparitions, pensant qu'il s'agissait d'hallucinations. Mais désormais elles sont devenues visibles pour d'autres personnes également. L'hindou apparaît et nous conseille sur notre conduite et nos écrits. Il connaît à l'évidence tout ce qu'il se passe, jusqu'aux pensées des autres personnes, et exprime son savoir à travers moi. Parfois il me semble qu'il éclipse tout mon être, entrant simplement en moi comme une sorte d'essence volatile qui pénètre tous mes pores et se dissout à l'intérieur. Après quoi nous sommes tous deux en mesure de parler aux autres, et ensuite je commence à comprendre les sciences et les langues, et à me souvenir de tout cet enseignement qu'il me dispense, même lorsqu'il n'est plus avec moi."

« Dans des lettres antérieures de H.P.B. à Mme Jelikovsky, l'intelligence dont elle dit qu'elle "enveloppe son corps" et utilise son cerveau est évoquée comme "la Voix" ou "Sahib". Ce n'est que plus tard qu'elle l'a appelée, elle ou une autre, "Voix", ou "Maître". Par exemple, elle a écrit à Mme Jelikovsky : "Je ne parle jamais à personne de mon expérience avec la Voix. Lorsque j'essaie d'assurer mes interlocuteurs que je n'ai jamais été en Mongolie, que je ne connais ni le sanskrit ni l'hébreu ou les langues ancestrales européennes, ils ne me croient pas. 'Comment est-ce possible, disent-ils, que tu n'aies jamais été là et que tu décrives cet endroit si précisément ? Tu ne connais pas ces langues et pourtant tu traduis directement depuis les textes d'origine !' Et ils refusent donc de me croire. Ils pensent que j'ai des raisons mystérieuses de garder le secret ; et d'ailleurs, il m'est toujours embarrassant de le nier lorsque tout le monde m'a entendue discuter dans des dialectes indiens variés, avec un professeur qui a passé vingt ans en Inde. Enfin, tout ce que je peux dire, c'est que soit ils sont fous, soit je suis un changeling !"

« Elle a écrit à sa tante, Mme Fadeef, avec laquelle elle avait été élevée et éduquée de 1875 à 1876 environ : "Dites-moi, ma chère, les mystères physiologico-psychologiques vous intéressent-ils ? En voici un pour vous, qui est tout à fait de nature à stupéfier n'importe quel physiologiste. Il y a au sein de notre Société quelques membres infiniment érudits, par exemple le Professeur Wilder, l'un des premiers archéologues et orientalistes aux États-Unis, et toutes ces personnes viennent me voir afin que je les instruise, et jurent que je connais toutes les sortes de sciences et de langues orientales, positives comme abstraites, bien mieux qu'eux-mêmes. C'est un fait ! Et il est aussi mauvais de se heurter à un fait qu'à une fourche.

« "Alors, dites-moi, comment est-il possible que moi, dont le savoir a été si mauvais jusqu'à l'âge de quarante ans, je sois soudainement devenue un phénomène d'érudition aux yeux des vrais savants ? Ce fait est un mystère impénétrable de la Nature. Moi, un problème psychologique et une énigme pour les générations futures, un Sphinx ! Imaginez donc que, n'ayant pas la moindre notion de physique, de chimie ou de zoologie, me voilà subitement capable d'écrire des dissertations entières sur ces sujets. Je débats avec des hommes de science, débats desquels je sors souvent triomphante.

« "Ce n'est pas une plaisanterie, je suis parfaitement sérieuse : je suis véritablement effrayée, car je ne comprends pas comment cela s'est produit. Il est vrai que les trois années qui ont précédé, j'ai étudié jour et nuit, lisant et réfléchissant. Mais quoi que je puisse lire, tout me paraissait familier : je trouve des erreurs dans les articles les plus savants de Tyndall, Herbert Spencer, Huxley et des autres. Si quelque archéologue fait appel à moi, il m'assurera sûrement, en prenant congé, que je lui ai éclairci la signification de monuments variés, et que j'ai attiré son attention sur des choses qu'il n'aurait jamais pu imaginer. Tous les symboles de l'Antiquité et leur sens secret me parviennent, et se tiennent devant mes yeux dès qu'ils sont abordés dans la conversation."

« À Mme Jelikovsky, elle a écrit "N'ayez crainte, je n'ai pas perdu l'esprit. Tout ce que je puis dire est que quelqu'un m'inspire indéniablement, et plus que cela, quelqu'un entre en moi. Ce n'est pas moi qui parle et qui écris, c'est quelque chose en moi, mon Soi supérieur et lumineux, qui pense et écrit à ma place. Ne me demandez pas, mon amie, quelle expérience je vis, car je ne pourrais vous l'expliquer clairement. Je l'ignore moi-même ! La seule chose que je sais est que maintenant, alors que je m'apprête à entrer dans la vieillesse, je suis devenue une sorte d'entrepôt pour les connaissances d'un autre… Quelqu'un vient et m'enveloppe comme un nuage embrumé et me pousse en même temps hors de moi-même, et puis je ne suis plus 'moi', Helena Petrova Blavatsky, mais quelqu'un d'autre. Un être fort et puissant, né dans une région du monde totalement différente ; et en ce qui me concerne, c'est presque comme si j'étais endormie ou allongée à côté, pas tout à fait consciente, non dans mon corps, mais près de lui, reliée à lui et tenue juste par un fil.

« "Pourtant, à certains moments, je vois et j'entends tout de manière assez claire ; je suis parfaitement consciente de ce que fait et dit mon corps, ou du moins son nouveau détenteur. Je le comprends et m'en souviens d'ailleurs si bien que je peux ensuite le répéter et même retranscrire ses mots… Dans un tel moment, je vois sur les visages d'Olcott et des autres, stupeur et frayeur, et je suis avec intérêt la manière dont il les considère, à demi compatissants, par mes propres yeux, et dont il leur délivre des enseignements avec ma propre langue. Mais ce n'est pas avec mon esprit, mais avec le sien, qui enveloppe mon cerveau tel un nuage — Ah, mais je ne peux vraiment pas tout expliquer." »

Concernant son propre Moi, qu'elle mentionnait plus haut, ce qui suit est particulièrement intéressant : « Vers cette époque il s'est avéré que H.P.B. avait été grandement tourmentée ; car bien que certains membres de la Société théosophique naissante ont été capables d'avoir "des visions de purs Esprits planétaires", elle ne voyait que "des souffles terrestres, des esprits élémentaires", du même type que ceux dont elle avait dit qu'ils jouaient le rôle principal au cours des séances de matérialisation. Elle écrit :

« "Dans notre Société, tout le monde doit être végétarien, ne manger aucune chair et ne boire aucun vin. C'est là l'une de nos premières règles[1]. On sait quelle influence malfaisante ont les évaporations du sang et de l'alcool sur la part spirituelle de la nature humaine, faisant éclater les passions animales en un incendie ravageur ; et un jour, j'ai résolu de jeûner plus drastiquement que jusqu'alors. Je ne mangeais que de la salade et n'ai pas du tout fumé pendant neuf jours entiers, j'ai dormi au sol et voici ce qu'il s'est produit :

« "J'ai entrevu brusquement l'une des scènes les plus répugnantes de ma propre vie, et je me suis sentie comme si j'avais quitté mon corps, le contemplant avec dégoût tandis qu'il marchait, parlait, devenait bouffi de graisse et commettait des péchés. Peuh ! Combien je me suis détestée ! La nuit suivante, lorsque je me suis allongée sur le sol dur, j'étais si exténuée que je me suis vite endormie, et une obscurité profonde et impénétrable m'a alors enveloppée. Puis j'ai vu apparaître une étoile ; elle a produit une lumière haut, bien haut au-dessus de moi, et a chuté ensuite droit sur moi. Elle est tombée pile sur mon front et s'est transformée en une main.

---

1. « Il s'agissait d'une règle proposée. H.P.B. acceptait une chose proposée comme une chose faite, et en parle donc ainsi ici. Mais elle ne suivit pas la règle alors proposée, et ne me suggéra jamais son application. W. Q. J. »

« "Alors que cette main reposait sur mon front, je brûlais de savoir à qui elle appartenait – je me suis concentrée en une seule prière, sous l'impulsion d'une volonté, celle d'apprendre de qui il s'agissait, à qui appartenait cette main lumineuse ; et je l'ai appris : celle qui se tenait là, au-dessous, c'était moi-même. Brusquement, ce second moi s'est adressé à mon corps. 'Regarde-moi !' Mon corps l'a regardé et a vu que la moitié du second moi était noire comme le jais et l'autre d'un gris blanchâtre, et que seul le haut de la tête était parfaitement blanc, brillant et lumineux. Et à nouveau, je me suis adressée à mon corps : 'Lorsque tu deviendras aussi brillante que cette petite partie de ta tête, tu seras capable de voir ce que les autres voient, par le biais des purifiés qui se sont lavés et rendus propres ; et en attendant, rends-toi propre, rends-toi propre, rends-toi propre.' Et alors je me suis réveillée." »

« H. P. B. a écrit à Mme Jelikovsky à une date inconnue qu'elle apprenait à sortir de son corps et qu'elle proposait de lui rendre visite à Tiflis "en un clin d'œil". Cela a effrayé et amusé Mme Jelikovsky, qui a répondu qu'elle ne la dérangerait pas si inutilement. H.P.B. a ajouté :

« "De quoi avez-vous peur ? Comme si vous n'aviez jamais entendu parler de l'apparition de doubles ! Moi, c'est-à-dire mon corps, je serai tranquillement endormie dans mon lit, et cela ne changera rien s'il doit m'attendre en étant éveillé : il sera dans l'état d'un idiot inoffensif. Et cela n'est pas étonnant : la lumière divine en sera absente, volant vers vous ; puis elle s'en retournera, toujours en volant, et une fois de plus, le temple sera illuminé par la présence de la déité. Mais uniquement dans le cas, est-il besoin de le préciser, où le lien entre les deux ne serait pas brisé. Si vous hurlez comme une folle, il pourrait se déchirer ; et alors, amen pour mon existence ! Je mourrais instantanément…

« "Je t'ai écrit que nous avons eu un jour la visite du double du Professeur Stainton Moses. Sept personnes l'ont vu. Quant au Maître, il est assez régulièrement vu par de parfaits étrangers. Parfois, il ressemble en tous points à un homme vivant aussi gai qu'il soit possible de l'être. Il me taquine sans cesse et je suis totalement habituée à lui maintenant[1]. Il nous emmènera bientôt tous en Inde, et là-bas, nous le verrons dans son corps, comme une personne ordinaire." »

Dans le numéro de *The Path* de janvier 1895, Mme Johnston écrivit : « Immédiatement après la parution de *Isis dévoilée*, H. P. B. a écrit à Mme Jelikovsky :

« "Il vous semble étrange qu'un certain hindou, Sahib, soit si libre et si à l'aise dans ses rapports avec moi. Je peux vous comprendre ; il est certain qu'une personne qui n'est pas habituée à ce genre de phénomène, qui, quoiqu'il ne soit pas sans précédent, est cependant totalement ignoré, sera incrédule. Pour la raison toute simple qu'une telle personne n'a pas l'habitude de se plonger dans un sujet de ce type.

« "Par exemple, vous demandez s'il est susceptible de s'amuser à flâner dans d'autres gens en même temps que dans moi. Je peux vous assurer que je l'ignore ; mais voici quelque chose dont je suis absolument certaine : admettez que l'âme de cet homme,

---

1. Était-ce « John King » ?

sa véritable âme vivante, est tout à fait séparée du reste de l'organisme, que ce périsprit n'est pas collé aux 'entrailles' physiques, et que cette âme qui existe dans tout être vivant, de l'infusoire à l'éléphant, est différente de son double physique, tout simplement étant donné qu'étant plus ou moins éclipsée par l'esprit immortel, elle est capable d'agir de manière libre et indépendante. Dans le cas du profane non initié, elle agit durant son sommeil ; dans le cas d'un adepte initié, elle agit au moment qu'il choisit, selon ses souhaits. Essayez simplement d'assimiler ceci, et beaucoup de choses deviendront limpides pour vous.

« "Dans des époques bien lointaines, on connaissait et l'on croyait déjà en ce fait. Saint Paul, qui était le seul parmi les Apôtres à être un adepte initié aux Mystères grecs, y fait clairement allusion lorsqu'il narre comment il a rejoint 'le troisième ciel, que ce soit à l'intérieur ou en dehors du corps, je ne puis le dire : Dieu seul le sait.' Rhoda dit également de Pierre 'Ce n'est pas Pierre, mais son ange', c'est-à-dire son double ou son âme. Et dans les Actes des Apôtres, ch. VIII, v. 39, lorsque l'esprit de Dieu a soulevé Philippe et l'a transporté, c'était non pas son corps qui était transporté, non pas sa vulgaire chair, mais son ego, son esprit et son âme. Lisez Apulée, Plutarque, Jamblique, et les autres érudits : ils évoquent tous ce type de phénomène, bien que les serments qu'ils ont prêtés au cours de leur initiation ne leur aient pas permis d'en parler ouvertement. Ce qu'accomplissent inconsciemment les médiums, sous l'influence de pouvoirs extérieurs qui prennent possession d'eux, les Adeptes peuvent l'accomplir de leur pleine volonté...

« "Pour ce qui est de Sahib, je le connais depuis longtemps. Il est venu à Londres avec le prince du Népal ; il m'a envoyé, il y a trois ans, une lettre écrite par un Indien qui est venu ici pour enseigner le bouddhisme. Dans cette lettre, il m'a rappelé de nombreuses choses qu'il avait alors prédites et m'a demandé si je consentais à lui obéir, afin d'éviter une destruction totale[1]. Après cela, il est apparu à maintes reprises, pas uniquement à moi, mais également à d'autres, et il a ordonné à Olcott d'être le président de la Société, lui enseignant comment la fonder. Je connais et reconnais toujours le Maître, et lui parle souvent sans le voir. Comment expliquer qu'il m'entende où que je sois, et que je perçoive sa voix au-delà des mers et des océans vingt fois par jour ? Je ne le sais, mais c'est ainsi. Je ne puis affirmer qu'il entre personnellement en moi ; si ce n'est lui, c'est son pouvoir, son influence. À travers lui, je suis forte ; sans lui, je ne suis rien."

« Peu après la parution de *Isis dévoilée*, H. P. B. a été invitée à écrire dans toute sorte de journaux. Cela l'a amusée grandement, et elle a écrit à Mme Jelikovsky : "Il est heureux que je ne sois pas vaniteuse, et d'ailleurs pour tout vous dire, je n'ai guère le temps d'écrire dans les publications d'autrui pour de l'argent... Notre travail est de plus en plus important. Je dois travailler, je dois écrire et écrire, étant donné que je peux trouver des éditeurs pour mes oeuvres. Pouvez-vous croire que tant que j'écris, j'ai sans cesse l'impression de produire des bêtises et des absurdités

---

1. Voir Chapitre XXX.

que personne ne sera jamais en mesure de comprendre ? Puis c'est publié et commencent les louanges. Les gens le republient, sont en extase ! Eh bien, si je pouvais écrire en russe et être saluée par mon propre peuple, alors peut-être croirais-je être à la hauteur de mes ancêtres, les comtes Hahn Hahn von der Rothenhahn, d'heureuse mémoire."

« H. P. B. disait souvent à sa famille qu'elle ne s'enorgueillissait pas en tant qu'auteur pour *Isis dévoilée*, qu'elle n'avait aucune idée du sujet de ses écrits, qu'on lui ordonnait de s'asseoir et d'écrire, et que son seul mérite était d'obéir à cet ordre. Sa seule crainte était d'être incapable de décrire précisément ce qui lui était révélé par de belles images. Elle a écrit à sa soeur :

« "Tu ne crois pas que je te dis la vérité divine au sujet de mes Maîtres. Tu les considères comme des mythes ; mais il ne t'est pas évident que sans leur aide, je n'aurais pu écrire au sujet de 'Byron et des affaires sérieuses', comme le dit Oncle Roster[1] ? Que savons-nous, toi et moi, de la métaphysique, des philosophies et des religions anciennes, de la psychologie et de tant d'autres énigmes ? N'avons-nous pas étudié ensemble, à la seule différence que tu étais plus brillante que moi ? Et regarde désormais sur quoi j'écris ; et les gens, des professeurs et des scientifiques aussi, me lisent et en font l'éloge. Ouvre *Isis* où tu veux et décide par toi-même. Quant à moi, je dis la vérité : le Maître me raconte et me montre tout ceci. Devant mes yeux défilent des images, d'anciens manuscrits, des dates : je n'ai qu'à copier, et j'écris avec tant de facilité que ça ne constitue absolument pas un travail, mais plutôt le plus grand des plaisirs." »

---

1. Le général Rostislav Fadeef.

Chapitre XXXIV
Le Club du miracle

Le Maître Serapis, dans sa première lettre au colonel Olcott en mars, lui avait dit : « N'abandonne pas ton club, essaie encore. » À cette époque le livre du colonel « produisait un tollé énorme », selon H. P. B. Vers mai, cependant, elle écrivit à Alexandre Aksakoff : « Un désastre s'est abattu sur nous... Olcott se tient sur les amas de son livre *Le peuple de l'autre monde*, comme Marius sur les ruines de Carthage, ressassant des pensées amères.... L'échec fait suite à l'échec, il existe une terrible panique ; ceux qui ont de l'argent le cachent, et ceux qui n'en ont pas meurent de faim. Mais Olcott ne perd pas courage. Avec son esprit racé de Yankee, il a inventé un "Club des miracles" ; nous verrons ce qu'il en ressortira. Je peux répondre de moi-même : tant que mon âme demeure dans mon corps, je me tiendrai debout et combattrai pour la vérité. »

H. P. B. vivait alors en Philadelphie et le colonel Olcott à New York. Il écrivit dans son œuvre *Vieilles pages de journal* : « En mai 1875, j'essayais d'organiser à New York, avec son approbation, un comité d'enquête privé sous le nom de "Club du miracle."... L'objectif était de garder nos portes fermées à tous, excepté aux membres du Club, qui avaient interdiction de révéler jusqu'à l'endroit des réunions. "Toutes les manifestations, y compris les matérialisations, doivent se produire au vu de tous, et sans cabinet." »

Le modèle du « Club du Miracle » semble avoir été basé sur celui du « Club » de Londres, que Maître K. H. décrivit en ces termes en 1882 : « Le meilleur et le plus prometteur de telles écoles en Europe, et la dernière tentative dans ce sens, a échoué le plus visiblement il y a quelque vingt années à Londres. Il s'agissait de l'école secrète de l'enseignement pratique de la magie, fondée sous le nom d'un club, par une douzaine d'enthousiastes, sous la houlette du père de Lord Lytton. Il avait pour l'occasion réuni les plus passionnés, les plus entreprenants, ainsi que les plus érudits savants en matière de mesmérisme et de "magie rituelle", tels Eliphas Levi, Regazzoni, et le Copte Zergvan-Bey. Et pourtant, dans l'atmosphère pestilentielle de Londres, le "Club" a fini par disparaître. Je l'ai visité environ une demi-douzaine de fois, et j'ai perçu dès la première qu'il n'y avait rien à en faire.... Cela est devenu presque impossible, même en Inde, à moins d'être prêt à gravir une hauteur entre 5000 et 6000 mètres au beau milieu des glaciers de l'Himalaya ». Le 27 mai, la notice suivante parut dans le *Spiritual Scientist* :

UN BUDGET DE BONNES NOUVELLES.

« L'organisation du Club du miracle du colonel Olcott progresse de manière satisfaisante. Des candidatures sont reçues tous les jours de la part de ceux qui souhaitent en devenir membres, mais peu ont été sélectionnés ; car le souhait est que le Club soit composé d'hommes possédant une réputation, une science et d'autres réussites telles qu'ils offriraient au public la garantie parfaite de la fiabilité des conclusions qu'ils pourraient rendre. Le médium qui doit s'asseoir avec les enquêteurs a été temporairement appelé loin de New York, étant activement intéressé par certaines opérations commerciales... »

Malheureusement pour le Club, les « opérations commerciales » du médium n'étaient pas du tout celles désirées. Quelques pages plus loin dans son journal, le colonel nota : « Le médium pressenti appartenait à une famille des plus respectables, et a parlé si honnêtement que nous pensions nous être attachés un trésor. Il s'est avéré être sans le sou, et puisque H.P.B., alors dans une heure de grand besoin, n'avait pas d'argent à accorder, elle a mis en gage sa longue chaîne d'or[1] et lui en a remis la recette : non seulement ce chien a échoué en tant que médium, mais on nous a également rapporté qu'il avait répandu des calomnies contre celle qui avait été bonne pour lui. »

H. P. B. colla un exemplaire découpé du « Budget de bonnes nouvelles » dans son classeur et commenta à ce sujet : « Une tentative conséquente aux ordres reçus de T. B.... via P... se faisant passer pour G. K. M∴ qui intimait de commencer à dire la vérité au sujet du phénomène et de leurs médiums. Et maintenant, mon martyr va débuter ! J'aurai contre moi tous les spiritualistes en plus des chrétiens et des sceptiques. Que ta volonté, O M ! soit faite ! H. P. B. » Sur ceci, le colonel Olcott commenta : « Si l'on prend la remarque de H.P.B. telle qu'elle est écrite ci-dessus, il semble qu'il n'y aurait pas eu de Société théosophique — j'ai bien dit, il semble — si son médium pressenti pour le Club du miracle n'avait pas complètement échoué et ainsi empêché que j'achève son organisation. »

H. P. B. était frappée par la pauvreté. En avril, elle écrivit à M. Aksakoff en Russie : « Depuis que je me suis rendue en Amérique, je me suis entièrement consacrée au Spiritualisme. Non pas à son côté matériel, extraordinaire, mais au Spiritualisme spirituel, et à la propagande de ses vérités sacrées. Tous mes efforts n'ont qu'un seul but, la purification de la nouvelle religion de toutes les mauvaises herbes. » Un mois plus tard, elle écrivit : « Cette année j'ai gagné jusqu'à 6000 dollars avec mes articles et mes autres travaux, et tout, tout est parti dans le Spiritualisme. Et maintenant, dans la présente atmosphère d'infidélité, de doute et d'aveuglement, après l'affaire de Katie King, tout ceci semble terminé. Autrefois, lorsque j'écrivais un article sensationnel, je le republiais sous forme de pamphlet, et j'en vendais plusieurs milliers à dix centimes la copie, mais que puis-je republier désormais ?

---

1. Probablement la longue chaîne d'or avec laquelle elle avait l'habitude d'attacher son chien Terre-Neuve lors de ses voyages.

Personne ne peut se quereller avec tout le monde... Le *Banner of Light* est tombé de 25 000 abonnés à 12 000. » En juillet, elle lui dit avec désespoir : « Je suis prête à vendre mon âme pour le Spiritualisme, mais personne ne l'achèterait, et je vis au jour le jour, travaillant pour dix ou quinze dollars lorsque cela devient nécessaire. »

Le colonel Olcott mit en lumière cette intense activité littéraire lorsqu'il écrivit : « La publication de mon livre a eu d'importants résultats, parmi lesquels des discussions interminables dans les organes de spiritualisme américains et anglais et dans la presse laïque, auxquels nous avons participé, H.P.B. et moi-même, ainsi qu'à la formation d'amitiés durables avec plusieurs journalistes des plus excellents, qui nous ont permis de faire du battage autour de tout le sujet de l'occultisme occidental et oriental. Presque immédiatement se sont adressés à nous des enquêteurs des deux hémisphères et nous avons été attaqués ou défendus par opposants et sympathisants...

« M. C. C. Massey, de Londres, est venu en Amérique afin de vérifier expressément, en observant directement sur place, la véracité de mon récit sur le phénomène des Eddy. Nous nous sommes beaucoup vus... une amitié étroite s'est développée entre nous. J'avais déjà été mis en relation avec les défunts Hon. Robert Dale Owen et M. Epes Sargent, de Boston. Ce dernier m'avait permis de gagner à la fois un journaliste précieux et un ami des plus chers, en la personne du défunt M. Stainton Moses [Moseyn], M. A., Oxon, enseignant de littérature classique et d'anglais au University College de Londres, et écrivain le plus brillant et le plus estimé parmi les spiritualistes britanniques.

« Il avait l'idée bien ancrée que ses professeurs – "l'Imperator", "Kabilla", "Mentor", "Magus", *et al*, étaient tous des esprits humains désincarnés, certains très anciens et d'autres moins, mais tous sages et bienfaisants... Les remontrances de l'Imperator... sont sensiblement en accord avec les règles orientales... Il est désormais clair à mes yeux que cette seule Intelligence dirigeante, poursuivant un plan de grande envergure qui inclut toutes les nations et tous les peuples, agissant à travers de nombreux agents autres que nous, a en main son développement et le mien...

« Qui était son agent, cet "Imperator", je ne le sais pas ; je ne sais même pas qui était vraiment H.P.B., mais je suis enclin à croire qu'il s'agissait soit du Moi de S. M., soit d'un Adepte, et que "Magus" et les autres de la bande de S. M. étaient également des Adeptes... En ce qui concerne "Magus", j'ai quelques données très intéressantes, et je suis parvenu à une opinion de lui bien plus claire que celle que j'ai de "l'Imperator".

« Je suis presque certain qu'il est un Adepte vivant ; non seulement cela, mais l'un de ceux qui ont eu affaire à nous. En mars 1876, j'ai envoyé à S. M. un morceau de laine de coton ou de mousseline imprégné d'un parfum liquide que H.P.B. pouvait faire suinter de sa paume à volonté, lui demandant s'il le reconnaissait. Le 23, il a répondu : "L'odeur de bois de santal m'est si familière... Le parfum que nous appelions toujours 'le parfum de l'esprit' était celui-ci[1] ; et nous le conservions toujours dans les meilleures conditions, et ce au cours des deux dernières années... La maison dans laquelle nous avions pour habitude de nous rencontrer l'exhalait pendant des jours... Quel merveilleux pouvoir que celui qu'exercent les Frères." »

H. P. B. écrivit un jour à M. Sinnett : « K. H. et M. et le Chohan disent que l'Imperator des premiers temps de sa médiumnité (de S. M.) est un Frère, et je l'affirmerai encore et toujours ; mais assurément l'Imperator d'alors n'est pas l'Imperator actuel. » Maître K. H., écrivant à M. Sinnet à la fin de l'année 1883, dit : « Pour la première fois de ma vie, j'ai vraiment prêté attention aux déclarations des médias poétiques... M. savait tout à leur propos. » Dans une autre lettre de cette année-là, il ajouta : « Il me suffit de dire que "Ski", le guide de Mme Hollis-Billing, a plus d'une fois servi de porteur et même de porte-parole pour certains d'entre nous. »

La série d'histoires étranges que H.P.B. écrivit pour les journaux américains, sous le nom de plume de Hadji Mora, parut un petit peu plus tard : la première, « Le double peut-il assassiner ? » dans le *New York Sun* du 27 décembre 1875 ; la seconde le 2 janvier 1876. Celle-ci était intitulée *The Luminous Circle*, et on la trouvait dans ses *Nightmare Tales* sous le titre *The Luminous Shield*. La troisième de la série, *The Cave of the Echoes*, fut refusée par le *Sun*, « assassinée en raison du fait qu'elle était trop horrible ! », nota-t-elle sur l'extrait découpé mis dans son classeur, celui du *Banner of Light* au lieu du *Sun*. Une autre de ses histoires fut publiée dans le *Spiritual Scientist* en 1875, *An Unsolved Mystery*, qu'elle annota comme suit : « Écrite le 27 novembre. Provient de l'I... Narrative » l'Illarion Narrative, car elle et Hilarion collaborèrent pour l'écriture de ses histoires. On la trouvait dans *A Modern Panarion*, et elle fut récemment republiée dans *Two Stories* par H. P. B[2].

Dans le *Spiritual Scientist* du 22 juin apparut une

NOTICE AUX MÉDIUMS

Conformément à la requête de l'Honorable Alexander Aksakoff, Conseiller d'État au sein de la Chancellerie impériale à Saint-Pétersbourg, les soussignés indiquent par la présente qu'ils sont prêts à recevoir les candidatures de médiums physiques disposés à aller en Russie, pour les examiner devant un comité de l'Université impériale.

Afin d'éviter toute déconvenue, il serait bon d'indiquer que les soussignés ne recommanderont pas de médiums dont la bonne moralité personnelle n'est pas montrée de manière satisfaisante, ni quiconque refusant de se soumettre à un test scientifique approfondi de ses pouvoirs de médium dans la ville de New York, avant d'embarquer, ni quiconque ne pouvant exposer la plupart de ses phénomènes dans une pièce éclairée, qui devra être choisie par les soussignés et contenir l'ameublement le plus ordinaire qui puisse être trouvé là.

Les candidatures approuvées seront immédiatement transmises à Saint-

---

1. Le colonel Olcott l'appelait « le parfum de la Loge ».
2. Voir page 55 de cette œuvre pour le fac-similé d'un autre de ses commentaires sur la question.

Pétersbourg, et à réception des ordres de la commission scientifique ou de son représentant, M. Aksakoff, à ce sujet, des certificats conformes seront donnés aux candidats retenus, et les arrangements seront faits pour les défraiements.

À adresser aux soussignés, par le biais de E. Gerry Brown, éditeur du *Spiritual Scientist*, 18, Exchange Street, Boston, Mass., qui est par la présente autorisé à recevoir les candidatures personnelles des médiums des États de la Nouvelle-Angleterre.

Henry S. Olcott.
Helene P. Blavatsky.

Le colonel Olcott dit : « Naturellement, cette lettre a suscité bon nombre de candidatures, et nous avons testé personnellement la médiumnité de plusieurs des parties, et avons été témoins de quelques phénomènes extrêmement surprenants et de certains très beaux… Durant l'été 1875, une femme appelée Mme Youngs pratiquait la médiumnité pour gagner sa vie à New York… Son principal phénomène était d'amener les esprits à soulever un lourd piano de grande taille et à le faire s'incliner d'avant en arrière au rythme des airs qu'elle jouait dessus. J'ai entendu parler d'elle et je pensais que j'obtiendrais de H.P.B. qu'elle m'accompagne afin de voir ce qu'elle pouvait faire. Elle y a consenti et j'ai mis dans ma poche trois choses à utiliser pour tester sa médiumnité, un oeuf cru et deux noix d'Amérique… Le *Sun* du 4 septembre 1875 rapporté les faits suivants :

« "Le colonel a demandé ici l'autorisation de faire un seul test… Mme Young y consentant, il a sorti un œuf de poule et lui a demandé de le tenir dans sa main contre le dessous du piano, puis de demander aux esprits de le soulever. La médium a dit que, bien entendu, au cours de ses séances, on ne lui avait jamais suggéré un tel test, et qu'elle ne pouvait pas en garantir le succès, mais qu'elle essaierait. Elle a pris l'œuf et l'a tenu comme souhaité, puis, frappant la caisse de son autre main, a demandé aux esprits de voir ce qu'ils pouvaient faire. Immédiatement, le piano s'est élevé comme avant, et est resté suspendu un moment dans les airs. L'expérience, saisissante et novatrice, a été un succès total… Le colonel a alors présenté deux noix, et a demandé aux esprits de les fendre sous les pieds du piano, sans en broyer l'intérieur. Les esprits y étaient disposés, mais comme les pieds du piano reposaient sur des roulettes, le test a été abandonné." »

« Une scène de médiumnité bien plus jolie et poétique a été celle de Mme Mary Baker Thayer de Boston, Mass., à l'examen du phénomène duquel j'ai consacré environ cinq semaines de cet été-là. C'était une "médium fleur", *viz.*, une voyante en présence de laquelle pleuvent des rideaux de fleurs et d'arbustes qui poussent, de plantes grimpantes et d'herbes, de feuilles et de branches fraîchement arrachées des arbres… Un long rapport résumé de mes enquêtes sur Thayer, pour quelques-unes desquelles H.P.B. était présente, est paru dans le *New York Sun* du 8 août 1875…

« Notre aimable hôtesse, Mme Charles Houghton, s'est rendue en ville avec moi afin d'assister à la séance publique de Mme Thayer. H. P. B. a décliné l'invitation, et nous l'avons laissé discuter avec M. Houghton dans le salon. On avait ordonné à la calèche de venir nous chercher à une certaine heure, mais la séance a été courte… Puisque nous n'avions rien de mieux à faire, j'ai demandé à Mme Thayer de nous accorder une séance privée… Bientôt, nous avons entendu la calèche arrive à la porte, et au même moment j'ai senti une fleur fraîche et humide tomber sur le dos de ma main… C'était un joli bouton double de pourpier à grandes fleurs à demi ouvert, luisant de gouttes de rosée. La médium a commencé à parler comme si quelqu'un dans son dos s'était adressé à elle : "les esprits disent, colonel, qu'il s'agit d'un cadeau pour Mme Blavatsky."

« Je l'ai alors tendu à Mme Houghton, et elle l'a donné à H.P.B. lorsqu'en rentrant nous l'avons trouvée fumant des cigarettes et parlant toujours avec notre hôte… H. P. B. tenait la fleur dans sa main, en respirant le parfum, avec l'air étrangement lointain que ses proches associaient à l'œuvre de son phénomène. Sa rêverie a été interrompue par M. Houghton qui disait : "Quelle fleur exquise, Madame ; voulez-vous bien me laisser la voir ?" Elle la lui a tendue avec le même regard rêveur, comme mécaniquement. Il a reniflé l'odeur, mais s'est exclamé soudain : "Qu'elle est lourde ! Je n'ai jamais vu une telle fleur. Voyez, son poids la fait même pencher vers sa tige !"…

« Je la lui ai prise et c'est vrai ! elle pesait effectivement très lourd. "Attention : ne la cassez pas !" s'est exclamée H.P.B. J'ai levé le bouton avec le pouce et l'index et l'ai regardé. Rien de visible n'expliquait le poids phénoménal. Mais alors une pointe de lumière jaune a scintillé en son centre ; et avant que j'aie pu y jeter un second coup d'œil, une lourde bague d'or uni a surgi, comme poussée par un ressort intérieur, et est tombée au sol entre mes pieds. La fleur a repris instantanément sa position droite naturelle…

« Eh bien, il y a certainement une explication possible dans la science occulte : la matière dans la bague d'or et celle dans les pétales de la fleur peuvent avoir été élevées de la troisième à la quatrième dimension, et avoir été restaurées à nouveau dans la troisième à l'instant où la bague a jailli de la fleur… Ce n'était pas une création surgie du néant, juste un apport ; je crois qu'elle appartenait à H.P.B. et qu'elle était poinçonnée, ou avait un autre sceau qui attestait de sa qualité.

« C'était une bague formidable pour les phénomènes, assurément, à en juger par ce qui s'est produit avec un an et demi plus tard… H.P.B. et moi-même vivions dans deux appartements au sein de la même maison à New York. Un soir, ma sœur mariée, Mme W. H. Mitchell, est venue avec son mari nous rendre visite à H. P. B. et moi-même, et au cours de la conversation a demandé à voir la bague et m'a invité à raconter son histoire. Elle l'a regardée et l'a mise à son doigt tandis que je parlais, après quoi elle l'a tendue vers H.P.B. dans la paume de sa main. Mais H.P.B., la laissant où elle était sans la toucher, a refermé les doigts de ma sœur, a tenu sa main un moment puis l'a lâchée, et a demandé à ma sœur de la regarder.

Ce n'était plus une bague d'or uni, car nous avons trouvé trois petits diamants incrustés dans le métal, à la "tsigane", et placés de manière à former un triangle. Comment cela s'était-il produit ?...

« Pour en revenir à Mme Thayer, nous étions si satisfaits de sa phase de médiumnité que nous lui avons offert l'opportunité d'aller en Russie ; mais, comme Mme Youngs, elle a décliné la proposition. Des offres similaires ont été faites à Mme Huntoon, la sœur des Eddys, à Mme Andrews et au Dr Slade, mais ils les ont tous refusées. L'affaire s'est donc éternisée jusqu'à l'hiver 1875, au moment où la Société théosophique a vu le jour...

« Le résultat de notre quête de médiums a été la sélection du Dr Henry Slade en mai 1876. M. Aksakoff m'a envoyé 1000 dollars en or pour ses dépenses, et il est parti en temps voulu pour sa mission. Mais... Il s'est arrêté à Londres, a donné des séances, a suscité un grand enthousiasme du public et a été arrêté sur la plainte du professeur Lankester et du docteur Donkin au prétexte de tricherie. C. C. Massey était son avocat et l'a sauvé sur un point technique, en appel. Slade a ensuite fourni à Leipzig les célèbres tests grâce auxquels le professeur Zollnor a prouvé sa théorie de la Quatrième Dimension, et a visité la Hague et d'autres endroits avant de se rendre à Saint-Pétersbourg. »

CHAPITRE XXXV
La création de la Société théosophique

« J'ai été intentionnellement envoyée chez les Eddy, en Amérique. J'y ai trouvé Olcott, amoureux des esprits, qui est devenu plus tard amoureux des Maîtres. On m'avait ordonné de lui dire que les phénomènes spirituels sans la philosophie de l'occultisme étaient dangereux et trompeurs. Je lui ai alors expliqué que tous ces moyens pouvaient se faire soit par le biais des esprits, soit sans aucun esprit du tout, par n'importe quel moyen qu'il jugerait bon ; les cloches et la lecture dans les pensées, les coups secs et les phénomènes physiques pouvaient être réalisés par quiconque ayant l'aptitude d'agir dans son corps physique à travers les organes de son corps astral ; et j'avais la faculté de faire cela depuis que j'avais quatre ans, comme le savait toute ma famille. Je pouvais déplacer les meubles et faire voler les objets, et mes bras astraux qui les soutenaient demeuraient invisibles ; tout cela avant même que je ne connaisse les Maîtres.

« Eh bien, je lui ai dit toute la vérité. Je lui ai dit que j'avais connu les adeptes, les "frères", pas seulement en Inde et au-delà du Ladakh, mais en Égypte et en Syrie – car il y a là des "frères" aujourd'hui encore. Les noms des "mahatmas" n'étaient pas encore connus à l'époque puisqu'ils étaient appelés ainsi seulement en Inde. Qu'ils soient appelés rosicruciens, kabbalistes ou yogis, ils étaient considérés comme des adeptes partout, silencieux, mystérieux, réservés, et qui ne se dévoilaient jamais entièrement à quiconque à moins que l'on ne fasse comme je l'ai fait – passer entre sept et dix ans de probation, et donner des preuves de dévouement absolu qu'il ou elle garderait silencieux, même avant une perspective et une menace de mort. J'ai respecté les exigences, et suis ce que je suis… Tout ce qu'il m'était permis de dire était – la vérité. Il y a au-delà de l'Himalaya un cercle d'adeptes de nationalités variées que le Tsechu lama connaissait. Ils agissaient ensemble, certains d'entre eux étaient avec lui et pourtant leur véritable nature restait inconnue des lamas moyens, qui étaient pour la plupart des imbéciles ignorants. Mon Maître, K.H. et plusieurs autres que je connaissais personnellement étaient là, et étaient tous en communication avec les adeptes d'Égypte, de Syrie et même d'Europe.

« J'ai été la première aux États-Unis à faire de la publicité pour nos Maîtres, et à révéler les noms sacrés de deux membres de la fraternité, jusqu'alors inconnus en Europe et en Amérique (sauf pour quelques mystiques et initiés de tout âge), pourtant sacrés et adorés à travers l'est, et particulièrement en Inde.

« Le Maître m'a envoyée aux États-Unis afin de voir ce qui pourrait être fait pour arrêter la nécromancie et la magie noire inconsciente exercées par les spiritualistes. J'étais faite pour vous rencontrer et changer vos idées. La société était formée, puis amenée progressivement à fusionner et à faire évoluer les sous-entendus des enseignements de la doctrine secrète de la plus vieille école de philosophie occulte du monde entier – une école de réforme, qui était finalement faite pour que monsieur Gautama apparaisse. Ces enseignements ne pouvaient être donnés brusquement. Ils devaient être inculqués progressivement. »

Il semblerait qu'une campagne de préparation ait eu lieu aux États-Unis, un labourage du sol pour le mouvement à venir. Dans son premier album, H.P.B. nota les mots « prosélytes d'Inde » sur un article, ce qui indiquait que deux missionnaires avaient été envoyés aux États-Unis en 1870 – Muljee Thakersey et Tulsidas Jadarjee. Ces derniers mirent dûment en avant un besoin de réforme. D'autres allèrent en Europe et en Australie. Ces missionnaires rapportèrent des journaux afin de montrer l'état de la société chrétienne – meurtre, viol, vol, empoisonnement, contrefaçon, ivresse, suicides, adultères, infanticides, etc. H.P.B. commenta l'article : « Par H.S. Monachesi, F.T.S, 4 octobre 1875. Notre programme initial est clairement défini ici par Herbert Monachesi, l'un des fondateurs. Les chrétiens et les scientifiques doivent davantage respecter leurs Indiens. La sagesse de l'Inde, sa philosophie et ses réussites doivent être connues de tous en Europe et en Amérique, et les Anglais doivent respecter les personnes originaires de l'Inde et du Tibet plus qu'ils ne le font déjà. H.P.B. » Les articles en faveur de cet éveil de l'ouest quant à la valeur spirituelle de l'est continuèrent d'apparaître dans la presse aux États-Unis, par exemple, « La mission de Wong Ching Foo », « Enseigner le catéchisme à un bouddhiste », « Vous, les innommables païens », et « La bande de Bouddha ».

Sur ses *Vieilles pages de journal*, le colonel Olcott écrivit : « Nous pourrions maintenant poursuivre la création de la Société théosophique… » Une vive discussion avait été préparée pour l'organisation d'une telle société, à propos d'abord de spiritualisme, puis à propos de quelques pensées spirituelles orientales depuis que mes rapports du *New York Sun* sur les Eddy étaient apparus en août 1874, plus particulièrement depuis que H.P.B. et moi-même nous étions rencontrés à Chittenden, et avions utilisé la presse pour exposer nos idées hétérodoxes. Une fois ses lettres risquées publiées, les histoires qui circulaient, selon lesquelles elle aurait des pouvoirs magiques, et nos diverses affirmations quant à l'existence de races non humaines, c'est-à-dire d'êtres spirituels, impliquaient bon nombre de points communs dans notre relation ; nous étions des personnes spirituelles aux enseignements occultes. Parmi ces dernières, il y avait également des hommes scientifiques, des philologues, des auteurs, des antiquaires, des prêtres à l'esprit ouvert, des avocats, et des docteurs. Certains étaient de célèbres spiritualistes, d'autres étaient des journalistes attachés aux journaux métropolitains, trop soucieux de sortir un bon numéro pour leurs affaires.

« Il s'agissait là d'une chose audacieuse, certes, de rester insensible au préjudice public et de revendiquer la légitimité scientifique de la magie ancienne à une période de scepticisme scientifique. Cette audace avait provoqué l'attention du public, et le résultat inévitable a été que les personnes ayant lié des affinités grâce à la discussion ont dû se regrouper dans une organisation de recherches occultes.

« La tentative de regroupement dans un "club miracle" de mai 1875 ayant échoué, l'opportunité suivante s'est présentée lorsque M. Felt a donné une conférence privée à quelques-uns de nos amis, chez H.P.B. au 46, Irving Place à New York, le 7 septembre de la même année. Cette fois, cela a été une réussite ; l'infime graine de ce qui devait être un arbre banian couvrant le monde entier a été plantée dans un sol fertile, et a germé… Ce soir-là, M. Felt a abordé le thème suivant : "Le canon de proportions perdu des Égyptiens." Nous l'avons chaleureusement remercié pour sa conférence extrêmement intéressante, et une discussion animée s'en est suivie.

« Au cours de la conférence, l'idée m'est venue qu'il serait une bonne chose de former une organisation afin de poursuivre et de promouvoir les recherches occultes. Après avoir ressassé cette idée dans ma tête, j'ai écrit sur un bout de papier les mots suivants : "Ne serait-il pas une bonne idée de créer une organisation pour ce type d'étude ?", et je l'ai donné à M. Judge… afin qu'il le transmette à son tour à H.P.B. Elle a lu le papier, puis a hoché la tête pour me donner son consentement. Je me suis alors levé, et ai abordé le sujet en formulant quelques remarques préliminaires. Tout le monde a été ravi. Sur proposition de M. Judge, j'ai été élu président. L'heure étant tardive, nous avons alors remis la séance au lendemain, où des décisions officielles seraient prises. On a demandé aux personnes présentes à la conférence d'amener des sympathisants intéressés pour rejoindre ladite organisation… Je cite le rapport officiel de l'assemblée du 8 septembre : "Du fait de la proposition du colonel Henry S. Olcott de constituer une organisation pour l'étude et l'élucidation de l'art et des sciences occultes, de la Kabbale, etc., ces messieurs dames ici présents se sont réunis, et sur proposition, il a été décidé que le colonel H.S. Olcott assumera la fonction de président… que M. W. Q. Judge agira en tant que secrétaire… Sur proposition de Herbert H. D. Monachesi, il a été décidé qu'une commission de trois membres soit désignée par le président afin de rédiger une constitution et des règlements, et de rapporter cela à l'assemblée suivante… L'assemblée a été reportée au 13 septembre."

… « Lors de l'assemblée ajournée du 18 septembre (le 13 septembre susmentionné est manifestement une erreur), M. Felt a poursuivi la description intéressante de ses découvertes. Le comité sur le préambule et les règlements a signalé une progression… Sur proposition, il a été décidé que le nom de la société serait « la Société théosophique. » Le président a chargé les révérends M. Wiggin et M. Sotheran de choisir des salles de réunion adaptées ; puis plusieurs nouveaux membres ont été nommés et ajoutés à la liste des fondateurs.

« Le choix de la dénomination de la société a bien sûr été l'objet d'une sérieuse discussion pour la commission. Il y a eu plusieurs suggestions, notamment si je me souviens bien, l'Égyptologie, l'Hermétique, la Rose-Croix, etc., mais aucune d'entre elles ne semblait correspondre. Finalement, en feuilletant le dictionnaire, l'un d'entre nous est tombé sur le mot « théosophie », à la suite de quoi après une discussion, nous avons estimé à l'unanimité qu'il s'agissait de la meilleure appellation, car cela reflétait à la fois la vérité ésotérique que nous espérions atteindre, et permettait de traiter le sujet les sciences occultes avec les méthodes de Felt. »

Il semblerait que le choix de la dénomination sociale ne fut pas tout à fait accidentel pour le colonel. H.P.B. écrivit au professeur Corson le 15 février 1875 (la société n'a été organisée qu'en septembre), lui faisant remarquer : « J'ai finalement trouvé, il y a plusieurs années, l'envie irrésistible de satisfaire mon esprit par cette théosophie. » En juillet, elle inscrivit dans la marge de son album les mots suivants : « L'Inde ordonne d'établir une société philosophique et religieuse et de lui choisir un nom – il faut également élire Olcott. Juillet 1875. » Ailleurs dans l'album, elle nota « M. ordonne de constituer une société – une société secrète comme la Rose-Croix. Il promet d'aider H.P.B. »

D'après les dires du colonel Olcott : « L'assemblée préliminaire suivante a été organisée le 30 octobre, au Mott Memorial Hall, 64 Madison Avenue. Les règlements ont été adoptés. Il a ensuite fallu procéder au vote des membres, et le résultat a été annoncé comme suit :

Président :	Henry S. Olcott ;
Vice-Président :	Dr. S. Pancreast and G.H. Felt ;
Secrétaire de séance :	Jonh Storer Cobb ;
Secrétaire correspondant :	Mme H.P. Blavatsky ;
Trésorier :	Henry J. Newton ;
Documentaliste :	Charles Sotheran ;
Conseillers :	Révérend J. H. Wiggin, révérend R. B. Westbrook, Mme Emma Hardinge Britten, C. E. Simmons, M. D., Herbert D. Monachesi
Conseiller juridique :	William Q. Judge.

« L'assemblée reportée au 17 novembre par la suite, lorsque le préambule perfectionné serait publié, le président délivrera son discours inaugural, et la société sera ainsi pleinement constituée. » Les trois premiers règlements pouvaient être indiqués comme suit :

I. La dénomination sociale est « la Société théosophique. »

II. L'objet de la société est la collecte, et la diffusion de connaissances sur les lois gouvernant l'univers.

III. La société sera constituée de membres actifs, honorables et concernés.

Le préambule énonça que : « Compte tenu de l'état actuel des choses, la Société théosophique a été constituée dans l'intérêt des religions, des sciences et des bonnes mœurs, afin d'aider chacun selon son besoin. Les fondateurs, ayant été déçus en tentant d'acquérir les connaissances souhaitées dans d'autres lieux, se sont tournés vers l'Orient, d'où sont issus tous les systèmes de religion et de philosophie. »

Le colonel Olcott poursuivit : « Lors d'une soirée, la société s'est réunie dans une pièce prévue à cet effet ; les procès-verbaux de l'assemblée précédente ont été lus et approuvés ; le discours inaugural du président a été prononcé et imprimé ; sur proposition de M. Newton, un vote de remerciements au président a eu lieu ; et la société alors instituée constitutionnellement a été reportée au 15 décembre…

« Cependant, mon discours inaugural a été applaudi par mon auditoire et M. Newton, le spiritualiste orthodoxe, accompagné de M. Thomas, Freethinker et le révérend Westbrook, afin d'obtenir un vote imprimé et stéréotypé – une bonne preuve comme quoi ils ne pensaient pas leurs opinions et étaient excessifs – pourtant il s'est lu de manière un peu idiote après soixante-dix ans d'expérience difficile. Une bonne partie des prévisions de résultats a été agréée, beaucoup d'entre eux ont été modifiés. »

La Société théosophique « devait être une organisation de collecte et de diffusion de connaissances ; à propos des sciences occultes, et de l'étude et de la diffusion d'anciennes idées philosophiques et théosophiques : l'une des premières étapes était de constituer une bibliothèque. L'idée n'était pas de créer une fraternité universelle, car les projets pour la société ont spontanément bondi hors du présent sujet. »

En écrivant onze années plus tard, H.P.B. déclara à propos du « programme initial de la Société théosophique » : afin d'éviter toute ambiguïté, les membres de la société théosophique ne doivent pas oublier l'origine de cette dernière en 1875. Envoyée aux États-Unis en 1873 dans le but d'organiser un groupe de travail sur le plan psychique, l'auteure reçut deux années plus tard l'ordre de son maître et professeur, de former une société dont l'objet était globalement indiqué comme suit :

- Fraternité universelle ;
- Aucune distinction ne doit être faite selon la race, la religion ou la situation sociale des membres, chaque membre doit être apprécié et traité selon ses mérites personnels ;
- Étudier les philosophies orientales, principalement celles de l'Inde, et les présenter progressivement au public à travers différents travaux qui interpréteraient les religions exotériques au vu des enseignements ésotériques ;
- Opposer le matérialisme au dogmatisme théologique par tout moyen, en démontrant l'existence de forces occultes dans la nature, inconnues de la science, et la présence de pouvoirs psychiques et spirituels chez les hommes, en tentant par ailleurs d'élargir les idées des spiritualistes, en leur montrant qu'il existe plusieurs autres organismes qui travaillent sur les phénomènes, outre les esprits

de la mort. La superstition doit être révélée et évitée ; et les forces occultes, bénéfiques ou maléfiques – se trouvant autour de nous et manifestant leur présence de différentes façons – doivent être démontrées du mieux que l'on peut.

Le colonel Olcott écrivit en 1892 : « En ce qui concerne la Société théosophique, les circonstances tendent à montrer que l'évolution a été progressive, du fait des circonstances et par le résultat de forces opposées. À présent, la société marche bien et prend un bon rythme, c'est une société prospère qui s'assure de la sagesse ou de l'absurdité de sa gestion. L'orientation générale a toujours été conservée, l'idée directrice a toujours été identique, mais le programme a été modifié, élargi et amélioré au fur et à mesure que nos connaissances augmentaient et que l'on suggérait de temps en temps notre expérience. Tout me laissait penser que le mouvement, en tant que tel, avait été planifié au préalable par les sages, et que tous les détails nous avaient été laissés afin que nous puissions vaincre le mieux possible. Si nous avions échoué, d'autres auraient eu la chance que nous n'aurions pas eu, tout comme j'ai reçu, en héritage, les chances gaspillées de son groupe du Caire en 1871. »

À cette époque, l'accent fut également mis sur le premier objet pour se rappeler qu'à la constitution de la société, cet objet n'existait pas. Ce n'est qu'en 1878, lorsque les fondateurs combinèrent la Société théosophique au mouvement de l'Arya Samaj et décidèrent d'aller en Inde, qu'une « fraternité d'humanité » apparut dans l'objet de la société. La circulaire de 1878 stipula que « La société a des objets variés, ce qui incite ses membres à acquérir une étroite connaissance de la loi naturelle, en particulier des manifestations occultes qui représentent le plus haut développement de la cause créative sur terre. L'homme doit donc développer ses pouvoirs latents et se renseigner à propos des lois du magnétisme, de l'électricité et de toute autre forme de force, qu'il s'agisse d'univers visibles ou invisibles… La société instruit ses membres et attend de ces derniers qu'ils soient des exemples d'aspirations morales et religieuses, afin de lutter contre le matérialisme de la science et de toute autre forme de théologie dogmatique, de faire connaître aux nations occidentales les philosophies religieuses de l'Orient ayant été longtemps réprimées…, et au final, principalement, d'aider à l'institution d'une fraternité de l'humanité, dans laquelle tous les hommes bons et purs, de chaque race, s'identifieraient les uns et les autres à une cause non créée, universelle, infinie et éternelle. »

Maintenant que M. Trevor Barker avait publié *Les lettres des Mahatmas*, nous pouvions découvrir ce que les maîtres eux-mêmes avaient formulé en la matière. En février 1882, Maître Moraya écrivit à M. Sinnett à propos de la création de la Société théosophique : « Un ou deux d'entre nous espéraient que le monde avait au moins avancé intellectuellement s'il ne l'avait pas fait intuitivement, que la doctrine de l'occulte gagnerait en reconnaissance, et que cela lancerait une nouvelle phase de recherches. Les autres, plus sages que maintenant, semblerait-il, pensaient différemment, mais le consentement a été donné pour un essai. Il a en outre été stipulé que l'expérience devait être effectuée indépendamment de notre gestion personnelle, et qu'il ne devait y avoir aucune interférence inhabituelle de notre part.

« En cherchant, nous avons trouvé en Amérique l'homme qui occuperait le poste de dirigeant – un homme d'une grande force morale, généreux, et ayant d'autres grandes qualités. Il était loin d'être le meilleur, mais (comme le dit M. Hume à propos d'H.P.B.) c'était le meilleur parmi les personnes disponibles. À ses côtés, nous avons désigné une femme aux facultés exceptionnelles et formidables. Elle avait en parallèle de gros défauts personnels, mais simplement comme elle était, rien d'autre ne comptait dans sa vie personnelle que ce travail.

« Nous l'avons envoyée en Amérique, aux côtés du dirigeant, et l'essai a commencé. Dès le début, il leur avait été clairement signifié que l'enjeu reposait sur eux. Tous deux se sont offerts une rémunération certaine dans le lointain futur comme – dirait K. H – des soldats se portant volontaires pour un faible espoir. »

Le Maître Koot Hoomi écrivit en 1880 : « Les Maîtres souhaitent qu'une fraternité de l'humanité, une véritable fraternité universelle débute, une institution qui se ferait connaître à travers le monde et retiendrait l'attention des esprits les plus élevés. » Il écrivit ensuite en 1881 : « L'actuel raz de marée des phénomènes et leurs divers effets sur la pensée et le sentiment humain rendent la renaissance de la demande théosophique indispensable. Le seul problème concret à résoudre est celui de savoir comment promouvoir les études nécessaires au mieux, et donner au mouvement spirituel l'élan ascendant requis… J'entendais par "faible espoir" le fait que, lorsque l'on regarde l'ampleur du travail devant être effectué par les bénévoles de notre organisation théosophique, et notamment les innombrables organismes qui sont déployés, nous pourrions comparer cela à l'un de ces efforts désespérés qu'effectue un vrai soldat contre des obstacles écrasants. »

Chapitre XXXVI
Isis dévoilée

Voici le récit du colonel Olcott dans *Isis dévoilée* : « Un beau jour d'été, en 1875, H.P.B. m'a montré quelques pages d'un manuscrit qu'elle avait écrit et m'a dit "J'ai écrit cela la nuit dernière par ordre, mais que diable cela est-il, je ne sais pas. Peut-être est-ce pour un article de journal, peut-être pour un livre, peut-être pour rien : quoi qu'il en soit, j'ai fait ce qu'il m'a été ordonné de faire." Puis elle a rangé cela dans un tiroir, et nous n'en avons plus parlé pendant un certain temps. Mais au mois de septembre, elle a rendu visite à ses nouveaux amis, le professeur Corson et son épouse, de l'université Cornell, et le travail a repris. Elle m'a écrit que c'était pour un livre sur l'histoire et la philosophie des écoles orientales, et leur relation avec les écoles de notre propre époque. Elle disait qu'elle écrivait à propos de choses qu'elle n'avait jamais étudiées, et utilisait des citations de livres qu'elle n'avait jamais lus de sa vie, cela, afin de tester sa justesse. Le professeur Corson avait comparé ses citations avec les travaux classiques de la bibliothèque universitaire, et avait constaté qu'elle avait raison. À son retour à la ville, elle n'était pas très industrieuse dans cette affaire, et n'écrivait que spasmodiquement.

« Un mois ou deux après la création de la Société théosophique, elle et moi avons pris deux suites au 433 West 34th Street, elle au premier étage et moi au second, et dès lors, les écrits d'*Isis* se sont poursuivis sans pause ni interruption, jusqu'à leur achèvement en 1877. De toute sa vie, elle n'avait pas fait l'once d'un tel travail littéraire, pourtant je n'ai jamais connu personne, ni même un journaliste dans sa gestion quotidienne, qui pouvait être comparé à elle, avec sa détermination et sa capacité à travailler sans relâche. Du matin au soir, elle était à son bureau, et il était rare que l'un d'entre nous aille au lit avant deux heures du matin. Pendant la journée, je devais m'atteler à mes obligations professionnelles, mais après avoir dîné tôt, nous nous installions systématiquement ensemble à notre bureau, et travaillions de toutes nos forces jusqu'à ce que la fatigue nous rattrape, et nous oblige à nous arrêter. Quelle expérience ! Les enseignements que l'on tire de la lecture et de la pensée lors d'une vie ordinaire étaient pour moi regroupés et compressés dans cette période de moins de deux ans…

« Elle ne travaillait pas à partir d'un plan, mais un flot d'idées lui traversait l'esprit telle une source qui déborde. Tout lui venait continuellement en vrac, chaque paragraphe était complet en soi et à même d'être retiré sans nuire à son prédécesseur ou successeur. Même dans sa forme actuelle, après toutes les nombreuses reformulations, une vérification du merveilleux livre montrera que c'est le cas. Si elle n'avait aucun plan malgré toute sa connaissance, cela ne prouvait-il pas que le travail n'était pas de sa propre conception, qu'elle n'était que le moyen à travers lequel ce courant frais, cette essence vitale étaient versés sur la paralysie de la pensée spirituelle moderne ?

« Son manuscrit était une chose à voir : coupé, corrigé, recoupé et recollé, à tel point que, si quelqu'un en tenait une page, celle-ci serait en réalité composée de six, huit ou dix autres, découpées dans d'autres pages, collées ensemble, le texte relié par des mots ou des phrases annotées. Elle est devenue si habile dans ce travail qu'elle a pris l'habitude, avec humour, de vanter cette qualité aux amis qui pouvaient être présents. Nos livres de référence ont parfois souffert de nos méthodes, en raison des collages fréquents sur leurs pages.

« J'ai, à plusieurs reprises, corrigé toutes les pages de son manuscrit, et toutes les pages des preuves, écrit plusieurs paragraphes pour elle, en reflétant simplement les idées qu'elle ne pouvait pas encore formuler en anglais (une quinzaine d'années avant sa mort et pendant à peu près toute sa carrière d'auteur de littérature anglaise) ; je l'ai aidée à trouver des citations, et bien d'autres travaux supplémentaires. Le livre est entièrement le sien, pour autant que les personnages de son plan d'apparition sont concernés, et elle doit recevoir tous les éloges et tous les blâmes qu'il mérite. Avec son livre, elle a marqué son temps, et a fait par ailleurs de moi son élève et son auxiliaire ; j'étais capable de faire un travail théosophique ces vingt années passées.

« L'observer à son travail était une expérience rare et inoubliable. Nous étions généralement assis aux coins opposés d'une grande table, et j'avais vue sur elle à tout moment. Son stylo volait à travers les pages, lorsqu'elle s'arrêtait soudain, regardait à travers la pièce avec les yeux vides d'une voyante, réduisant sa vision comme si elle tentait de percevoir quelque chose d'invisible dans l'air, tout en prenant des notes. La citation finie, ses yeux retrouvaient leur expression naturelle, et elle continuait d'écrire jusqu'à être à nouveau interrompue par le même évènement.

« Je me souviens bien de deux cas où j'ai pu voir, et même m'occuper des livres dans lesquels se trouvaient des photocopies d'astres dont elle avait reproduit les citations dans son manuscrit, et qu'elle était obligée de matérialiser afin que je puisse m'y référer en lisant les preuves, puisque je refusais de tourner les pages pour barrer quoi que ce soit, à moins que je ne doute de l'exactitude de son exemplaire. Les livres étaient issus d'un auteur français : l'un sur la physiologie et la psychologie, et les autres sur certaines branches de la neurologie. Le premier était en deux volumes, le second était une brochure à l'intérieur d'un papier d'emballage.

« Nous habitions alors au 302 West 47th Street – la célèbre "lamaserie", et le siège social de la Société théosophique. J'ai déclaré : "Je ne peux pas laisser cette citation, car je suis sûr qu'elle ne peut se lire comme tu l'as lue." Elle m'a répondu : "Ne t'embête pas, elle est juste, laisse passer cela." J'ai refusé, jusqu'à ce qu'elle me dise : "Bon, tiens-toi tranquille, je m'en occupe." Son regard est devenu lointain, et elle a pointé du doigt une étagère dans le coin de la pièce, dans laquelle il y avait quelques objets peu communs, et d'une voix forcée, elle s'est exprimée : "Là", puis est revenue à elle-même. "Là, là ; va et cherche là-bas !" J'y suis allé, et j'ai trouvé les deux volumes que je cherchais, et qui à ma connaissance ne se trouvaient pas dans la maison jusqu'à ce moment précis.

« J'ai comparé les textes avec les citations d'H.P.B., et lui ai montré que j'avais eu raison de m'être douté de l'erreur ; je l'ai corrigée, puis à sa demande, j'ai replacé les deux volumes là où je les avais trouvés. J'ai regagné ma place et ai travaillé, et quelque temps après, j'ai à nouveau regardé en direction de l'étagère. Les livres avaient disparu ! Après que j'ai raconté cette histoire (absolument vraie), les sceptiques sont libres de douter de ma santé mentale ; j'espère que cela leur fera du bien. Le même évènement s'est produit pour la venue de l'autre livre, mais celui-ci est resté, et est toujours en notre possession à l'heure actuelle.

« Nous avons travaillé sur le livre pendant plusieurs mois et produit huit cent soixante-dix pages impaires de manuscrit, lorsqu'un matin, elle m'a demandé si j'étais d'accord pour tout recommencer encore une fois ! Je me souviens parfaitement du choc que j'ai eu en imaginant – dans mon ignorance de chiot aveugle – que toutes ces semaines de travail acharné, d'agitation psychique, et d'énigmes archéologiques n'avaient servi à rien. Néanmoins, comme mon amour, mon admiration et ma gratitude envers ces Maîtres, et tous les Maîtres, pour m'avoir donné le privilège de partager leurs travaux, étaient sans limites, j'ai consenti, et tout a repris de nouveau.

« H.P.B. était, tout le monde le sait, une fumeuse invétérée. Elle consommait une immense quantité de cigarettes par jour, et était dotée de la plus grande habileté pour les rouler. Elle pouvait même les rouler de la main gauche pendant qu'elle écrivait des exemplaires de la main droite. Alors qu'elle écrivait *Isis dévoilée*, elle n'a pas quitté son appartement pendant six mois d'affilée. De très tôt le matin jusqu'à très tard le soir, elle était assise à son bureau et écrivait. Il ne lui était pas inhabituel d'écrire dix-sept heures sur vingt-quatre. Son seul effort était d'aller à la salle à manger ou à la salle de bain, puis de retourner à son bureau. »

M. W. Q. Judge, un invité presque quotidien à la « lamaserie » écrivit : « Une fois qu'elle était installée confortablement au 47th Street comme d'habitude, elle était entourée de toute sorte d'invités du matin jusqu'au soir ; des évènements mystérieux, des spectacles et des sons extraordinaires continuaient d'apparaître ; j'ai assisté à beaucoup de soirées ici et j'ai vu dans la lueur d'une lampe à gaz des boules lumineuses envahir les meubles ou sauter malicieusement d'un endroit à un autre, tandis que les plus beaux sons fluides des cloches surgissaient dans la pièce de temps à autre. Ces sons imitaient souvent soit le piano, soit une gamme de sons sifflotés par moi-même ou quelqu'un d'autre. Pendant ce temps, H.P. Blavatsky était assise, indifférente, et lisait ou écrivait *Isis dévoilée*. »

Un journaliste du *New York Times*, dans un article du 2 janvier 1885, s'était attaché au souvenir des deux années durant lesquelles il avait visité le salon de Mme Blavatsky : « Nous parlions des heures ensemble lorsque la bonne personne à l'écoute était présente, et nous parlions toujours comme si l'un avait de l'autorité. Il n'est pas surprenant que Mme Blavatsky ait fait de son appartement modeste un lieu de rencontre commun, car un groupe de penseurs originaux aussi étrange que celui de New York n'a jamais été organisé. Ceux qui lui ont rendu n'ont pas tous été d'accord avec elle. En effet, il n'y avait que peu de personnes qui suivaient ses enseignements avec une confiance absolue. Beaucoup de ses amis, et beaucoup de personnes ayant rejoint la Société théosophique qu'elle avait formée s'affirmaient peu et ne niaient rien. Les merveilles qui étaient discutées et présentées chez elle étaient pour la plupart d'entre elles simplement matière à réflexion. Si les tonalités de la cloche du "lutin" invisible Pou Dhi étaient entendues, du fait qu'elles sont entendues par une multitude de personnes différentes, ce phénomène… était aussi susceptible d'être ridiculisé gentiment par une personne sceptique et obstinée, que d'émerveiller un adepte. Susceptible comme l'était Mme Blavatsky quant à la dérision personnelle et la calomnie, elle était pourtant très tolérante en matière d'opinion et nous accordait une marge de liberté lorsque nous discutions de ses croyances, tout comme elle prenait part aux discussions concernant les croyances des autres. »

M. Judge poursuivit : « Sur la table sur laquelle *Isis dévoilée* a été écrit, il y avait un petit meuble de rangement avec plein de petits tiroirs, dont quelques-uns contenaient des broutilles, et plusieurs autres avaient toujours été vides. Le petit meuble était ordinaire, et les vérifications répétées montraient qu'il n'était doté d'aucun dispositif ou système mécanique, ni même connecté à lui ; mais à maintes reprises, l'un de ces tiroirs vides est devenu le point de chute de nombreux articles, et aussi, fréquemment d'autre part, le lieu de naissance de certains objets qui n'avaient auparavant jamais été vus dans la pièce.

« Je l'y ai souvent vue mettre des petites pièces de monnaie, une bague ou une amulette. J'ai moi-même mis des choses à l'intérieur, fermé le tiroir, puis je l'ai réouvert presque immédiatement, et rien n'était visible. Tout avait disparu. Le meuble tenait sur quatre petits pieds, et était haut d'environ deux centimètres au-dessus du bureau, qui était entièrement débarrassé et intact en dessous. Plusieurs fois, je l'ai vue mettre une bague à l'intérieur de l'un des tiroirs puis quitter la pièce ensuite. J'ai alors regardé dans le tiroir et j'ai vu la bague, puis j'ai refermé le tiroir. Elle revenait, et sans même approcher le meuble, elle me montrait la bague à son doigt. J'ai alors à nouveau regardé dans le tiroir avant qu'elle ne s'en rapproche, et la bague avait disparu…

« Un soir, peu de temps après la musique, madame a ouvert l'un des tiroirs du petit meuble chinois, et en a sorti un collier de perles oriental bizarre. Elle l'a offert à Mme Mitchell, la sœur du colonel Olcott. L'un des messieurs présents a semblé regretter ne pas avoir reçu un tel témoignage. H.P.B. a alors tendu le bras et a saisi l'une des perles du collier, qui est venue dans ses mains. Elle l'a ensuite donnée au monsieur, qui s'est exclamé qu'il ne s'agissait pas simplement d'une perle, mais d'une épingle, car il y avait une épingle d'or attachée solidement dedans. Pendant ce temps, le collier était resté intact, et son bénéficiaire l'examinait, émerveillé que l'une des perles ait pu être retirée sans qu'il ne se soit cassé. »

M. William Q. Judge écrivit le récit ci-dessus, mais le sort ultime de ce collier se trouvait dans l'article du *New York Times* du 2 janvier 1885, cité précédemment. « Une femme dont le frère était un fervent partisan du merveilleux russe, mais qui était elle-même une méthodiste pieuse et complètement opposée à la théosophie a été incitée à faire la connaissance de Mme Blavatsky. Elles sont devenues amies, bien qu'elles aient continué à avoir des croyances radicalement opposées.

« Un jour, madame Blavatsky a donné à la dame un collier de magnifiques perles sculptées d'une matière étrange, qui ressemblait à du bois dur, mais qui n'en était pas. "Porte-le toi-même", avait-elle dit. "Si tu laisses quiconque le porter, il disparaîtra." La dame l'a constamment porté pendant plus d'un an. Pendant ce temps, elle a déménagé hors de la ville.

« Un jour, son petit enfant qui était malade et irritable a pleuré pour les perles. Elle les lui a données, en riant à moitié de son hésitation. L'enfant a mis le collier autour du cou et a semblé satisfait de son nouveau jouet ; sa mère s'est alors détournée afin de s'atteler aux tâches ménagères. En quelques minutes, l'enfant a commencé à pleurer, et la mère l'a trouvé en train de retirer les perles. Elle les a ôtées elle-même, et a constaté que presque un tiers des perles avait fondu et qu'elles étaient chaudes, tandis que le cou de l'enfant présentait des marques de brûlure. Elle s'est remémoré l'histoire et, dans la foulée, a refusé de croire en "de telles choses."

« Où H.P.B. trouvait-elle la documentation qui compose *Isis*, et qui ne peut pas être attribuée à des sources de citations littéraires accessibles ? Dans la lumière astrale, et grâce à ses sens de l'âme, ceux de ses professeurs – les "frères", "adeptes", "sages", "maîtres" comme ils sont différemment appelés. Comment le sais-je ? En ayant travaillé deux ans avec elle sur *Isis*, et sur d'autres travaux littéraires durant des années. », déclara le colonel Olcott.

« Les contrastes flagrants entre les portions mélangées et les portions presque parfaites de son MS prouvent très clairement que ce n'était pas la même intelligence qui était à l'œuvre tout au long ; et les différences d'écriture, dans le raisonnement mental, dans les compétences littéraires, et dans les manies personnelles, confirment cette idée. Chaque changement dans l'écriture s'accompagnait d'une modification marquée dans la manière, les mouvements, l'expression et la capacité littéraire d'H.P.B. Lorsqu'elle était laissée à ses propres techniques, il n'était souvent pas compliqué de le savoir, car l'apprentie littéraire non formée devenait alors manifeste, et les découpes et les collages commençaient ; puis l'exemplaire qui m'était remis pour révision était terriblement imparfait.

« La substitution inutile de vieux exemplaires par des nouveaux et les transferts d'un chapitre ou d'un volume à un autre dans *Isis dévoilée* étaient limités à telles parties du travail comme d'habitude, devrais-je dire – si tel il y avait – et suggéraient la lutte douloureuse d'une "main verte" sur une gigantesque tâche littéraire. Connaissant peu la grammaire anglaise et les méthodes littéraires, avec un esprit qui n'était absolument pas entraîné à un tel travail régulier de bureau, mais pourtant dotée d'un courage sans limites et d'un pouvoir de concentration mentale continu rarement égalé, elle s'est débattue durant des semaines et des mois pour atteindre son but : l'exécution des ordres de son maître. Son exploit littéraire surpassait tous les phénomènes.

« Bouton, son éditeur, a dépensé six cents dollars pour les corrections et les modifications qu'elle avait inscrites dans son épreuve. Lorsqu'il a catégoriquement refusé de mettre plus de capital dans l'entreprise, nous avons préparé presque assez de manuscrits en plus pour faire un troisième volume, et cela a été impitoyablement détruit avant que nous ayons quitté l'Amérique, H.P.B. ne rêvant pas qu'elle ne voudrait jamais l'utiliser en Inde, et ne pensant même pas au *Le théosophe*, à *La doctrine secrète,* ni à ses autres œuvres littéraires ultérieures. Combien de fois elle et moi avons-nous regretté que notre cher matériel ait été si inconsidérément gâché ! »

H.P.B. écrivit à Alexander Aksakofi depuis Ithaka, le 20 septembre 1875 : « J'écris actuellement un grand livre, que je nomme d'après les conseils de John, *Les clefs des squelettes ouvrant les portes mystérieuses*. J'y dirai des choses aimables à propos de tes scientifiques, papistes, jésuites européens et américains, et de cette race de demi-savants, les châtrés de la science, qui ont tout détruit sans rien créer. » Des années plus tard, en modifiant cela dans *Les clefs de la théosophie*, elle utilisa ce nom pour l'un de ses livres. Elle proposa ensuite d'appeler le livre *Le voile d'Isis*, et le premier volume porta ce titre en haut de chaque page. Cependant, le 8 mai 1877, son éditeur, M. J. W. Bouton lui écrivit que leur ami commun, M. Sotheran, l'avait informé qu'un livre portant ce titre avait récemment été publié en Angleterre. À la dernière minute, le nom fut modifié et devint *Isis dévoilée*.

Autour du 17 septembre 1875, H.P.B. rendit visite au professeur Corson et à son épouse à Ithaka, à New York, et resta auprès d'eux jusqu'à la mi-octobre environ. Le docteur Eugene Rollin Corson, leur fils, esquissa un portrait d'elle intéressant dans son livre, *Quelques lettres non publiées d'Héléna Petrovna Blavatsky* :

« À l'époque où H.P.B. visitait Ithaka, le temps était en général beau. En octobre, nous avons l'été indien ; les arbres sont colorés de leurs teintes d'automne, les matinées et les soirées sont fraîches et gelées, avec une chaleur agréable au milieu de la journée, et les collines et les lacs lointains baignent dans la brume de la fin d'été. La vision générale est très jolie. Le véritable Ithaca se trouve dans la vallée, au pied du lac de Cayuga, et est construit sur les collines de l'est, de l'ouest et du sud, avec les périphéries extrêmement boisées. La maison de mon père se situait sur la colline est. Sur cette colline se trouvait également l'université de Cornell, une série de bâtiments nobles et imposants.

« Un soir, une gelée était prévue, et ma mère était anxieuse de rentrer ses plantes en pot dans la véranda, lorsqu'H.P.B. lui a assuré de ne pas s'inquiéter, et a dit qu'elle demanderait à John de les rentrer. Ils sont donc allés se coucher sans se faire de souci, et au petit matin, toutes les plantes étaient à l'intérieur.

« Elle portait essentiellement une robe ample avec une sorte de veste brodée, d'après ce que ma mère m'avait raconté, avec du papier de cigarette dans l'une des poches, et le tabac dans l'autre. Mon père, qui était lui-même un grand fumeur et un amateur de tabac, trouvait sa marque bon marché ; son manque d'argent justifiait peut-être cela. Les cigarettes étaient nombreuses, et les pots de fleurs étaient remplis de mégots. Elle avait une robe élaborée qui se voyait bien sur la photographie prise par Beardsley.

« Elle passait son temps à son bureau, écrivant, écrivant, écrivant presque toute la journée et jusqu'au soir, continuant à correspondre par de longues lettres. C'est là qu'elle a commencé *Isis dévoilée*, écrivant environ vingt-cinq pages par jour sur du papier ministre. Elle n'avait aucun livre à consulter, la vaste bibliothèque de mon père ne contenait presque que de la littérature anglaise… et elle ne la consultait que rarement. »

M. W. Q. Judge fut témoin de ce même fait dans le *New York Sun* du 26 septembre 1892. Il déclara : « *Isis dévoilée* a suscité beaucoup d'intérêt, et tous les papiers new-yorkais en ont fait la critique, chacun disant qu'il présentait des recherches immenses. Le plus étrange dans cela était que moi-même et beaucoup d'autres personnes, ainsi que les témoins oculaires de la production du livre, pouvions témoigner du fait que l'écrivain n'avait aucune librairie dans laquelle effectuer des recherches, et ne possédait aucune note d'investigation ou de lecture précédemment effectuées. Tout était écrit directement, de manière incontrôlable. Et pourtant il y avait de nombreuses références de livres du British Museum et d'autres grandes librairies, et chaque référence était correcte. Soit nous avions alors, quant à ce livre, une femme qui était capable de stocker dans sa mémoire une masse de faits, dates, nombres, titres et sujets, comme aucun autre être humain n'était capable de le faire, ou bien elle avait raison lorsqu'elle prétendait qu'il existait une aide de la part d'êtres invisibles. »

Le docteur Corson raconta les incidents amusants suivants à propos de son séjour : « Un jour, mon père lui a dit : "Il est regrettable, madame, que vous ne voyiez pas les merveilles autour de vous. J'aimerais vous donner une calèche pour que vous puissiez voir les murs de l'université et le charmant pays." Elle a finalement accepté, mais mon père l'a suppliée de ne pas fumer dans la calèche, car on n'avait pas coutume de le faire, et cela donnerait une mauvaise impression aux gens et pourrait entraîner des commérages, particulièrement aux côtés d'un sage professeur de l'université. Elle a accepté cela à contrecœur.

« Mais avant que la route ne soit terminée, madame a expliqué qu'elle devait fumer une cigarette, qu'elle ne pouvait tenir une seconde de plus, et a supplié de sortir de la calèche, de s'asseoir sur une pierre le long de la route afin de fumer confortablement. Dans le pays, les gens l'ont prise pour une gitane, pourquoi pas, quel mal cela pouvait-il faire ? Ainsi, là s'est assise l'auteure d'*Isis dévoilée* et de *La doctrine secrète*, satisfaite de ses propres pensées, et ne se rendant compte de rien autour d'elle, ni des chevaux qui patientaient, ni du cocher, ni de la calèche et de ses occupants. Elle désirait peut-être moins le tabac que d'être seule avec elle-même et ses propres pensées. Lorsque les cigarettes ont été fumées, elle est remontée dans la calèche, et ils ont poursuivi leur chemin.

« Mon père s'est particulièrement attardé sur cet incident pour montrer la préoccupation de la femme. Comme il me l'a répété à maintes reprises : "Je n'ai jamais vu une créature aussi intense, intense dans son objectif, intense dans son effort, rien autour d'elle n'est important ; même si le ciel tombait, elle poursuivrait sa route." »

H.P.B. donna à ses amis à Ithaca un avertissement au sujet de son « péché national » – avoir fumé. En répondant à leur invitation, elle dit « Hélas ! Mon cher monsieur, je suis réellement très méchante à ma manière, et impardonnable aux yeux de chaque vrai Américain… Vous m'invitez si gentiment à la cascade, mais qu'allez-vous dire lorsque vous verrez votre invitée sortir de la pièce en douce toutes les quinze minutes, pour aller se cacher derrière les portes, dans les jardins et les caves, pour fumer une cigarette ? Je dois me confesser, j'aime toutes les femmes de Russie, je fume dans mon salon, et dans le salon de toutes les dames respectables, qu'il s'agisse d'une princesse aristocrate ou d'une épouse, ou employée ; elles fument selon nos coutumes nationales aussi bien dans une calèche que dans les foyers des théâtres. Je suis en réalité obligée de me cacher comme une voleuse, pour les Américains qui m'ont insultée et fixée du regard, décontenancés, et qui ont publié à mon sujet dans leurs journaux, traitant la pauvre personne que je suis des noms les plus merveilleux, et inventant des histoires à mon sujet, etc. jusqu'à ce que, incapable d'abandonner une habitude innocente que j'ai depuis plus de vingt ans, j'ai finalement été conduite à ce que je considère être un acte de lâcheté, faisant ce dont j'ai honte ici en Amérique, pour le proclamer face au monde. Mais si vous pouvez me pardonner mon péché national, alors, bien sûr, je serai très heureuse de profiter de votre aimable invitation… Dites à madame Corson que je lui promets de ne jamais fumer dans son salon. »

Chapitre XXXVII
Qui a écrit *Isis dévoilée* ?

« À des moments différents, la "copie" produite par H.P.B. présentait les différences les plus marquées. Bien que son écriture manuscrite ait fait apparaître un caractère particulier tout du long, de telle sorte que quiconque étant familier de son style serait toujours en capacité de détecter toute page donnée comme ayant été écrite par H.P.B., en examinant avec attention, on découvrait pourtant au moins trois ou quatre variations sur ce style, et chacune d'entre elles persistait sur plusieurs pages, après quoi elle laissait place à l'une des autres variations calligraphiques... L'une des écritures manuscrites de H.P.B. était très petite, mais simple ; une autre, épaisse et libre ; une autre encore, simple, de taille moyenne et très lisible ; et une dernière, brouillonne et difficile à lire, avec ses "a" et "x" et "e" bizarres aux formes étrangères. Il y avait également la plus grande différence possible dans l'anglais de ces différents styles. Parfois il me fallait faire plusieurs corrections à chaque ligne, tandis que d'autres fois je pouvais passer plusieurs pages avec à peine une faute d'idiome ou d'orthographe à corriger. Les plus parfaits d'entre tous étaient les manuscrits qui ont été écrits pour elle dans son sommeil. Le début du chapitre sur la civilisation de l'Égypte ancienne en est une illustration. Nous nous étions arrêtés à peu près à deux heures du matin comme à l'accoutumée, tous deux trop fatigués pour attendre notre habituel bavardage autour d'une cigarette avant de nous quitter. Le lendemain matin quand je suis venu prendre le petit déjeuner, elle m'a montré une pile d'au moins trente ou quarante pages d'un manuscrit magnifiquement écrit, typique de H.P.B., dont, selon elle, elle avait demandé l'écriture à __, un maître dont le nom n'a jamais été terni comme certains autres. Il était parfait dans tous ses aspects, et a été envoyé à l'imprimerie sans révision.

« C'est un fait bien curieux que chaque changement dans le manuscrit de H.P.B. se voyait précédé soit par son départ de la pièce pendant un instant ou deux, soit par son passage dans une transe ou dans un état abstrait, durant lequel ses yeux sans vie regardaient au loin, dans l'espace au-delà de moi, pour ainsi dire, avant de revenir presque aussitôt à un état normal d'éveil. Et il y avait aussi un changement distinct de personnalité, ou plutôt de caractéristiques personnelles, dans sa démarche, son expression vocale, la vivacité de ses manières, et par-dessus tout dans son tempérament... Elle quittait la pièce en étant toujours la même personne, et y revenait en tant qu'une autre. Pas une autre quant à un changement visible de corps, mais une autre quant aux détails de ses mouvements, de sa parole et de ses manières, avec une vivacité mentale différente, des opinions différentes, une maîtrise différente de l'orthographe anglaise et de ses idiomes, et un contrôle très, très, différent sur son tempérament… M. Sinnett raconte : "Le fait qu'elle ait pu, dans le même temps, être suffisamment philosophe pour abandonner le monde pour le bien de l'avancée spirituelle, et pourtant capable d'entrer dans des frénésies passionnées à propos de contrariétés triviales, a été pour nous un profond mystère pendant un long moment." Cependant, si nous suivons la théorie que lorsque son corps était occupé par un sage, il agissait avec la tranquillité d'un sage, et lorsqu'il ne l'était pas, non, l'énigme est résolue.

« Au sujet de l'occupation (*Avesa*) du corps de H.P.B., il y avait une preuve collatérale qui se présentait continuellement à la perception, dès lors que l'on y prêtait attention. Disons que le Maître A. ou B. a été "de garde" pendant une heure ou plus, qu'il a travaillé sur *Isis*, seul ou avec mon aide, et qu'il m'a dit quelque chose à un certain moment, ou, si des tiers étaient présents, à l'un d'entre eux. Soudain, elle (il ?) s'est arrêtée de parler, s'est levée et a quitté la pièce, s'éclipsant l'espace d'un instant sur quelque prétexte donné aux inconnus. Peu après, elle est revenue, a regardé autour d'elle comme le ferait n'importe qui entrant dans une pièce où il y a de la compagnie, s'est préparée une nouvelle cigarette, et a dit quelque chose qui n'a pas le moindre rapport avec ce dont on discutait lorsqu'elle avait quitté la pièce. Une personne en présence, souhaitant la garder sur le sujet, lui a poliment demandé d'expliquer. Elle a montré de la gêne et a été incapable de reprendre le fil ; elle a peut-être exprimé une opinion contredisant catégoriquement ce qu'elle avait affirmé plus tôt, et quand on l'a réprimandée, elle s'est vexée et a tenu des propos durs ; ou quand on lui a expliqué qu'elle avait dit telle ou telle chose, elle a semblé prendre un regard introspectif et a dit : "Oh, oui, excusez-moi", et a continué à parler de son sujet. Elle était parfois aussi rapide que l'éclair dans ces changements ; et, oubliant sa personnalité multiple, j'ai moi-même souvent été irrité par son apparente incapacité à garder la même opinion, et par son audacieux déni des choses qu'elle venait pourtant bien d'affirmer l'instant d'avant.

« Au moment voulu, on m'a expliqué qu'il faut du temps, après être entré dans le corps d'un autre, pour lier sa propre conscience à la mémoire cérébrale du précédent occupant ; et que si l'on tente de continuer une conversation avant que cet ajustement soit terminé, des erreurs telles que celles mentionnées ci-dessus peuvent se produire… Parfois, lorsque nous étions seuls, l'être sur le départ disait : "Je dois mettre ceci dans le cerveau, afin que mon successeur puisse l'y trouver", ou, après m'avoir salué avec quelque mot amical, l'être qui arrivait me demandait quel était le sujet de la discussion avant le "changement."… Il n'y a plus eu besoin, après que nous autres "jumeaux" avions travaillé ensemble suffisamment longtemps pour que je sois familier des moindres caractéristiques de sa parole, de ses humeurs et de ses impulsions, qu'on me le dise avec tant de mots. Le changement était clair comme de l'eau de roche ; et bien assez tôt après qu'elle ait quitté la pièce et y soit revenue, une brève étude de ses traits et de ses actions me permettait de me dire: "C'est __ ou __ ou __" et sous peu mes soupçons étaient confirmés par ce qui se produisait.

« Quand ils ont su que je pouvais les distinguer entre eux, au point même d'avoir inventé des noms pour chacun d'eux, par lesquels H.P.B. et moi pourrions les désigner dans nos conversations en leur absence, ils ont pris la fréquente habitude de me saluer d'une révérence solennelle ou avec un hochement amical de la tête, quand ils s'apprêtaient à quitter la pièce et à donner la place au prochain garde de relève. Et ils me parlaient parfois de chacun d'entre eux comme le font des amis à propos de tiers absents, grâce à quoi j'en suis venu à connaître des petits morceaux de leurs multiples histoires personnelles.

« Par une coïncidence intéressante, je venais juste de lire ce passage quand une certaine situation m'est soudain apparue en mémoire; et j'ai fouillé mes vieux dossiers new-yorkais de lettres et de notes jusqu'à ce que j'aie trouvé ce qui suit. Elle se trouve dans des notes que j'avais prises à l'époque, à propos d'une conversation entre un des mahatmas, hongrois de naissance, qui occupait ce soir-là le corps de H.P.B., et moi : "Il se couvre les yeux et baisse le gaz de la lampe sur la table. Je lui demande pourquoi. Il dit que la lumière est une force physique, et qu'entrant dans l'œil d'un corps inoccupé elle rencontre (bute contre), l'âme astrale de l'occupant temporaire lui donne un choc et une poussée telle que l'occupant pourrait être expulsé. La paralysie du corps occupé est même possible. Une prudence extrême doit être exercée lors de l'entrée dans un corps, et l'on ne peut entièrement s'habituer à lui que lorsque les mouvements automatiques de la circulation, de la respiration, etc., se sont ajustés aux automatismes du corps de l'occupant – avec lequel, qu'importe la distance, la projection de son corps astral est la plus intimement liée. J'ai ensuite allumé un des brûleurs du chandelier au-dessus de nous, mais l'occupant s'est immédiatement saisi d'un journal de façon à protéger le sommet de son crâne de la lumière. Surpris, j'ai demandé une explication, et il m'a expliqué qu'il était plus dangereux encore de laisser une forte source de lumière frapper le sommet du crâne que de laisser de la lumière entrer dans les yeux."

« Ce que j'ai remarqué était ainsi : les fois où la H.P.B. physique était dans un état d'extrême irascibilité, le corps était rarement occupé, sauf par le Maître dont elle était l'élève et la pupille spirituelle, et dont la volonté de fer était plus forte encore que la sienne, les philosophes plus doux restant distants.

« L'un de ses alter ego, dont j'ai depuis lors fait la connaissance en personne, portait une barbe fournie et une longue moustache, entortillées à la mode des Rajputs dans ses favoris. Il avait l'habitude de constamment tirer sur sa moustache lorsqu'il réfléchissait profondément ; il le faisait mécaniquement et inconsciemment. Eh bien, il y a eu des moments, lorsque la personnalité de H.P.B. s'évanouissait et qu'elle était "quelqu'un d'autre", durant lesquels je restais assis et j'observais sa main comme tirer et entortiller une moustache qui ne poussait pourtant clairement pas sur sa lèvre supérieure, et son regard se portait bien au loin, jusqu'à ce que bientôt son attention se porte à nouveau sur le moment présent, l'être moustachu levait les yeux, me surprenait le regardant, enlevait en hâte la main de son visage, et poursuivait le travail d'écriture.

« Puis il y avait un autre être qui détestait tant l'anglais qu'il ne s'adressait jamais volontairement à moi autrement qu'en français ; il avait un fin talent artistique et une affection passionnée pour l'invention mécanique. Un autre, de temps en temps, s'asseyait, griffonnant quelque chose au crayon et égrenant pour moi des dizaines de strophes poétiques qui représentaient des idées parfois sublimes, parfois humoristiques. Ainsi chacun des êtres avait ses particularités, aussi reconnaissables que celles de n'importe lequel de nos amis ou de nos connaissances ordinaires. L'un était jovial, appréciait les bonnes histoires, et était somme toute plein d'esprit, un autre, plein de dignité, de réserve et d'érudition. L'un était calme, patient et d'une aide bienveillante ; un autre irritable et parfois exaspérant. L'un des êtres était toujours volontaire pour mettre l'accent sur son explication philosophique ou scientifique des sujets sur lesquels je devais écrire, en produisant des phénomènes pour mon édification ; tandis qu'à un autre être, je n'osais même pas les mentionner.

« Maintenant lorsque l'un ou l'autre de ces êtres était "de garde", comme j'avais l'habitude de le dire, le manuscrit de H.P.B. présentait les particularités identiques à celles qu'il avait eues à la dernière occasion durant laquelle cet être avait pris son tour de travail sur l'œuvre littéraire. Il écrivait de préférence à propos de la classe de sujets qui étaient à son goût ; et plutôt que de jouer le rôle de copiste, H.P.B. devenait alors cette autre personne pour un temps. Si vous m'aviez donné en ce temps-là n'importe laquelle des pages du manuscrit d'*Isis*, j'aurais presque certainement pu vous dire par quel être elle avait été écrite.

« Nous avons travaillé en collaboration avec au moins une entité désincarnée – l'âme pure d'un des plus sages philosophes des temps modernes… C'était un grand platonicien ; et l'on m'avait dit qu'il s'était tellement trouvé absorbé dans son étude de la vie qu'il en était devenu lié à la Terre, c'est-à-dire qu'il ne pouvait pas briser les liens qui le maintenaient sur Terre, mais se trouvait dans une bibliothèque astrale créée par son propre esprit, plongé dans ses réflexions philosophiques… Et il était là, volontaire et rempli de hâte de travailler avec H.P.B. sur ce livre qui définirait notre époque, auquel il a apporté une bonne contribution dans les parties philosophiques. Il ne se matérialisait pas avec nous autour de la table ni n'obsédait H.P.B. à la manière d'un médium ; il parlait simplement avec elle psychiquement de temps à autre, dictant du texte, lui disant quelles références chercher, répondant à mes questions concernant des détails, m'instruisant sur des principes, et jouant le rôle d'une troisième personne dans notre symposium littéraire…

« De la manière la plus neutre, H.P.B. servait le platonicien en tant que copiste, leur relation ne divergeant en rien de celle de n'importe quelle secrétaire privée avec son employeur, sauf que ce dernier était invisible pour moi, mais visible pour elle… Il ne semblait pas tout à fait être un "frère" – c'est ainsi que nous avions l'habitude d'appeler les adeptes à l'époque – et était pourtant plus cela que quoi que ce soit d'autre… Il n'a jamais laissé glisser un mot qui indiquerait qu'il se pensait être quoi que ce soit d'autre qu'un homme en vie, et en fait, on m'avait raconté qu'il ne se rendait pas compte qu'il était mort et hors de son enveloppe charnelle. Il semblait n'avoir qu'une si petite perception du temps qui passe que je me rappelle que H.P.B. et moi avons ri, un matin à deux heures trente quand, après une nuit de travail inhabituellement dure, alors que nous fumions une cigarette avant de nous séparer, il a demandé doucement à H.P.B. : "Êtes-vous prête à commencer ?" Et je me rappelle aussi clairement qu'elle avait dit : "Pour l'amour du ciel, ne riez pas au plus profond de votre pensée, sinon le vieux monsieur vous entendra sûrement et se sentira blessé !"

« Cela dit, j'avais des preuves visuelles qu'au moins certains de ceux qui travaillaient avec nous étaient des personnes vivantes, les ayant rencontrés plus tard en chair et en os en Inde, après les avoir vus dans leur corps astral en Amérique et en Europe ; les ayant touchés et leur ayant parlé.

« Un soir à New York, après avoir souhaité une bonne nuit à H.P.B., je m'étais assis dans ma chambre, finissant un cigare, pensif. Soudain, voilà qu'auprès de moi se tenait mon Chohan. La porte n'avait fait aucun bruit en s'ouvrant, si elle s'était même ouverte, mais dans tous les cas il se tenait là. Il s'est assis et m'a fait la conversation à voix basse pendant un temps, et comme il semblait être d'une excellente disposition envers moi, je lui ai demandé une faveur. J'ai dit que je voulais une preuve tangible qu'il avait bel et bien été ici, et que je ne voyais pas juste une simple illusion ou *maya* invoquée par H.P.B. Il a ri, a déroulé le *fehta* brodé en coton indien qu'il portait sur sa tête, me l'a lancé, et – a disparu. Ce tissu je l'ai toujours, et il porte dans son coin l'initiale… M∴[1] de mon Chohan en fil tissé.

« Elle et moi étions dans notre salle dédiée au travail littéraire un jour d'été après le dîner. C'était le début du crépuscule, et la lampe à gaz n'avait pas été allumée. Elle s'était assise près de la fenêtre faisant face au sud, et je me tenais sur le tapis devant la cheminée, pensif. Je l'ai entendue dire : "Regardez, et apprenez" ; et portant mon regard dans cette direction, j'ai vu un brouillard s'élever depuis sa tête et ses épaules. Bientôt, il s'est modelé à l'image de l'un des mahatmas, celui qui plus tard m'a donné le fameux turban, mais dont il portait à présent la doublure astrale sur sa tête née de la brume. Absorbé par l'observation du phénomène, je me suis tenu silencieux et immobile. La silhouette sombre n'a formé que la moitié supérieure du torse, puis s'est évanouie et a disparu ; réabsorbée dans le corps de H.P.B. ou non, je ne sais pas. Elle est restée assise telle une statue pendant deux ou trois minutes, après quoi elle a soupiré, est revenue à elle, et a demandé si j'avais vu quoi que ce soit. Quand je lui ai demandé d'expliquer le phénomène, elle a refusé, disant que c'était à moi de développer mon intuition afin de comprendre les phénomènes du monde dans lequel je vivais. Tout ce qu'elle pouvait faire c'était me montrer des

---

1. Reproduction dans *Le théosophe*, août 1932, et *Vieilles pages de journal*, I, 434.

choses, et me laisser faire de celles-ci ce que je pouvais. »

« Quelqu'un peut-il comprendre mes sentiments quand j'ai découvert un certain soir que j'avais, sans m'en douter, salué un philosophe terne avec une frivolité hilarante qui avait fort perturbé son calme habituel ? Supposant que je m'adressais seulement à ma "copine" H.P.B., je me suis exclamé : "Allons, ma vieille, mettons-nous au travail !" La minute d'après, je rougissais de honte, car l'expression mélangeant la surprise et l'indignation qui est apparue sur son visage m'a montré à qui j'avais affaire… C'était celui pour qui j'avais le respect le plus filial. Ce n'était pas seulement en raison de sa profonde érudition, de son caractère noble et de son attitude digne, mais aussi pour sa bonté et sa patience réellement paternelles. C'était comme si lui seul avait lu jusqu'au plus profond de mon cœur, et souhaitait faire ressortir jusqu'à la moindre petite gemme spirituelle qui s'y trouvait comme une potentialité latente. On m'avait dit que c'était un personnage du sud de l'Inde à la longue expérience spirituelle, un professeur de professeurs, vivant toujours ostensiblement parmi les hommes en tant que propriétaire terrien, pourtant connu pour ce qu'il était réellement par aucun des membres de son entourage. Oh, les soirées de grande réflexion que j'ai passées avec lui ; comment ne pourrais-je jamais les comparer avec toute autre expérience de ma vie !…

« C'était ce Maître qui a dicté les *Replies to an English F. T. S.* sur des questions suggérées par une lecture de *Esoteric Buddhism*, qui avait été publié dans **Le théosophe** de septembre, octobre, novembre 1883. C'était à Ootacamund, dans la maison du major général Morgan, tremblante de froid et ses membres inférieurs enveloppés dans des plaids, qu'elle les a écrites. Un matin, j'étais dans sa chambre en train de lire un livre, quand elle s'est tournée et a dit : "Qu'on me pende si je n'ai jamais entendu parler des Iaphygiens. Avez-vous déjà lu quelque chose au sujet d'une telle tribu, Olcott ?" J'ai dit que non ; pourquoi me demandait-elle cela ? "Eh bien, a-t-elle répondu, le vieux monsieur me dit de l'écrire, mais j'ai peur qu'il y ait erreur ; qu'en dites-vous ?" J'ai répondu que si le Maître en question lui avait donné le nom, elle devait l'écrire sans peur, car il avait toujours raison. Et c'est ce qu'elle a fait. Voici un exemple de la multitude de cas où elle écrivait sous la dictée à propos de choses bien en dehors de son savoir personnel.

« Un soir, j'ai reçu une terrible remontrance. Peu avant j'avais ramené à la maison deux beaux crayons doux, parfaits pour notre travail de bureau, et j'en avais donné un à H.P.B. et gardé l'autre pour moi-même. Elle avait la fâcheuse habitude d'emprunter les canifs, les crayons, les gommes et autres articles de papeterie et d'oublier de les rendre ; une fois mis dans son tiroir ou dans son pupitre, ils y restaient, qu'importe à quel point l'on pouvait protester à ce propos. Ce soir-là, l'être artiste esquissait le portrait d'un terrassier sur une simple feuille de papier et discutait avec moi de quelque chose, quand il m'a demandé de lui prêter un autre crayon. La pensée m'a traversé l'esprit, "Si je lui prête même une fois ce beau crayon, il finira dans son tiroir et je n'en aurai plus pour ma propre utilisation." Je ne l'ai pas dit, je n'ai fait que le penser; mais l'être m'a jeté un regard sarcastique, a tendu la main jusqu'au porte-stylos entre nous, y a placé son crayon, l'a manipulé un instant avec les doigts de cette main, et voilà que devant moi est apparue une douzaine de crayons de cette même facture et de qualité identique! Il n'a pas dit un mot, ne m'a même pas regardé, mais mon sang s'est précipité dans mes tempes, et je me suis senti plus humble que je ne l'avais jamais été dans ma vie. Mais tout de même, je ne pense guère avoir mérité la remontrance, quand on sait quelle voleuse de papeterie H.P.B. était !

« J'ai parlé de sa partie qui a été faite par H.P.B. *in propria persona*, qui était de qualité inférieure à celle faite pour elle par les êtres. C'est parfaitement compréhensible, car comment H.P.B., qui n'avait aucune connaissance préalable de la sorte, aurait-elle pu écrire correctement à propos des divers sujets traités dans son livre? Dans son état en apparence normal, elle lisait un livre, notait les parties qui l'avaient marquée, écrivait à leur propos, faisait des erreurs, les corrigeait, discutait d'elles avec moi, me faisait écrire, aidait mes intuitions, demandait à ses amis de fournir du matériel, et continuait ainsi aussi bien qu'elle le pouvait, tant qu'aucun des professeurs n'était à disposition de ses pouvoirs psychiques. Et ils n'étaient pas toujours avec nous, loin de là.

« Elle a produit un vaste nombre de splendides écrits, car elle était douée d'une formidable capacité littéraire naturelle; elle n'était jamais ennuyeuse ou inintéressante; et elle était tout aussi brillante dans trois langues, quand elle était en possession de son plein pouvoir. Elle a écrit à sa tante que quand le Maître était occupé ailleurs, il laissait avec elle son substitut, et qu'alors c'était son "moi lumineux", son "Augoeides", qui pensait et qui écrivait pour elle. Concernant cela, je n'ai pas osé former une opinion, car je ne l'ai jamais observée dans cet état : je ne l'ai connue que sous trois aspects, à savoir, la H.P.B. avec son "moi" véritable; celle avec son corps possédé ou supplanté par les Maîtres; et en tant que copiste prenant la dictée. Il est possible que son "Augoeides", prenant possession de son cerveau physique, m'ait donné l'impression qu'il s'agissait d'un des Maîtres à l'œuvre : je ne saurais le dire. Mais ce qu'elle a omis de dire à sa tante, c'est qu'il y avait eu de très, très nombreuses fois où elle n'était sous l'emprise, ou sous le contrôle, ou ne recevait la diction, d'aucune intelligence supérieure, mais était simplement et manifestement H.P.B., notre chère amie si familière, et enfin notre professeure, qui essayait autant qu'elle le pouvait d'accomplir l'objet de sa mission littéraire.

« Malgré la multitude d'entités ayant travaillé à la production d'*Isis*, on retrouve l'expression d'une individualité à travers elle et dans ses autres œuvres – quelque chose qui lui était bien particulier... Alors que penser de la paternité d'*Isis*, et que dire de H.P.B. elle-même? Concernant la première interrogation, il est indéniable que c'est une œuvre faite en collaboration, le produit du travail de plusieurs écrivains distincts et non de H.P.B. seule... La question est hautement plus complexe, et la vérité exacte concernant la part de travail que chacun des participants a fournie ne sera jamais connue. La personnalité de H.P.B. était le moule dans lequel la matière a été coulée, et qui par conséquent en a contrôlé la forme, la coloration et l'expression, pour ainsi dire, par ses propres idiosyncrasies, aussi bien mentales que physiques. Car, tout comme les occupants successifs du corps de H.P.B. n'ont fait que modifier son écriture manuscrite habituelle, mais n'ont pu utiliser la leur, quand ils utilisaient le cerveau de H.P.B., ils étaient obligés de la laisser colorer leurs pensées et arranger leurs mots d'une manière fixe qui lui était unique. De la même manière que la lumière du jour passant à travers les vitraux d'une cathédrale prend les couleurs de leur verre teinté, les pensées qu'ils transmettaient à travers le cerveau de H.P.B. devaient, elles, se voir modifiées dans le style littéraire et les habitudes d'expression dans lesquels elle les avait développées. »

H.P.B. écrivit à sa famille : « Quand j'écrivais *Isis*, je le faisais si facilement que ce n'était en réalité pas un travail, mais un réel plaisir. Pourquoi devrais-je être encensée pour cela ? Dès lors que l'on me dit d'écrire, je m'assieds et j'obéis, et ensuite je peux écrire facilement sur presque tous les sujets – métaphysique, psychologie, philosophie, religions anciennes, zoologie, sciences naturelles, et j'en passe. Je ne me pose jamais la question : "Puis-je écrire sur ce sujet ?" ou "Suis-je à la hauteur de cette tâche ?" ; mais je m'assieds tout simplement et j'écris. Pourquoi ? Parce que quelqu'un qui sait tout me le dicte… Mon Maître, et occasionnellement d'autres que j'ai connus dans mes voyages il y a des années… Je vous en prie, n'allez pas imaginer que j'ai perdu la raison. Je vous avais déjà fait des allusions à leur existence auparavant, et je vous le dis sincèrement, lorsque j'écris sur un sujet dont je ne sais que peu ou rien, je m'adresse à eux, et l'un d'entre eux m'inspire, c'est-à-dire qu'il me permet tout simplement de copier ce que j'écris depuis des manuscrits et même des ouvrages imprimés qui passent devant mes yeux dans l'air, processus durant lequel je n'ai jamais été inconsciente un seul instant… C'est me savoir sous sa protection, et ma foi en son pouvoir, qui m'a permis de devenir mentalement et spirituellement si forte… et même lui (le Maître) n'est pas toujours requis ; car, durant son absence due à une autre occupation, il éveille en moi son substitut de savoir… Dans ces moments, ce n'est plus moi qui écris, mais mon **ego intérieur**, mon "moi lumineux", qui écrit et qui pense à ma place. »

Dans une autre lettre, elle dit à sa sœur : "Eh bien, Véra, que tu me croies ou non, quelque chose de miraculeux est en train de m'arriver. Tu ne peux imaginer le monde charmant d'images et de visions dans lequel je vis. J'écris *Isis*, non pas écris, plutôt je copie et je dessine ce qu'elle me montre personnellement. Je le jure, j'ai parfois l'impression que la déesse ancienne de la beauté en personne me guide à travers tous les pays des siècles passés que je dois décrire. Je suis assise les yeux grands ouverts, et selon toute apparence je vois et j'entends tout ce qui réel et présent autour de moi, et pourtant, dans le même temps, je vois et j'entends les choses que j'écris. J'ai le souffle court ; je crains de faire le moindre mouvement, de peur que le sort en soit brisé. Lentement, siècle après siècle et image après image flottent depuis le lointain et se présentent à moi, comme dans un panorama magique ; et pendant ce temps, je les réassemble dans mon esprit, attribuant des époques et des dates, et je sais sans le moindre doute qu'il ne peut y avoir aucune erreur. Des ethnies et des nations, des pays et des villes, qui ont depuis longtemps disparu dans les ténèbres du passé préhistorique, émergent puis disparaissent, laissant place à d'autres, et puis on m'indique les dates consécutives.

« "La vénérable Antiquité fait place aux périodes historiques ; les mythes me sont expliqués avec des évènements et des personnes qui ont réellement existé ; et chaque évènement un tant soit peu remarquable, chaque nouvelle page tournée dans ce livre multicolore de la vie, s'imprime dans mon cerveau avec une exactitude photographique. Mes propres estimations et calculs se présentent à moi plus tard sous la forme de pièces colorées de formes différentes dans le jeu appelé casse-tête. Je les rassemble et j'essaie de les faire correspondre les unes aux autres, et ce n'est assurément pas moi qui fais tout, mais mon ego, le plus haut principe qui m'habite. Et cela même avec l'aide de mon gourou et professeur qui me soutient en tout. S'il m'arrive d'oublier quelque chose, il me suffit de m'adresser à lui, ou à un autre comme lui dans ma pensée, et ce que j'ai oublié apparaît à nouveau sous mes yeux – des tableaux entiers de nombres passant parfois devant moi, de longs inventaires d'évènements. Ils se souviennent de tout. Ils savent tout. Sans eux, d'où me viendrait mon savoir ?"

Maître Koot Hoomi écrivit à M. Sinnett en 1882 : «C'est H.P.B. qui, agissant sous les ordres d'Atrya (quelqu'un que vous ne connaissez pas), a été la première à expliquer dans le *Spiritualist* la différence entre psyché et *nous*, *nefesh* et *ruach*, âme et esprit. Elle avait dû apporter tout l'arsenal de preuves, des citations de Paul et de Platon, de Plutarque et de James, etc., avant que les spiritualistes n'admettent que les théosophes avaient raison. C'est à cette époque qu'elle a reçu l'ordre d'écrire *Isis* – à peine un an après que la société a été fondée. Et comme une importante querelle s'est produite à son propos, avec des polémiques et des objections sans fin se résumant au fait qu'il ne pouvait y avoir deux âmes en l'homme, nous avions pensé prématuré de donner au public plus qu'il ne pourrait possiblement assimiler, et ce avant qu'il n'ait digéré les "deux âmes" ; et ainsi l'additionnelle subdivision de la trinité en sept principes n'a pas été mentionnée dans *Isis*... Elle a obéi à nos ordres, et a écrit en dissimulant volontairement certains de ces faits. »

Le colonel Olcott raconta : « À sa parution, *Isis* a fait tellement sensation que la première édition a été épuisée en dix jours. En général, les critiques ont traité l'ouvrage avec bonté... La chose la plus vraie dite à son sujet était l'expression d'un auteur américain pour qui c'était "un livre contenant une révolution." »

Concernant sa maîtrise de l'anglais à cette époque, H.P.B. écrivit au colonel Olcott le 6 janvier 1886 : « Quand je suis arrivée en Amérique, je parlais à peine l'anglais et je ne pouvais pas du tout l'écrire – c'est un fait, comme vous le savez. *Isis* est le premier ouvrage, à l'exception de quelques articles corrigés par vous et par d'autres, que j'écrivais en anglais de ma vie ; et il a été en grande partie dicté par K. H., comme vous le savez (Kashmiri). J'ai pour ainsi dire appris à écrire l'anglais avec lui. J'ai hérité de toutes ses particularités, allant même jusqu'à écrire "sceptique" avec un "k"__ ce que j'ai arrêté de faire en Inde, alors que lui a conservé l'habitude. Est-ce réellement surprenant, alors que l'on trouve des similitudes entre les styles d'*Isis* et des lettres à Sinnett ? Je vous ai dit, et vous le savez, que je parlais anglais dix fois moins bien que maintenant, et pourtant quarante, cinquante pages à la fois du manuscrit *d'Isis* étaient écrites sans une seule faute. S'il vous plaît, rappelez-vous-en – que je parlais à peine et ne pouvais en rien écrire en anglais. Je ne l'avais presque pas parlé depuis mon enfance, comme je vous l'avais dit. La première fois où je n'ai parlé qu'en anglais durant des mois, a été quand j'étais avec les Maîtres – avec le mahatma K. H., et bien sûr j'ai adopté son style. »

Chapitre XXXVIII
H.P.B., une citoyenne américaine et patriote russe

1878 fut une année importante dans la vie de H.P.B. : elle avait échappé de peu à la crémation, était devenue une citoyenne américaine et avait ensuite quitté les États-Unis à jamais. Mme Jelikovsky décrit comme suit le premier évènement :

« Durant le printemps 1878, une chose étrange est arrivée à Mme Blavatsky. Un matin, s'étant levée et mise au travail comme à son habitude, elle a soudain perdu connaissance et n'est revenue à elle que cinq jours plus tard. Son état léthargique était si profond qu'elle aurait pu être inhumée si le colonel Olcott et sa sœur, qui étaient avec elle à cette époque, n'avaient pas reçu un télégramme envoyé par celui qu'elle appelait son Maître. Le message disait : "Ne craignez rien, elle n'est ni morte ni malade, mais a besoin de repos ; elle est surmenée… Elle s'en remettra." Elle s'en est en effet remise, et s'est sentie tellement bien qu'elle n'a pu croire qu'elle avait dormi pendant cinq jours. Peu de temps après ce sommeil, H.P.B. a eu pour projet de se rendre en Inde. »[1]

Le récit qu'en fit H.P.B. dans une lettre destinée à Mme Jelikovsky était le suivant : « Je ne t'ai pas écrit depuis un mois, ma très chère amie, et pourrais-tu en deviner la cause ? Par un beau mardi matin d'avril, je me suis levée et me suis assise à mon bureau, comme à mon habitude, afin d'écrire à mes correspondants californiens. Soudain, à peine une seconde plus tard, me semble-t-il, je me suis rendu compte que, pour quelque raison mystérieuse, j'étais dans ma chambre, allongée sur mon lit, et ce n'était plus le matin, mais le soir. À mes côtés, j'ai pu voir certains de nos théosophes et docteurs qui me fixaient de leurs visages les plus perplexes, ainsi qu'Olcott et sa sœur Mlle Mitchell – la meilleure amie que j'ai ici – tous deux pâles, aigres et ridés comme s'ils venaient d'être bouillis dans une casserole.

« "Quel est le problème ? Que s'est-il passé ?" leur ai-je demandé. Plutôt que de me répondre, ils m'ont posé un tas de questions : quel était mon problème ? Et comment aurais-je pu répondre – je n'avais aucun problème. Je ne me souvenais de rien, mais il aurait évidemment été étrange que nous soyons mardi matin un instant plus tôt, alors qu'ils m'assuraient que nous étions dimanche soir. J'avais l'impression que ces quatre jours d'inconscience étaient passés en un clin d'œil. En voilà une drôle d'histoire ! Imagine une seconde, ils me croyaient tous morte et étaient sur le point de réduire en cendres ce temple démantelé qui m'appartient.

---

1. Voir chapitre XXVII.

Mais face à cela, le Maître a envoyé un télégramme à Olcott depuis Bombay : "Ne craignez rien. Elle n'est pas malade, mais se repose, elle ira mieux à présent." Le Maître avait raison. Il sait tout, et en réalité j'étais en parfaite santé. Le seul problème était que je ne me souvenais de rien. Le soir même, je me suis levée, me suis étirée et leur ai demandé de quitter la chambre afin de m'asseoir pour écrire. Mais c'est un sentiment affreux que de penser à tout le travail qui s'est accumulé. Je ne pouvais penser aux lettres. »

« Pour différentes raisons, H.P.B. a été forcée de devenir une citoyenne américaine. Ceci l'a considérablement perturbée, car comme tous les Russes, elle vouait une véritable passion à son pays » expliqua sa nièce, Mlle Johnston, dans *The Path*. H.P.B. adressa une lettre à sa tante, Mme Fadeef :

« Ma chère, je t'écris, car si je ne le fais pas, je risque d'éclater à cause de cet étrange sentiment qui m'étouffe indubitablement. Nous sommes aujourd'hui le 8 juillet, un jour fatidique pour moi, mais seul Dieu sait si le présage est bon ou mauvais. Aujourd'hui, cela fait exactement cinq ans et un jour que je suis arrivée en Amérique, et je reviens tout juste de la Cour suprême où j'ai fait vœu d'allégeance à la république et à la constitution américaine. Cela fait à présent une bonne heure que je suis devenue citoyenne, avec des droits égaux à ceux du président lui-même. Jusqu'ici, tout va bien : les rouages de ma destinée originelle m'ont menée à cette naturalisation, mais à mon plus grand étonnement et dégoût, j'ai été forcée de répéter publiquement après le juge, tel un perroquet, la tirade suivante selon laquelle je renoncerai pour toujours, et ce jusqu'à ma mort, à toute forme de soumission et obéissance à l'empereur de Russie, et à toute obéissance aux pouvoirs établis par lui-même et par le gouvernement russe, et je devrai accepter le devoir de défendre, aimer et servir uniquement la constitution des États-Unis. Alors, que ce Dieu en lequel je crois me vienne en aide ! J'étais absolument terrifiée en prononçant cette abjuration infâme de la Russie et de l'empereur. Ainsi ne suis-je pas seulement un apostat de notre bien-aimée Église de Russie, mais également une rénégate politique. Voilà un beau pétrin dans lequel je me suis mise ; mais comment vais-je me débrouiller pour ne plus aimer la Russie ou respecter l'empereur ? Il est plus facile de dire les choses que d'agir en conséquence. »

Lors d'une interview pour le *New York Star* du 28 juin 1878 à propos de cet évènement à venir (elle était la première femme russe à être naturalisée aux États-Unis), elle déclara : « Le peuple américain est meilleur que le mien, car il est plus poli envers les femmes.

"Êtes-vous en faveur du droit de vote pour les femmes ?

– Je ne souhaite pas voter moi-même, mais je ne vois pas pourquoi je n'en aurais pas le droit. Toutes les femmes devraient avoir ce privilège. Mes papiers prouvent que je suis une citoyenne, et ne sommes-nous pas tous libres et indépendantes dans ce pays ? Les femmes votent en Russie, et ce n'est pas un privilège non plus, car elles y sont forcées. Je suis ébahie de voir que ce n'est pas le cas ici. Mais je ne saisis pas l'importance de savoir qui vote ou non. Mariée ? Non, je suis veuve, une veuve bénie, et je remercie Dieu ! Je ne serai pas l'esclave de Dieu et encore moins d'un homme." »

À son arrivée en Inde en 1879 (qui n'aurait peut-être pas été possible si elle avait conservé sa nationalité russe), elle fut, pendant un temps, perçue comme une espionne russe. La question de sa nationalité fut abordée aux yeux du public par le biais de la presse, et nous trouvons sa réponse dans une lettre adressée à l'éditeur de *La gazette de Bombay* du 13 mai 1879 :

« Le jour même de mon retour, après un mois de voyage, le consul américain m'a montré deux paragraphes, à savoir l'un tiré de votre journal du 10 faisant référence à ma personne sous le titre de "baronne russe", et l'autre provenant du *Times of India* en date du 8, dont l'auteur s'est efforcé d'être amusant, mais est seulement parvenu à être impertinent et calomnieux. Dans ce dernier paragraphe, je suis citée comme étant une femme qui parle d'elle sous le terme de "princesse russe"…

« Mon occupation actuelle consiste à réprimander la *Gazette* pour avoir placé de force sur ma tête républicaine la couronne baronniale, alors que j'y étais réticente. Sachez s'il vous plaît, et une fois pour toutes que je ne suis ni "comtesse", ni "princesse", ni même une modeste "baronne", quoi que j'aie pu être avant juillet dernier. À l'époque, je suis devenue une simple citoyenne des États-Unis d'Amérique – un titre qui a bien plus de valeur à mes yeux qu'aucun autre qui pourrait m'être attribué par un roi ou un empereur. Étant citoyenne, je ne pourrais rien être d'autre même si je le souhaitais ; car comme tout le monde le sait, j'ai été princesse de sang royal par le passé, et une fois mon vœu d'allégeance prononcé, j'ai renoncé à revendiquer le moindre titre de noblesse.

« Outre ce fait tristement célèbre, mon expérience des choses en général, et plus particulièrement avec des personnes prétentieuses, m'a amenée à développer un véritable mépris pour les titres, car il semblerait qu'une fois passées les frontières de leur propre patrie, les princes russes, les comtes polonais, les marquis italiens et les barons allemands sont bien plus nombreux dans les commissariats de police. Permettez-moi d'aller plus loin en ajoutant que – si ce n'était que pour la lignée éditoriale du *Times of India* et un tas de petits journaux grondants, à la recherche des déchets du journalisme – je ne me suis jamais présentée comme autre chose que ce que je suis ; c'est-à-dire une femme honnête, à présent citoyenne américaine, mon pays d'adoption et l'unique terre de véritable liberté dans le monde. »[5]

Les fondateurs de la Société théosophique quittèrent l'Amérique le 19 décembre 1878 pour rejoindre Bombay le 16 février 1879. Leur départ fit sensation dans la presse new-yorkaise dont l'article suivant, tiré du *New York Herald*, est un exemple :

VENTE AUX ENCHÈRES DE CURIOSITÉS.

« Mme Blavatsky, l'auteure d'*Isis dévoilée*, a résidé à New York durant plus de cinq ans. Elle a passé la majeure partie de sa vie dans les pays de l'Est, et figure parmi les rares Européens à l'éducation libérale devenus complètement orientaux, non seulement par leurs goûts, mais également par leur religion.

« Ces deux dernières années, sa maison a été le centre d'un mouvement de pensée moderne ayant attiré l'attention du monde entier. Pour les chercheurs en matière de spiritualisme, elle est devenue l'une de celles qui, en acceptant les phénomènes comme authentiques, les expliquaient par une philosophie plus surprenante encore que celle des spiritualistes eux-mêmes.

« Une société a été formée sous sa direction, regroupant des gens qui croyaient véritablement en la magie, et dont certains prétendaient avoir appris ses principes. L'histoire de la Rose-Croix a été à nouveau contée à New York. La société était secrète, mais une partie de ses croyances et de son objet était rendue publique dans le but de stimuler une opposition, vive dans différentes classes, et ridicule dans d'autres.

« Madame Blavatsky a fait l'acquisition d'un appartement français à l'angle de la 8ᵉ avenue et de la 47ᵉ rue. Elle l'a meublé de façon curieuse, remplissant chaque pièce d'étranges trophées rapportés de voyage. Des bizarreries de toutes sortes remplissaient son petit salon : des idoles siamoises aux jouets parisiens, tandis que des bêtes empaillées et des herbes tropicales ornaient les coins. La maison était accessible à ses amis et aux amis de ses amis, les portes étaient toujours ouvertes. Une certaine liberté marquait la discussion, et les débats religieux et philosophiques se déroulaient toujours correctement. Des personnes venant des quatre coins du monde se réunissaient dans ce petit salon ; et quelques-uns des citoyens new-yorkais les plus connus étaient des visiteurs habituels.

« *Isis dévoilée*, publié un an plus tôt, est devenu célèbre pour ses attaques envers les religions dogmatiques et la science moderne ; et cela a été le moyen d'attirer bon nombre d'intellectuels à la "lamaserie." Le docteur J.A. Weisse, philologue, et le professeur Alexander Wilder faisaient partie de ses amis les plus proches ; et la princesse Rackovitz (à présent mariée à un journaliste new-yorkais) ainsi que la comtesse Paschkoff figuraient parmi ses honorables invités. Le général Doubleday de l'armée américaine, John L. O'Sullivan, ancien ministre du Portugal, et sa femme, y ont rencontré des évêques méthodistes, des prêtres catholiques, des artistes, des acteurs, des écrivains athées, des journalistes, des spiritualistes, des médecins, des francs-maçons et autres personnalités.

« Le colonel Chaille Long est un explorateur africain et un ami de l'oncle de Mme Blavatsky, le général Fadeyef, soldat et diplomate russe, mais également favori du Grand-duc Alexandre de Russie. Il a été un visiteur fréquent à la "lamaserie." Des francs-maçons de la plus haute importance s'y trouvaient régulièrement ; car la dame, en plus de ses autres accomplissements, comptait un nombre de connaissances dans la franc-maçonnerie surpassé par peu de grands Maîtres, et elle possédait un diplôme anglais envoyé par John Yarker, attestant qu'elle avait atteint le plus haut niveau du rite de Memphis.

« Le caractère social des soirées dans le petit salon était l'un des principaux éléments expliquant le succès du mouvement. La société elle-même avait atteint une notoriété mondiale. Des journaux anglais, français, allemands, turcs, hindous et russes regorgeaient d'allusions à son sujet ; et alors que des succursales avaient été constituées à travers le monde, une coalition a été formée entre la Société théosophique et l'Ārya-Samāj d'Inde (« la noble société » en sanskrit) qui consistait en une grande réforme de la société védique. Mme Blavatsky a confessé ses rapports avec des sociétés secrètes de l'est, et a affirmé pendant longtemps qu'une fois qu'elle aurait fait ce pour quoi elle s'était rendue en Amérique, elle retournerait en Inde. Cette époque est arrivée, dit-elle, à présent, tout en préparant son départ pour les jours qui viennent. C'était donc pour cela que, depuis hier, le drapeau du commissaire-priseur flottait à sa porte, et les curiosités dont elle ne s'était pas encore débarrassée ont été vendues au plus offrant. »

Malgré sa citoyenneté américaine, Mme Blavatsky demeura toujours une véritable patriote russe. Sa sœur, Mme Jelikovsky écrivit : « Pendant la guerre entre la Russie et la Turquie, Héléna Petrovna n'a pas eu un moment de répit. Toutes ses lettres écrites en 1876-1877 sont pleines d'inquiétudes pour ses compatriotes et de craintes concernant la sécurité des membres de sa famille qui étaient activement engagés dans ce conflit. Elle a mis de côté ses articles antimatérialistes et antispiritualistes afin de cracher feu et flamme et de déverser sa colère contre les ennemis de la nation russe…

« Elle est tombée malade lorsqu'elle a entendu parler du célèbre discours de Pie IX, dans lequel il enseignait aux fidèles que "la main de Dieu peut conduire le cimeterre d'un Bachi-bouzouk vers le déracinement du schisme", et dans lequel il a approuvé l'utilisation des armes par les mahométans contre les infidèles de l'Église grecque orthodoxe. Elle a ensuite explosé en publiant une série de satires si empoisonnées et intelligentes, que l'ensemble de la presse américaine lui a porté de l'attention. Le nonce papal de New York, le Cardinal MacKloskey, d'origine écossaise, a estimé qu'il était avisé d'envoyer un prêtre pour parlementer avec elle. Il n'en a cependant tiré que peu de choses, car Mme Blavatsky a mis un point d'honneur à relater la rencontre dans son article suivant, assurant qu'elle avait supplié le prélat d'être assez bon pour lui parler par le biais de la presse, et qu'elle lui répondrait certainement ensuite…

Tous les fonds qu'elle avait récoltés par le biais de ses articles dans les journaux russes, ou de premiers paiements qu'elle a reçus de son éditeur pour *Isis dévoilée* durant la guerre ont été envoyés à Odessa et à Tiflis, afin d'aider les soldats blessés ou leurs familles et la Croix-Rouge.

« En octobre 1876, elle a donné de nouvelles preuves de ses dons de clairvoyance. Elle a eu une vision de ce qu'il se passait dans le Caucase, à la frontière turque, où son cousin Alexander Witte, major des dragons de Nijni Novgorod, avait échappé de peu à la mort. Elle a mentionné ce fait dans une lettre destinée à l'une de ses relations. Comme à bien des reprises auparavant, elle nous a décrit des apparitions de personnes qui la prévenaient de leur mort, des semaines avant que la nouvelle puisse être apprise par les moyens ordinaires. Nous n'étions alors pas vraiment étonnés.

« En apprenant la mort de l'empereur, le tsar Alexandre II, elle a écrit à Mme Jelikovsky : "Mon Dieu ! Quelle est cette nouvelle horreur ? Est-ce le dernier jour de la Russie qui arrive aujourd'hui ? Ou bien Satan a-t-il fait pénétrer sa progéniture sur notre terre russe ? Sont-ils tous devenus fous les malheureux Russes ? Quelle sera la fin de tout ceci, à quoi devons-nous attendre pour la suite ? Mon Dieu ! Les gens peuvent bien dire, s'ils le souhaitent, que je suis une athée, une bouddhiste, une renégate, une citoyenne de la république ; mais quelle amertume je ressens ! Comme je suis triste pour la famille impériale, pour le tsar martyr, pour la Russie tout entière ! J'abhorre, je méprise et je répudie entièrement ces monstres fourbes – ces terroristes. Qu'on les laisse tous rire de moi si c'est ce qu'ils souhaitent, mais la mort de notre martyr et souverain tsar me fait ressentir – bien que je sois citoyenne américaine – tant de compassion, tant d'angoisse et tant de honte, que même au plein cœur de la Russie le peuple ne peut ressentir cette colère et cette peine avec plus de force." »

« H.P.B. était très heureuse que le *Pioneer* d'Allahabad ait imprimé son article concernant la mort du tsar et elle a écrit à sa sœur à ce sujet : "J'y ai mis tout ce dont je pouvais me souvenir, et il me plaît de voir qu'ils n'en ont pas retiré un traître mot, et d'autres journaux l'ont réimprimé ! Mais tout de même, la première fois qu'ils m'ont vu en deuil, beaucoup m'ont demandé 'Que voulez-vous dire par là ? N'êtes-vous pas américaine ?' J'étais tellement fâchée que j'ai envoyé une sorte de réponse générale à *La Gazette de Bombay* : ce n'est pas en tant que sujet russe que je suis drapée dans le deuil (leur ai-je écrit), mais en tant que Russe de naissance, en tant que l'un des quelques millions dont le bienfaiteur a été cet homme gentil et compatissant, à présent regretté par l'ensemble de mon pays. Par cet acte, je souhaitais montrer mon respect, mon amour et mon chagrin le plus sincère suite à la mort du souverain de ma mère et de mon père, de mes frères et de mes sœurs en Russie. Leur écrire de cette façon les a fait taire, mais avant, ces deux ou trois journaux ont vu cela comme une opportunité de se moquer du bureau du théosophe et du *Le théosophe*[1] lui-même pour avoir été en deuil. Eh bien, à présent, ils en connaissent la raison et peuvent bien aller au diable." »

« Suite à la réception d'un portrait du défunt empereur dans son cercueil, H.P.B. a écrit à Mme Fadeef le 10 mai 1881 : "Peux-tu le croire, au moment où je l'ai regardé quelque chose a mal tourné dans ma tête ; quelque chose d'incontrôlable s'est mis à vibrer en moi, m'incitant à faire le signe de croix avec la grosse croix russe, laissant tomber ma tête contre sa tête sans vie. Tout s'est passé si vite que je me suis sentie pétrifiée par l'étonnement. Était-ce bien moi qui, durant huit ans,

---

1. *Le théosophe* fut publié avec une couverture de deuil.

depuis la mort de père, n'avais jamais pensé une seconde à faire le signe de croix, et qui tout à coup laissais place à tant de sentimentalisme ? C'est une véritable calamité : imagine que même à présent je ne peux lire de journaux russes en gardant mon sang-froid ! Je me suis transformée en une régulière et perpétuelle fontaine de larmes ; mes nerfs sont devenus plus qu'inutiles !" »

Dans une lettre de 1879 publiée dans *The Path* en mars 1895, H.P.B. dit : « J'ai écrit un article depuis Simla pour le *Novoe Vremya*, intitulé *La vérité à propos du neveu de Nana Sahib*. J'ai rassemblé les informations les plus détaillées à propos de ce garnement. Golos publie constamment des lettres écrites par ce menteur, comme pour inciter l'Angleterre à faire la guerre avec la Russie. Et *Novoe Vremya* a dédaigné de publier ma note. Pour quelle raison ? Mis à part le fait qu'elle était vraie, il s'agissait d'une contribution libre. On pourrait penser qu'ils auraient pu croire les bonnes intentions d'une compatriote, une Russe qui est au cœur même de l'information concernant ce faux et autoproclamé allié de la Russie… Et pourtant nos journaux refusent de publier mes articles ! »

Mme Pissareff insista également sur ce fait lorsqu'elle expliqua : « De toute son œuvre littéraire qui a révélé à l'Europe de l'Ouest les enseignements occultes de l'ancien orient, un livre seulement, *La voie du silence*, a été traduit vers le russe jusqu'à l'année dernière [écrit pour *Le théosophe* de janvier 1913] ; et son appellation littéraire [Radha Bai] n'est connue que des esquisses indiennes qui ont été publiées dans le *Messenger* russe (*Vyestnik*) au début des années 80, sous le titre de *Depuis les caves et les jungles d'Hindoustan*. »

Madame Johnston continua son récit : « Malgré le manque de courtoisie de la part des journaux russes à son égard, H.P.B. a souscrit à de nombreux journaux et magazines russes ; et, n'ayant pas le temps de les lire durant la journée, elle se privait de sommeil durant les cinq ou six petites heures que constituait son repos nocturne, pour savoir ce qu'il se passait dans son propre pays. L'arrivée de l'un de ces journaux a donné lieu à l'expérience psychométrique qui a pris place à l'automne 1880. Dans une lettre adressée à Mme Fadeef, H.P.B. a exprimé sa gratitude quant à un colis rempli de journaux qu'elle lui avait envoyés :

« "Quelle chose intéressante m'est arrivée il y a peu ! J'ai reçu ton paquet de *Novoe Vremya* et me suis mise au lit peu après dix heures (tu sais que je me lève à cinq heures). Ayant pris un journal au hasard, sans véritablement choisir, simplement le plus proche, je me suis étirée et me suis plongée profondément dans mes pensées concernant un certain livre sanskrit qui, selon moi, pouvait m'aider à me moquer de Max Müller dans mon magazine. Tu vois donc que je ne pensais en aucun cas à toi. Et le journal est resté près de ma tête sur l'oreiller pendant tout ce temps, couvrant partiellement mon front.

« "Tout à coup, je me suis retrouvée transportée dans une maison à la fois étrange et familière. La pièce que je voyais m'était inconnue, seule la table en son centre m'était bien connue depuis longtemps. Et là, assise à la table, je t'ai vue, ma chère camarade, fumant ta cigarette en réfléchissant profondément. Le dîner était servi sur la table, mais il n'y avait personne d'autre dans la pièce. Il m'a semblé apercevoir du coin de l'œil ma tante[1] sortant par la porte. Puis tu as levé la main et, saisissant un journal de la table, l'as mis de côté. J'ai à peine eu le temps d'en lire le titre, *Herald of Odessa*, après quoi tout a disparu.

« "En apparences, il n'y avait rien d'étrange à cet évènement, mais voilà quelque chose d'étrange. J'étais parfaitement certaine qu'il s'agissait d'un numéro du *Novoe Vremya* que j'avais pris, et, ayant remarqué dans ma vision quelques tranches de pain noir à tes côtés, j'ai soudain été prise d'une envie irrépressible d'en goûter quelques-unes – même une toute petite miette – si bien que j'en ai senti le goût dans ma bouche. Je me suis dit : qu'est-ce que cela signifie ? Quelle peut être la cause d'une telle envie ? Et afin de me débarrasser d'un tel désir qui était impossible à assouvir, j'ai déplié le journal et en ai commencé la lecture. Eh bien ! Dans mes mains se trouvait le *Herald of Odessa* et non pas le *Novoe Vremya*. En outre, quelques miettes de mon pain de seigle tant désiré y étaient collées !

« "Et ainsi ces miettes, en touchant mon front, ont transmis à mon inconscient la scène tout entière, comme elle s'était probablement passée au moment précis où elles sont venues se coller au journal. Dans ce cas, les miettes de pain de seigle ont joué le rôle d'un dispositif photographique. Ces morceaux de pain sec m'ont procuré un délice très intense en me transportant pour un bref moment à tes côtés. J'étais tout à fait emplie de l'atmosphère de notre maison et dans ma joie, j'ai léché la plus grosse miette ; et quant aux autres, plus petites – les voilà. Je les ai découpées, puisqu'elles collaient au papier, et te les ai renvoyées. Laisse-les retourner à la maison avec une part de ma propre âme. Cela peut sembler être un procédé absurde, mais parfaitement sincère." »

Pour finir, elle écrivit à sa sœur Véra : « Les gens disent de moi que je suis une sauvage, et je dois avouer que je me définis également ainsi. Je ne peux simplement pas écouter ces gens parler des malheureux hindous ou bouddhistes convertis au pharisaïsme anglican ou au christianisme du pape ; cela me donne des frissons. Mais lorsque je lis à propos de la propagation de l'orthodoxie russe au Japon, mon cœur se réjouit. Explique cela si tu le peux. La simple vue de n'importe quel membre d'un clergé étranger me donne la nausée, toutefois je peux sans effort accepter le visage familier du pape russe. Je ne crois en aucun dogme, je déteste le moindre rituel, mais mes sentiments à l'égard de notre propre service religieux sont relativement différents. Je suis conduite à me dire que mon cerveau est obnubilé par tout cela. Cela coule probablement dans mes veines. Il est certain que je dirais toujours : je choisirai mille fois le bouddhisme, un enseignement moral pur en harmonie parfaite avec les enseignements du Christ, plutôt que le catholicisme ou le protestantisme moderne. Mais je ne comparerai même pas le bouddhisme aux croyances de l'Église russe. Je n'y peux rien. Telle est ma nature à la fois ab-

---

1. Mme Witte.

surde et incohérente. »

Elle est peut-être « absurde » et « incohérente » ; mais il s'agit certainement d'une preuve qu'Héléna Petrovna Blavatsky occupait toujours son corps – tout du moins par moments.

Chapitre XXXIX
Qui était Héléna Petrovna Blavatsky

Le colonel Olcott affirma que l'une des motivations qui présidèrent à l'écriture de *Vieilles pages de journal* résidait dans la possibilité « de laisser derrière lui, pour les historiens à venir, une esquisse aussi juste que possible de l'immense puzzle qu'était la personnalité de Héléna Petrovna Blavatsky, la cofondatrice de la Société théosophique…

« Sur le plan de sa personnalité, je la connaissais en tant que compagne, amie, consœur, égale, tous ses autres confrères entretenant avec elle une relation de Maître à élève, d'amis occasionnels, de connaissances éphémères ou de simples correspondants. Nul ne l'a connu aussi intimement que moi, car nul autre que moi ne l'a vue tout au long de ses nombreux changements d'humeur, d'état d'esprit et de caractéristiques personnelles. Héléna Petrovna en tant qu'être humain, avec son tempérament russe resté intact et fraîchement sortie des cercles bohèmes parisiens, et Héléna Petrovna sous le pseudonyme de "madame Laura", dont les lauriers et bouquets des tournées de concerts qu'elle a donnés comme pianiste dans les années 1872-1873 en Italie, en Russie et ailleurs étaient depuis longtemps fanés lorsqu'elle a posé le pied à New York après un passage par Paris, m'étaient toutes deux aussi familières que l'a été plus tard la H.P.B. de la théosophie…

« Précisément parce que je la connaissais incomparablement mieux que quiconque, elle était pour moi un mystère encore plus grand qu'elle ne l'était pour eux… Quelle proportion de sa vie éveillée était celle d'une personnalité responsable, quelle proportion de ce corps était animée par une entité ombrageuse ? Je ne saurais le dire. Dans l'hypothèse où elle était une médium pour les grands professeurs, juste cela et rien de plus, alors l'énigme est facile à déchiffrer ; car alors, on peut expliquer les altérations de l'esprit, du tempérament, des goûts et des inclinations qui ont été évoquées à son propos ; alors, la H.P.B. des dernières années est compatible avec la Héléna Petrovna de New York, de Paris, d'Italie et de tous les autres pays et époques.

« Et que signifie le passage suivant (écrit de sa main dans son journal à la page du 6 décembre 1878) hormis cela ? Il dit : "Nous avons à nouveau froid, je crois. Oh, malheureux vieux corps, vide et pourri !" Ce corps "vide" l'était-il de son locataire adéquat ? Si cela n'était pas le cas, pourquoi cette phrase aurait-elle été écrite de sa main, mais avec une variante de son écriture habituelle ? Nous ne saurons jamais la vérité. Si je reviens encore et toujours à ce problème, c'est parce que, plus profondément je plonge dans ces évènements du passé, plus le mystère en devient passionnant et troublant.

« Un mahatma, dans une lettre à propos d'une quelconque affaire occulte, désigne le corps de H.P.B. comme "l'ancienne apparence" ; à nouveau, en 1876, il l'a décrit comme "cela et le frère à l'intérieur". Un autre Maître m'a demandé un jour, à propos d'une énorme crise de rage que j'avais involontairement provoquée chez H.P.B., "Voulez-vous tuer le corps ?" ; et c'est à nouveau lui qui, dans une note de 1875, parle de "ceux qui nous représentent dans la coquille" – le soulignage du mot est de lui.

« Il y avait des intervalles où son corps n'était pas occupé par les mahatmas qui écrivaient à travers lui. Du moins c'est ce que je présume, bien que j'aie parfois été tenté d'aller jusqu'à suspecter qu'aucun de nous, ses confrères, n'a jamais en aucune manière connu la H.P.B. normale, mais a juste eu affaire à un corps animé artificiellement, une sorte de mystère psychique perpétuel, dont le véritable *jiva* avait été extrait et tué à la bataille de Mentana, où elle avait subi ces cinq blessures et avait été ramassée dans un fossé, laissée pour morte. Il n'y a rien d'intrinsèquement impossible dans cette théorie.

« J'ai souligné plus haut la manière dont plusieurs mahatmas, dans les lettres qu'ils m'adressaient à propos de H.P.B. et de son corps, parlaient de celui-ci comme d'une coquille occupée par l'un d'entre eux. Dans mon journal de l'année 1878, je trouve, dans une entrée à la date du 12 octobre ainsi que dans le manuscrit de H.P.B. du mahatma "M", la chose suivante : "H.P.B. a parlé en tête à tête avec W. jusqu'à deux heures du matin. Il a confessé avoir vu trois individualités DISTINCTES en elle. Il le sait. Il n'ose pas le dire à Olcott de peur que H.S.O. ne se moque de lui !!!" Les soulignages et les points d'exclamation sont recopiés de l'original. La personne mentionnée comme "W." est M. Winbridge, qui était alors notre invité.

« Pour expliquer qu'une entrée de mon journal ait été rédigée par une autre personne…, il me faut préciser que, lorsque j'ai quitté New York pour affaires, le compte-rendu quotidien était effectué par H.P.B., un nom sous lequel une multitude de personnes écrivait. À l'entrée du 13 octobre, la même main, après avoir spécifié les sept visiteurs qui étaient venus ce soir-là, a écrit au sujet de l'un d'eux : "Le docteur Pike, ayant regardé H.P.B. à plusieurs reprises, a tressailli et a déclaré que personne au monde ne l'impressionnait à ce point. À un instant, il voit en H.P.B. une jeune fille de 16 ans, à un autre une vieille femme centenaire et un peu plus tard un homme barbu !"

« Le 22 octobre, de la même main est écrit : "H.P.B. les a laissés (les visiteurs de ce soir-là) dans la salle à manger et s'est retirée accompagnée de H.S.O. dans la bibliothèque pour y faire sa correspondance. N__ (un certain mahatma) a quitté son tour de garde, et est entré alors S__ (un autre adepte), ce dernier apportant l'ordre, de la part de M∴, d'avoir tout terminé pour le premier jour de décembre (pour notre départ pour les Indes)."

« Le 9 novembre, toujours sous H.P.B., mais d'une écriture différente et nouvelle est écrit : "Corps malade et pas d'eau chaude pour le baigner. Jolie coquerie." Le

12 novembre, de l'écriture "M" : "H.P.B. m'a joué un tour en s'évanouissant brutalement, au grand désarroi de Bates et Wim. Utilisé la plus grande volonté pour remettre le corps sur ses deux jambes."

« Le 14 novembre, de la même écriture : "N__ a levé le camp et M. est entré (il faut comprendre hors et dans le corps de H.P.B.). Est venu avec des ordres arrêtés de M∴.. Devez partir au plus tard entre le 15 et le 20 déc. (aux Indes)." Le 29 novembre, un autre mahatma a écrit qu'il a "répondu à la tante russe". Pour finir – sans s'attarder trop longuement sur un seul sujet –, le 30 novembre, un troisième mahatma a écrit : "Belle Mitchell est venue à midi et a emmené le S__ (le mahatma M.) pour une promenade et un tour en voiture. Sont allés à Macy's. Devaient matérialiser des roupies. H.P.B. est rentrée à la maison à quatre heures."

« Je dispose également de différentes lettres des mahatmas qui font allusion aux capacités propres et individuelles de H.P.B. et qui abordent, parfois avec une grande franchise, les particularités de celle-ci, qu'elles soient bonnes ou mauvaises.4 Ils parlent également de la H.P.B. qui est absente et la distinguent du corps physique qu'ils lui ont emprunté. D'après ce que j'ai compris, elle avait elle-même prêté son corps comme on prête une machine à écrire, et s'en était allée à quelques autres affaires occultes qu'elle pouvait régler depuis son corps astral tandis qu'un groupe spécifique d'adeptes s'occupait de son corps et le manœuvrait à tour de rôle.6 En réalité, H.P.B. n'a pas dit autre chose en janvier 1879 alors qu'elle-même et le colonel Olcott, en route vers les Indes, faisaient halte à Londres :

« Le soir suivant, après dîner, H.P.B. nous a expliqué, ainsi qu'à deux visiteurs présents, la dualité de sa personnalité et le principe illustré par cela. Elle a admis, sans le qualifier, que cela était un fait avéré qu'elle était une personne à un instant et une autre à l'instant suivant. Elle nous a fait une stupéfiante démonstration pour prouver son affirmation. Alors que nous étions assis à discuter dans le crépuscule, elle, silencieuse à côté de la fenêtre et les deux mains posées sur les genoux, elle nous a interpellé et a abaissé son regard vers ses mains. L'une d'entre elles était aussi blanche et sculpturale qu'à l'accoutumée ; mais l'autre avait la longueur de celle d'un homme et était recouverte d'une peau brune semblable à celle d'un hindou. Tournant alors nos regards interrogatifs vers son visage, nous avons vu que sa chevelure et ses sourcils avaient eux aussi changé de couleur, et que de blonds ils étaient passés à un noir de jais ! Je suppose que cela était un maya hypnotique, et finalement l'un des plus admirables qui soit, produit grâce à la suggestion et sans qu'un seul mot n'ait été prononcé ! Cela a fort bien pu être un maya, car je me rappelle que, le matin suivant, sa chevelure était toujours plus foncée qu'elle ne l'était naturellement, et ses sourcils tout à fait noirs. Elle l'a constaté d'elle-même en se regardant dans le miroir du salon et, me faisant remarquer qu'elle avait oublié d'effacer toutes les traces de la métamorphose, elle s'est détournée, a passé les mains sur son visage et ses cheveux deux ou trois fois et m'a fait à nouveau face sous son apparence habituelle.

« J'ai eu recours au terme "obsession", mais je suis bien conscient de sa misérable insuffisance pour qualifier un semblable cas. "Obsession" et "possession" sont tous deux utilisés pour désigner l'état où un être vivant est troublé par des esprits maléfiques ou des démons… Cependant, de quel autre terme dispose-t-on en anglais ? Pourquoi les premiers pères n'ont-ils pas inventé un mot plus approprié pour désigner la possession, le contrôle, l'occupation ou la coloration d'une personne par des esprits bienfaisants, que celui de "rempli" ? "Et ils ont tous été remplis du Saint-Esprit, et se sont mis à parler en d'autres langues, selon l'énoncé que l'esprit leur dictait."… Le mot "épistase" ne convient pas dans notre cas, car il signifie "inspection, supervision, commandement, direction", ce qui ne recouvre pas le phénomène. Épiphanie n'est pas plus approprié, puisqu'*epiphaneia* désigne une lumière qui éclaire, une manifestation, etc. Nous ne disposons d'aucun mot ; pourtant, à ce stade de nos recherches, un tel mot nous est grandement nécessaire et, pour le trouver, nous devons donc nous tourner vers l'Orient.

« L'occupation par des êtres vivants du corps d'un autre être vivant – qui est si étrangère à notre expérience occidentale que nous n'avons aucun mot pour la désigner – est, comme beaucoup de ce qui a trait à la science psychologique, connue et définie aux Indes. *Avesa* (prononcé Avécha) est l'action de posséder, c'est-à-dire entrer dans et contrôler le corps d'un être humain (*jiva*).

« Elle est de deux types. Lorsque le propre *amsa*, ou corps astral, de l'adepte est retiré de son corps physique et introduit dans le corps d'une autre personne, cela est appelé *Svarupavesa* ; mais quand, par sa simple *sankalpa* (volonté), il influence, inspire, ou contrôle le corps de cette autre personne et lui fait faire ce qui serait, sans cela, au-delà de ses facultés, par exemple parler une langue inconnue, disparaître instantanément de la vue des gens alentour, prendre une forme terrifiante, comme celle d'un serpent ou d'un animal féroce, alors cela est appelé *Sahty avesa*.

« Voilà qui nous a fourni tout ce qui nous est nécessaire et en conséquence, tout comme nous avons pris "Épiphanie" aux Grecs, pourquoi ne pas s'accorder pour emprunter au sanskrit le très simple terme *Avesa*, puisqu'il est à notre disposition et revêt l'exacte signification dont nous, jeunes enfants balbutiants faisant les premiers pas de notre apprentissage en tant qu'adeptes, avons besoin pour la poursuite de nos études ? Ce terme s'applique uniquement au commerce psychique entre deux êtres vivants ou à la coloration et à l'inspiration émanant d'une entité spirituelle supérieure vers une personne vivante. Il ne doit pas être avili pour signifier l'occupation du corps d'un médium ou son contrôle en vue de la production de phénomènes par l'âme d'un mort. Ceci est appelé *grahana*, et l'élémentaire (l'âme d'un mort) gr&ham (prononcé grah-heum), le même mot étant utilisé aussi pour l'occupation d'un corps vivant par un élémental, ou esprit de la nature. »

Le colonel Olcott continua ensuite à traiter de l'*Avesa* et des différentes formes d'occupation d'un corps par d'autres que son propriétaire originel, dont les détails peuvent être retrouvés, pour ceux que cela intéresserait, dans le chapitre XVI de

Vieilles pages de journal, Vol. I. Il est intéressant de citer à ce stade un extrait de *A Hindu Chela's Diary*, publié par M. W. Q. Judge dans *The Path* de 1886, et qui fut republié dans *Le théosophe* de juin 1928 :

« X. est venu nous voir. Il ne se désigne jamais lui-même autrement que par l'expression "ce corps". Il m'a raconté qu'il avait d'abord été dans le corps d'un fakir qui, sa main mutilée par un tir reçu alors qu'il passait la forteresse de Bhurtpore, avait dû changer de corps et en choisir un nouveau, qui était celui dans lequel il se trouvait désormais. Un enfant d'environ sept ans était en train de mourir à la même période et ainsi, avant que sa mort physique ne soit complète, le fakir est entré dans son corps et l'a ensuite utilisé comme le sien. C'est donc à double titre qu'il n'est pas ce qu'il semble être. Comme fakir, il avait étudié la science du Yoga soixante-cinq années durant ; mais son étude avait été interrompue par sa mutilation, qui ne lui permettait pas de poursuivre sa tâche, et il avait dû choisir cet autre corps. Dans son corps actuel, il est âgé de cinquante-trois ans et, en conséquence, son X intérieur est âgé de cent dix-huit ans… Dans la nuit, je l'ai entendu converser avec Kunala et ai découvert que tous deux avaient le même Gourou, qui lui-même est un très grand adepte, âgé de trois cents ans, bien qu'extérieurement il en paraissait quarante ! …

« Une fois mon travail terminé et alors que j'étais en chemin pour revenir ici, j'ai rencontré un fakir itinérant qui m'a demandé si je pouvais lui faire savoir quelle était la bonne route jusqu'à Kali. Je lui ai indiqué la direction, et il m'a ensuite posé des questions qui donnaient l'impression qu'il savait ce à quoi j'avais été occupé, et dont plusieurs semblaient destinées à tirer de moi des choses que Kunala m'avait dites juste avant de quitter Bénarès et m'avait intimé de garder secrètes. Il m'a quitté sur ces mots : "Vous ne me connaissez pas, mais nous nous reverrons peut-être." Je suis rentré ce soir-là et n'ai trouvé que X, à qui j'ai raconté l'incident avec le fakir. Il a dit qu'il ne s'agissait de personne d'autre que de Kunala lui-même et qu'il avait fait parler le corps du fakir. Il a ajouté que si je rencontrais à nouveau celui-ci, il ne me reconnaîtrait pas et serait incapable de répéter ses questions, puisqu'il était à ce moment-là possédé à cette fin par Kunala et que ce dernier était coutumier de ce genre de choses. Je lui ai demandé si Kunala était réellement entré dans le corps du fakir et X a répondu que, si ma question était de savoir s'il était réellement et dans les faits entré dans la personne du fakir, la réponse était non ; mais si ma question était de savoir si Kunala avait pris possession des sens du fakir et y avait substitué les siens, la réponse était oui, et il m'a laissé tirer de cela mes propres conclusions. [Un cas de *Saktyavesa*.]

« J'ai eu la grande chance hier qu'on me montre le procédé à suivre soit pour entrer dans un corps vide soit pour en utiliser un qui a son propre occupant. J'ai découvert que, dans les deux cas, le procédé était le même … Par nulle autre personne que Kunala je n'aurai consenti à ce que mon propre corps soit utilisé pour l'expérimentation. Mais j'avais la complète certitude que, non seulement il me laisserait redevenir moi-même, mais également qu'il ne permettrait à aucun étranger, homme ou *gandharva*, d'entrer après lui.

« Nous sommes allés à __ et il... J'ai eu la sensation d'avoir été soudain libéré. Il était à côté de moi, et j'ai d'abord cru qu'il n'avait pas commencé. Mais il m'a ordonné de regarder, et là, sur le matelas, j'ai vu mon corps, en apparence inconscient. Tandis que je le regardais, ce corps qui était le mien a ouvert les yeux et s'est levé. Il était alors au-dessus de moi, car le pouvoir façonnant de Kunala le déplaçait et le dirigeait. Il semblait même me parler. Autour de lui, attirées par ces influences magnétiques, oscillaient et flottaient des formes astrales, qui tentaient en vain de chuchoter à son oreille ou d'entrer en empruntant le même chemin. En vain ! Elles semblaient comme repoussées par l'air ou les abords de Kunala. Me retournant vers lui pour le regarder et m'attendant à le trouver dans un état de *samadhi*, j'ai vu qu'il souriait comme si de rien n'était, ou comme si tout au plus une partie de son pouvoir était absente... À l'instant suivant, j'étais à nouveau moi-même, le matelas était frais sous ma peau, les *bhuts* étaient partis, et Kunala m'a prié de me lever. » [Un cas de *Svarupavesa*.]

Un contemporain de H.P.B. qui fit l'expérience de l'*Avesa*, tout au moins pour un temps, est Babu Mohini M. Chatterji. H. P. B. écrivit à M. Sinnet, à la fin de 1883, que « Olcott rejoindra probablement l'Angleterre pour différentes affaires, et mahatma K.H. envoie son chela, sous l'apparence de Mohini Mohun Chatterji, pour expliquer aux théosophes de la section secrète de Londres tous – ou presque tous – les cas d'école... Ne faites pas l'erreur de prendre le Mohini que vous connaissiez pour le Mohini qui viendra. Il y a plus qu'un seul maya dans ce monde, et ni vous ni vos amis... n'en êtes instruits. L'ambassadeur sera investi d'un habit intérieur ainsi que d'un habit extérieur[1]. *Dixit*. »

Dans *The Path* du mois d'août 1892 fut publiée l'une de ses lettres, dans laquelle elle dit : « Ces choses ont été faites, car moi seule étais responsable de leur issue, moi seule devais porter la charge du karma en cas d'échec, et n'avoir aucune récompense en cas de succès... J'ai vu que la S.T. serait anéantie, sauf si je m'offrais en réparation comme bouc émissaire. Et voilà ce que j'ai fait. La S.T. a vu – je suis assassinée, mon honneur, ma renommée, mon nom sont assassinés, de même que tout ce qui était cher et précieux à H.P.B., car le corps est le mien, et je ressens tout cela intensément à travers lui. Faux ? Aucun de nous n'était faux... Je peux me tromper avec mes pouvoirs et, en tant que H.P.B., je n'ai pas travaillé et peiné depuis quarante ans, jouant des rôles, risquant mes futures récompenses, et supportant la charge du karma sur les épaules de cette malheureuse enveloppe, pour les servir sans avoir la permission d'avoir mon mot à dire en la matière. H.P.B. n'est pas infaillible, H.P.B. est un vieux corps malade, pourri et usé, mais il est le meilleur que je puisse avoir dans ce cycle. Ainsi, suivez le chemin que j'indique – ainsi que

---

1. Voir aussi l'histoire – « s'il s'agit là d'une histoire », dit l'auteur – qui apparut dans le *London Forum* de novembre 1934, intitulée « Migdoi Carnot ».

les Maîtres qui sont derrière – et ne me suivez pas moi ou mon chemin. Lorsque je serai morte et partie de ce corps, alors, vous saurez toute la vérité. Alors, vous saurez que jamais, jamais je n'ai été fausse avec qui que ce soit ou que je n'ai trompé qui que ce soit, mais qu'à de nombreuses reprises je leur ai permis de se leurrer eux-mêmes. »

Si le moindre doute concernant le fait qu'Héléna Petrovna Blavatsky est restée en contact avec le corps de H.P.B. devait subsister, celui-ci serait dissipé à coup sûr par le patriotisme russe passionné et le ralliement à l'Église orthodoxe grecque confessés par H.P.B. à la fin de sa vie, comme nous l'avons vu au cours du chapitre précédent. Néanmoins, cela a été le Augoeides, et non la personnalité de Héléna Petrovna Blavatsky, qui a maintenu le contact. Cet état de fait est décrit dans sa déclaration à M. Sinnett en 1882 : « J'espère que Mme Gordon ne me déshonorera pas en m'évoquant avec un quelconque médium. Qu'elle soit certaine que cela ne sera jamais ni mon esprit ni rien de moi – pas même ma coquille, puisque celle-ci est partie il y a bien longtemps. »

On peut se demander quand cette coquille disparut. Si une supposition peut être avancée, ce serait que Mme Blavatsky s'accrocha personnellement au corps, plus ou moins intégralement, après la "mort" de celui-ci à la bataille de Mentana en 1867, jusqu'au "grand changement psychophysiologique" de Philadelphie en 1875. On se souvient que Maître Sérapis écrivit, à la même époque, ces mots au colonel Olcott : « Ses pouvoirs sont à présent dans une phase de transition » et ajouta que le colonel devait « la montrer au monde sous son vrai jour, non pas d'adepte, mais d'auteur et d'intellectuelle ». Dorénavant, Mme Blavatsky n'était plus la réelle occupante du corps, mais seulement l'un des nombreux occupants qui l'utilisaient. L'une de ses déclarations dans une lettre au colonel Olcott du 24 février 1888 semblait corroborer cette théorie. Elle dit : « Babaji a abandonné sa personnalité lorsqu'envoyé à Simla auprès de Sinnett, comme j'avais pour habitude de le faire en Amérique et précédemment. » Et il faut également noter que Babaji lui aussi rencontra l'habitant sur le seuil[1].

Lorsque, aux Indes, messieurs. A. P. Sinnett et A. O. Hume entrèrent en étroite relation avec H. P. B. et demandèrent à recevoir des communications des adeptes par son entremise, malentendus et ennuis ne tardèrent pas à arriver. Suite à un incident particulièrement déplaisant à Simla, le Maître Koot Hoomi écrivit à M. Sinnett, à l'automne 1881 :

« Je suis extrêmement conscient du fait que l'incohérence de ses déclarations – surtout lorsqu'elle est agitée – et ses manières bizarres la rendent à vos yeux une très indésirable intermédiaire pour la transmission de nos messages. Néanmoins, aimables frères, une fois que vous saurez la vérité, une fois que l'on vous aura dit que cet esprit déséquilibré, l'apparente incongruité de ses discours et de ses idées, son excitation nerveuse, que tout cela est, pour résumer, calculé ainsi afin de heur-

---

1. H. P. B. parle de cela dans les *Lettres de H.P. Blavatsky à A.P. Sinnet*, p. 187.

ter la sensibilité des personnes sérieuses et posées, dont les critères de réserve et de politesse sont offensés par les étranges emportements de ce qu'ils voient comme son caractère, et qui vous révoltent tant – une fois que vous saurez que rien de cela n'est en aucune manière sa faute, vous serez peut-être amenés à la considérer sous un tout autre jour.

« Nonobstant le fait que le temps n'est pas encore venu de vous laisser pénétrer complètement dans le secret et que vous n'êtes très probablement pas prêt à ce jour à comprendre le grand mystère – même si on vous le révélait -, en raison de la grande injustice et du tort causé, on m'a donné le pouvoir de vous permettre d'entrapercevoir ce qu'il y a derrière le voile.

« L'état dans lequel elle se trouve est intimement lié à son entraînement occulte au Tibet et dû au fait qu'elle est envoyée seule dans le monde pour ouvrir progressivement la voie pour les autres. Après presque un siècle de quête infructueuse, nos chefs ont dû se saisir de l'unique opportunité d'envoyer un corps européen sur le sol européen, qui servirait à créer un lien entre cette région du monde et la nôtre. Vous ne comprenez pas ? Bien sûr que non.

« S'il vous plaît, rappelez-vous ce qu'elle a tenté d'expliquer, et ce que vous avez pu relativement bien tirer d'elle, à savoir qu'il y a sept principes dans l'être humain complet. Ainsi donc, aucun homme ou femme, à moins d'être un initié du "cinquième cercle", ne peut quitter les limites de Bod-Las au Tibet et revenir au monde dans son intégrale entièreté – si puis utiliser cette expression. L'un, au moins, de ses sept satellites doit rester derrière, et ce pour deux raisons : la première, afin de former le lien de connexion, le fil électrique pour la transmission, la seconde parce cela constitue le plus sûr gage que certaines choses ne seront jamais divulguées.

« Elle n'échappe pas à la règle, et vous avez été témoin d'un autre exemple, celui d'un homme de haut intellect qui a dû laisser derrière lui l'une de ses peaux et qui, à cause de cela, est considéré comme extrêmement excentrique. La portée et le statut des six restants dépendent des qualités inhérentes, des particularités psychophysiologiques de la personne, et plus spécialement des idiosyncrasies transmises par ce que la science moderne appelle "atavisme".

« Agissant conformément à mes vœux, mon frère M. vous a fait à travers elle une certaine offre, si vous vous en souvenez. Vous aviez simplement à l'accepter et, à tout moment à votre convenance, vous auriez pu converser une heure voire plus avec le vrai *baitchooly*, à la place de l'être psychologiquement infirme auquel vous avez généralement affaire désormais. »

H. P. B. elle-même écrivit à M. Sinnett le 17 mars 1882 : « Alors, pensez-vous vraiment que vous me connaissez, M. Sinnett ? Pensez-vous, parce que vous auriez percé – ainsi que vous le pensez – ma carapace physique et mentale que, tout fin analyste de la nature humaine que vous puissiez être, vous avez ne serait-ce que pénétré au travers des premières couches de mon être véritable ? Vous vous tromperiez gravement, si c'est ce que vous pensez. Vous me considérez tous comme une menteuse, parce que jusqu'à présent je n'ai montré au monde que le vrai extérieur, Madame Blavastky. C'est exactement comme si vous reprochiez sa fausseté à une roche caillouteuse et rocailleuse recouverte de mousse, de mauvaise herbe et tapissée de boue, parce que sur elle est écrit: "Je ne suis pas couverte de mousse et tapissée de boue. Vos yeux vous trompent, car vous êtes incapable de voir sous la surface", etc. Vous comprenez sans nul doute l'allégorie. Je ne fanfaronne pas, car je ne dis pas si, à l'intérieur de cette roche peu attrayante, se trouve un palais résidentiel ou une simple cahute. Ce que je dis est ceci: vous ne me connaissez pas; car quoi qu'il ait à l'intérieur, cela n'est pas ce que vous pensez; et en conséquence me donner la réputation de menteuse est la plus grande erreur du monde, en plus d'être une injustice flagrante. Je (le "Je" authentique intérieur) suis en prison et ne peux me montrer telle que je suis, malgré tout mon désir de le faire. Pourquoi alors devrais-je être tenue pour responsable de la porte extérieure de la prison et de son apparence, tandis que je ne l'ai ni construite ni non plus décorée?... Non, vous ne me haïssez pas; vous ressentez juste une sorte de mépris bienveillant, indulgent et amical pour H.P.B. Vous avez raison en cela, dans la mesure où vous la connaissiez, celle qui est prête à tomber en mille morceaux. Vous comprendrez peut-être encore votre erreur en ce qui concerne l'autre – la partie qui est bien cachée. »

Cette explication sembla encore ajouter quelques voiles supplémentaires au mystère. Et c'est ainsi que nous devons laisser cette question de savoir: « Qui était H.P.B.? » sur une dernière déclaration du Sphynx, écrite dans le propre exemplaire de l'auteur de *La voix du silence*:

Les Éditions **Discovery** est un éditeur multimédia dont la mission est d'inspirer et de soutenir la transformation personnelle, la croissance spirituelle et l'éveil. Avec chaque titre, nous nous efforçons de préserver la sagesse essentielle de l'auteur, de l'enseignant spirituel, du penseur, guérisseur et de l'artiste visionnaire.

www.ingramcontent.com/pod-product-compliance
Lightning Source LLC
Chambersburg PA
CBHW011944150426
43192CB00016B/2772